国家社科基金重大委托项目
"中国少数民族语言与文化研究"

中国社会科学院创新工程学术出版资助项目

· 中国社会科学院民俗学研究书系 ·

朝戈金　主编

魂兮归来
——中国灵魂信仰考察

An Investigation into Soul Beliefs in China

马昌仪 | 著

中国社会科学出版社

图书在版编目(CIP)数据

魂兮归来：中国灵魂信仰考察／马昌仪著 . —北京：中国社会科学出版社，2017.5(2025.6 重印)

(中国社会科学院民俗学研究书系)

ISBN 978 - 7 - 5161 - 9255 - 9

Ⅰ.①魂… Ⅱ.①马… Ⅲ.①信仰—研究—中国 Ⅳ.①B933

中国版本图书馆 CIP 数据核字(2016)第 266510 号

出 版 人	赵剑英
责任编辑	张 林
特约编辑	闫纪琳铖
责任校对	闫 萃
责任印制	戴 宽

出 版	中国社会科学出版社
社 址	北京鼓楼西大街甲 158 号
邮 编	100720
网 址	http://www.cssphw.cn
发 行 部	010 - 84083685
门 市 部	010 - 84029450
经 销	新华书店及其他书店
印 刷	北京明恒达印务有限公司
装 订	廊坊市广阳区广增装订厂
版 次	2017 年 5 月第 1 版
印 次	2025 年 6 月第 3 次印刷
开 本	710×1000 1/16
印 张	24.25
字 数	403 千字
定 价	99.00 元

凡购买中国社会科学出版社图书，如有质量问题请与本社营销中心联系调换
电话：010 - 84083683
版权所有　侵权必究

图 0-1a 汉代供亡魂食物之博山炉跪俑，怀中婴儿为"尸"的代表

图 0-1b 汉代供亡魂食物之博山炉跪俑,怀中婴儿为"尸"的代表

(采用 C. Hentze: *Chinese Tomb Figures – A Study in the Belief and Folklore of Ancient China*. London, 1928. 衡子《中国明器——古代中国信仰与民俗之研究》,伦敦,1928 年,第 30 版 A 图)

图 0-2　湘西永顺出土魂瓶(之一)　彭荣德　摄

图 0-3 湘西永顺出土魂瓶(之二) 马昌仪 摄

图 0-4　湘西永顺出土魂瓶(之三)　彭荣德　摄

图 0-5 湘西永顺出土虎钮錞于顶盘上之纹饰　彭荣德　摄

图 0-6 青瓷堆塑飞鸟百戏魂瓶(江苏金坛糖王公社吴墓出土)

图 0-7 土家族神像图　　　　图 0-8 纳西族东巴神路图

图 0-9 藏族民居门楼的吉祥镇邪装饰(亚东县帕里)

图 0-10　云南哈尼族寨门　杨咪双　摄

图 0-11　云南景颇族祭家鬼的祭台　邓启耀　摄

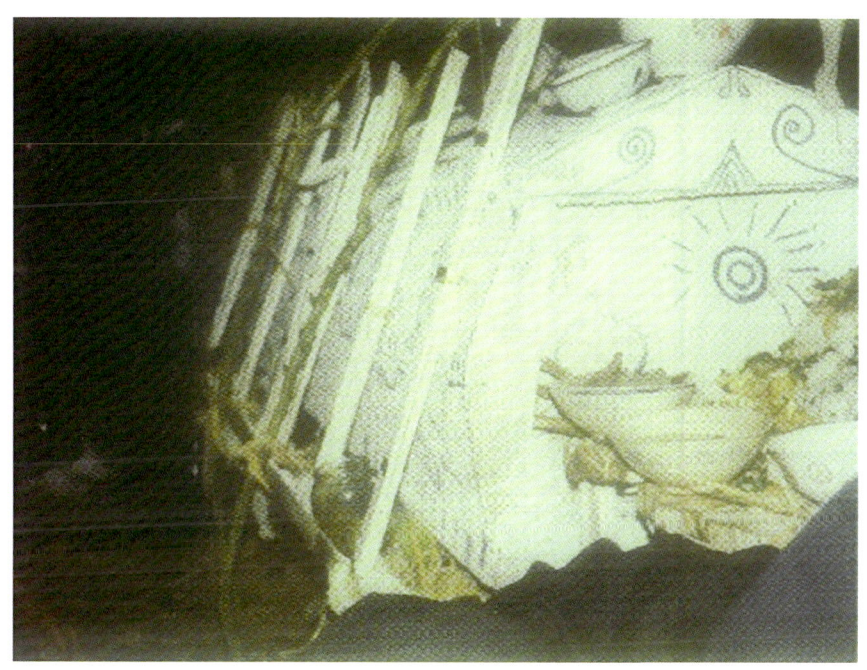

图0-12　哈尼族送葬用的白棺（棺上的图饰是亡魂返归的祖地）　邓启耀　摄

图0-13　湘西古丈土家族的船形墓碑（象征以魂舟送魂返祖）　马昌仪　摄

图 0-14 纳西族东巴葬仪中的送魂马 邓启耀 摄

图 0 – 15　求偶招魂（昆明盘龙寺盘龙祖师庙前的柏树，缠满了以求偶为目的的红线）　邓启耀　摄

图 0-16 沧源佤族为治病招魂用的祭具。(在芭蕉皮做的小祭坛四周插四杆小纸幡,中间是一个贴在细棍上的人形) 邓启耀 摄

图 0-17 送葬护灵纸人(曲靖汉族)

图 0-18　云南西盟佤族巫师[巫师身上的图形为佤族神话中的出人洞(司岗里)]　邓启耀　摄

图 0-19　云南哈尼族巫师送葬头饰"吴芭"　杨咪双　摄

"中国社会科学院民俗学研究书系"编委会

主　编　朝戈金

编　委　卓新平　刘魁立　金　泽　吕　微　施爱东
　　　　巴莫曲布嫫　叶　涛　尹虎彬

总　序

自英国学者威廉·汤姆斯（W. J. Thomas）于19世纪中叶首创"民俗"（folk-lore）一词以来，国际民俗学形成了逾160年的学术传统。作为现代学科意义上的中国民俗学肇始于"五四"新文化运动，近百年来的发展几起几落，其中数度元气大伤。从20世纪80年代开始，这一学科方得以逐步恢复。近年来，随着国际社会和中国政府对非物质文化遗产（其学理依据正是民俗和民俗学）保护工作的重视和倡导，民俗学研究及其学术共同体在民族文化振兴和国家文化发展战略中，都正在发挥着越来越重要的作用。

中国社会科学院曾经是中国民俗学开拓者顾颉刚、容肇祖等人长期工作的机构，近年来又出现了一批较为活跃和有影响力的学者，他们大都处于学术黄金年龄，成果迭出，质量颇高，只是受学科分工和各研究所学术方向的制约，他们的研究成果没能形成规模效应。为了部分改变这种局面，经跨所民俗学者多次充分讨论，大家都迫切希望以"中国民俗学前沿研究"为主题，以系列出版物的方式，集中展示以我院学者为主的民俗学研究队伍的晚近学术成果。

这样一组著作，计划命名为"中国社会科学院民俗学研究书系"。

从内容方面说，这套书意在优先支持我院民俗学者就民俗学发展的重要问题进行深入讨论的成果，也特别鼓励田野研究报告、译著、论文集及珍贵资料辑刊等。经过大致摸底，我们计划近期先推出下面几类著作：优秀的专著和田野研究成果，具有前瞻性、创新性、代表性的民俗学译著，以及通过以书代刊的形式，每年选择优秀的论文结集出版。

那么，为什么要专门整合这样一套书呢？首先，从学科建设和发展的角度考虑，我们觉得，民俗学研究力量一直相对分散，未能充分形成集约效应，未能与平行学科保持有效而良好的互动，学界优秀的研究成果，也较少被本学科之外的学术领域所关注、进而引用和借鉴。其次，我国民俗学至今还没有一种学刊是国家级的或准国家级的核心刊物。全国社会科学刊物几乎都没有固定开设民俗学专栏或专题。与其他人文和社会科学的国家级学刊繁荣的情形相比较，学科刊物的缺失，极大地制约了民俗学研究成果的发表，限定了民俗学成果的宣传、推广和影响力的发挥，严重阻碍了民俗学科学术梯队的顺利建设。再者，如何与国际民俗学研究领域接轨，进而实现学术的本土化和研究范式的更新和转换，也是目前困扰学界的一大难题。因此，通过项目的组织运作，将欧美百年来民俗学研究学术史、经典著述、理论和方法乃至教学理念和典型教案引入我国，乃是引领国内相关学科发展方向的前瞻之举，必将产生深远影响。最后，近些年来，国内外非物质文化遗产保护工作的大力推进，也频频推动国家文化政策的制定和实施中的适时调整，这就需要民俗学提供相应的学理依据和实践检验，并随时就我国民俗文化资源应用方面的诸多弊端，给出批评和建议。

从工作思路的角度考虑，"中国社会科学院民俗学研究书系"着眼于国际、国内民俗学界的最新理论成果的整合、介绍、分析、评议和田野检验，集中推精品、推优品，有效地集合学术梯队，突破研究所和学科片的藩篱，强化学科发展的主导意识。

为期三年的第一期目标实现后，我们正着手实施二期规划，以利我院的民俗学研究实力和学科影响保持良好的增长势头，确保我院的民俗学传统在代际学者之间不断传承和光大。本套书系的撰稿人，主要来自民族文学研究所、文学研究所、世界宗教研究所和民族学与人类学研究所的民俗学者们。

在此，我代表该书系的编辑委员会，感谢中国社会科学院文史哲学部和院科研局对这个项目的支持，感谢"国家社科基金"以及"中国社会科学院哲学社会科学创新工程"。

朝戈金

中国魂魄信仰及相关仪式之研究（代序）

王秋桂

拙著《中国灵魂信仰》于1996年由汉中文化公司在台北出版。1998年2月27日台湾清华大学王秋桂教授给我发来约稿信，信中说："我想编一专辑'中国魂魄信仰及相关仪式之研究论文集'。我基本看法如附件，但希望所有论文都是基于作者个人的田野调查。截稿日期是本年九月底，如同意供稿敬祈示下。"那时，我手头另有研究课题，无暇完成王教授的约稿。王教授约稿信中提出的加强"田野调查"的思想，对我很有启发。现在修订完成的这本《魂兮归来——中国灵魂信仰考察》，就是在原来《中国灵魂信仰》的基础上，结合几年来田野调查的观察和思考，对中国灵魂信仰进行分析探讨的结果。这本书就要出版了，现征得王教授的同意，把他十七年前寄给我的这份题为《中国魂魄信仰及相关仪式之研究》的短文作为代序发表于此。特此致谢。

马昌仪

2015年7月10日

"灵魂信仰"意指由文化习俗、生死观念、法事仪式与他界信念等所构成的一个意义群。中国灵魂信仰是一种十分古老而又复杂的文化现象，由于它和神鬼、生死、疾病、善恶、祸福，以及人的生命特异现象休戚相关，在上层文化和下层文化中都占有举足轻重的地位。在上层文化中，形成了一整套追求永久生命以巩固永久权力、永久享乐的礼俗制度，将地上的家延伸到天上的家与地下的家。西周甲骨文中的"宾于天""诉于天帝"及往后帝王贵族的陵寝建构反映出这一事实。进入到下层文化之中，则制约着人的生老病死，规范着人的行为，成为形形色色的民间信仰、风俗习惯和法术仪式的主要依据，也是文学作品和神话传说的重要来源。

有关中国魂魄学说，周世最早谈到魂魄的，见于《易·系辞上》对于精物游魂的论述；其后《左传》更提出魂与魄的观念。《管子》《列子》对于生命的由来也有述及。《礼记》（祭义）及《郊特牲》更说明了魂魄与祭祀的关系。皆以为人死后魂盛者升天而为神，魄盛者滞地而为鬼。至战国之世，方士神仙之说兴起，人可不经死亡而长存，仙可由修炼而得。于是传统冥界中的"鬼"的地位，便随"仙"的兴起而陡降。遂使战国末到两汉，鬼的管辖权由天帝而降为泰山神。"蒿里"则为魂魄聚积处。东汉时期佛教传入中国及道教建立教团后，更影响、丰富了固有的魂魄之说。

近世出土的考古文物中，以西汉马王堆一号墓的女尸与"非衣"，最能呈现魂魄信仰中他界的观念。帛画或铜镜上的羽人、玉兔，以及典籍所载的阴婶、女青、地下主、梁父、冥吏、冥船、漆盾等亦都是有关死后世界的信仰。凡此皆反映出汉人承继了商、周的观念，认为鬼神的权力极大，能生死于人，福祸于人，亦认为死后的世界有天上与地下之分，而两者皆是人世生活的另一种延续。

至于把魂魄信仰具体化为仪式性的演出，据现有文献资料所载，较具体的则有周时岁末大傩的傩祭，以驱除鬼邪、疾疫、凶恶等，以及《周礼》中祭天神、地祇、人鬼的仪式，以及《楚辞》中有关招魂仪式的记载。东汉王充《论衡·论死》则记载了类似今日"关落阴"的法事，言死人附于巫祝之身，与阳世家属相问答的习俗。至魏晋南北朝时期，因为佛教、道教的影响，有关魂魄信仰的法事仪式，大量的被保存在佛藏、道藏经典中。较常见的有中元盂兰盆会、祭解、拘魄制魂、拔度斋仪等法事仪式。诸多入冥、游冥、鬼拘、鬼祟、出魂、遇仙等传说，亦普遍见于志怪小说中。这些法事仪式与神话传说流传至今，皆已将近二千年。我们今日仍可看到这些民间活生生的古俗。对生与死的终极关怀正是中国魂魄信仰的重要支柱。因此，中国魂魄信仰的研究，乃是欲究论中国人生死学的一大课题。

基于前述的论述，中国魂魄信仰的研究至少可从四方面着手。

一、外围的研究：从历史、地理背景及各民族文化、信仰，来看中国灵魂信仰的流传与分布、影响与变迁。

二、民俗学的研究：灵魂信仰呈现出各地区特有的风俗习惯、社会文化及生活百态。举凡生命礼仪中的丧葬、收惊、过关、补运、解祭、安太岁、点光明灯等见之于常民生活中，从中可以探讨法事仪式和民俗结合的过程。

三、人类学的研究：灵魂信仰表现在仪式上的演出，往往将抽象的魂魄具体化为事物，甚至数目化为三魂七魄或十二元神等说法，而从魂魄的部分或全部离开人体，所导致的身体的疾病和不祥，成神或下地狱。不管作为超度或禳祈的仪式，这些仪式的性质、意义和功能都是人类学家所感兴趣的课题。

四、宗教学原理的研究：魂魄信仰所涉及的生死观、他界观的信念，乃是宗教学中所关心的四大课题：终极关怀（ultimate concern）、终极目标（ultimate goal）、终极真实（ultimate truth）、终极献身（ultimate dedication）。这是个体生命从生到死历程的追寻与解脱。

有关魂魄信仰的专题研究较早有余英时的《中国古代死后世界观的演变》，杜正胜《生死之间是连续还是断裂？中国人的生死观》及《形体、精气与魂魄》，集中在传统文献魂魄观念的探讨。萧登福的《先秦两汉冥界及神仙思想探源》及《汉魏六朝佛道两教之天堂地狱说》两专著，则将研究视野扩及到佛道经典中的死后世界观念。最近中国社会科学院文学研究所研究员马昌仪《中国灵魂信仰》一书幅度更广阔地触及到考古文物及田野调查。张珣的《台湾汉人收惊仪式与魂魄观》则是国内第一篇较有理论系统具体地从仪式现场演出中探讨民间的魂魄观。日本学者则较重视魂魄观念的渊源与释义，较可观的成果有池田末利的《魂魄考——ちの起源と発展》及宫川尚志的《三魂七魄について》。西方学者注意到中国魂魄学说的，则以 Marjorie Toplcy 的成果较为人所重视。论文有 "Chinese Traditional Ideas and the Treatment of Disease: Two Examples from Hong Kong" 及 "Cosmic Antagonisms: A Mother Child Cyndrome"。Stevan Harrell 与 Myron Cohen 亦有相关论文作深入的探讨。到目前为止，有关魂魄信仰研究，已积累了不少成果。但尚未有人从区域的 sosial and ritual contexts 加以研究。台湾地区灵宝派道士的拔度斋仪、正·派道士的藏魂仪式、闾山派的大补运仪式，以及诸多民间法师等常举行的祭解、草人脱身、过关、关落阴、送流虾等仪式，都没有出现有系统的研究，本专辑将尝试弥补这两方面的缺失。

1988 年 2 月 27 日

目　录

绪论 …………………………………………………………… (1)

第一章　灵魂信仰概说 …………………………………… (5)
　第一节　食人之风与灵魂观念 …………………………… (5)
　第二节　埋葬的出现与灵魂信仰 ………………………… (9)
　第三节　泰勒的万物有灵学说 …………………………… (18)
　第四节　希腊和中国哲人的灵魂阶梯学说 ……………… (23)

第二章　中国古代的魂魄学说 …………………………… (28)
　第一节　魂魄是气 ………………………………………… (28)
　第二节　魂魄与形神的二元结构 ………………………… (31)
　第三节　魂魄相离与魂魄相即 …………………………… (34)
　第四节　盘古化身：人身魂魄返归大宇宙 ……………… (39)
　第五节　道家的人身诸神观念 …………………………… (47)

第三章　民间信仰中的灵魂世界（上） ………………… (53)
　第一节　万物有灵 ………………………………………… (53)
　第二节　灵魂与梦（上） ………………………………… (78)
　第三节　灵魂与梦（下） ………………………………… (83)
　第四节　灵魂与影子 ……………………………………… (92)

第四章　民间信仰中的灵魂世界（下） ………………… (98)
　第一节　可离的灵魂 ……………………………………… (98)

第二节　鸟形的灵魂及其进出口 …………………………………（110）
　　第三节　两个世界的沟通者 ……………………………………（131）
　　第四节　寄魂信仰 ………………………………………………（140）
　　第五节　三魂七魄与多魂信仰 …………………………………（150）

第五章　招魂 ………………………………………………………（155）
　　第一节　为生者招魂 ……………………………………………（155）
　　第二节　为死者招魂 ……………………………………………（179）
　　第三节　为动植物等招魂 ………………………………………（185）
　　第四节　招魂工具 ………………………………………………（188）
　　第五节　招魂的文化史意义 ……………………………………（195）

第六章　湘西土家族梯玛文化与灵魂信仰考察 …………………（199）
　　第一节　巴文化遗存:灵图、魂舟、魂瓶 ………………………（199）
　　第二节　魂魄化虎——化归图腾祖先 …………………………（204）
　　第三节　土家梯玛"度生不度死"的生灵观 ……………………（213）
　　第四节　向祖灵祈福、祈求子孙兴旺的墓葬老鼠嫁女石刻 …（215）
　　[附录]　土家族巫师——梯玛(调查报告) …………………（221）

第七章　原始返祖:哈尼族亡魂返祖观透视 ………………………（238）
　　第一节　人死到哪里去——回到祖先的地方 …………………（239）
　　第二节　什么人有资格返祖? ……………………………………（249）
　　第三节　送魂返祖的丧葬仪式 …………………………………（250）
　　第四节　亡灵返祖路线是民族历史迁徙的一种再现 …………（254）
　　第五节　二分世界——生死有别、人鬼异域 …………………（256）
　　第六节　多神与祖灵信仰 ………………………………………（261）

第八章　柯尔克孜族史诗《玛纳斯》与灵魂信仰 …………………（266）
　　第一节　可离的灵魂与两个世界的观念 ………………………（266）
　　第二节　握血降生与寄魂信仰 …………………………………（272）
　　第三节　从灵魂信仰的视角看梦授传承 ………………………（277）

第九章　西藏:一个当代的灵魂王国 (281)

- 第一节　迎请转世灵童 (281)
- 第二节　为活人灵魂开窍的盛典 (282)
- 第三节　为亡魂出窍的仪式 (284)
- 第四节　一个老僧在法师指引下从尘世进入灵界的过程 (285)
- 第五节　极乐世界在何方? (288)
- 第六节　护送灵魂往极乐世界的天葬 (291)
- 第七节　灵魂升天与神鹰崇拜 (295)
- 第八节　葬式与灵魂观 (296)
- 第九节　守墓人制度与人魂中介 (299)
- 第十节　一个当代的灵魂王国 (302)

第十章　魂瓶——灵魂世界的象征 (304)

- 第一节　魂瓶的名称 (304)
- 第二节　考古出土的魂瓶 (307)
- 第三节　近现代的魂瓶遗俗 (324)
- 第四节　魂瓶探源 (340)
- 第五节　壶形宇宙——寻找生命家园 (347)

插图目录

插页彩图目录

图 0-1-a　汉代供亡魂食物之博山炉跪俑,怀中婴儿为"尸"
　　　　　的代表 ………………………………………………… (1)
图 0-1-b　汉代供亡魂食物之博山炉跪俑,怀中婴儿为"尸"
　　　　　的代表 ………………………………………………… (2)
图 0-2　湘西永顺出土魂瓶(之一) ……………………………… (3)
图 0-3　湘西永顺出土魂瓶(之二) ……………………………… (4)
图 0-4　湘西永顺出土魂瓶(之三) ……………………………… (5)
图 0-5　湘西永顺出土虎钮錞于顶盘上之纹饰 ………………… (6)
图 0-6　青瓷堆塑飞鸟百戏魂瓶 ………………………………… (7)
图 0-7　土家族神像图 …………………………………………… (8)
图 0-8　纳西族东巴神路图 ……………………………………… (8)
图 0-9　藏族民居门楼的吉祥镇邪装饰(亚东县帕里) ………… (9)
图 0-10　云南哈尼族寨门 ……………………………………… (10)
图 0-11　云南景颇族祭家鬼的祭台 …………………………… (10)
图 0-12　哈尼族送葬用的白棺。(棺上的图饰是亡魂返归的
　　　　　祖地) ……………………………………………… (11)
图 0-13　湘西古丈土家族的船形墓碑(象征以魂舟送魂
　　　　　返祖) ……………………………………………… (11)
图 0-14　纳西族东巴葬仪中的送魂马 ………………………… (12)
图 0-15　求偶招魂 ……………………………………………… (13)
图 0-16　沧源佤族为治病招魂用的祭具 ……………………… (14)

图 0-17　送葬护灵纸人（曲靖汉族）……………………………（15）
图 0-18　云南西盟佤族巫师 ……………………………………（16）
图 0-19　云南哈尼族巫师送葬头饰"吴芭"……………………（17）

黑白插图目录

图 1-1　西尔塞山（意大利）安置在一圈石块中的头盖骨 ………（10）
图 1-2　荣纳省出土之中生代软体动物（A）、珊瑚骨（B）及黄铁
　　　　矿石（C）……………………………………………………（10）
图 1-3　在羱羊角地层中之尼安德特小孩骨骼…………………（11）
图 1-4　眼眶配有骨片之少女头盖骨……………………………（13）
图 1-5　安放在赭石堆中的燧石片………………………………（13）
图 1-6　辽宁牛河梁红山文化女神头像…………………………（17）
图 1-7　河北滦平后台子新石器文化遗址之孕妇石像…………（18）
图 3-1　大凉山彝族毕摩保存的日月星图与人类繁衍…………（58）
图 3-2　火神（云南纸马）…………………………………………（59）
图 3-3　北斗七星鸟形雷公（福州纸马）…………………………（59）
图 3-4　山林草木之神（云南纸马）………………………………（60）
图 3-5　土神（河北内丘纸马）……………………………………（60）
图 3-6　岩神 ………………………………………………………（61）
图 3-7　朝鲜族神话中的虎形山精与山主（十八世纪朝鲜木
　　　　刻画）………………………………………………………（61）
图 3-8　路神（云南纸马）…………………………………………（62）
图 3-9　宅神（山东高密神祃）……………………………………（62）
图 3-10　梯神（河北内丘剪纸）…………………………………（63）
图 3-11　猎神（云南纸马）………………………………………（65）
图 3-12　牛王马王水草神（河北内丘纸马）……………………（66）
图 3-13　岩画中的剽牛仪式（云南沧源崖画第 6 地点图像）……（66）
图 3-14　镇宅神虎（民间年画）…………………………………（69）
图 3-15　连云港将军崖石刻岩画…………………………………（70）
图 3-16　财神（云南纸马）………………………………………（71）
图 3-17　翻解冤结神（云南纸马）………………………………（71）

图3-18	当生本命星君(云南纸马)	(72)
图3-19	咒神(云南纸马)	(72)
图3-20	满族萨满梦求神偶	(88)
图3-21	尼山萨满	(89)
图4-1	驱疫之神(云南南涧彝族纸马》)	(104)
图4-2	长沙马王堆棺饰动物画	(106)
图4-3	可追回失落魂魄之傩神三王	(107)
图4-4	苗族的替身草人	(108)
图4-5	沧源崖画中的"鸟形人"图像	(112)
图4-6	飞鸟送魂归天,哈尼族葬礼舞"棕扇舞"	(112)
图4-7	商代铜器"玄鸟妇壶"上的"玄鸟妇"铭文	(115)
图4-8	印第安人的战歌	(117)
图4-9	鸟形灵魂——叶尼塞神鼓鼓面	(118)
图4-10	飞龙与飞龙娘娘(云南纸马)	(121)
图4-11	陕北保宁寺的日游神与夜游神	(121)
图4-12	鸡形神煞(云南纸马)	(122)
图4-13	飞煞(云南纸马)	(122)
图4-14	煞神(云南纸马)	(123)
图4-15	七十二煞神	(123)
图4-16	半坡仰韶文化的可供灵魂出入之有孔瓮棺	(129)
图4-17	印度有孔多尔门上为灵魂出入的圆孔	(129)
图4-18	萨满正引导亡故的亲属到亡灵世界(西伯利亚)	(133)
图4-19	北欧古代萨阿米人萨满神鼓上的两个世界	(134)
图4-20	亡魂在祖先的家园狩猎鸸鹋(澳大利亚)	(134)
图4-21	生长在运送萨满往地下世界的"亡魂之舟"上的世界树(苏门答腊岛)	(135)
图4-22	西伯利亚萨满神衣上的两个世界	(135)
图4-23	那乃人的世界之树——两个世界的沟通者	(136)
图4-24	那乃人的祖先树	(136)
图4-25	与世界树合为一体的萨满(叶尼塞萨满神衣下摆上的图形)	(137)
图4-26	纳西族东巴葬仪中的送魂马	(137)

图4-27 带翅甲马(云南纸马) ……………………………… (138)
图4-28 湘西土家族沾满鸡毛的家神灵位 ……………………… (142)
图4-29 头顶蜘蛛之八卦娃娃(甘肃宁县民间剪纸) …………… (148)
图5-1 招魂 ………………………………………………………… (156)
图5-2 云南红河哈尼族巫师手持三叶枝(椎栗树)叫魂 ……… (160)
图5-3 太岁(云南纸马) ………………………………………… (162)
图5-4 张天师驱邪招魂(民间版画) …………………………… (165)
图5-5 用以驱邪招魂的吞口神(贵州) ………………………… (166)
图5-6 藏民驱邪护魂用的轮回图 ………………………………… (169)
图5-7 求偶招魂(傣族恋爱符) ………………………………… (171)
图5-8 求爱招魂——男祖持箭,女祖持箭牌(苗族恋爱符) … (172)
图5-9 清代风俗画《冥宅宏开》(烧纸扎,广东顺德) ………… (184)
图5-10 蒙古家神 …………………………………………………… (184)
图5-11 长沙马王堆汉墓T形非衣帛画 ………………………… (191)
图5-12 云南澜沧拉祜族的招魂祭幡 …………………………… (194)
图5-13 "魂兮归来,东方不可托些。长人千仞,惟魂是
　　　　索些。" ………………………………………………… (196)
图5-14 山东沂南北寨山古画像石墓墓门支柱上的画像 ……… (198)
图6-1 湘西永顺出土的錞于顶盘上的舟纹 …………………… (201)
图6-2 湘西永顺出土的魂瓶 …………………………………… (202)
图6-3 湘西永顺出土的魂瓶 …………………………………… (202)
图6-4 湘西永顺出土的魂瓶 …………………………………… (203)
图6-5 安阳小屯妇好墓出土的铜钺,饰有虎噬人头的图案 … (209)
图6-6 安徽阜南出土"龙虎纹尊""虎口衔人"纹样 …………… (209)
图6-7 湖南安化宁乡出土商代盛酒器"虎食人卣"纹样 ……… (210)
图6-8 湘西古丈县断龙乡胡家坪村石墓上的老鼠嫁女图 …… (216)
图6-9 八宝铜铃 ………………………………………………… (228)
图6-10 湘西古丈断龙乡李宗央梯玛的神器铜马 ……………… (230)
图6-11 板凳马 …………………………………………………… (230)
图7-1 地狱(古代民间版画) …………………………………… (240)
图7-2 孟婆娘娘殿(古代民间版画) …………………………… (240)
图7-3 景颇族"埋魂"仪式上绘身驱鬼的舞者 ………………… (253)

图 7-4	景颇族招魂祭鬼桩——龚布桩	(253)
图 7-5	湘西古丈土家族的船形墓碑,象征以魂舟送魂返祖	(254)
图 7-6	哈尼族送葬时佩戴的头饰吴芭	(255)
图 7-7	云南澜沧哈尼族祖灵箩	(264)
图 9-1	六道轮回图(西藏)	(284)
图 9-2	莲花生大师像(西藏)	(289)
图 9-3	狗头明王(石板浅浮雕造像,(西藏)日喀则。)	(294)
图 9-4	佛塔(西藏)	(298)
图 9-5	天葬台里的骷髅墙(西藏)	(301)
图 10-1	陶仓(湖北江陵凤凰山西汉墓出土)	(308)
图 10-2	汉墓陶仓上的文字(河南洛阳金谷园村汉墓出土)	(309)
图 10-3a	汉代供亡魂食物之抱婴跪俑明器	(312)
图 10-3b	汉代供亡魂食物之抱婴跪俑明器	(313)
图 10-4	湖南牛角坛	(319)
图 10-5	湖南盘口瓶	(320)
图 10-6	贵州玉屏紫气山出土之魂瓶	(323)
图 10-7	夹罐儿	(326)
图 10-8	长沙出土带铭文谷仓	(344)
图 10-9	青釉绘羽人纹瓷盘口壶(东吴)	(353)
图 10-10	盘口壶颈腹部纹饰及贴塑摹本	(354)
图 10-11	鲁凯族古陶壶	(363)
图 10-12	排湾族占卜道具箱与祭罐	(364)

绪 论

灵魂信仰是一种十分古老而又复杂的文化现象。说它古老，是因为在洪荒时代就已经产生了。山顶洞人把山顶洞分为三个部分：上室住人，下室埋葬死者，地窖堆放动物尸体。这说明他们已经懂得把活人与死人分开，把人与动物分开了。山顶洞人在人的尸体旁边撒上赤铁矿粉末，并把染上红色的石珠、带孔的牙齿和边缘钻孔的鲩鱼眼上骨，置于尸体旁作陪葬品，就表明当时的人类已经产生了两个世界的观念。陪葬品是供死者在另一个世界里使用的，红色粉末象征着血液和生命，自然是希望死者的生命在另一个世界里得以延续。这种在人的肉体之外，还相信有一种精神的东西存在，这便是灵魂。

马克思主义经典著作家马克思和恩格斯在他们的著作中，在原始宗教、特别是灵魂问题上作过许多精彩的剖析，大大丰富了他们创立的唯物史观。恩格斯在《路德维希·费尔巴哈和德国古典哲学的终结》中说："宗教是在最原始的时代从人们关于自己本身的自然和周围的外部自然的错误的、最原始的观念中产生的。"他所说的最原始时代人们关于自己本身的自然的错误的、最原始的宗教观念，主要是指灵魂不死的观念。"在远古时代，人们还完全不知道自己身体的构造，并且受梦中景象的影响，于是就产生一种观念：他们的思维和感觉不是他们身体的活动，而是一种独特的、寓于这个身体之中而在人死亡时就离开身体的灵魂的活动。从这个时候起，人们不得不思考这种灵魂对外部世界的关系。既然灵魂在人死时离开肉体而继续活着，那么就没有任何理由去设想它本身还会死亡；这样就产生了灵魂不死的观念，这种观念，在那个发展阶段上决不是一种安慰，而是一种不可抗拒的命运，并且往往是一种真正的不幸……"①

按照唯物史观，灵魂信仰是人对自身以及周围世界的一种错误认识和幼稚经验的产物，而这种观念一旦产生，便具有一种强大的附着力与渗透力，深入到人类思维的深处。随着人类社会不断向前发展迈进，许多错误认识得以纠正，幼稚经验渐趋成熟，但灵魂信仰的许多古老的因子却仍然保留在人的头脑之中，成为传统文化中相当稳定的组成部分。这种世界性的文化现象直到如今在许多民族、许多地区仍然具有普遍的意义。

灵魂信仰是文化人类学的对象之一。过去谈灵魂，大都言必称泰勒、弗雷泽，须知我国古代也有相当完备的魂魄学说，在理论体系和学术深度方面，足以和西方的灵魂学说相媲美，是我国传统文化的重要内容。

中国的魂魄学说带有鲜明的哲学思辨色彩，同时又有强烈的世俗特色，与人的生命历程息息相关。由于我国的魂魄观念与鬼神崇拜、生死观念紧密相连，在上层文化与下层文化中都占有举足轻重的地位。一方面，在上层文化中，形成了一整套以孝和道德伦理为核心，尊卑分明、长幼有序的礼俗制度；另一方面，又以一种潜移默化的巨大势力，进入到下层文化之中，制约着人的生老病死、婚丧嫁娶、规范着人的行为，成为形形色色的民间信仰、节日和风俗习惯的主要依据、中医养生的理论支柱，也是文学作品和神话传说的重要来源。

西方的灵魂信仰以神人合一为其特点，渴望死后上天堂，回到神的身边。我国传统的灵魂信仰崇尚天人合一、天人和谐。而许许多多的少数民族却祈求回到祖先的地方去，死后过着和生人无异的生活。这种原始返祖观在我国许多民族地区的广泛存在，使我国的灵魂信仰带有更多的世俗色彩。

人死以后到哪里去？这是信仰灵魂和探讨灵魂的人都无法回避的问题。不同的民族、不同的信仰，有不同的答案。基督教、犹太教的魂升天堂，佛教、印度教的轮回转生，道家的长生不死，儒家的返祖归宗，无一不体现了该民族的生死观与宇宙观。

---

① 恩格斯：《路德维希·费尔巴哈和德国古典哲学的终结》，《马克思恩格斯选集》第4卷，人民出版社1972年版，第250、219—220页。

返祖归宗的观念，在我国（以及一些东方民族、环太平洋地区民族）流传了数千年之久，已经不仅仅是一个灵魂回归的宗教信仰问题了。因为作为一种宗教，其基本特征是出世性，虚构出一个神幻的世界，使人从中得到精神与肉体的解脱。而返祖归宗的观念则具有入世的性质，说到底，是要使个人有限的生命，加入到家族生命的无限延伸之中，从而使家族永存。

我国许多还保留着原始信仰的民族，同样有亡灵返祖观念，与儒家的返祖归宗有某些相似的地方：重宗族（氏族、家族）而轻个人，重现世而轻彼岸。然而，以天神崇拜与祖先崇拜为核心的儒家的返祖，是以孝道和道德伦理作为前提的。《礼记·郊特牲》说："万物本乎天，人本乎祖。"即所谓"敬天法祖"。法祖就是重丧葬、行孝道，并由此形成了一整套以孝为核心的严格的礼俗制度。返祖归宗是中国宗法性传统宗教的重要内容。而原始的返祖观，是以多神（甚至鬼神不分）与祖灵信仰为基础的，属于祖先崇拜的原始阶段与低级阶段。拉法格在《灵魂观念的起源和发展》一文中说："一切原始民族都发明了死后的天堂，在这里灵魂重新令人神往地过着自己的地上的生活。"① 笔者1989年曾在德国波恩奥古斯丁人类学研究所和民族与文化博物馆里，看到世界各大洲原始部落的许多珍贵文物和原始信仰资料，其中有关于各原始部族皈依基督教的资料，展示了有关人死后升天堂的情景和信仰。由此笔者产生了一个疑问：一切原始民族，或者至今还保留着某些原始信仰的当代民族，都有死后升天堂的观念吗？

我国保留着原始返祖观的民族同样渴望死后"过着自己的地上生活"，然而，他们所构筑的归宿地是天堂吗？本书试图以国内某些比较古老的民族为例，运用比较研究的方法，对原始返祖的性质、特点和民族特色，作一初步的剖析，向读者展示一种中国式的独特的灵魂返祖途径。

灵魂信仰在本质上是人类对人自身、自然和对生命两面体的最初认识，尽管科学在飞速发展，人对自身和世界的认识仍然有一个漫长的过程。灵魂信仰是一种复杂的文化现象，由于它和鬼神、生死、善恶、福祸，以及人的生命特异现象休戚相关，充满了神秘性，有许多现象是当代

---

① ［法］拉法格：《灵魂观念的起源和发展》，《思想起源论》，王子野译，三联书店1963年版，第132页。

的科学和人类现有的经验所无法解释的。特别是在今天，迷信有所抬头，某些地区竟泛滥成灾，故而更有必要站在唯物史观立场上对灵魂这种两重性质的复杂文化现象进行分析和阐释，认识到它是人类思维发展阶梯中一种错误认识和幼稚经验的产物。

第 一 章

灵魂信仰概说

第一节　食人之风与灵魂观念

人类始祖在脱离动物界之后，智力还十分低下，在相当漫长的时期里，过着茹毛饮血、裸身穴居的生活。曾发生过野蛮人之间同类相食的情况。人死后，野蛮人也还不知道掩埋尸体。古籍中对此多有记载，"死则裹以白茅，投于中野"（《吴越春秋·勾践外传》），"死而弃之沟壑"（《吕氏春秋·节丧》），或"送尸山中，任野兽食者"（《隋书·真腊传》），或与鸟兽分食。

考古调查证明，直到旧石器时代，人类"死后的状况，可加阐明的似有两种：'被吃'与'被埋'。第一种指的是大量互不相关的骨片，我们只能将它们与被人或野兽吃掉的动物的残骸等同对待。第二种肯定意味着所发现的尸体或受到像土陷石崩之类的自然原因的保护，或受到埋葬或掩埋在大量泥土与碎石下面的保护"。[①] 这无意识的与野兽同等命运的"被吃"，与有意识的显示着保护意识的"被埋"，反映了人类对待死者的两种不同的态度，标志着人类智力发展的两个不同的阶梯。

史前考古人类学的大量资料表明，直到旧时期时代，"许多人死后并未埋葬，而是被吞食的，有的是被自己的同胞吃了，有的是被野兽吃了"。[②] 恩格斯在《爱尔兰史》中也说："近代科学已经肯定证明：吃人，

[①] ［法］安德列·勒鲁瓦—古昂：《史前宗教》，余灏敏译，上海文艺出版社1990年版，第59页。

[②] 同上。

包括吞吃自己的父母，看来是所有民族在发展过程中都经历过的一个阶段。"① 中国的北京猿人时代，同样也不例外。

据当年曾经发掘和考察过北京猿人的美国学者魏敦瑞于1939年—1940年发表的《中国猿人是否同类残食》一文，和1943年出版的《中国猿人头骨》一书的研究，北京猿人曾经有过食人之俗。其理由主要是：一，按正常情况，人体的肢骨、躯干骨，在数量和体积上要比头骨多，可是北京猿人却相反，代表40多个个体的北京猿人的肢骨只有14件，而头盖骨就有14件，面部骨6件，下颌骨15件，牙齿166个；二，在北京猿人的脑盖化石上发现有利器和重器打击和切割的痕迹。我国考古学家贾兰坡认为他的研究和结论是"有道理的、可信的"。他还说："至于为什么在洞穴里多见北京人的头骨，而少见身体上的骨骼，据我看来，这样做是有他们的目的的，那就是把脑盖部分作为盛水的器皿。"持有这种观点的后起的学者也大有人在。②

这样看来，处于旧石器时代早期的"北京人"中间所存在过的"食人"之风，只是原始人为了解决食物匮乏这一生存目的，因为求生与求食，是人类生存的最低要求。在当时条件下，人的命运与鸟兽是没有什么两样的。食人之俗就是最初阶段上为了果腹的目的而形成的一种习俗。因而当时的人类及其"食人之风"还不具备、也不可能产生以信仰为目的的灵魂观念。

但人类的"食人之风"并非一时的现象，而是延续了相当长的历史时期。随着社会生产力的发展和人类思维能力的逐步提高，大约到旧石器时代的晚期或新石器时代早期，"食人之风"逐渐带上了信仰的目的。后来，出现于新石器时代的用活人当作祭祀神灵的人牲（人祭）、猎头等原始习俗，与初期的农耕祭祀和自然信仰有着密切的关系，显然说明当时已经有了灵魂观念了。

就我国远古的情况来看，产生于史前的人牲，后来大致表现为血祭地母、猎头祭谷、杀长子和初生儿作为"奠基牲"这样三种形式。

---

① 《马克思恩格斯全集》第16卷，人民出版社1964年版，第558页。
② 参见贾兰坡《远古的食人之风》，《化石》1979年第1期；李安民《试论史前食人习俗》，《考古与文物》1988年第2期。各种资料对被发掘的北京人的肢骨、头骨等数字略有出入。

一、血祭地母

土地能赐予原始人赖以生存的食物、居住的洞穴、躲避洪水的去处，地壳的运动造成的种种神秘莫测的现象，因此地母的观念，大概是原始人最早形成的一个抽象的观念和最早受到崇拜的对象。对地母的祭祀，最初就是用活人作为祭牲的。前些年发现的连云港将军崖的崖画和祭坛，据研究，那三块鼎足而立的大石头可能就是以人为祭牲祭祀地母的地方。可以想象，人们把从异族掳来的人质，作为人牲推上设在山岩下面开阔地上的那个偌大祭坛上，唱着悲壮的祭歌，跳着欢乐的舞蹈，在群情激昂的气氛中把活人杀死，用他的热血洒在大地母亲的胸膛上，以祈求大地把恩惠施予本部族的所有成员，希望人丁兴旺，庄稼丰饶，部落安宁。用于血祭的人牲，一般是从别的部族俘虏来的。当然也不排除以本族的人充当祭牲的情况，史籍上记载的著名的商汤国王以身祷雨的传说，就是一个很有说服力的例子。大地之母享用人牲的肉和血，和人类自己吞噬自己的同类，其性质是一样的。

二、猎头祭谷

猎头祭谷，是猎取异族成员的头颅作为祭牲祭祀本部族（部落）谷神的一种仪式。这种风俗和仪式，也是"食人之风"的遗绪，大约产生在新石器时代，延续了很长的时间。甚至在当代的现存民族中也还保留着这一习俗的遗迹。在原始人的观念中，人的头颅即是人的身体的一部分，又是人的灵魂之所在。用头颅祭神既带有人牲的全部含义，又带有厌胜——即镇压异部族或异势力的意义。

三、奠基牲习俗

所谓奠基牲习俗，也是来自远古的"食人之风"，而后延续了很长很长的年代，直至封建社会中还不乏例证。考古发掘已经提供了许多事例，说明古代特别是进入奴隶社会之后建筑的一些工程、房屋和古代贵族的陵墓，在奠基时，要用活人作为祭牲或作为基础，以求吉祥，也显示其威严不可侵犯。这种以人为奠基牲者，据信是初生儿，是长子。我国古籍中有记载，有的部族有关于杀长子以食的习俗。在这些部族或氏族中，人们认为吃长子的肉，次子可以生长得更好。《墨子·鲁问》

说："楚之南，有啖人之国者，其国之长子生，则解而食之，谓之宜弟。"同书《节葬下》又说："越之东，有輆沭之国，其长子生，则解而食之，谓之宜弟。"① 上面文献里所说的地处楚之南的古国，大约就是乌浒一带的部落；越之东的古国，大约是东南沿海一带或东南海域中的诸岛。有学者认为，杀长子以食之的习俗，可能是产生于从母权社会向父权社会转变的时期，婚姻关系由对偶婚转变为一夫一妻制，长子的生父是谁搞不清楚，为了树立父权的权威，要杀死这个尚难确定是否是合法父亲的第一个儿子。而且在原始人看来，殇子可以转世，凶鬼（即恶魂）会来投胎，杀食可能是转世的长子，恶魂即不能作祟，就可以宜其兄弟的诞生和成长。

由此可见，与"食人之风"密切相关的史前人牲（人祭）正是以信仰为目的，以灵魂观念为基础的。无论是血祭地母、猎头祭谷、吞食敌人之脑髓以吸取勇气，还是割头、割指、割肢以达到厌胜的巫术目的；无论是杀食老人或父母，以求把血脉转给子女或后代，或是杀食长子，以防恶魂作祟，以利氏族血亲之延续……凡此种种，都是以食人或杀人为手段，以达到对一种超自然力量（灵魂）祈求或膜拜的目的。

因此，不能笼统地认为，保持着"食人之风"的民族，是没有灵魂观念的。对"食人之风"要作具体分析。从"食人之风"考察灵魂观念的发生，并不是绝对的。民族学考察发现，有些原始先民，一方面为了充饥，解决求食之需；同时，又有信仰的目的。但一般说来，只有那些为了解决求食果腹的生理需要而动物式的食人、并处于野蛮低级阶段上的原始人类，才不具备产生灵魂观念的条件。而到了新石器时代，以活人作牺牲，杀活人以祭神灵或祖先的阶段，伴随着人牲习俗，人们的灵魂观念也就相应地产生了。②

---

① 《百子全书·墨子》第5册，浙江人民出版社1984年版。
② 考古学家认为，我国出土的最早的人牲实例，见于辽宁省喀左县东山嘴红山文化（属新石器时代）祭祀遗址。学者们推测，我国的人牲习俗，还要往前追溯一段较长的时间，即早于红山文化的仰韶文化。商代是我国人牲习俗的鼎盛期，推测商代与红山文化的人牲习俗均起源于仰韶文化。参见黄展岳《中国古代的人牲人殉》，文物出版社1990年版。

第二节　埋葬的出现与灵魂信仰

有意识的、带有信仰性质的埋葬，是考察灵魂观念的重要依据。

由于史前考古具有极大的局限和不确定性，物质文化遗存与观念往往不是同步的，也就是说，许多观念不一定能通过考古发掘找到相应的物质遗存，而已知的史前考古文化遗存，可能是某一观念发展到一定阶段上的产物，因此，我们所要考察的灵魂观念，在其发展阶段，常常带有假设的和推测的性质，是可以理解的。

史前考古资料证明，旧石器时代中期欧洲的尼安德特人已经有了埋葬死人的习俗。意大利西尔塞山加塔利洞穴发现了一个头盖骨，被安放在一个洞室深处的一圈石块中间（图1-1）。头盖骨没有下颌骨，附近也不见有其他部分的骨骼，据发现它的意大利史前学家布朗分析，它被尼安德特人扔在那儿时已经是个头盖骨，右眼眶被打碎扩裂了。他认为这两处裂痕是头盖骨的主人被击杀，被取出脑子时留下的，而且取出脑子的目的，是"按照祭礼仪式的誓约而食之"。[①] 尽管这只是一种推测，但西尔塞山加塔利洞穴这个放置在一圈石球堆中，经过处理的头盖骨，却引起了史前考古学家的特别注意。荣纳省阿尔西—絮—居尔的利耶讷洞穴，居室与石球堆处于同一地层，相适应与行将结束的莫斯特时期（尼安德特人所处的旧石器时期中期），发现有两块硕大的化石，一个是腹足纲动物，一个是球形的珊瑚骨，还有两块黄铁矿石，形状像几个球体黏合在一起（图1-2）。法国考古学家古昂说："从这些遗物的位置及其来源来看，它们肯定是有意识地被带进来的。"他推测这些遗存物和上述石球堆都可能带有某种巫术意义，或是与某种典礼仪式有关。[②]

在图克斯坦的泰奇克·塔什洞穴，一具尼安德特小孩骨骼的残骸，躺在发现羱羊角的地层中，羱羊角共有五只（图1-3）。

[①] [法]安德列·勒鲁瓦—古昂.《史前宗教》，余灏敏译，上海文艺出版社1990年版，第41页。

[②] 同上书，第78页。

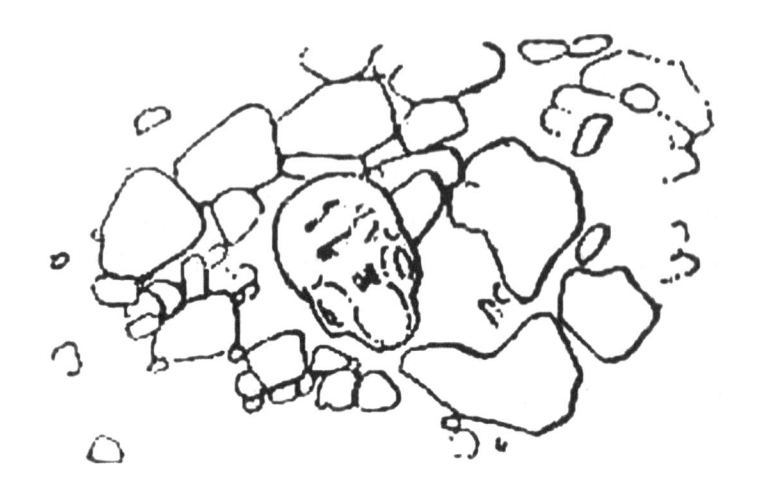

图 1-1 西尔塞山（意大利）安置在一圈石块中的头盖骨
（采自［法］安德烈·古昂《史前宗教》）

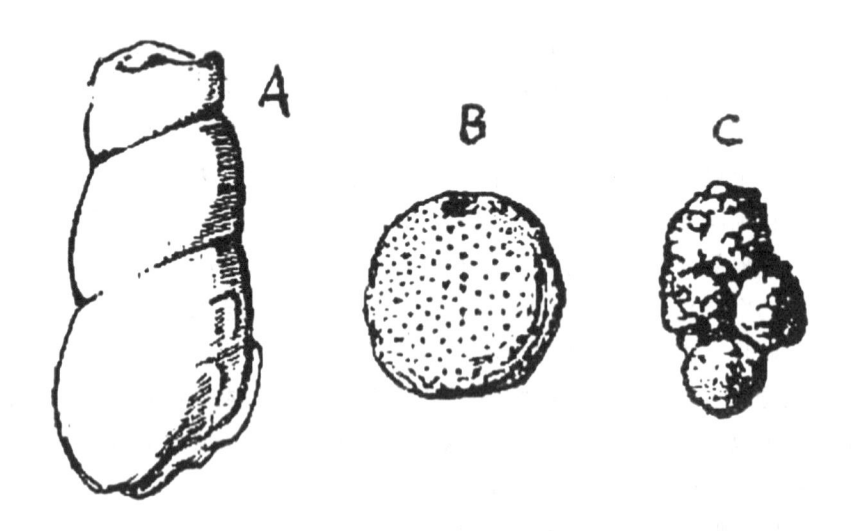

图 1-2 荣纳省出土之中生代软体动物（A）、
珊瑚骨（B）及黄铁矿石（C）
（采自［法］安德烈·古昂《史前宗教》）

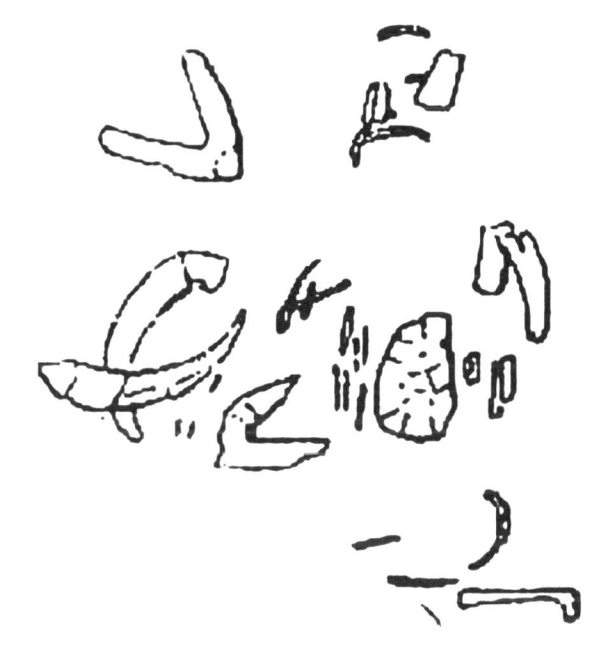

图 1-3　在羱羊角地层中之尼安德特小孩骨骼
（采自［法］安德烈·古昂《史前宗教》）

在伊拉克的萨尼达，R.索莱基描述了一处极有意思的遗存。尸骨被埋在一堆石块下面，底下是一层植物的有机物质，对其石化花粉的分析表明，它含有大量的花卉残质，这些花卉一定是在封墓之前放在尸体上的。花粉的保存与集中，证明拿进墓穴的是花卉，而不是被风吹进来的花粉。①

在以色列的卡夫泽洞穴中，发现的一具尸骨，双手上放着一只黄鹿角。

史前考古学家古昂指出：

> 总之，尼安德特人的某些行为超出了吃喝的范围，他们堆砌石圈，采集化石和赭石，埋葬一部分死者，另一部分可能被他们吞食了……

---

① ［法］安德列·勒鲁瓦—古昂：《史前宗教》，余灏敏译，上海文艺出版社1990年版，第41、57页。

尼安德特人在其行将消失的时候，留下了埋葬死者的证据，安放在洞穴里的一两个头盖骨，少许的赭石，几块化石，一些石球堆，几个刻在石块上的壳斗。这足以假定在古人（尼安德特人）隆起的眼眶后面，已经萌发了某些后来产生重大意义的观念。①

这种有着重大意义的观念，就是灵魂观念。旧石器时代的尼安德特人，有意识地处理人的尸体，带有某种信仰目的地放置随葬物，可能与灵魂观念的萌发有关。

旧石器时代晚期，已经有了墓葬。这一点是确定无疑的。从上面所引古昂书中对数十个实例的精确的考察中可以看出，尸体的葬式（埋葬姿势），尸体及墓穴里撒放赭石粉的情况，饰物，随葬物，墓穴结构，都显示着当时人们的灵魂观念有了相当的发展。

下面我们还要举出几个具有信仰含义的遗存物的例证。

（一）在阿里埃日省的莱·图瓦—弗雷尔洞穴中，发现一块小孩的下颌骨，上面钻有一孔，可用来悬挂；在多尔多涅省的拉·孔布，发现一颗臼齿，上面也钻有一个悬挂孔，齿根上还刻有一个齿形符号；在摩拉维亚的多尔尼—维斯托尼斯，发现一颗同样钻孔的门牙。

（二）1961年在阿里埃日省的勒·马斯—达齐，发现了一个少女的头盖骨，没有下颌骨，眼眶中有两块切削过的骨片充当眼睛。（图1-4）这属于旧石器时代晚期马格德林时期的遗存物。

（三）在比利时发现了几十个用蟹守螺贝壳化石拼嵌而成的图形。这一图形与俄罗斯发现的堆砌得像只马头样的图形相似。考古学家们推测这种图形可能说明居室的地面，曾用作举行具有典礼仪式性质的活动的场所。

（四）在上面提到的荣纳省阿尔西—絮—居尔的利耶讷洞穴，属于奥瑞纳时期的第七地层与属于夏特佩龙时期的第七地层（均属旧石器晚期）中，有大量红色赭石。介于这两者之间的第八地层，是一厚层黄色黏土。在这一地层中，发现了许多拳头大小的赭石圈，里面有一大块燧石片，（图1-5）这些图形的堆砌显然是有意识的，不是随意的。

---

① [法]安德列·勒鲁瓦—古昂：《史前宗教》，余灏敏译，上海文艺出版社1990年，第41、81页。

在旧石器时代晚期墓葬中发现的这些赭石，是学术界所掌握的关于人类最初的信仰习俗的第一批珍贵资料。从中可以看到，那时，人们就知道寻找从黄到紫各种颜色的含铁赭石加以烘烤，制成染料了。

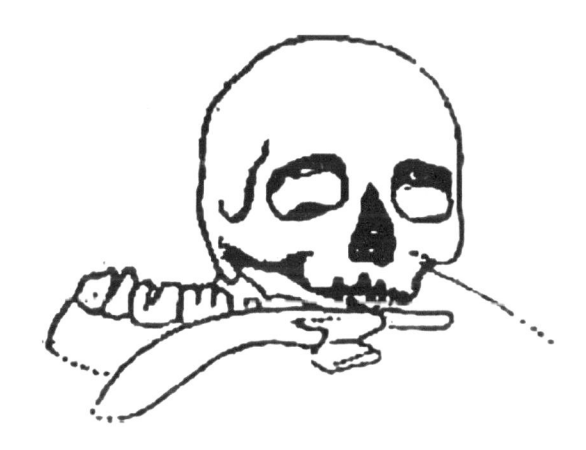

图1-4　眼眶配有骨片之少女头盖骨（采自［法］安德烈·古昂《史前宗教》）

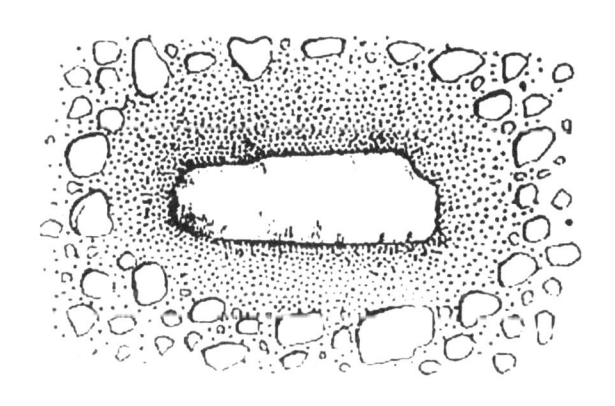

图1-5　安放在赭石堆中的燧石片（采自［法］安德烈·古昂《史前宗教》）

远古时代墓葬中所遗存下来的赭石，大多呈粉状、棍状和片状，都是作为染料用于墓葬的。我们已经知道，在远古赭石的具体用途是：（1）涂抹尸体，撒于尸体四周，或染红墓底；（2）文身；（3）用以描绘岩画与洞穴壁画。其中第一项用途，与我们所论的灵魂观念直接相关。

在考古学家们对从英国到苏联27座旧石器时代晚期墓葬进行的考察中，有17座墓葬中发现了赭石遗存。这17座墓葬使用的赭石，大致有两种情况：第一，墓底铺赭石，或把墓底涂成红色。如前文提及的阿尔西—絮—居尔发现的赭石圈，加尔加斯的某些洞穴凹室和安德尔省圣马赛尔洞穴的整个洞顶和岩壁上均用赭石涂成红色；第二，以赭石粉涂抹尸体或撒于尸体四周，如阿雷纳·康迪德遗址的一颗头盖骨被涂成红色，格里曼底的莱·桑方洞穴中发现的一具黑色人种男尸的骨骸上涂抹了赭石粉末，格里曼底的卡维荣墓葬中一具尸体，从口部向外延伸的一条长约18厘米的皱痕上涂了赭石染料。学者们常常把这条从嘴部延伸开去的红色线条，看作是象征生命的气息，鲜血的流动，或说话的声调。① 我们可以认为，这种旧石器时代晚期就出现的从口鼻部向外延伸的红色赭石线条，生动地表现了早期的灵魂观念，即在原始人看来，灵魂与呼吸、气息、鲜血和生命之间存在着密切的关系。

属于旧石器晚期的我国北京市周口店"山顶洞人"的发现，为探讨灵魂观念的起源提供了重要的资料。

其一，在这里"发现了中国迄今所知最早的墓葬"。② 山顶洞人因发现于北京市周口店龙骨山北京人遗址顶部的山顶洞而得名。山顶洞分四个部分：洞口、上室、下室和下窨。上室在洞穴东半部，地面发现有灰烬，有烧炙的痕迹，还发现有婴儿头骨碎片、骨针、装饰物及少量石器，说明是人居住的地方。下室在洞穴的西半部稍低处，深约8米，发现有3具完整的人头骨和人身骨骼，而且人骨周围散布有赤铁矿粉（即前文提到的赭石粉）和随葬品，说明下室是埋葬死人的地方。下窨在下室深处，在那里发现了许多完整的动物骨架，可能是在人类入居以前，偶然坠入这个天然"陷阱"之中的。③ 山顶洞的四分结构，说明当时的人类已经懂得把活人与死人分开，把人与动物分开了。主持山顶洞人发掘的裴文中先生指出："山顶洞内之一部，为埋葬死人之地，并无若何疑问。埋葬之时，将

---

① ［法］安德列·勒鲁瓦—古昂：《史前宗教》，余灏敏译，上海文艺出版社1990年，第41、72页。

② 吕遵谔：《山顶洞人》，《中国大百科全书·考古卷》，中国大百科全书出版社1986年版，第432—433页。

③ 贾兰坡：《中国大陆上的远古居民》，天津人民出版社1978年版，第120—121页。

其生前之衣饰及用器，似均一并殉葬。"① 可见，山顶洞人处理尸体的方式，完全是有意识的，是以某种信仰为依据的。

其二，山顶洞人使用红色赤铁矿粉的情况，同样引起了史前考古人类学家们的注意。裴文中在《中国石器时代》一书中说道："山顶洞人还用赤铁矿做红色染料，将装饰品染成红色。尸体旁边的土石上，也撒上赤铁矿粉末，染成红色。"② 贾兰坡指出："在人骨的周围散布有赤铁矿粉末，是墓葬可靠的标志。"③

考古学家们指出的山顶洞人对赤铁矿粉的两个用途，可能都带有信仰的目的。一，用赤铁矿粉为染料，把石珠、带孔的牙齿、边缘钻孔的鲩鱼眼上骨染成红色，置于尸体旁边作为陪葬品，显然不仅仅是为了审美，吸引异性，同时也借此表达生者对死者的某种态度、感情和愿望。二，在人骨四周撒上赤铁矿粉，把尸体旁边的土石染上红色，一方面，有驱除野兽的作用，即实用的目的，另一方面，这种红色的物质，可能被认为是血的象征，人死血枯，加上同色的物质，希望他们到另外的世界得到永生。

学术界普遍认为，红色是石器时代人类最常用的颜色。究其原因，是由于红色染料最易于得到。据裴文中1939年发表在《中国古生物志》新丁种九号上的研究称，山顶洞堆积的各地层中，都发现有赤铁矿碎块和碎粒，其中有两块有显著的人工使用的痕迹，一为一端曾经研磨者，一为一面曾经刮磨者。考古学家还在龙骨山以东约1公里的周口店村南头的泥砾中，找到了赤铁矿碎块，和山顶洞遗址中所发现的相同。这说明把赤铁矿作染料用于埋葬死者，是以当时的物质文化为基础的。

其三，山顶洞人把死者生前使用过的工具、武器（主要是砍斫器、刮削器、骨角器、石矛等石器）、衣服（根据骨针判断，当时有可能以兽皮为衣）和加工制作过的装饰品（如穿孔兽牙、穿孔小砾石、穿孔海蚶壳、骨管、小石珠、钻孔鲩鱼眼上骨等）作为随葬品，置于尸体旁边，供死者在另一世界继续使用。

在山顶洞遗存中，有一件经过磨光的赤鹿鹿角和一块梅花鹿的下颌骨。据史前考古学家考察，旧石器时代遗存中，鹿上的下颌骨的数量最

---

① 裴文中：《中国史前时期之研究》，商务印书馆1950年修订版，第91页。
② 裴文中：《中国石器时代》，中国青年出版社1954年版，第35页。
③ 贾兰坡：《中国大陆上的远古居民》，第121页。

多，因而有研究者认为，这种现象是由于"下颌骨易于携带，常用于祭祀，故旧石器时代的人，甚至更早的人对自己已故的亲人或被征服的敌人的下颌骨，怀有某种崇敬"。① 山顶洞人保存的梅花鹿下颌骨，是否有特殊的用途，是一个有待继续研究的问题。至于山顶洞遗存中的鹿角使我们联想起上文所提到的以色列卡夫泽洞穴中，那一具尸骨的双手上放着的一只黄鹿角，同样可能具有某种信仰的含义。

从上述考古遗存可以看出，在旧石器时代中期，特别是到了晚期，人类对死人的埋葬，是有意识的行为，是以某种信仰为依据的，而这种信仰就是灵魂信仰。

到了新石器时代，人类的灵魂观念有了进一步的发展。最值得注意的是考古出土的几尊女性雕像。例如：1979年辽宁喀左东山嘴红山文化祭祀遗址出土的陶塑裸体孕妇立像与大型女坐像；1993年辽宁建平牛河梁红山文化女神庙遗址出土大型泥塑女神头像［图1-6］；1983-1989年河北滦平后台子新石器文化遗址出土六件石雕孕妇像［图1-7］；1984年、1989年内蒙古出土的若干石雕女像；等等。这些女性雕像的出土对灵魂信仰的研究有重大的意义。

其一，以信仰为目的的女性造像的出土，说明在新石器时代灵魂观念的普遍性。对于这些造像的性质，中外学者看法不一，大致有：女始祖偶像、生育女神、高禖女神、地母女神、大母神、农神、山神等若干种。② 民俗考古学家宋兆麟认为，我国考古发现的女性雕像基本分为两大类。一类是神偶，一类是巫术替身。③ 辽宁喀左东山嘴、建平牛河梁、河北滦平后台子等出土的女性雕像，都属于第一类。这些女性像的特点：一是比较完整；二是制作精细；三是均为成年女性；四是神像造型适于供奉，除双腿盘坐者外，大都下部呈尖锥状，便于插在地上或祭坛上。可以看出，这类女神雕像扮演的是氏族或部族始祖母的角色。东山嘴和牛河梁出土的残

---

① ［法］安德列·勒鲁瓦-古昂：《史前宗教》，余灏敏译，上海文艺出版社1990年版，第33、35页。

② 参见郭大顺、张克举《辽宁省喀左县东山嘴红山文化建筑遗址发掘简报》，《文物》1984年第11期；辽宁文物考古所《辽宁牛河梁红山文化"女神庙"积石冢发掘简报》，《文物》1986年第8期；汤池《试论滦平后台子出土的石雕女神像》，《文物》1994年第5期；西北大学文博学院考古专业《陕西扶风案板遗址第五次发掘》，《文物》1992年第11期。

③ 宋兆麟：《中国史前的女神信仰》，《中国历史博物馆馆刊》1995年第2期。

破孕妇雕像、陕西扶风案板出土的陶塑裸像等，则属于第二类。这类人像与第一类女神像有明显不同：一是残破不全，多为人为打破；二是有男有女，不都是女性；三是在宗教遗址或灰坑中发现，并非作供奉之用。这类以治病驱灾招魂为目的的巫术替身，同样是一种十分原始的信仰。无论是始祖母信仰或是巫术替身，都是以灵魂信仰为其基础的。

其二，偶像崇拜是灵魂信仰发展到一定阶段的较晚产物。我国出土的性质用途不一的偶像，说明新石器时代我国的灵魂信仰已经有了相当的发展。

图1-6 辽宁牛河梁红山文化女神头像

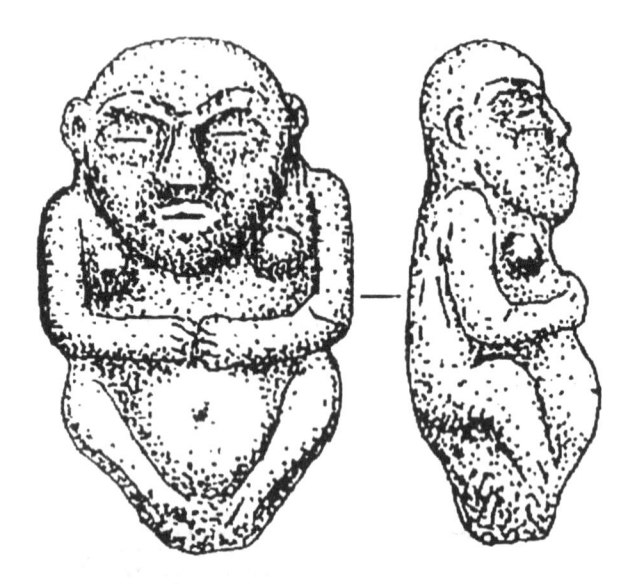

图1-7　河北滦平后台子新石器文化遗址之孕妇石像

可以看出，灵魂信仰并非与生俱来，它是人类思维发展到一定阶段的产物。在我国的元谋人和北京人时代，人死，弃尸于野，与鸟兽分食，其处理死人的方式与动物没有什么两样，不具备灵魂信仰产生的条件。到了山顶洞人时代，山顶洞的四分结构，活人、死人、动物分开，表明人类有了两个世界的观念。对外界来说，人已经懂得把人与自然界分开，把人与动物分开；对人类自身来说，把活人与死人分开，把生与死分开，从而产生了人死后到另一个世界生活的灵肉可以分离的灵肉二元观。考古遗存所见把死人的躯体安置于专门的地方；为其准备随葬品，供其在另一世界使用；在尸体旁放置装饰品，以取悦死者；撒抹红色赭石粉，以求死者的血液畅通，生命在另一世界延续，凡此种种，正是原始灵魂观的一种表现。

第三节　泰勒的万物有灵学说

泛灵信仰（Animism），又译万物有灵信仰、万物有灵观、万物有灵论。Animism 这个词儿，来源于拉丁语 Anima（"生命""灵魂""气息"的意思）。Animism 是指对 Anima 的信仰以及有关 Anima 的学说和理论。我国学术界多用"万物有灵观（论）"这个译名。"万物有灵"一词只是一种比喻，是个约定俗成的术语，严格说来，其表述并不十分确切。人类学、民族学调查资料表明，原始人只对与他们密切相关的人、事、物和现象感兴趣，并赋予它们以灵魂，并非认为万事万物均有灵魂，他们还未形成"万物"的概念。我们在使用这个词时，指的是原始人相信人、生物或无生物有一个可与其形体分开的灵魂体。

万物有灵学说是由英国人类学家爱德华·泰勒（Edward Tylor, 1832—1917）在《原始文化》（1871）一书中首次提出来的：

> 万物有灵观的理论分解为两个主要的信条，它们构成一个完整学说的各部分。其中的第一条，包括各个生物的灵魂，这灵魂在肉体死亡或消灭之后能够继续存在。另一条包括着各个精灵本身，上升到威力强大的诸神行列。①

灵魂观是万物有灵学说的核心。泰勒给灵魂和精灵所下的定义如下：

> 灵魂是不可捉摸的虚幻的人的影像，按其本质来说虚无得像蒸汽、薄雾或阴影；它是那赋予个体以生气的生命和思想之源；它独立地支配着肉体所有者过去和现在的个人意识和意志；它能够离开肉体并从一个地方迅速地转移到另一个地方；它大部分是捉摸不着看不到的，它同样也显示物质力量，尤其看起来好像醒着的或者睡着的人，一个离开肉体但跟肉体相似的幽灵；它继续存在和生活在死后的人的肉体上；它能进入另一个人的肉体中去，能够进入动物体内甚至物体内，支配它们，影响它们。②

泰勒的万物有灵学说的内容可以概括为以下几点。

一、关于灵魂观念的发生与灵肉二元学说

泰勒认为，处于文化低级阶段的人，由于对构成生与死的肉体之间的差别，对清醒、梦、失神、幻觉、疾病、死亡的原因，对梦幻中人的形象

---

① ［英］E. 泰勒：《原始文化》，连树声译，上海文艺出版社1992年版，第419页。
② 同上书，第416页。

是怎么回事等现象不解，推测有一个"第二个我"存在，认为"每个人都有生命，也有幽灵"，这"生命""幽灵"或者"第二个我"可用拉丁字"Anima"表示，称之为灵魂。这"灵魂"与"肉体"同时存在于人身上，由此产生了灵肉的二元说。

二、灵魂是什么？

泰勒认为，"灵魂是不可捉摸的虚幻的人的形象"，其性质像气息、薄雾、阴影；灵魂是虚幻的，它看不见摸不着，但它又有物质性，有重量，许多民族都有在棺材、坟墓、屋顶甚至帽子上留有小孔的习俗，那是给有形体的灵魂以出入的通道，只不过灵魂的形体一般人看不见，只有灵魂的使者巫师才可以看见。

三、关于灵肉互相依存与分离的学说

泰勒认为，"每个人都有生命，也有幽灵。显然，两者同身体有密切联系：生命给予它以感觉、思想和活动的能力，而幽灵则构成了它的形象，或者第二个'我'"。（见上引泰勒《原始文化》中译本，第416页，下同）灵魂赋予肉体以生命、感觉、思想和活动的能力，灵与肉的相互依存则体现为生命的存在，即"灵魂为生命之源"（第423页）。然而，灵魂"跟肉体是可以离开的：生命可以离开它出走，而使它失去感觉或死亡；幽灵则向人表明远离肉体"（第416页）。灵魂离体有两种情况：其一，灵魂可以离开肉体，由此出现了影子，梦中的幻象；灵魂离开，或受伤、受损，人就会失神、生病；灵魂永远离开，人就会死亡。其二，灵魂可以附着或寄存于身体的某一部位，或离体寄存于动物、植物、无生物之中。

四、关于死后灵魂存在与两个世界的学说

包括以下六个方面的内容。

（1）原始民族往往把出现在梦中和幻觉中的死人的形象，看作是死人留在活人中的灵魂。这一事实，说明了蒙昧人较为普遍地相信，肉体死后，灵魂还会继续存在。（参见第484页）

（2）肉体死后，灵魂可以独立存在，或暂时移入物体（树木或石头等）；或一个人的灵魂可以在另一个人的躯体中得到新生或再生（第486

页)。关于来世的信仰,对原始人来说,虽不普遍,但却是共同的。

(3) 泰勒认为,灵魂继续存在,而不是不死。泰勒提醒读者,在研究中,要避开"不死的灵魂"这个说法(第503页),因为在蒙昧人心目中,灵魂是继续存在,而不是不死(第484页)。顺便说说,拉法格也论述过野蛮人不能产生灵魂不朽的观念的观点,他在《灵魂观念的起源和发展》一文中说:"野蛮人不知道自己的年龄,有着非常局限的数的观念,他们自然不能理解永久的观念,因此在他们的头脑中还不能产生灵魂不朽的观念:原始人认为对死者的记忆延续多久,灵魂就活到多久。"[1] "不死"是一种生理现象,"不朽"是一种价值观念,二者是不同的。

(4) "灵魂"与"精灵"是两个不同的概念。他在给灵魂下定义时,对灵魂与精灵这两个概念加以区别。认为灵魂(Soul)与生命、心灵、灵气、呼吸等同,是人体的主宰,失去了灵魂,人的生命就不存在了。精灵(Spiritual beings)是指人死以后,可脱离肉体而独立存在的亡魂。(第417页)而精灵观念是由灵魂观念发展而来的。

(5) 原始的道德因素与善恶观念导致了善魂与恶魂观念的产生。人死之后,脱离肉体而独立存在的亡魂,既可降福祉于活人,又可作祟于活人。祖先信仰、鬼魂信仰由此而产生。为调整活人与亡魂(祖先与鬼魂)的关系,出现了埋葬死人以及对亡魂祭祀的习俗。

(6) 人死后灵魂继续存在,到另一个世界生活,由此而产生了生死有别、活人与死人殊途的两个世界的观念。

五、动、植物均有灵魂

泰勒认为,"蒙昧人……认为,畜类具有跟他们自己的灵魂相似的灵魂"。又说:"正如关于人的灵魂的概念应当是关于灵魂的第一个概念,然后才由于类推而扩展为动物、植物等等的灵魂。"

六、万物有灵信仰是原始种族宗教观念的基础

灵魂或精灵可以上升到威力强大的诸神之列。神灵被认为影响或控制着物质世界诸现象和人的今生与来世的生活。充分发展起来的万

---

[1] [法]拉法格:《思想起源论》,王子野译,三联书店1963年版,第128页。

物有灵观,就包括了信奉灵魂和未来的生活,信奉主管神和附属神,这种信奉,在实践中则转变为某种实际的崇拜。他提出了"把神灵信仰判定为宗教的基本定义"的主张,意味着他认为宗教起源于万物有灵信仰。

泰勒的万物有灵学说,除了上述内容外,还包括灵魂的阶梯观念、物神信仰、偶像崇拜、巫术、图腾崇拜、多神教、灵魂信仰与神话等。

泰勒的万物有灵学说,在灵魂信仰和原始文化史的研究中,有着重要的开创意义。首先,是他第一个把人类学,特别是原始民族的信仰资料引进宗教史和原始文化史的研究中。他把普遍存在的灵魂信仰看作是原始人思维和心理状态的主要特征,并把灵魂信仰的种种纷乱而杂芜的现象加以归纳、系统化,提到理论的高度,为灵魂信仰学说奠定了基础。同时,他把进化和发展的观点引进灵魂信仰研究和民族学中,把原始民族看作是人类社会发展的一个阶段,并以泛灵信仰为例,说明在原始人思维与文明人思维之间,没有不可逾越的鸿沟,从而批驳了西方当时流行的落后民族"退化"的理论。

其次,他提出的泛灵信仰具有普遍性和连续性的特点,对于灵魂信仰的研究,至今仍有借鉴意义。泛灵信仰是人类早期对人自身以及外部世界的错误认识和幼稚经验的产物,普遍存在于各民族文化的早期发展阶段。这些错误的认识和幼稚的经验一旦产生,便具有强大的穿透力和渗透性,弥漫于民族文化的各个领域之中。在文明发达地区,随着历史的发展,一部分错误的认识得到纠正,幼稚的经验趋于成熟,但从世界范围的情况来看,这些观念仍然保留在人类思维深处,成为传统文化的一部分。近代以来我国考古发掘的大量原始文化遗存、古代典籍记载的原始习俗,以及在少数民族和汉族当代生活中至今仍然保存着的民间信仰的实例,都说明了灵魂信仰的普遍性与连续性特点。

然而,泰勒的万物有灵学说,存在着致命的缺陷。主要表现在:他把泛灵信仰(Animism)绝对化,把泛灵信仰等同于神灵信仰,等同于宗教,并根据直线进化论的原理,进而得出了泛灵信仰是宗教的第一阶段即宗教童年的错误结论。泰勒忽视了人类的泛灵信仰从孕育、萌芽、发生到形成,有一个十分漫长的过程。后期的人类学家马雷特(R. Marett)、列维-布留尔(Levy-Bruhl)和马林诺夫斯基(B. K. Malinowski)等,正是从上述观点出发对泰勒的泛灵学说提出异议和修正的。①

泰勒的历史局限，还在于把原始人理想化。他忽视了原始人直观的、具象的、臆猜的、类似的、不自觉的思维特点，突出了原始思维的自觉性与理性，夸大了它的"独立思考能力"和概括抽象能力，把原始人看成了现代意义上的哲学家。我国有的学者认为，包括泰勒的万物有灵学说在内的西方人类学派的设想，"在很大程度上仍是难以证实的，……至今尚未发现任何历史例证，足以认定在史前人类中确曾存在过万物有灵和前万物有灵的观念"。②

第四节 希腊和中国哲人的灵魂阶梯学说

在西方，对人自身的宇宙——灵魂的探讨有着悠久的历史。古希腊哲人苏格拉底（公元前469年——公元前399年）从"认识你自己"这一哲学命题出发，开创了西方古典心身二元说的先河。"认识你自己"这一名句，是公元前五世纪希腊米利都学派泰利士（Thales）提出来的，一直作为一句道德格言，告诫人们不要妄自尊大，也不要妄自菲薄，并被刻在科林斯湾北岸的德尔菲小镇的神庙里。而苏格拉底却赋予这一名言以崭新的哲学意义，提出"首先要关心改善自己的灵魂"③，认为哲学研究应该从自然转向自我，特别是自己的灵魂。他从哲学的高度对灵魂的特性、结构、作用提出了重要的见解。

古希腊哲人的灵魂学说可注意之点有五。

一，灵魂是单一体，不能分解，因而不会消灭；

二，灵魂作为"始基"或"本原"，是无影无形、无始无终、永恒不灭的；

三，灵魂的本性是自动的，"一切无灵魂的物体由外力而动，但有灵

---

① 英国人类学家马雷特（1866—1943）对 Animism 加以修正，提出了"泛生信仰"（Animatism，又译文"物活论"），即"前泛灵信仰"说。认为原始人在产生泛灵信仰之前，已具备一种观念，认为整个世界是活的，无须以各自有独立的灵魂为前提。

② 郑建业：《宗教学》，《中国大百科全书·宗教卷》，中国大百科全书出版社1988年版，第564页。

③ 《西方哲学名著选读》，第69页。

魂者则自己动，因为这是灵魂的本性"①。

　　四，灵魂有思想或理智，具有随意指挥身体行动的实践能力。

　　五，人的灵魂有不同种类即高低之分。欲求多而强烈的灵魂是低级的，反之则是高级的。②

　　柏拉图在苏格拉底的灵魂阶梯观念的基础上，提出人身上有三个不同的灵魂，即位于头脑中的理性灵魂，位于胸腔的精神灵魂（Spiritedsoul，即激情灵魂），位于腹部的欲望灵魂。③ 这三个灵魂同样有高低阶梯之分。也就是说，灵魂由三个部分组成：一是"理性部分"，是灵魂中的最高贵部分，是智慧、知识、理性认识之依据，是人区别于动物的根本所在，为人神所共有；二是"激情部分"，人与动物所共有；三是"欲望部分"，是灵魂的低级部分，表现为感性的需要、欲望，如饥渴、情欲等。④

　　亚里士多德（公元前384年—公元前322年）在《动物四篇》等著作中，对"灵魂是身体的形式"的心身同一学说进行了系统的探讨。亚里士多德对灵魂的阶梯理论作了系统的阐释。我国当代西方心身学说研究者高新民在其编著的《人自身的宇宙之谜——西方心身学说发展概论》对亚里士多德的灵魂阶梯理论概括如下：

　　　　（亚里士多德认为）灵魂是有生命的物质的共同形式或本质，是有机体机能的总和。（灵魂）有高低之分，即机能数量越多，那么灵魂越高级。有机体的机能不外有：1，营养、生殖、生长；2，欲望、愿望；3，知觉；4，运动；5，理性或心灵或思想。第一类机能为一切生物所共有，而为植物们所特有，因此这些机体的总和可称之为植物灵魂。动物除了具有生殖、生长和营养等机能外，还特有感觉、运动、欲望等机能，因此动物所特有的机能的总和可称之为动物灵魂。人除了有上述植物灵魂、动物灵魂以外，还具有理性推理或思维的机能。人所特有的这种机能就可以称之为理性灵魂。⑤

---

① 柏拉图：《斐多篇》。
② 高新民：《人自身的宇宙之谜》，华中师范大学出版社1989年版，第45—49页。
③ 柏拉图：《蒂迈篇》。
④ 高新民：《人自身的宇宙之谜》，第53页。
⑤ 同上书，第60—61页。

英国著名汉学家李约瑟在他的名著《中国科学技术史》第二卷《科学思想史》第九章中专门论述了"灵魂阶梯"学说，把亚里士多德的灵魂阶梯学说与中国的荀子（约公元前305—公元前235年）、北齐文学家刘昼（公元514年—565年）、明代生物学家王逵（生卒年不详）的有关见解列表比较如下：

亚里士多德（前3世纪）

植物	生长灵魂
动物	生长灵魂＋感性灵魂
人	生长灵魂＋感性灵魂＋理性灵魂

荀子（前3世纪）

水与火	气
植物	气＋生
动物	气＋生＋知
人	气＋生＋知＋义

刘昼（6世纪，见收录在《道藏》中的《刘子》）

植物	生
动物	生＋识

王逵（14世纪，见所著《蠡海集》）

天空、雨、露、霜、雪	气
地	气＋形
植物（及某些矿物）	气＋形＋性
动物	气＋形＋性＋情
人	气＋形＋性＋情（＋义）[①]

李约瑟还举了朱熹为例。认为他的观点更为复杂："除了构成万物的

[①] ［英］李约瑟：《中国科学技术史》第2卷，科学出版社、上海古籍出版社1990年版，第22页。

气或物质—能量（matter - enegy）以及普遍组织原则'理'而外，无机之物只具有实质和性质（形、质、臭、味）。植物于此之外还有生气。但在人和动物，则还有血气和血气知觉。"①

他这样评价荀子关于灵魂阶梯的观点：

> 水和火有气，但没有生命。植物和树木有生命，但没有知觉。鸟类和动物有知觉，但没有正义感。人有气，有生命，有知觉，还加上有正义感；所以人是世界万物中最可贵的。论气力他不如牛，论奔跑他不如马，而它们都为他所用，这是怎么回事？……因为正义使他们融为一体，从而产生力量，并最后导致胜利。②

李约瑟对亚里士多德和荀子的灵魂阶梯观念进行了比较之后，指出亚里士多德略早于荀子，"很难相信，他们两人的学说是谁源出于谁。我宁愿假定，尽管有相似之处，两者是彼此独立的，是对同样现象进行思考的结果"③。

上述希腊和中国哲人对灵魂的哲学考察，和泰勒、弗雷泽、安德鲁·兰（Lang A.）等人对灵魂的文化人类学考察，在对象、目的、所使用的资料等许多方面，有明显的不同。后者主要致力于原始人的思维发生状况、灵肉二元观的形成、宗教观念的萌芽以及信仰习俗文化之由来这些命题。而前者则主要着眼于文明人的灵魂质量、人对自我的认识和道德的自我完善程度。然而，古代的希腊和中国哲人们以思辨和理性的眼光提出的灵魂阶梯学说，同样揭示了灵魂学说中的一些根本性问题。这些问题，归纳起来是：

（一）灵肉二元的关系，既相互依存，又彼此统一；

（二）灵魂是心灵、是思想、是生命、是知觉、是气、是"有机体机能的总和"；灵魂有形、有欲望、有愿望、有生殖生长能力、有生、有知、有形、有情、有义、有识；

（三）多魂信仰，人的身体有若干灵魂，位于人的头脑、胸腔、腹部

---

① 朱熹的见解见于《朱子全书》卷四十二；李约瑟的分析见前引李著，第24页。
② 《荀子·王制篇》。此处所引系据李约瑟的英译翻译的白话文。见前引李著，第23页。
③ ［英］李约瑟：《中国科学技术史》第2卷，第23页。

的不同灵魂各有自己的职能;

（四）人、动物、植物、无生物均有灵魂;

（五）灵魂有阶梯高下之分，人之所以有别于无生物、植物、动物，在古希腊学者看来，是由于人具有理性灵魂；在中国古代哲人看来，是因为人具有正义感，所以，人是世界万物中之最可贵者。

第二章

中国古代魂魄学说

魂魄是一种古老的哲学观念。从先秦时代起,不同学派和教派的中国学者,相继建立起自己的魂魄学说,他们分别从魂魄的特性、二者的相即相离关系等不同方面入手,阐明了各自的宇宙观、人生观、生死观、鬼神观和道德观。中国古代的魂魄学说,具有鲜明的思辨色彩。儒家、道家的大小宇宙的魂魄观念,都在一定程度上体现了他们天人合一、阴阳共体的哲学思想。

对于中国人来说,魂魄观念同时又是一种信仰,带有强烈的世俗特色,与人的生命历程息息相关。由于我国的魂魄学说与鬼神崇拜、生死观念紧紧相连,因此在其发展的过程中,虽然带有鲜明的思辨特点,却并不以思辨为最终目的,而是不断向前推进。在上层文化中,形成了一套以孝和道德伦理为核心的尊卑分明、长幼有序的礼俗制度,并且以一种潜移默化的势力,进入到下层文化之中,制约着人的生老病死、婚丧嫁娶,规范着人们的行为,成为形形色色的民间信仰、风俗习惯的主要依据,成为文学作品、神话传说的重要内容。

因此,要探讨我国的灵魂信仰,必须对我国古代的魂魄学说进行一番大致的梳理。

第一节 魂魄是气

从典籍中我们知道,人死之后,"魂气归于天,形魄归于地"(《礼记·郊特牲》)。这种魂魄观包括了中国古代灵魂学说的几个基本要素:

（一）人由精神（魂气）与肉体（形魄）两个要素组成；

（二）魂魄可以分离。人活着的时候，二者是统一的；人一旦死亡，二者就成分离状态；

（三）人的生死与魂魄的活动密切相关。人死，魂魄不是一般地离异，而是魂气上天，形魄入地，进入不同的境界。

简单说来，这种魂魄分离、生死异路，以及两个世界（上天与入地）观念，就是我国古代魂魄观的中心内容。

魂魄是什么？古人认为，魂魄是气。阳气为魂，阴气为魄；天气为魂，地气为魄；暖气为魂，冷气为魄；口鼻之嘘吸为魂，耳目之聪明为魄。天地间充满了气，气不外两种：人之气与天地之气；气之运动，屈伸往来，便是魂魄与鬼神。又说，魂为气，魄为形，故有魂气形魄之说。民间把人死称作"气绝""气断""气散"，指的就是作为魂魄的气的一种运动。

我国典籍中对魂魄的记载，比较古老的见于《易·系辞》对于精物游魂的论述。其后，《左传·昭公七年》明确提出魂和魄的观念："人生始化曰魄，既生魄，阳曰魂。用物精多则魂魄强，是以有精爽至于神明。"历代注家大多从魂魄是气、形气相合的角度去解释这段话。例如晋·杜预注曰：

> 魄，形也。阳，神气也。疏曰：人禀五常以生，感阴阳以灵。有身体之质，名之曰形。有嘘吸之动，谓之为气。形气合而为用，知力以此而疆，故得成为人也。人之生也，始变化为形，形之灵者，名之曰魄也。既生魄矣，魄内自有阳气，气之神者，名之曰魂也。魂魄，神灵之名，本从形气而有，形气既殊，魂魄亦异，附形之灵为魄，附气之神为魂也。附形之灵者，谓初生之时，耳目心识，手足运动，啼呼为声，是魄之灵也；附气之神者，谓精神性识，渐有所知，此则附气之神也。

典籍中对魂魄是气、形神相合之说，还有过许多论述：

> 魂，阳气也。魄，阴神也。（《说文》）
> 阳之精气曰神，阴之精气曰灵。（《曾子·天圆》）

魂气归于天，形魄归于地。(《礼记·郊特牲》)

天气为魂，地气为魄，反之玄房，各处其宅。(《淮南子·主术训》)

人之生，气之聚也。聚则为生，散为死。(《庄子·知北游》)

脉者，魂魄，人之容也。魂魄以去，主人寂寂。故百脉尽则气绝，气绝即死矣。(《太上老君中经》)

先儒言，口鼻之嘘吸为魂，耳目之聪明为魄。……暖气便是魂，冷气便是魄。魂便是气之神，魄便是精之神。(朱熹《朱子语类》卷三《鬼神》)

朱熹又指出，魂魄便是神鬼，而神鬼是气："鬼神只是气，屈伸往来者，气也。天地间无非气，人之气与天地之气常相接，无间断。""气聚则生，气散则死。"[1] 朱熹还进一步提出了"二气之分实一气之运"的观点：

阳魂为神，阴魄为鬼。鬼，阴之灵；神，阳之灵。此以二气言也。然二气之分，实一气之运。故凡气之来而方，伸者为神，气之往而既，屈者为鬼。阳主伸，阴主屈，此以一气言也。故以二气言，则阴为鬼，阳为神。……精气为物，阴精阳气聚而成物，此总言神。游魂为变，魂游魄降，散而成变，此总言鬼。……此所谓人者鬼神之会也。[2]

陈澔在注《礼记·祭义》时说："朱子曰以二气言，则鬼者阴之灵也，神者阳之灵也。以一气言，则至而伸者为神，反而归者为鬼，其实一物而已。"[3] 陈澔所说的二气一气之说，指的是朱熹在论述灵魂是气这一命题时，提出的魂魄运动这一重要理论。二气指的是"阳魂为神，阴魄为鬼"，一气指的是"鬼神只是气屈伸往来者"。这是从不同的角度考察气的运行，说的都是作为气的魂魄之不同的运动变化形态。

---

[1] 《朱子语类》卷三，上海古籍出版社1992年版。
[2] 《朱子全书》，《古今图书集成·博物汇编·神异典》。
[3] 《礼记》，上海古籍出版社1987年版，第260页。

朱熹还在另一文章中阐述了魂魄的更广泛的含义：

> 或问：魂魄之义？曰：子产有言："物生始化曰魄，既生魄阳曰魂。"孔子曰："气也者，神之盛也，魄也者，鬼之盛也。"郑氏注曰："嘘吸出入者，气也，耳目之精明为魄，气则魂之谓也。"《淮南子》曰："天气为魂，地气为魄。"高诱注曰："魂，人阳神也。魄，人阴神也。"此数说者，其于魂魄之义详矣。①

他肯定了子产的"物生始化曰魄，既生魄阳曰魂"的说法，即肯定了物（广义的物）最初只是没有灵魂的物质，而这物质注入了阳气之后，才有了魂。子产在此并非只是说人，而是普泛地指物。

第二节 魂魄与形神的二元结构

魂魄指的是精神与形体。魂魄与阴阳形神的二元结构，是魂魄学说的核心，并由此形成了影响极广的神鬼观与生死观。

为了醒目，现把魂魄与形（形骸）神（精神）、神鬼、生死这些概念的二元结构，列表如下：

（一）魂魄与形神——魂魄的属性与特征

魂（神）	魄（形）	出 处
阳（阳神）	阴（阴神）	魂者，阳之神；魄者，阴之神。（《淮南子》高诱注）
神	形	形具而神生。注：神谓精魂。（《荀子·天论篇》）
阳气	阴气	魂，阳气也。魄，阴神也。（《说文》）
精神（精气）	骨肉	阴气主为骨肉，阳气主为精神……骨肉精神，合错相持（《论衡·订鬼篇》）精气消越，骨肉归于土也。（《风俗通义·怪神》）
精神（天）	骨骸（地）	是故精神，天之有也；而骨骸者，地之有也。（《淮南子·精神训》）

---

① 朱熹：《楚辞辩证·九歌》，《楚辞集注》，上海古籍出版社1979年版，第189—190页。

续表

魂（神）	魄（形）	出　处
精神	形骸	精神者，天之有也；形骸者，地之有也。精神离形而各归其真。（《说苑·反质篇》）
精神	骸骨	人死精神升天，骸骨归土。（《论衡·论死篇》）
魂气	形魄	魂气归于天，形魄归于地。（《礼记·郊特牲》）
阳魂	阴魄	神，阳魂为神，阴魄为鬼。（《正字通》）
魂气	魄精	魂气而魄精。（朱熹《楚辞集注》）
魂神	魄灵	魂神而魄灵。（同上）
魂精	魄灵	魂精魄灵，九天同生。（《云笈七笺》卷四一）
魂魄	形体	人尽曰死。形体与魂魄相离。（《说文·段注》）

（二）魂魄与神鬼——魂魄的形态与功能

魂（神）	魄（形）	出　处
神	鬼	阳魂为神，阴魄为鬼。（《正字通》） 鬼神不过阴阳消长而已。（《朱子语类》卷三） 鬼神便是精神魂魄。（同上）
伸	屈	气之伸者为神，屈者为鬼。（《正字通》）
天神	人神	天神曰神，人神曰鬼也。（《淮南子·精神训》）
天气	地气	天气为魂，地气为魄。（《淮南子·主术训》）
清气	浊气	气之清者为气，浊者为质。《明作录》云：清者属阳，浊者属阴。（《朱子语类》卷三）
暖气	冷气	暖气便是魂，冷气便是魄。（《朱子语类》卷三）
气	血	气为魂，血为魄。（《朱子语类》卷八十七）
日	夜	日为神，夜为鬼。（《朱子语类》卷三）
魂如火	魄如水	魂如火，魄如水。……水火故济而不相离。（《朱子语类》卷三，卷八十七）
火	水	魄是一，魂是二；一是水，二是火。二抱一，火守水；魂载魄，动守静也。（《朱子语类》卷一二五）

（三）魂魄与生死——魂魄的运动与方位

魂（神）	魄（形）	出　处
生	死	生则魂载其魄，魄检其魂；死则魂游散而归于天，魄沦坠而归于地也。（朱熹《楚辞集注》）生为神，死为鬼。（《朱子语类》卷三）
动	静	三月，阳神为三，魂动以生也；四月，阴灵为七，魄静镇形也。（《太上老君内观经》）
动	静	动者魂也，静者魄也。动静二字，括尽魂魄。凡能运用作为，皆魂也，魄则不能也。今人之所以能运动，都是魂使之尔。魂若去，魄则不能也。今魄之所以能运，体便死矣。月之黑晕便是魄，其光者，乃日加之光耳，他本无光也。所以说哉生魂，旁死魄。庄子曰，日火外影，金水内影。此便是魂魄之说。（《朱子语类》卷三）
明	幽	仰以观于天文，俯以察于地理，是故知幽明之故。原始反终，故知生死之说。精气为物，游魂为变，是故知鬼神之情状。（《易经·系辞传》）
寄	归	生寄也，死归也。（《淮南子·精神训》）
升（游）	降	魂游而为神，魄降而为鬼。（朱熹《楚辞辩证》）
散	降	魂之尽曰散；魄之尽曰降。古人谓之"徂落"。（《朱子全书·答吕子约》）
聚	散	人之生，气之聚也。聚则为生，散为死。（《庄子·知北游》）
归于天	归于地	魂气归于天，形魄归于地。（《礼记·郊特牲》）
腾	抑	其魄不抑，其魂不腾。（《淮南子·精神训》）

从上列三个表格中可以看出：

第一，魂魄的形神二元结构来源于阴阳的二元观念。"阴阳是气"（《朱子语类》卷一），是魂魄所由产生的基础，也是鬼神、生死观念的依据。古人所谓"魂者，阳之神；魄者，阴之神"（《淮南子》高诱注）；"鬼神不过阴阳消长而已"（《朱子语类》卷三）；"阳魂为神，阴魄为鬼"（《正字通》）；"阴阳称鬼神，人死亦称鬼神"（《论衡·论死篇》）；等等，就是这个意思。故王充在《论衡·订鬼篇》中强调，阴阳二气不仅是骨肉精神的主宰，而且也是生命的根本，要使骨肉坚而精气盛，必须"阴阳气具"。

第二，魂与魄指的就是精神与形骸、精神与骨肉、魂气与形魄，这灵与肉、形与神的二元结构，是魂魄的性质和特征之所在，是所有生命体都具备的普遍属性。应当指出的是，在原始人看来，非生命体也同生命体一样拥有魂魄。

第三，灵魂观念认为，魂魄常以鬼神的形态出现，"鬼神便是精神魂魄"（《朱子语类》卷三），"阳魂为神，阴魄为鬼"（《正字通》），"气之伸者为神，屈者为鬼"（《正字通》），因此，天神为神，人神为鬼；天气、清气、暖气为魂之神，地气、浊气、冷气为魄、为鬼。

第四，古代学者把形体（魄）看作是精神（魂）的居所，讲究形神相守、魂魄相依。故《淮南子·精神训》说："有缀宅而无耗精。"意思是说，精神这种东西在自己的宅第中安居，则生；反之，精神一旦离开了自己的居所，则死亡。

第三节　魂魄相离与魂魄相即

灵魂学说是一种形神二元的鬼神学说，它的基本观点有二：其一，魂魄形神可以分离；其二，形亡而神不亡，即所谓精神不灭，灵魂不死。

一、魂魄相离

魂魄、形神可以分离，是灵魂观念的核心。所谓"形体与魂魄相离"（《说文·段注》），"精神离形而各归其真"（《说苑·反质篇》），指的就是魂魄形神二者相离。朱熹说：

> 人所以生，精气聚也。人只有许多气，须有个尽时。尽则魂气归于天，形魄归于地而死矣。人将死时，热气上出，所谓魂升也；下体游冷，所谓魄降也。此所以有生必有死，有始必有终也。夫聚散者，气也。[①]

[①] 《朱子语类·鬼神》。

朱熹这段论述魂魄与生死关系的话，着重指出了魂与魄的可离性。他认为人死是魂魄的一种运动，魂升魄降，气聚气散，导致了生死这种生命现象。

《礼记》称人的魂为神之气，魄为骨肉。故人死，其气发扬于上，骨肉归土：

> 众生必死，死必归土，此之谓鬼。骨肉毙于下，阴为野土。其气发扬于上，为昭明，焄蒿凄怆，此百物之精也，神之著也。（陈澔注：朱子曰，如鬼神之露光处是昭明，其气蒸上处是焄蒿，使人精神悚然是凄怆。……又曰，焄蒿是鬼神精气交感处。）①

民间亦把人死称为魂升魄降，这种说法，可以从一个方面表明，人死，他的魂魄是一定分离的：

> 所亲既死，穿屋宇，泄秽浊，名"魂升"。焚床茵一束，名"魄落"。②

魂魄相离有两种情况：一是魂魄永久分离；二是魂魄暂时分离。古人所说"魂升魄落""魂游魄降""魂散魄归""魂飞魄散"，等等，指的是魂魄的永久分离，即死亡的意思。但魂魄分离不一定就是死亡，所谓"魂不守舍""失魂落魄""神魂颠倒"，指的则是魂魄暂时分离或错位，从而导致人生病、精神恍惚。所以古人讲究养生，追求"必使魂常附魄"，使魂魄"不相离""抱一能勿离"等魂魄相守、相合、相随的状态。

老子《道德经》第十章说："载营魄抱一，能勿离乎。"《楚辞·远游》："载营魄而登霞兮，掩浮云而上征。"朱熹在《楚辞集注》中对之加以解释："盖魂不受魄，魂不载魄，则魂游魄降，而人死矣。故修炼之士，必使魂常附魄，如日光之载月质；魄常检魂，如月质之受日光，则神

---

① 《礼记·祭义》。
② 《四川名山县新志》1930年刻本，《中国地方志民俗资料汇编·西南卷》上册，书目文献出版社1989年版，第360页。

不驰而魄不死,遂能登仙远去,而上征也。"他还进一步说:

> 屈子"载营魂"之言,本于老氏,而杨雄又因其语以明月之盈阙,其所指之事虽殊,而其立文之意则一。……老子、屈子以人之精神言之,……杨子以日月之光明论之,则固以月之体质为魄,而日之光耀为魂也。以人之精神言者,其意盖以魂阳动而魄阴静,魂火二而魄水一,故曰"载营魄"。抱一而勿离乎,言以魂加魄,以动守静,以水迫火,以二守一,而不相离,如人登车而常载于其上,则魂安静而魄精明,火不燥而水不溢,固长生久视之要诀也。……以其日月言者,则谓日以其光加于月魄而为之明,如人登车而载于其上也。

魂魄相离观念的另一个重要内容,是形亡而神不亡,即精神不灭,灵魂不死。

人死,形神分离,骨肉归于土,魂是精气,可以游离形体,成为游魂。所谓游魂,指的是离体游散的魂气。《易·系辞上》里所说的"精气为物,游魂为变",就反映了这种"形亡而神不亡""聚极则散,游魂为变"的"游魂"观念。

游魂是"魂魄分离"的派生,它的特点在于变。在某种条件下可以离体(魄)而去或游散,在另一种条件下则又可以回来或聚集。《礼记·檀弓下》陈皓注曰:"魂气之无不立,阳之升也。……此精气为物之有尽,谓魂气则无不之者,此游魂为变之无方也。……魂气散于既死之后,……而冀其魂之随己以归也。"

朱熹在《答吕子约》中又说:"问:魂者,其气也,气散魂游而无不之。所谓无不之者,已屈之气尚有,在于天地之间耶,抑否也。然气聚则生,气尽则死,何者为游魂?玩游之一字,谓其即便消散,又似未尽也。……曰:程子曰,魂气归于天,消散之意,游魂亦是此意。盖离是体魄,则无作不之而消散矣。"[①]他在这里把死亡之后,魂气归于天,叫作游魂。这种人死时"消散"的游魂,是会单独存在的,但它不会再回来,也不会再聚而致生的。

灵魂观念相信形神魂魄可以分离,人死变鬼,形虽亡而神仍在,其实

---

① 《朱子全书·答吕子约》,《古今图书集成·博物汇编·神异典》。

质是一种有神观和神不灭观，反映了人对自身及其世界的幼稚的体验和畸形认识。

二、魂魄相即

与魂魄相离观念相对的是形神（魂魄）相即的观念。形神（魂魄）相即，指的是形神魂魄彼此互相依从，不可分离，人死形亡而神灭。这种无鬼、神灭的无神论观念，自秦汉时代起，在我国的思想学术界很有势力，影响甚广。

荀子在《天论篇》里提出了"形具而神生"的命题。他认为人有了形体才有精神，精神有赖于形体而生。

西汉刘安在《淮南子·原道训》里提出了形体、生命、精神三者不可分离的观点："夫形者，生之舍也；气者，生之充也（王念孙注：充本作元）；神者，生之制也。一失位，则三者伤矣。"

东汉哲学家桓谭以烛火喻形神，提出了烛尽火灭、形亡神灭的论点。他在《新论》中说：

> 精神居形体，犹火之燃烛矣。……烛无，火亦不能独行于虚空，……犹人之耆老，齿堕发白，肌肉枯腊；而精神弗为之能润泽，内外周遍，则气索而死，如火烛之俱尽矣。
>
> ——《祛蔽》第八[①]

桓谭认为，精神寄存于形体，依赖于形体，如同火燃烛的情形一样。没有烛，火不能独自在空中燃烧。人的生命，如同火之燃烛一样，精神不能使枯干了的形体重新润泽起来，等到形体内外都枯干了，便气绝而死，如同烛尽火灭一样。

东汉另一位思想家王充在《论衡·论死篇》里说：

> 人之所以生者，精气也，死而精气灭。能为精气者，血脉也；人死血脉竭，竭而精气灭，灭而形体朽，朽而成灰土，何用为鬼？

[①] 桓谭：《新论·祛蔽》，转自王友三编《中国无神论资料选注与浅析》第1册，南京大学哲学系中国哲学史教研室，1977年，第301页。

> 人之精神藏于形体之内，犹粟米在囊橐之中也。死而形体朽，精气散，犹囊橐穿败，粟米弃出也。粟米弃出，囊橐无复有形，精气散亡，何能复有体而人得见之乎？
>
> 形须气而成，气须形而知。天下无独燃之火，世间安得有无体独知之精？
>
> 人之死，犹火之灭也。火灭而耀不照，人死而知不惠，二者宜同一实。……人生于天地之间，其犹冰也。……夫春水不能复为冰，死魂安能复为形？
>
> 精神依倚形体，……死而精神亦灭。①

王充把人的精神与形体的关系比喻为囊橐中之粟米、燃烧之火、不复为冰之春水，说明精神对形体的依附关系，二者不可分离。王充否定人死精神独存而为鬼的观点，认为：（一）人是物，而物有始有终，人有生有死，是自然现象。（二）人死神灭，"死而精神亦灭"，"世间安得有无体独知之精？"死人不能为鬼。（三）怎样解释民间流传的有鬼的现象呢？他在《订鬼篇》里说："凡天地之间有鬼，非人死精神为之也，皆人思念存想之所致也。致之何由？由于疾病。人病则忧惧，忧惧见鬼出。凡人不病则不畏惧。故得病寝衽，畏惧鬼至；畏惧则存想，存想则目虚见。"②因此，所谓"有鬼"，并非人死变鬼，而是由于人生病产生的心理幻觉、错觉所致。

南朝哲学家范缜在《神灭论》和《答曹舍人》等著作中，把神灭无鬼的无神论学说推进到一个新的高峰。他在《范缜传·神灭论》里明确提出"形神相即"和"形质神用"学说，阐明了魂魄二者之间的辩证关系。他说：

> 或问："子云神灭，何以知其灭也？"答曰："神即形也，形即神也。是以形存则神存，形谢则神灭也。"
>
> 问曰："形者无知之称，神者有知之名。知与无知，即事有异，神之与形，理不容一。形神相即，非所闻也。"答曰："形者神之质，

---

① 王充：《论衡·论死篇》，上海人民出版社1974年版，第315—325页。
② 王充：《论衡·订鬼篇》，第342页。

神者形之用，是则形称其质，神言其用，形之于神，不得于神，不得相异也。"

问曰："名既已殊，体何得一？"答曰："神之于质，犹利之于刃；形之于用，犹刃之于利。利之名非刃也，刃之名非利也。然而舍利无刃，舍刃无利。未闻刃没而利存，岂容形亡而神在？"①

范缜神灭论的主要贡献在于：一，提出"形神相即"，魂魄不可分离。他所说的"形神不二""形存则神存，形谢则神灭"的主张，为形神相即的神灭论奠定了基础。二，范缜进一步揭示了精神活动的实质，提出了"形质神用"的理论："形者神之质，神者形之用。"他以刃比喻形体，以利比喻精神，说明形是实体，是本质的东西，是精神赖以产生的主体。有形才有神，有刃才有锋利，没有刃也就无所谓锋利了。

第四节　盘古化身：人身魂魄返归大宇宙

在中国，对人自身的宇宙——灵魂的探讨，常与大宇宙——天地密切相连，形成了大宇宙小宇宙互相配对、二元构成的一整套独特的见解。大小宇宙理论，可分两种。

一、宇宙类比说

假定人体与整个宇宙（天地）之间存在着一一对应的关系。例如，盘古的肢体化生神话以及道教中人身诸神的学说。关于盘古化身的神话，古籍中的材料很多，下面摘要引用三则：

元气蒙鸿，萌芽兹始，遂分天地，肇立乾坤，启阴感阳，分布元气，乃孕中和，是为人也。首生盘古，垂死化身：气成风云，声为雷霆，左眼为日，右眼为月，四肢五体为四极五岳，血液为江河，筋脉为地（里）理，肌肉为田土，发髭为星辰，皮毛为草木，齿骨为金

---

① 《梁书》卷四十八《范缜传·神灭论》。

石，精髓为珠玉，汗流为雨泽，身之诸虫，因风所感，化为黎甿。
——（清）马骕《绎史》卷一引徐整《五运历年纪》

盘古之君，龙首蛇身，嘘为风雨，吹为雷电，开目为昼，闭目为夜。死后骨节为山林，体为江海，血为淮渎，毛发为草木。
——（明）董斯张《广博物志》卷九引《五运历年纪》

昔盘古氏之死也，头为四岳，目为日月，脂膏为江海，毛发为草木。秦汉间俗说：盘古氏头为东岳，腹为中岳，左臂为南岳，右臂为北岳，足为西岳。先儒说：盘古泣为江河，气为风，声为雷，目瞳为电。古说：盘古氏喜为晴，怒为阴。吴楚间说：盘古氏夫妻，阴阳之始也。今南海有盘古氏墓，亘三百余里，俗云后人追葬盘古之魂也。桂林有盘古氏庙，今人祝祀。南海中盘古国，今人皆以盘古为姓。（任）昉案：盘古氏，天地万物之祖也，然则生物始于盘古。
——（南朝）任昉《述异记》上卷①

神话中所描写的盘古垂死化身，乃人身魂魄（小宇宙）返归大宇宙的过程。如果把具体的盘古化身，抽象化为一个没有名字的人，那么这种人身魂魄（人身小宇宙）返归大宇宙的观念则更为明显。可参阅《太平御览》八八三引《韩诗外传》中的表述：

人死曰鬼，鬼者归也。精神归于天，肉归于土，血归于水，脉归于泽，声归于雷，动作归于风，眼归于日月，骨归于木，筋归于山，齿归于石，膏归于露，发归于草，呼吸之气复归于人。②

下面我们把这个过程转换成一个简表：

---

① 参见袁珂、周明编《中国神话资料萃编》，四川社会科学院出版社1985年版，第6—7页。
② 《风俗通义校注》卷九《怪神》，王利器校注，中华书局1981年版，第414页。

人身小宇宙	化身回归大宇宙			
	《韩诗外传》	《绎史》引	《广博物志》引	《述异记》
精神	归于天			
肉	归于土	化为田土	体为江海	
血	归于水	化为江河	血为淮渎	
脉	归于泽	化为地里		
声	归于雷	化为雷霆		泣为江河 声为雷
动作	归于风			
眼	归于日月	左眼为日 右眼为月	开目为昼 闭目为夜	化为日月 目瞳为电
骨	归于木	齿骨化为金石	化为山林	
齿	归于石			
筋	归于山			
膏	归于露			脂膏化为江海
发	归于草	化为星辰	毛发为草木	毛发为草木
呼吸之气	复归于人	化为风云	嘘为风雨 吹为雷电	气为风
四体五肢		化为四极五岳		
皮毛		化为草木		
精髓		化为珠玉		
汗流		化为雨泽		
身之诸虫		化为黎甿		
头				四岳、东岳
腹				中岳
左臂				南岳
右臂				北岳
足				西岳
喜怒				喜为晴 怒为阴

我们把三则关于盘古化身的材料与《韩诗外传》中的叙述加以比较，可以看出：

第一，古人把灵魂的居所称为舍宅，所谓"魂魄居其宅，精神守其根"（《淮南子·精神训》），"夫形者，生之舍也"（《原道训》），说的是魂魄各守其舍，人才能精神爽、骨肉坚。那么，人身体里魂魄的居舍在哪里呢？就在人（盘古）的精神、骨肉、呼吸之气、头脑、眼目、血脉、声音、动作、齿筋膏发、皮毛、精髓、汗流、四肢五体、身上诸虫、喜怒哀乐之中。归纳来看，这些人体魂魄的居舍，主要包括三个方面：一，人的精神；二，人的形体和风貌（包括声音、动作等）；三，人的感情（包括喜、怒、哀、乐等）。有趣的是，我们从后世的民间信仰和神话传说中看到，这些灵魂的寄存处，与上述盘古魂魄居舍的处所是基本一致的。

第二，人身（盘古）的小宇宙与大宇宙（天地）一一对应；骨肉归于土，化为田土、江海、山林；血脉归于水泽，化为江河、淮渎；声音化为雷霆。眼目归于日月；左眼为日，右眼为月；开目为昼，闭目为夜；目瞳为电。筋归于山；脂膏归于露，化为江海；毛发归于草，化为星辰、草木；精髓化为珠玉；汗流化为雨泽。人身体的四肢五体化为四极五岳。人（盘古）的喜怒也成为自然现象，喜为晴，怒为阴。人（盘古）的呼吸之气复归于人，化为风云；嘘为风雨，吹为雷电。举凡宇宙间的日月星辰、风雨雷电、山川草木、四极五岳，以及万物之灵长——人，都从人身（盘古）的小宇宙"归""化"到大宇宙之中。

第三，值得注意的是《韩诗外传》那段引文中的"归"（"人死……精神归于天，肉归于土……"），和三段关于盘古神话的引文中的"化"（"盘古垂死化身""死后骨节为山林""盘古死……头为四岳"）。"归"和"化"指的是人死魂魄相离时运动的一种状态。先说说"归"字的含义。上文已经说过，"古者谓死人为归人"（《列子·天瑞》），"死自归义其本。"（《淮南子·精神训》），"归，返也，归原处也。"（《广雅·释言》）人死，寄居于人体各部分居舍的魂魄，便彼此相离，返归原处，这个"原处"，便是宇宙，便是天地万物。故精神归于天，肉归于土，其余血脉、眼目、齿筋膏发归于风雷日月、水泽河山、树木青草，其气复归于人。

再说说"化"字的含义。"化"，包括下面三层意思。（1）指死亡。《孟子·公孙丑下注》说："化者，死者也。"（2）指变化。《淮南子·精神训》说："万物有变，故曰则化。"《礼记·中庸》说："变则化。疏：初渐谓之变。变时新旧两体俱有，变尽旧体而有新体，谓之为化。"《荀子·正名》说："状变而实无别，而为异者，谓之化。"因此，可以说，形变谓之变，质变谓之化；变与化是事物变异过程中不可分割的两个环节。(3) 指化育、生育。《礼记·乐记》说："百物皆化。注：化，谓生化也。"《易·系辞下》说："天地氤氲，万物化醇。男女构精，万物化生。""化醇"和"化生"都包含有旧体死亡、新体诞生的内容。所以说，化指的是天地阴阳运行、万物生息之道。

从灵魂观念来看，盘古垂死化身，形象地说明了盘古的肉体虽死，但魂魄却没有死。而是经过形变和质变，进入到"化醇"和"化生"这样一个新的化育过程之中，宇宙万物即由此而产生。盘古垂死化身生动地体现了我国传统的生生不已、生死相继的循环式圆形生命观和灵魂观，反映了我国比较古老的大宇宙小宇宙的观念。

除了上述盘古化身神话以外，汉代的典籍中对大小宇宙相互对应的观念，也有不少重要论述。如：

> 天地宇宙，一人之身也；六合之内，一人之制也。……古之人，同气于天地，与一世而优游。①

> 外为表而内为里，开闭张歙，各有经纪。故头之圆也象天，足之方也象地。天有四时、五行、九解、三百六十六日；人有四肢、五脏、九窍、三百六十六节。天有风雨寒暑，人亦有取与喜怒。故胆为云，肺为气，肝为风，肾为雨，脾为雷，以与天地相参也，而心为之主。是故耳目者日月也，血气者风雨也。……精神何能久驰骋而不既乎？是故血气者，人之华也；而五脏者，人之精也。夫血气能专于五脏而不外越，……精神盛而气不散则理，理则均，均则通，通则神，……夫孔窍者，精神之户牖也；而气志者，五脏之使候也。……精神驰骋于外而不守，则祸福之至，虽如岳山，无由识之矣。……精神内守形骸而不外越……以言夫精神之不可使之外淫也。②

> 孔窍肢体，皆通于天。天有九重，人亦有九窍。天有四时，以制十二月，人亦有四肢，以使十二节，天有十二月，以制三百六十日，

---

① 《淮南子·本经训》。
② 《淮南子·精神训》。

人亦有十二肢，以使三百六十节。①

山，犹人之有骨节也；水，犹人之有血脉也。……风伯、雨师、雷公，是群神也。风犹人之有吹煦也，雨犹人之有精液也，雷犹人之有腹鸣也，三者附于天地，祭天地，三者在矣；人君重之，故别祭。必以为有神，则人吹煦、精液、腹鸣当复食也。日月犹人之有目，星辰犹人之有发，三光附天，祭天，三光在矣。②

可以看出，汉代就盛行的关于人身小宇宙与天地大宇宙之间对应关系的学说，是魂魄学说的一个重要内容，其主要特点在于强调人身魂魄与天地阴阳之气的相通，而在当时学者们思想中的那个天地大宇宙，是物质形态的自然界，即日月星辰、山川草木、风雨雷电等。到了董仲舒的时候，这个物质形态的自然界就逐渐演变成了抽象的"天"。"天"成了观念形态和政治力量的化身。人与自然的那种协调关系，成了"化天数而成"，仁义道德成了天人关系的准则。董仲舒在《春秋繁露》一书中说：

为生不能为人，为人者天也。人之生本于天，天亦人之曾祖父也，此人之所以乃类天也。人之形体化天数而成；人之血气，化天志而仁；人之德行，化天理而义。人之好恶，化天之暖清；人之喜怒，化天下之寒暑；人之受命，化天志四时。人生有喜怒哀乐之答，春秋夏冬之类也。喜，春之答也；怒，秋之答也；乐，夏之答也；哀，冬之答也。天之副在乎人。

——《为人者天》四十一

天亦有喜怒之气，哀乐之心，与人相副。以类合之，天人一也。春，喜气也，故生；秋，怒气也，故杀；夏，乐气也，故养；冬，哀气也，故藏。四者天人同有之。

——《阴阳义》四十九③

---

① 《淮南子·天文训》。
② 《论衡·祀义篇》。
③ 董仲舒：《春秋繁露义证》，苏舆撰，钟哲点校，中华书局1992年版。

董仲舒认为，万物为天地所生，而人亦生于天、类于天，人的形体化天数而成。他在《春秋繁露》中还提出了"唯人能偶天地"、人为"天地之符"的思想。① 他说：

> 唯人能偶天地。人有三百六十节，偶天之数也；形体骨肉，偶地之厚也。上有耳目聪明，日月之象也；体有空窍理脉，川谷之象也；心有哀乐喜怒，神气之类也。观人之体一，何高物之甚，而类于天也。……是故人之身，首妟而员，像天容也；发，像星辰也；耳目戾戾，像日月也；鼻口呼吸，像风气也；胸中达知，像神明也；腹胞实虚，像百物也。……天地之符，阴阳之副，常设于身，身犹天也，数与之相参，故命与之相连也。天意终岁之数，成人之身，故小节三百六十六，副日数也；大节十二分，副月数也；内有五脏，副五行数也；外有四肢，副四时数也；乍视乍瞑，副昼夜也；乍刚乍柔，副冬夏也；乍哀乍乐，副阴阳也；心有计虑，副度数也；行有伦理，副天地也。
>
> ——《人副天数》五十六

> 求天数之微，莫若于人。人之身有四肢，每肢有三节，三四十二，十二节相持而形体立矣。
>
> ——《官制象天》二十四②

他还在人体小宇宙与天地大宇宙互相对应的思想基础上，提出了著名的"天人合一"的学说。他的"天人合一"的大小宇宙观，主要包括两方面的内容，即：一，人与自然的协调，强调人必须顺天地、体阴阳；二，个体对群体（宗族、家族）的适应和顺从，天子作为天的象征具有不可超越的权威和势力。可以看出，与来源于原始灵魂观念的大小宇宙观念相比，董仲舒的"天人合一"学说已经带上了鲜明的政治和伦理色彩了。

---

① 杨希枚认为，董仲舒是中国、其至全世界学术史上最早从事符号学研究，并最先使用"符号"词的符号学家。所论见杨希枚《中国古代的神秘数字论稿》，台北《民族学研究所集刊》，1972年。

② 董仲舒：《春秋繁露义证》，苏兴撰，钟哲点校，中华书局1992年版。

关于中国古代灵魂学说中的大小宇宙的思想来源问题，学术界还缺乏深入的研究。英国汉学家李约瑟博士在其名著《中国科学技术史》第二卷《科学思想史》中，有一节论述了大宇宙与小宇宙，他不仅对中国和西方的大小宇宙观念提供了丰富的研究资料，而且其论述也颇有见地。① 他介绍了贝特洛（R. Berthlot）的一个观点，认为小宇宙和大宇宙的观念，可能是从上古时代的占卜方法中派生的，这种方法是通过检查作为祭品的动物的整体或部分，以预测未来。李约瑟还指出，巴比伦人曾以肝脏进行占卜，商代中国人以肩胛骨占卜，这一作为祭品的动物或器官，便起到了"小宇宙"的作用。他认为，中国古代的大小宇宙的理论，并非来源于欧洲，二者有着原则的区别。

二、国家类比说

假设人体与国家社会之间或天地与国家之间，存在着相似的对应关系。例如《三国志》中所记社会政治与天地对应关系便是。《魏志·高柔传》里说："天地以四时成功，元首以辅弼兴治。"② 把国家元首与辅弼之关系，比作天地以春夏秋冬之运行而化成万物。

《抱朴子·内篇》卷十八"地真"有一个典型的例子：

> 故一人之身，一国之象也。胸腹之位，犹宫室也。四肢之列，犹郊境也。骨节之分，犹百官也。神犹君也，血犹臣也，气犹民也。故知治身，则能治国也。夫爱其民所以安其国，养其气所以全其身。民散则国亡，气竭即身死，死者不可生也，亡者不可存也。……故审威德所以保社稷，割嗜欲所以固血气。然后真一存焉，三七守焉，百害却焉，年命延矣。③

《抱朴子·内篇》把人身之各个部位与一国诸象加以对应，人身之各部位为灵魂之所在，从"养其气所以全其身"，悟出治国之道："爱

---

① ［英］李约瑟：《中国科学技术史》第2卷，何兆武等译，上海古籍出版社1990年版，第318—329页。
② 转自《中文大辞典》第8册《天地以四时成功》条，台北：中国文化学院出版部1968年版，第292页。
③ 王明《抱朴子·内篇校释》，中华书局1985年版，第326页。

其民所以安其国。"文中所说"三七守焉"就是指的人之三魂七魄。（可与《地真》里的另一段话相参证："欲得通神，当金水分形。形分则自见其身中之三魂七魄，而天灵地祇，皆可接见，山川之神，皆可使役也。"）人身中有三魂七魄，① 固守三魂七魄，则可以祛百病而延年命；对于一个国家来说，同样有其魂魄，固守之，即可保社稷安国安民。

第五节 道家的人身诸神观念

道家认为，人与天地万物同一本始、同一本体、同一生成程序，同受阴阳五行与自然规律所制约：

> 《太上老君内观经》云：老君曰，谛观此身，……积精聚气，……法天象地，含阴吐阳，分错五行，以应四时。眼为日月，发为星辰，眉为华盖，头为昆仑。布列宫阙，安静精神。万物之中，人称最灵。
>
> ——《云笈七笺》卷之十七

> 《魂神·三魂》云：一身之根有三：一为神，二为精，三为气。此三者本天地人之气也。神者，受于天精；天精者，受于地气；地气者，受于中和。相为共成一道也。
>
> ——《云笈七笺》卷之五十五

道家视人身为一小天地，故天地之神，亦存在于人身之中。典籍中有关人身诸神的记载充分反映了道家人天互象、法天象地、天地人三气一体的大小宇宙观念。

---

① 三魂七魄之说，广泛见于道家典籍。这种多魂的信仰，直到如今还普遍流传于民间。三魂七魄有多重解释，有代表性的有三种。一、天干说：与天干地支的观念有关，"天干三数，地支七"（《南村辍耕录·授时历法》）。二、魂魄形神说："三月，阳神为三，魂动以生也；四月，阴灵为七，魄静镇形也。"（《太上老君内观经》）三、五行说："魂属木，魄属金。所以说三魂七魄是金木之数。"（《朱子语类》卷三）详见第四章第六节《三魂七魄与多魂信仰》。

《上清黄庭内景经》说："散化五行变万神"，说的是人身之中有神上万个。《云笈七笺》卷五十五《魂神》说得很具体，人身之中有三万六千神："人身之中自有三万六千神。左三魂右七魄，阴阳配合，共辅护识神。"人身诸神均受人身之三魂七魄所统辖。《上清黄庭内景经》说："上有魂灵下关元。原注：魂，魂魄也。灵，胎灵也。魂在肝，魄在肺，胎灵在脾。关元，脐也。脐为受命之宫。则魂魄在上，关元居下。"而人的脏腑器官各有神守护，如《上清黄庭内景经》所记诸神，有名有姓有字，一如人间。如：

> 泥丸百节皆有神
> 发神苍华字太元
> 脑神精根字泥丸
> 眼神明上字英玄
> 鼻神玉垄字灵坚
> 耳神空闲字幽田
> 舌神通命字正伦
> 齿神崿锋字罗千
> 心神丹元字守灵
> 肺神皓华字虚成
> 肝神龙烟字含明
> 肾神玄冥字育婴
> 脾神常在字魂停
> 胆神龙曜字威明

《太上老子中经》共记55位神仙，把道教诸神、天地（宇宙）诸神、神话诸神与人身魂魄诸神一一对应，纳入一个统一的网络之中，为研究道家的人身诸神、大小宇宙观念，提供了生动有趣的重要资料。现把其中几位有代表性的神仙摘引如下：

第一神仙

上上太一者，道之父也，天地之先也。乃在九天之上，太清之中，八冥之外，细微之内。吾不知其名也。元气是耳。其神，人头鸟身，状如雄鸡，凤凰五色，珠衣玄黄。正在兆（指人）头上。……

第二神仙

无极太上元君者，道君也。一身九头，或化为九人。皆衣五色珠衣，冠九德之冠。……人亦有之，常存之眉间，通于泥丸，气上与天连。

第三神仙

东王父者，青阳之元气也，万神之先也。衣五色珠衣，冠三缝，一云三锋之冠。上有太清，云曜五色。治于东方，下在蓬莱山。姓无为，字君鲜，一云君解。人亦有之，在头上顶巅。左有王子乔，右有赤松子，治在左目中，戏在头上。其精气上为日，名曰伏羲，太清乡东明里。西王母，字偓昌，在目为日月。左目为日，右目为月。目中童子字英明，王父在左目，王母在右目，童子在中央，两目等也。……

第四神仙

西王母者，太阴之元气也。姓自然，字君思，下治昆仑之山，金城九重，云气五色，万丈之巅。上治北斗，华盖紫房，北辰之下。人亦有之，在人右目之中。姓太阴，名玄光，字偓王，人须得王父王母护之两目，乃能行步瞻视聪明，别知好丑。下流诸神，如母念子，子亦念母也。精气相得，万世长存。夫人两乳者，万神之精气，阴阳之津沟也。左乳下有日，右乳下有月，王父王母之宅也。上治目中，戏于头上，止于乳下，宿于绛宫紫房，此阴阳之气也。

第六神仙

老君者，天之魂也，自然之君也。常侍道君，在左方。故吾等九人，九头君也。……

第七神仙

太和者，天之魂也，自然之君也。……

第八神仙

泥丸君者，脑神也。乃生于脑肾根，心精之元也。华盖乡蓬莱里南极老人泥丸君也，字元先。衣五色珠衣，长九分。正在兆头上脑中。……

第十神仙

日月者，天之司徒司空公也。主司天子人君之罪过，使太白辰星，下治华阴恒山。人亦有之，两肾是也。左肾男，衣皂衣；右肾女，衣白衣。长九分，思之亦长三寸。为日月之精，虚无之气，人之根也。在目中，故人之目，左为司徒公，右为司空公。两肾各有三人，凡有六人。左为司命，右为司录；左为司隶校尉，右为廷尉卿，主记人罪过，上奏皇天上帝、太上道君。……玄母，道母也，在中央，身之师也。主生养身中诸神。……

第十三神仙

璇玑者，北斗君也，天之侯王也。主制万二千神，持人命籍。人亦有之，在脐中。……太一君有八使者，八卦神也。太一在中央。……太一北极君，敬守告诸神，常令魂魄安宁，无（勿）离某甲身形。此所谓拘魂制魄者也。……五脏之君，魂魄诸神。某乞长生，无（勿）得离身，常与形合，同成为一身。……

第十四神仙

脐者，人之命也。一名中极，一名太渊，一名昆仑，一名特枢，一名五城。五城中有五真人。五城者，五帝也，五城之外，有八吏者，八卦神也。并太一为九卿。……

第十七神仙

丹田者，人之根也，精神之所藏也，五气之元也。赤子之府，男子以藏精，女子以藏月水，主生子，合和阴阳之门户也。在脐下三寸，附着脊膂两肾根也。……丹田名藏精宫，神姓孔，名丘，字仲尼，传之为师也。……

第十九神仙

两肾间，名曰大海，一名弱水，中有神龟，呼吸元气流行。作为风雨，通气四肢，无不知者。上有九人，三三为位。左有韩众，右有范蠡，中有大城子。左为司徒公，右为司空公，中有太一君。左有青腰玉女，右有白水素女，中有玄光玉女。玄光玉女者，道元气之母也。左有司录，右有司命，风伯、雨师、雷电送迎仙人。玉女宿卫门户。故名曰太渊之宫。……

第二十神仙

胃为太仓，三皇五帝之厨府也。房心为天子之宫，诸神皆就太仓中饮食。故胃为太仓，日月三道之所行也。又为大海，中有神龟，神龟上有七星北斗，正在中央。其龟黄色，状如黄金盘，左右日月照之。故脐下为地中，中有五岳、四渎，水泉交通。昆仑弱水，沈沈溟溟，玄冥之渊也。日月之行，故天昼日照于地下，万神皆得其明。人亦法之，昼日下在脐中，照于丹田。脐中万神，皆得其明也。夜日在胃中，上照于胸中，万神行游嬉戏，相与言语，故令人有梦也。……

第二十二神仙

头发神，七人，七星精也。神字禄之。两目神，六人，日月精也。左曰字英明，右曰字玄光。头上神，三人，东王父也。脑户中神，三人，泥丸君也。眉间神，三人，南极老人，元光天灵君也。……两乳下，日月也。日月中有大神各一人，王父母也。两腋下神，二人，魂魄，兆神也。……

第五十一神仙

脉者，魂魄，人之容也。魂魄以去，主人寂寂，故百脉尽则气绝，气绝即死矣。是以为道者，不可不存其神，养其根，益其气。[1]

道家的人身诸神观念，充分体现了中国人的生命观，我国中医养生和

---

[1] 《太上老子中经》，《云笈七签》，书目文献出版社1992年版，第138—150页；又见《道藏》第27卷，文物出版社、上海书店、天津古籍出版社1988年版，第142—154页。

气功理论主要便是建筑在人身诸神与天地宇宙相互协调的整体生命观原理之上的。中医讲究"心脏灵、肝脏魂、肺藏魄、肾脏精",这灵、魂、魄、精,既是魂魄之所在,又是体内诸神之主神;气功则讲究炼神、炼气、存思、守窍、内丹,其目的无不在于调动人身小宇宙的各种积极因素,使之与天地之气相合,从而达到治病养生的目的。

第三章

民间信仰中的灵魂世界（上）

第一节　万物有灵

古人认为，天地万物和人一样，都有精神魂魄，讲究天人和谐、天人合一。《关尹子·四符篇》中说：

> 以我之精，合天地万物之精；譬如万水可合为一水。以我之神，合天地万物之神；譬如万火可合为一火。以我之魄，合天地万物之魄；譬如金之为物，可合异金，而熔之为一金。以我之魂，合天地万物之魂；譬如木之为物，可接异木，而生之为一木。则天地万物，皆吾精吾神，吾魂吾魄。何者死，何者生。①

天地万物也和人一样有生命，有生也有死。《礼记·祭法》："大凡生于天地之间者，皆曰命。其万物死，皆曰折。人死曰鬼。"

葛洪在《抱朴子内篇·微旨》中说："山川草木，井灶污池，犹皆有精气；人身之中，亦有魂魄；况天地为物之至大者，于理当有精神。……"②

先秦时，民间广泛流行万物有灵信仰，这种情况在 1975 年在湖北云梦睡虎地出土的《日书》中，有详细的记载。在当时人们的心目中，世间万物都有神鬼主宰。研究者把它们分为亚神灵、亡灵、鬼灵、物灵、生

---

① 《关尹子》，《百子全书》第 8 册，浙江人民出版社 1984 年版。
② 王明：《抱朴子内篇校释》，中华书局 1985 年版，第 125 页。

灵五类,并列表如下:[①]

灵别	灵名	作祟之法	驱祟之法或工具	文化心理
亚神灵	大神 上神 地朽神 状神 神虫	善害人 下乐男女 孰官 一室人皆毋气 伪为人	以犬矢(屎)为完(丸) 击鼓 毋起土攻 首亨(烹)而食 以良剑刺其颈	抗争
亡灵	父母 王父 王母	有疾	裹以漆器 赤肉雄鸡 索鱼、荃酉(酒)	漠视
鬼灵	粲迀之鬼 鬼 刺鬼 阳鬼 擎鬼 外鬼	人毋故室皆伤 从人女与居 攻之(人)不已 不可以孰(熟)食 戏人以桑 疾	取白茅及黄土而西之 自浴以犬矢(屎),击以苇桃弓,牡矢,鸡羽,见而射之 燔豕(猪)矢(屎) 心为杖,鬼来而击之 犬肉鲜卵	仇视
物灵	雷 雷 云气 天灰	攻人 焚人 袭人之宫 燔人室	以木击之 以火乡(向)之 以火乡(向)之 以白沙救之	抗争
生灵	会虫 女鼠 狼 马 众虫	一室人皆凤箸 抱子逐人 呼人们 鸣人之室 袭人室	以铁椎揣之 张册(栅)时以乡(向)之 杀而烹食之 燔蚕及六蚕毛 以火应之	蔑视

---

① 参见王桂钧《〈日书〉所见秦俗发微》,《文博》(陕西)1988年第4期,第65页。

第三章 民间信仰中的灵魂世界（上）

鲁迅在《中国小说的历史变迁》第二讲里，对我国历史上形成起来、在"中国还很盛"的万物有灵信仰（万有神教）有过一段很精彩的分析：

> 中国本来信鬼神的，而鬼神与人乃是隔离的，因欲人与鬼神交通，于是乎就有巫出来。巫到后来分为两派：一为方士；一仍是巫。巫多说鬼，方士多谈炼金及求仙。秦汉以来，其风日盛，到六朝并没有息，所以志怪之书特多……。六朝人视一切东西，都可成妖怪，这正是巫的思想，即所谓"万有神教"。此种思想，到了现在，依然留存，……其实这种思想，本来是无论何国，古时候都有的，不过后来渐渐地没有罢了，但中国还很盛。……六朝人……看鬼事和人事，是一样的，统当作事实。①

在我国广大地区，特别是广大少数民族和边陲地区，万物有灵观念直到如今还相当普遍地存在于人们的头脑中。20世纪二三十年代间，美国汉学家、人类学家、前华西大学博物馆（今四川大学博物馆的前身）馆长葛维汉（Dr. David Grockett Graham）曾在四川汉苗地区进行过广泛的田野调查。他在1928年出版的《四川的宗教信仰》一书第九章《四川诸神》②中，生动描述了万物有灵信仰在四川民间是多么普遍。葛维汉在书中所记述的四川诸神十分繁多，光怪陆离，其中有些在当代已属罕见，因而具有相当的学术价值。现把几段有趣的资料，以及作者的分析简介如下。

在四川，除了常见的道佛诸神、家宅神（包括门神、灶神、牲畜神、医药神、送子娘娘、财神等）、行业神、自然神（日月神、北斗七星神、

---

① 《鲁迅全集》第8卷，人民文学出版社1958年版，第319页。
② ［美］葛维汉：《四川的宗教信仰》（*Religion in Sichuan Province China*，Published by The Smithsonian Institution City of Washington, 1928），此书主要使用他从1919—1926年间在四川调查民间信仰的资料。其中的第9章的汉译《四川诸神》，江玉祥译注，见《民间文学论坛》杂志1989年第6期，第53—58页。他的另一部有关四川民俗的专著《川苗的歌谣和故事》（华盛顿1954年）从他用汉文记录的700则川苗歌谣和故事中，选出了659则译成英文。其中的一部分曾于1938年出版的《华西边疆研究会杂志》第十卷（英文版）刊出。葛氏在前言中记述了他从1932—1937年间多次在川苗地区记录故事歌谣的过程。《中国民间文学集成·四川少数民族卷》（1991年内部出版）收录了葛维汉搜集的4则川苗故事，对研究川苗的民间文化和葛维汉本人都有参考价值，第928—931页。

山神、闪电女神、雷神等）以外，大量的是神化英雄，如治水的李冰被称为川主祭祀，船工的神王爷菩萨、木工神鲁班，峨眉山大峨寺门口的一尊偶像，是一个至少至1925年夏天仍然活着的男人的像，由于他舍身佛教，为大峨寺捐了许多钱，因而被奉若神灵。此类活人被祭祀的例子在雅州（今雅安县）还有。成木乃伊状的和尚，是神化英雄的一种特殊形态。峨眉山上的万佛顶寺和千佛寺内，各保存一具木乃伊。据说在嘉定江对面大佛附近和太子庙内，都有这样的干尸。

葛维汉所列举的他在四川旅行时沿路所见的五个路边神，十分有趣。这些神被安置在大路两旁，隔不多远就有一个。有的有偶像，有神龛，有的则只是一块石头而已，并没有任何遮风避雨的设施。这些路边神的职能，主要是保护旅行者消灾平安。这五个路边神分别是：

（1）观音。

（2）泰山石敢当。葛氏说，此神是一块刻着"泰山石敢当"的石头，暗示该石来自神圣的泰山，因而所向无敌。石头顶部常刻有一个长着四颗獠牙、嘴含一把短剑的凶猛生物的像。

（3）灵官，或称斗口公。他手挥条棒，大口怒张如斗，原是追猎恶魔者。葛维汉曾在四川灵官的像下，见过一则铭文，上写"他用手一指，恶魔即遁；眼光一扫，百病便愈"。这里的灵官想必便是民间赫赫有名的王灵官。据资料载，王灵官"原是宋徽宗时的人，姓王名善。起初在四川人萨守坚门下学画符，也曾跟从林灵素的弟子学习佛道的事"（《破除迷信全集》卷10）。[①]"王灵官为玉皇宫之守卫。此位道教神灵，原为天廷二十六天将之一。依道家之说，灵官为火府天将，有特殊勇力，保卫百姓，为道官之门神。""灵官王元帅：红面，满髯高翘，口开，露獠牙。"[②]

（4）土地菩萨，常有土地奶奶相伴，神龛上最常见的铭文是"保一方清静，保四界平安"。

（5）四川最后一个路边神是阿弥陀佛，他和泰山石敢当一样，没有神龛，在路边任风吹雨打。葛维汉认为，作为哲学观念的佛教在四川实际上没有地位，但统治西方天国——死者灵魂的乐园——的阿弥陀佛深得民心，在四川是过路人的保护神。

---

① 宗力、刘群编：《中国民间诸神》，河北人民出版社1987年版，第763页。
② 《民间新年神像图画展览会·附录五》，北京：中法汉学研究所，1942年，第209页。

这五个来源不一（有来自佛教的，有来自道教的，也有来自巫教的）、身份各异的路边神，其宗教色彩淡薄，世俗气息甚浓，生动地反映了民间的万物有灵观念讲究实用和功利的性质。

葛维汉所记述的几个尚未人格化的民间"神"，很值得注意。位于长江边上的叙府（今宜宾市）附近，有一座通称白石寺的小庙。起初只有一块巨大的白石，人们崇拜它，认为它可以治病，后来，人们便为它建了一座庙。人们花钱买点儿石屑，磨成粉，冲水喝下便可治病。葛氏指出，"这块石头不是因为一个神寓居在里面受到崇拜，而是认为这块巨石本身即为一个具有超凡行善力量的神"。

另一个例子，是叙府被认为是树神的有两棵老柏树。据说这两棵种植于明代或者更早的树，曾经化为两个姓白的香客到峨眉山朝拜，当地的老和尚对葛维汉说，年深日久的老柏树，常常会变成树神。在四川峨眉山、巫山和黄龙峡一带，民众向老树或残干烧香之风甚盛。葛氏说："两棵老柏树被当作神崇拜，不是神寓居于树内，而是树本身就是神。"此外，江口（今四川彭山县）附近，一棵大榕树被称为"黄葛将军"和"榕树将军"。传说树叶可以治病，如果脚疼，把一双草鞋挂在树上，便可消除痛苦。嘉定和成都的农村，民众把两个人才能抬得动的萝卜奉为"萝卜王"，尊之为神。

在葛维汉所见的四川民间诸神中，最为奇特的要算是阴阳菩萨了。

> 叙府附近的南林桥，有一个半男半女叫阴阳菩萨的偶像。它象征自然界"阴"和"阳"的力量，雌和雄的本原。左边是男，右边是女。左边的眼睛、耳朵、嘴巴很大，而右边的小，所以脸部有一张不平衡的外表。左脚是自然的，右脚缠成尖尖脚。左边看像一个男人，右边像一个妇女。从整体来看，这是作者所见的最古怪的神之一。

四川还有一种叫"坛神墩墩"的神，其实是一块用于房基和寺庙木柱下的基石，坛神作为家宅的灵魂，成为家宅平安昌盛的象征而受到祭祀。

葛维汉所展示的四川民间的神灵世界，无论是日月星辰、山川草木、石头大树、道佛诸神、家宅神、路边神、活人成神、有人格的或不具备人格的神，从其起源来说，都可以追溯到古老的万物有灵观念。可以看出，这种观念在民间传播得有多么普遍！

四川是一个个例，类似的情况全国各地都有。综合来看，民间的万物有灵信仰大致可以分为下面几类。

一、自然物有灵魂

民间认为，自然界的一切自然物都有灵魂，也都有神灵。天地、日月、星辰有神。天有天神，地有地祇（地母）。日有日精，月有月华。彝族认为，日月有神："日无魂不亮，月无魂不明，人无魂难活。"（《指路经》罗平县本）（图3-1）虹也有灵，通常认为，虹是不能用手指去指的，指了要烂指头的。水、火、风、雨有神。水涨水落，水多成灾，都是由于水怪作祟。人们看到大火，要祈祷。神话传说中的火神，说法不一，祝融仍是现在还比较普遍的一种。各地的火神形式多样，有动物形的火龙星君，有人形的火德星君。云南的"火神"纸马（图3-2）上所画的弓箭、葫芦均为火器，飞鸟也是火鸟，至者必有火灾。常说风师（民间还俗称风婆）雨伯，就是风神和雨神。民间认为，龙王是雨神，久旱不雨，就要举行仪式祈雨。雷有雷神（雷公），雷公的形象，是鸡嘴，有翅膀，能发出巨大的声音和闪电，福州纸马上的雷公却是带鸟翅虎形的。（图3-3）

图3-1 大凉山彝族毕摩保存的日月星图与人类繁衍图
（采自《民俗》画刊1989年第3期杨成志文）

图 3-2 火神（云南纸马）

图 3-3 北斗七星鸟形雷公（采自［俄］阿列克谢耶夫《中国民间年画》，苏联科学院出版社 1966 年俄文版）

图 3-4　山林草木之神（云南纸马）

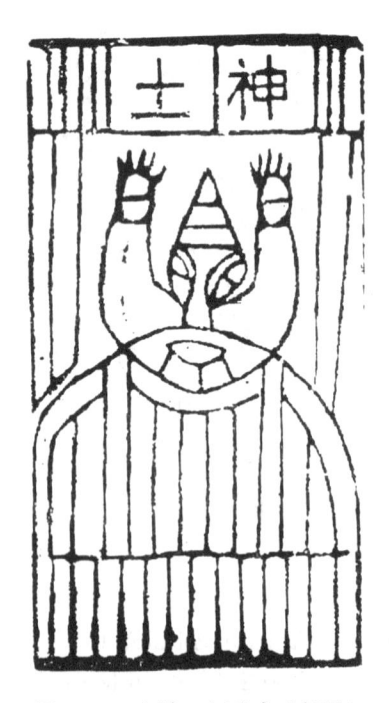

图 3-5　土神（河北内丘纸马）

图 3-6 岩神

图 3-7 朝鲜族神话中的虎形山精与山主（十八世纪朝鲜术刻画）（采自《各民族的神话》下册，苏联大百科全书出版社 1982 年俄文版）

图 3-8 路神（云南纸马）

图 3-9 宅神（山东高密神祃）

图 3-10　梯神（河北内邱剪纸）

山林草木之神有人形的，也有非人形的（图 3-4）；白族的土公土母穿的是白族衣服，河北内邱的土神是个人形符号（图 3-5）。山有山神，河有河神。从最大最高的山五岳算起，几乎没有一座山没有山神所居的。在五岳之中，泰山是一座神山，泰山之神不仅有东岳大帝，而且还有碧霞元君以及许许多多的小神。藏族的先民吐蕃人认为，最有权威的四大山神是：东——雅拉香波山神；南——孤拉噶日山神；西——诺金岗桑山神；北——念青唐古拉山神。"四大山神中，以雅拉香波山神最富权威，所以又名之为'斯巴大神'。崇拜雅拉香波山神，并推崇为斯巴大神，当然与以雅砻河谷发祥地的悉补野家族的发达史有关。这位雅拉香波山神也有七情六欲，他居然化为一头大白牦牛与止贡赞普的未亡人在野外交合，生下了英雄茹来杰。茹来杰长大以后，英武倜傥，技艺绝伦，聪慧俊秀，计谋深远，报血仇，复故国，开创了吐蕃止贡赞普以后的第一流的事业。"①

蒙古族人把自己部落内险峻的山称为神山，认为山有神灵，能保佑人畜安宁。所以各地蒙古族部落都崇拜和祭祀神山。黑龙江地区主要祭祀多克多尔山、奥力布尔山、蒙古山、铁山、博格达山等。他们认为，多克多尔山的山神是一位女神。② 与山有关的是，人们普遍认为石头有灵有魂，而岩神通常被赋予人形。③（图3－6）朝鲜族神话中的山精山主以虎的形态出现。④（图3－7）道路、住宅、扶梯都有神。（图3－8、图3－9、图3－10）

二、动物有灵魂

动物有灵的观念是远古先民的多神崇拜观念。他们认为，有些动物不能射杀（如某些部落的图腾动物），有些动物可以射杀，但在射杀前要举行某种祭猎神的送魂仪式。（图3－11）

例如牛。民间把牛神俗称为牛王，而且都是人形（图10－12）。在民间传说中，牛是玉皇大帝在天上的差役，常被派到人间给农夫们办事。有一回，农夫托牛王给玉皇大帝传个口信儿：人间寸草不生，大地光秃秃的，请玉皇大帝派人放些草籽，把人间装扮得好看一些。牛王来到天庭，把农夫的请求说给玉皇大帝听了。玉帝想想，觉得这个请求有道理，就把这差事交给了牛王。牛王带着籽子来到人间。他根本没有听清玉帝的话，把"走三步撒一把"误听为"走一步撒三把"，剩下的就放在土坎下。第二年春天，经过几番春风春雨，人间到处野草丛生，连田里都长满了青草。农夫们急了，便托灶司菩萨带信给玉皇大帝，玉帝一听坏了大事，就罚牛的子子孙孙永远吃草，帮助农民把野草除掉，并飞起一脚，把牛王踢了个大跟头，碰掉了一排上牙，所以牛因此而失掉了上牙。⑤ 意思大体相

---

① 王尧：《吐蕃文化》，吉林教育出版社1989年版，第81页。
② 参见波·少布《黑龙江蒙古族研究》第138、187—191页。
③ 参见马昌仪、刘锡诚《石与石神》一书，学苑出版社1994年版。
④ 参见《世界各民族的神话》下册，苏联大百科全书出版社1982年俄文版，第406页。
⑤ 参见民间传说《牛为什么吃草？》，《山海经》1981年第4期，杭州。

同的传说，流传在全国各地和各个民族之中。可以看出，人们认为牛不仅有灵魂，而且还是创世神或祖先神，要定期举行神牛祭礼或剽牛仪式（图3-13）。民间还相信，牛和人的灵魂可以互相投胎托生和转换形体。

图3-11 猎神（云南纸马）

图 3-12　牛王马王水草神（河北内丘纸马）

图 3-13　岩画中的剽牛仪式（云南沧源崖画第 6 地点图像）

牛是六畜之首，在中国古人最隆重的祭祀中，用牛作祭牲，时称为"太牢"或"大牢"，意思不外是用牛为牲以达到与神相通、沟通人与神的关系的心愿。古代人们崇拜牛角，传说黄帝与蚩尤打仗，"帝命吹角作龙吟"，以达到迷惑对方的目的。崇拜牛角的习俗一直延续到今天，苗族祭祖必须杀牛，他们的蜡染、绘画、刺绣、挑花、剪纸中的龙的形象，有些就绘着水牛的角。牛为镇水之神兽。民间流传的李冰变牛形斗水神，开堰利民的故事，影响很大。故事见《太平御览》引《风俗通义》：

> 秦昭王伐蜀，令李冰为守。江水有神，岁取童女二人为妇。主者曰：出钱百万以行聘。冰曰："不须，吾自有女。"到时装饰其女，当以沉江。冰径上神座，举酒酹曰："见尊颜，相为敬酒。"冰先投杯，但澹淡不耗。厉声曰："江君相轻，当相伐耳！"拔剑，忽然不见。良久，有两苍牛斗于岸。有顷，冰还谓官属，令相助，曰："南向要中正白是我绶也。"还复斗。主簿刺杀其北面者。江神死，后复无患。①

居住在西藏的珞巴族博嘎尔部落相信，野牦牛是有灵魂的，凡捕获野牦牛，要举行送野牦牛灵魂上天的"崩波岭"仪式。仪式由巫师主持，在砍下的牛头左角上挂一宰好的鸡，右角捆上洒有酒和米粉的竹屑，角尖上插一蛋壳，象征献给野牦牛灵魂的祭品。再把牛的心、肝、左前蹄装入筐内，与头一起挂在房子的特定位置上。然后向管理野兽的精灵献祭品。最后猎野牦牛的猎手把装有牛心、肝、左前蹄的竹筐取下，用绳子吊到房顶上，象征把野牦牛的灵魂送回天上。仪式举行两天。②

再如虎。唐·段成式《酉阳杂俎·广知》里记载，像人一样，虎死也要变成鬼：

> 虎初死，记其头所藉处，候月黑夜掘之。欲掘时，而有虎来吼掷

---

① 参见李子和《金牛——牛与中国传统文化》，贵州人民出版社1992年版，第30页。另一异文见《群书拾遗》辑《风俗通逸文》，收入袁珂、周明编《中国神话资料萃编》，四川省社会科学院出版社1985年版，第394—395页。

② 参见李尚坚《崩波岭》，刘锡诚等主编《中国象征词典》，天津教育出版社1991年版，第27页。

前后，不足畏，此虎之鬼也。深二尺当得物如琥珀，盖虎目光沦入地所为也。①

虎是一种有灵性的动物，虎死亦为鬼，若有人前来掘宝，其鬼便出来干扰。在初死之虎的头部下面，有一物状如琥珀，传说是虎的目光沦入地下所为，是虎的魂魄所变，具有辟百邪的作用。李时珍说，虎死，其精魄入地化为石，琥珀状似此石，故称为虎魄，又称琥珀。段成式在上书中又说："虎死威乃入地，得之可却百邪。"这虎威便是虎的精神，是虎的魂魄所在。成语"虎视眈眈"指的就是虎之雄视极威严、极精明，具有威慑之势，强调的便是虎的魂魄的力量。无论是琥珀似虎之魂魄入地所化之石，还是虎之魂魄入地所化之石似琥珀，均来源于古老的万物有灵观念，这是没有疑问的。

现代，认为虎有灵魂的观念依然存在，特别是在一些边远地区，通过某些民间习俗间接地表现出来。如在民俗艺术中，处处都可以看到虎的形象。陕西、四川、湖南、湖北、云南、贵州等地的门楣上习惯挂着虎头，表示辟邪，或在葫芦头上画上虎头，制成"吞口"。民间年画中有《镇宅神虎》（图3-14）：福建漳州年画中有守卫聚宝盆的虎，画了五只虎，叫《五福图》。山东、河北、山西、陕西农村，小孩过满月时姥姥家要送虎头枕、虎头鞋、虎头帽和白面捏塑的虎馍。② 这些习俗中的虎，无非是借虎的形象而取其勇猛有力和能够辟邪的意思，特别是小孩满月的那些虎头鞋、虎头帽一类，显然是寄托着家长的期望，希望孩子吸取虎的灵魂和力量而成为一个勇猛强壮的人。

三、植物有灵魂

植物有灵魂、有生命的观念，普遍见于古代的农业民族之中。最明显的例子是各民族常见的树神崇拜，认为神树是世界树，是人与神、人与天地沟通的中介。此外，像谷神崇拜，祭祀谷魂，叫谷魂的习俗，也十分普遍。彝族《指路经》（云南路南本）说："庄稼没有魂，颗粒不能收。"

---

① （唐）段成式：《酉阳杂俎》，中华书局1981年版，第108页。
② 参见曹振峰《中国民艺与中国虎文化》（上），《民间文学论坛》1990年第1期，第24—25页。

考古发掘出来的五叶纹、稻穗纹、谷纹、五谷罐、谷仓……，都与植物有灵观念有关。

图 3-14　镇宅神虎（民间年画）

江苏连云港将军崖岩刻上的人面像与植物形图案，生动地记载了古人认为植物有生命有灵魂的观念（图 3-15）。图由两部分图形组成。一是人面像，头饰为几何形图案，头部为不规则扁圆线形，眼睑用多根线条勾勒，另有若干对称或不对称之线条布于颜面。脸部线条杂乱。眼睛以同心圆或简单的圆点表示。二是农作物图形，分两种，一种由下向上呈放射线形状，似表示禾苗；另一种在放射线形之下，还有由若干水平线组成的三角形状，可能表现埋于地下的块根。最令人感兴趣的是，在人面像正中，有一根长线，从额头到面额，一直连接到禾苗或农作物上面。岩画研究者陈兆复对这一图像作了如下解释："岩刻中大多数人面相似乎是长在农作物顶端的神人同形的头像，可以解析为先民对于土地和太阳的崇拜，可以看作是先民们祈求丰收、崇拜谷物神的形象记录。"[①]

---

① 陈兆复：《中国岩画发现史》，上海人民出版社 1991 年版，第 208 页。

图 3-15　连云港将军崖石刻岩画

笔者认为，连云港将军崖岩刻上与农作物图形以线相连的人面像，很可能是亚里士多德、荀子等学者在论述灵魂阶梯学说时所说的植物灵魂或生长灵魂（详见本书第一章第四节）。在他们看来，植物灵魂为一切植物、农作物所特有，具有生殖、生长和营养的机能，属于灵魂观的下层阶梯。这种见解自然带有强烈的哲学思辨色彩。而原始先民由于对植物的生长生殖、开花结果、一年一度的枯荣兴衰现象不解，以为植物和人一样，也有灵魂，并把人的生老病死这些生命现象赋予植物，把植物的生长灵魂人格化，以人面像表现植物的灵魂。这些形态各异的人面像，反映了原始先民对植物和农作物具有不同的生长生殖功能的一种幼稚的理解。把夸大了的、人格化了的植物灵魂以线与谷物相连，刻在崖画上，不仅反映了谷物的兴衰荣枯与人的生活息息相关，而且表达了人对植物灵魂的崇敬之情，奉植物灵魂为神，祈求谷物丰收增产。

四、抽象观念有灵魂

物质形态的物体有魂，非物质形态的抽象观念，如人的喜怒哀乐、财运福祸（图3-16）、瘟病蛊灾，甚至冤家结仇（图3-17），也都有神在主宰着。管命运的神叫当生本命星君（图3-18）。云南纸马《瘟司》楼船中有五人（一说七人），为分管各种不同疾病之神灵。另一幅纸马《咒神》（图3-19），中间咒神的位置虚位以待，未见神形。上置文房四宝，表示不用兵刃，即可杀人。借咒行黑巫术杀人，也得付酬，座下便是送祭礼者。向神祈福禳灾时，常把纸马烧送，才能奏效。

图 3-16 财神（云南纸马）

图 3-17 翻解冤结神（云南纸马）

图3-18 当生本命星君（云南纸马）

图3-19 咒神（云南纸马）

如《莱阳县志》（1935年修）中记载：

> 迷信者专事祈禳，或祷天地，谓之天地口愿，或祈寺庙，作俑焚化，谓之替身。或媚于灶，或佞于佛，或祈灵于狐狸，或延请巫觋。痘有神，谓之痘哥哥、花姐姐，疹有神，谓之疹痘娘娘。腿疾则许杖于铁拐李仙，足疾则许鞋于翘脚娘娘，腹疼则许五赃于宝藏爷爷，筋疼则许麻经于筋骨老爷，目昏则许眼镜于眼光菩萨，耳聋则许耳包于耳光菩萨，小儿咳嗽则许面饼于吼狗老爷，甚或好事妄传，而污潦之水，岩石之礨，枯朽之木，败墙之隙，亦莫不有神，于是画符录以镇妖，延术士以驱祟。或鸣锣鼓以驱邪，或看祛病书以逐鬼。亦有归咎房舍、墓地，而改易方向，挪移门户；或立石于巷口，镌泰山石敢当，或垒砖于墙头，刻吉星高照；择日徙居，卜地迁葬，往往有之。①

江苏省东北隅古海州（今连云港市）有一习俗，认为婴儿降生是催生娘娘催来、送生娘娘送来的，小孩生下，催生娘娘就走了，生下十二天，送生娘娘也要回府，把孩子交给人间天地诸神保护。这人间天地诸神共有十二位，计有床神、灶神、门神、宅神、土地神、碓神、磨神、路神、河神、桥神、疹哥、痘姐等。儿童出天花麻疹，俗称痘子。这痘子也有灵魂，叫痘痘魂，传说由痘儿哥和疹儿姐两个神童管着。这一带流行一种挂痘痘魂的习俗。小儿出麻疹，要用2寸宽8寸长的一块黄布和一块红布，下悬两串黄豆，上端系在一根小芦柴棒或高粱秆上，插在病孩住房上方的屋檐上。把红黄布条垂在窗口，叫挂痘痘魂。这红黄布条既是小儿痘魂之所在，又是痘神——痘儿哥与疹儿姐的象征。传说黄布条是痘儿哥，红布条是疹儿姐，专门保护出疹痘的小儿安全灌浆、做盘和退盘（俗称出痘疹的三关）。只要看到窗户挂痘痘魂的，就会得到痘儿哥和疹儿姐的照顾，直至度过三关，小儿痊愈才离开。据说痘儿哥和疹儿姐也有脾气，不喜欢陌生人和各种牲畜，讨厌香臭腥辣等各种气味，忌强光和刺眼的颜色。民间根据小儿患痘诊所应注意的事项，塑造了痘魂和疹神的形象，既是实用的，又带有信仰色彩。有意思的是，这一带的人认为，痘儿哥好吸

---

① 转自山曼等《山东民俗》，山东友谊书社1988年版，第345页。

烟，疹儿姐爱喝茶，因此，每天要在窗台上供一杆烟袋，一碗清茶（白开水），直至小儿退盘结痂，然后打开窗户，再点上一袋烟，换一碗清茶，送两位痘神。这些富有人情味的灵魂之神，伴随着人的一生，处处都可看到他们的身影。①

口舌是非也有灵，云南一些地区称之为"口神"、"谩神"、骂神、口舌鬼等，专司人间口角纠纷。彝族古老史诗《阿细的先鸡》把祭谩神列为民族重大的节祭之一，时间是在 5 月，祭品是一条大水牛。丽江地区的彝族在农历正月十五设祭，叫"退口神"。祭品为猪头或鸡。纳西族的"退口舌是非"的消灾祭，日期在十二月，举行"米克普"仪式，把主是非的阴魂赶走。

据说清代嘉庆年间，在凉山昭觉八且山陆觉地方，乌坡铜厂的工人上山砍柴，将一个瓶子遗落在山上，当地的彝族把这个瓶子供奉在山上，作为崇拜物，规定附近二三里地之内不许人畜进入，否则触怒瓶神就会骤降雪雹。② 这人造的瓶神，可说是当代万物有灵信仰的生动写照！

我国民间的万物有灵信仰有如下值得注意的特点：

第一，泛生信仰与泛灵信仰并存。万物有灵信仰（Animism）又译泛灵信仰或万物有灵观，是英国人类学家泰勒（E. Tylor）首先提出来的，认为人或生物有一个可以与其肉体分离开的灵魂体。泛生信仰（Animatism）又译前万物有灵信仰或物活论，是英国人类学家马雷特（R. Marett）对 Animism 的一种修正。认为整个物质世界和人一样都是活的，有一种非人格的超自然力量，附生于自然体，无须以各自均有独立的灵魂为前提。③

日本学者佐佐木宏干在《超自然观的特色》里说：超自然观大致可分为两大类。一类是承认超自然体的人格化，另一类是在某种程度上也承认其中的某些非人格特性。两者间的区别当然不甚绝对，在很多情况下是根据社会、礼仪的场合不同而需要灵活掌握的。

"人格化超自然体的基本观念是'灵魂'（soul）和'精灵'（spirit）。灵魂一方面具有生命的特性，另一方面又依附于人或其他物体，其基本特

---

① 刘兆元：《海州民俗志》，1985 年油印本，第 11、17 页。
② 参见庄学本《西康彝族调查报告》。
③ 参见李亦园《泛生信仰》，芮逸夫主编《云五社会科学大词典·人类学》，台湾商务印书馆 1971 年版，第 135 页。

征即灵魂可以自由地脱离人体。它与生、死、病、梦、冥界等观念相结合，构成了多种多样的灵魂观。精灵和灵魂观念是不分有无生命而普遍存在的，精灵是指存在于人类之外各种物体中的灵魂。泰勒把人的灵魂、死者的灵魂——鬼魂（ghost）、人类之外各种物体中的灵魂——精灵，统称为'灵体'（spiritual being），把对灵体的信仰、观念规定为万物有灵论。尽管泰勒把灵体区分为灵魂、鬼魂和精灵，但是，各民族、社会并非都意识到这三者是彼此独立存在的。"①

20 世纪 40 年代，我国民族学家林耀华深入凉山地区，对凉山彝族的社会结构和诸种文化现象，特别是民间信仰进行了细致深入的考察，出版了《凉山夷家》（商务印书馆 1947 年，后译为英文在美国出版），首次运用当时流行的西方文化人类学学说，对彝族的民间信仰进行科学研究。他在第九章《巫术》中指出，原始人对宇宙有两种观念：一是精灵主义（即泛生信仰、前万物有灵信仰或物活信仰），是对超自然力的信仰，或说 mana 信仰，是"依照物之特性，如色、形、重等发展而成"；二是灵魂主义（即泛灵信仰或万物有灵信仰），是对人格化了的超自然力之信仰，赋予万物以人之意志、倾向与目标，又可称为鬼神 spirit 信仰。林耀华认为，上述两种信仰同时并存于彝族之中。彝族的泛生信仰包括两类：一，护身物、小羊毛、虎须、指甲、头发、符灵等；二，祖先遗物，彝族称之为吉罗，吉罗信仰只限于物的神秘性或物的超自然力，没有鬼神观念。彝族的泛灵信仰便是对灵魂和鬼神信仰，认为作祟于人的都是鬼。

上述葛维汉在四川的调查中，也注意到了民间所信仰的诸神，是分为两大类的：一类是具有灵性的、人格化了的神，如道佛诸神、家宅神、行业神、神化英雄、活人成神等；另一类是路边的一块巨型的白石、两棵老柏树、一株大榕树。葛维汉认为，这石头、柏树和榕树"不是因为一个神寓居在里面受到崇拜"，而是这石这树"本身即为一个具有超凡行善力量的神"，② 换句话说，这石这树具有一种非人格的超自然力量，无须以各自均有独立的灵魂或有神寓居于其中，这便是我们

---

① 江孝男等主编·《文化人类学词典》，山东大学日本研究中心译，青岛出版社 1989 年版，第 224 页。

② 《民间文学论坛》1989 年第 6 期，第 53—58 页。

所要说的泛生信仰，与第一类泛灵信仰同时存在于四川的民间信仰之中。

第二，只有与人的生命或命运休戚相关的自然物、动植物以及生老病死等种种现象，人才赋予它们以灵魂。

史学家孔令谷在《论社稷》说：

> 先民的多神信仰，是指山水树石斧斤刀案雷电冰雪各有其神灵，并不是说天有天神、地有地神，天示象以风雷，地示象以木石。原始的人民，只知道风雷星云，不知有天，只知水火木石，不知有地，天不可象，地不可指，天地观念，似乎不应后出，实际却是不很早的。所谓多神，只是神的对象位于各种不同的实物中，譬如电有电神，风有风神，山有山神，水有水神。那些认为似乎宇宙间神灵有万千、各殊其状的观点，其实也是错误的。风神有鼓，雷神有锥，以类分形，这是事实，但那些也只是神的外形的不同。……先民虽似崇拜多神，其实他们所谓神，只视作一种具有广大神通的超人，并不去条分缕析的。[①]

在佤族，有祭谷魂和棉魂习俗，就是因为谷与棉与他们关系密切，是人们衣食的来源。佤族过去有一句谚语："得罪谷魂虎伤身，得罪棉魂被砍头。"旧日佤族有猎人头祭谷，以人魂取悦于谷魂、换取谷物的丰收的习俗。在这种习俗中，人魂具有双重功能，既要保护活人，又要取悦谷魂。随着生产与生活方式的变化，他们的灵魂观与神灵观，已发生了很大的变化，近20年来，佤族已不再大量种植棉花，因而原来令人敬畏的棉花神，也已逐渐退出了信仰领域。

云南俚濮人的山神信仰，是另一个例子。楚雄彝族自治州武定、元谋两县的俚濮支系对鬼和灵魂有不同的称呼。他们崇信比较原始的鬼神。武定县环州乡大雪坡村和冷水箐村的山神是两姐妹，主管人间的五谷丰收、风调雨顺、六畜兴旺。据老人说，以前俚濮人与外族发生冲突，姐妹二山神曾披甲前来助战。如同彝族的祖灵寄存在灵筒中一样，山神的灵魂寄存在一只山神灵竹筒中。冷水箐村的山神灵竹筒，由普家的一位上了年纪的

---

① 孔令谷：《论社稷》，《说文月刊》第2卷，1940年，重庆。

老人专门看管，平时藏在不为人知的地方，每当祭祀山神时，由老人打开神灵竹筒。竹筒内装荞子、灿米、苞谷和树上的花等，祭山神时，从筒中谷物的好坏预卜各种谷物来年的丰歉。这个体现山神灵魂的竹筒被视为神圣，反映了农业民族渴望五谷丰登、风调雨顺的愿望和心理。俚濮人过年杀猪后要叫魂。下面这个叫魂祝词告诉我们，他们所信仰的那些自然物和动植物的魂，都是与人的生活密切相关的。他们以割魂与招魂的方式，表达他们与这些自然物、生物的关系。他们在割魂、招魂祝词中说："……我来割魂，五谷的魂我不割，六畜的魂我不割，男儿的魂我不割，女儿的魂我不割，谷子的魂我不割，钱罐的魂我不割。灾难的魂我割，重病的魂我割。天灾人祸的魂我要割，雷神的魂我要割，恶风暴雨的魂我要割，伤风感冒的魂我要割，把这些魂都割掉。五谷的魂回来，六畜的魂回来，粮食的魂回来，男人的魂回来，女人的魂回来。关畜养尾巴，尾巴留下来（当地卖家禽家畜时，要把它的毛和尾巴带一点回来，表示卖了禽畜，但其魂不能卖；猪宰了，魂要留下来），关畜养蹄子，蹄子护着家。"这份祝词表明，人有魂：男人、女人、女儿。自然现象有魂：雷神、恶风暴雨。动植物有魂：五谷、六畜。用品有魂：钱罐。人的感觉、命运等抽象观念有魂：灾难、重病、天灾人祸、伤风感冒有魂。[1] 可以看出，大凡与人的生活、生产有关的自然现象、有生物、无生物、动植物和抽象的观念，均被赋予和人一样的灵魂。而且人类根据这些灵魂与人的关系，或有恩于人，或作祟于人，而分为善魂和恶魂两类，并分别对其采取割魂或招魂的不同态度。卖牲畜或杀猪，也要把体现着牲畜灵魂的毛或尾巴留下，表示杀的、卖的只是牲畜的肉体，其灵魂仍然留在家里，是六畜兴旺的象征。

傈僳族认为，凡是有生命之物，都有灵魂，部分无生命之自然物，如山石水等，也有灵魂，但并非对所有事物都加以崇拜。如牲畜虽有生命、有灵魂，但他们认为其灵魂不能祟人，所以就不崇拜。[2]

---

[1] 参见张桥贵《楚雄州彝族支系调查》，云南民族研究所编《民族调查研究》1991年第1辑，第113页。

[2] 参见田家祺等《碧江县五区色德乡德一登村傈僳族社会经济调查》，《傈僳族社会历史调查》，云南人民出版社1981年版，第70页。

第二节　灵魂与梦（上）

大量人类学材料和古代典籍表明，灵魂观念与人会做梦的现象有关。

现代科学表明，人的一生中，做梦的时间加在一起，大约有6年。大多数的梦都记不清楚。在人入睡90分钟后，大脑便开始活动。一股暴风雨般的电脉冲将人的大脑从深睡中冲开。这时，大脑释放出乙酰胆碱荷尔蒙，这是一种可以打开人的记忆储存器和促进信息活动的物质。于是，人开始做梦了。科学家认为，"人做梦，是大脑在打扫房间，大脑将白天获得的信息和情感进行加工和整理，同已有的回忆相比较，评价其意义，决定把它放到主管的记忆储存器中还是消掉"。"人在做梦时，短期记忆储存器在睡眠中得到清理，卸下旧的存货，以便接受新的东西。"[1] 因此，对于人来说，做梦就像每天的面包一样，是必需的。饮酒过度、服药、心神不宁，以及躯体的各种疾病，都会使梦缩短、变形、受到压抑，都会在梦中得到反映。心理学家、病理学家常常利用梦来治疗人的一些疾病，不是没有道理的。

然而，许多人对梦却缺乏科学的认识。在我国古代，梦魂和梦兆的信仰十分流行，把梦看作是魂的离体外游，以后，又把梦魂观念与鬼神信仰相联系，认为梦魂受某种鬼神力量所支配，可以预示吉凶，便出现了梦兆、梦占、梦卜的迷信。

在这里，我们想着重谈谈我国各民族都有的梦魂信仰。

古代典籍中有关梦的记载很多，大都与梦魂的观念有关。梦是魂魄的一种运动，从形神的观念来看，形寂而神驰便是梦。

《楚辞·九章·惜诵》说："昔余梦登天兮，魂中道而无杭。"[2] 把梦看作是灵魂之外游。钱钟书在谈及《楚辞》各章的灵魂观念时说："夫生魂之说，肇端梦寐。《九章·惜诵》……皆言生人之魂于睡梦中离体外游也。"他还根据宗教神话理论论证说："治宗教神话之学者，谓初民区别

---

[1] 《做梦为什么是必需的？》，德国《快捷》画刊1991年第52期，见《参考消息》1992年1月12日。

[2] 朱熹：《楚辞集注》，上海古籍出版社1979年版，第76页。

固结于体之魂与游离于体之魂。固结之魂即身魂，心肾是也；游离之魂有二：气魂、吐息是也，影魂、则梦幻是矣。"①

庄子《齐物论》说：

> 其寐也魂交，其觉也形开。

王夫之在《庄子解》一书中解释说："形寂而魂合，形动而神驰。"②说明人的魂（神）魄（形）在睡眠（寐）时和清醒（觉）时，其运动的状态是不同的：睡眠时，形寂而魂合，清醒时，形动而神驰。荀子更进一步指出："心卧则梦"③，说明人在睡眠时心会做梦。东汉王充在《论衡·纪妖篇》里直接把梦解释为魂行，其活动的方式与云烟相类：

> 人之梦也，占者谓之魂行。梦见帝，是魂之上天也。……夫魂者精气也，精气之行与云烟等。④

魏晋时代流行的一部《解梦书》把梦象解释为"魂出游而身独在"，是灵魂离身外游：

> 梦者象也，精气动也；魂魄离体，神来往也。……梦者告也，告其形也。目无所见，耳无所闻，鼻不喘臭，口不言也。魂出游（而）身独在，心所思念（而）忘身也。⑤

历代的经学家理学家对梦的解释，一般说来，并没有超越古老的梦魂观念。例如东汉郑玄在注释《周礼》时说："梦者，人精神所寤。"根据唐人贾公彦《疏》的解释："谓人之床，形魄不动，而精神寤见。"可以看出，郑玄认为，人在做梦之时，形魄不动，但精神（神魂）在活动，有知觉，有所悟。

---

① 钱锺书：《管锥篇》第2册，中华书局1979年版，第633页。
② 王夫之：《庄子解》，中华书局1984年版，第13页。
③ 《荀子简注》，章诗同注，上海人民出版社1974年版，第233页。
④ 王充：《论衡》，上海人民出版社1974年版，第337页。
⑤ 《太平御览》卷三九七。

明代理学家陈士元对梦的解释颇有创意：

> 魂能知来，魄能藏往。人之昼兴也，魂丽于目；夜寐也，魄宿于肝。魂丽于目，故能见焉；魄藏于肝，故能梦焉。梦者，神之游，知来之镜也。
>
> ——《梦占逸旨·真宰篇》①

陈士元通过人的某些生理现象以及魂与魄的不同功能，加以阐释，白天，魂附于双目，故能看见周围的世界；夜睡之时，魄藏于肝，形魄不动，神魂离身而外游，这便是梦。

笔记小说中也有不少关于梦的记载。

唐段成式《酉阳杂俎·梦》中，在介绍汉代大傩有食梦逐疫之俗和道佛诸家对梦的见解后，提出了对梦的解释："梦者习也。"

> 《汉仪》大傩侲子辞，有伯奇食梦。道门言梦者魄妖，或谓三尸所为。释门言有四：一善恶种子，二四大偏增，三贤圣加持，四善恶征祥。成式尝见僧首素言之，言出《藏经》，亦未暇寻讨。又言梦不可取，取则著，著则怪人。夫瞽者无梦，则知梦者习也。②

《汉仪》指的是《后汉书·礼仪志》，伯奇是大傩中十二神兽（又尊为十二神）之一，伯奇食梦是大傩逐疫中的一项内容。《后汉书·礼仪志》是这样记载的：

> 先腊一日大傩，谓之逐疫。其仪：选中黄门子弟年十岁以上，十二以下百二十人为侲子，皆赤帻，皂制，执大鼗。方相氏黄金四目，蒙熊皮，玄衣朱裳，执戈扬盾。十二兽有衣毛角，中黄门行之。冗从，仆射将之，以逐恶鬼于禁中。……黄门令奏曰："侲子备，请逐疫。"于是中黄门倡，侲子和曰："甲作食凶，胇胃食虎，雄伯食魅，腾简食不祥，揽诸食咎，伯奇食梦，强梁祖明共食磔死寄生，委随食

---

① 转自刘文英《梦的迷信与梦的探索》，中国社会科学出版社1989年版，第37页。
② （唐）段成式：《酉阳杂俎》，中华书局1981年版，第84页。

观，错断食臣，穷奇腾根共食蛊。凡使十二神追凶恶……。"因作方相与十二兽舞，欢呼周遍前后，省三过，持炬火送疫出端门。①

可以看出，在汉代傩祭的驱疫仪式中，梦被视为蛊魅一类灾难恶鬼，由方相氏率百隶事傩驱之。这种由方相氏驱噩梦之俗，在《周礼》中也有记载。《周礼·占梦》曰：

占梦：掌其岁时，观天地之会，辨阴阳之气。以日月星辰占六梦之吉凶，一曰正梦，二曰噩梦，三曰思梦，四曰寤梦，五曰喜梦，六曰惧梦。季冬聘王梦，献吉梦于王，王拜而受之。乃舍萌于四方，以赠恶梦，遂令始难（傩）驱役（疫）。②

《酉阳杂俎·梦》又曰：

合萌于四方，以赠恶梦。谓会民方相氏，四面逐送恶梦至四郊也。

上文我们谈到段成式所说"道门言梦者魄妖，或谓三尸所为"，这里并非凡梦皆称魄妖，只有称噩梦为"魄妖"，为魂魄中之妖者。据《真诰》称："数遇恶梦者，一曰魄妖。"道家又谓噩梦乃三尸所为。三尸又称三虫，为汉代神仙家方士所创。《抱朴子·微旨》中说：

三尸之为物，虽无形而实魂灵鬼神之属也。③

三尸无影无形，是一种鬼神类的魂灵，寄居于人身，"人身中有三尸"（《重修纬书集成》卷六《河图纪命符》），"常居人身中"（《宣室志》卷一），但这种魂魄与人自身的魂魄有所不同，并非人本身所固有。

---

① 《后汉书》卷一五《礼仪志》，《二十五史》第2册，上海古籍出版社、上海书店1986年版，第49页。
② 《周礼·仪礼·礼记》，岳麓书社1989年版，第68页。
③ 王明：《抱朴子内篇校释》，中华书局1985年版，第125页。

初民对人自身的疾病、欲念之由来搞不清楚,以为一切均为一种名叫三尸的鬼神魂灵所为。道家即认为噩梦也是三尸之过。由于三尸常于庚申日乘人睡觉之时,把人之罪过奏闻上帝,减其禄命,因而道教有所谓"守庚申"之俗,即于庚申日昼夜不眠,持经诵咒,防止三尸神离开人身,上天告状。认为这样三尸便自去,不会做噩梦,因而不能加害于人了。

古人对于做梦的生理、思维现象不了解,以为梦像是神鬼所为,尤其对于噩梦十分恐惧,称之为魄妖,认为是一种虚幻的三尸虫所为,并以各种巫术的手段驱之逐之。

做梦是一种正常的生理现象,既不是灵魂外游,也不是魄妖、三尸捣乱,但是做梦却和人的躯体健康有关。现代科学认为,噩梦是某些疾病的先兆,不可掉以轻心。

近年来,科学家在探索"梦境"的奥秘中,惊奇地发现经常做惊险的噩梦常提示人体内存在着某些隐匿性疾病。若是噩梦重复出现,往往是疾病的征兆,它对诊断疾病有着重要的参考价值。

一、经常梦见有人或怪物敲打你的头部,或向五官七孔内灌、挖什么,常提示患有大脑肿瘤或神经系统疾病。

二、经常梦到耳旁喇叭高鸣,或子弹、箭簇从头部穿过,提示头部存在病变。

三、经常梦见有人卡其喉咙,或在睡梦中觉得咽喉被鱼骨鲠住,时而又觉得有叉子叉进喉咙,常提示咽喉部存在病变。

四、经常梦见后面有人追逐,想叫而叫不出,常提示心脏冠状动脉供血不足。

五、经常梦见身体歪斜或扭曲,并伴有窒息感,又突然惊醒,是心绞痛的先兆。

六、经常梦见从高处跌下,但终落不到地上便惊醒,常提示患有隐匿性心脏病。

七、经常梦见自己被关在暗室里,梦中又感到呼吸困难,或常梦见胸部受压,身负千斤重担而远行,常提示肺部或呼吸道有病变存在。

八、经常梦见自己与火打交道,如大火燎原,人受其烁,常提示患有高血压病。

九、经常梦见自己与水打交道，如洪水泛滥，人淹其中，常提示肝胆系统出了毛病。

十、经常梦见腾云驾雾或面貌狰狞的恶人，常提示循环系统和消化系统存在病变。

十一、经常梦见从背后踢你一脚或刺你一刀而惊醒，随后又感到被踢和被刺的腰部疼痛，常提示腰部和肾脏有潜伏性病变。

十二、经常梦见自己吃腐烂食物，醒来时嘴里还总有苦涩味道，或梦中感觉非常饥饿，或腹中胀痛难受，常提示患有胃肠疾病。

十三、经常梦见想小便又难找厕所，或梦见性生活，常提示患有内分泌系统疾病。

十四、经常梦见自己的双腿或一条腿沉重如石，无法走动一步，常提示腿部存在病变。

十五、做了梦，清醒后记忆很清楚，说明神经衰弱或体质减弱。

专家认为，根据梦境预测将要发病的部位、性质和轻重程度，往往比医生对病症做出诊断提前几天、一个月甚至一年。[1]

第三节 灵魂与梦（下）

梦魂观念是人对自身的生理现象的错误认识和幼稚经验的产物，这种观念的产生可追溯到远古时代。"在远古时代，人们还完全不知道自己身体的构造，并且受梦中景象的影响，于是就产生一种观念：他们的思维和感觉不是他们本身的活动，而是一种独特的、寓于这个身体之中而在人死亡时就离开身体的灵魂的活动。"[2] 所谓梦魂，就是指人在睡梦中灵魂暂时离体的活动。

许多民族都有这样的习俗，即忌讳把睡熟的人叫醒，他们认为，沉睡中的人，其灵魂在梦中离体外出，突然把他叫醒，灵魂一时来不及返回体

---

[1] 钟明：《噩梦与疾病》，《光明日报》1994年3月27日。
[2] 恩格斯：《路德维希·费尔巴哈和德国古典哲学的终结》，《马克思恩格斯选集》第4卷，人民出版社1972年版，第219页。

内，就会散失，因而招致生病。有民俗学者在云南金沙江畔的一个傈僳族村寨调查时发现，全寨村民人心惶惶，在商议要举寨迁徙到山腰避难。问其原因，原来是村里有人做了个梦，梦见江水泛滥，房屋冲毁，人畜淹没，因而必须迁寨。另一个例子，该寨一个性情孤僻的男子忽然离家出走，半年后返家。事后告知亲友，他离家的原因是自己多次梦见与母交媾，醒后懊恼疑虑，羞于见母，便悄然离家，在外不做此梦，故半年后重新返回家园。①

据20世纪50年代学者们在云南怒江的调查，傈僳族认为，人的肉体随母体出世时，就有了灵魂，只有梦境能证实灵魂是存在的，人在梦中的一切活动，都是灵魂的活动。调查者举了荞氏族老人巴阿杂的例子。巴氏老人有一个朋友住在澜沧江，传闻已死，一日，老人的侄子告之他曾做一梦，梦见老人的朋友还活着，只是嘴上长了一个疮。不久，这个朋友果然来找他，不同的是，他脸上被人砍了一刀，而不是长疮。从此，巴氏老人对梦中的灵魂便深信不疑。②

云南碧江县一带的傈僳族，过去有"杀魂"之俗，此俗与梦魂观念有关。他们把会杀魂的人称为"扣扒"，即迷人的人。为什么"扣扒"会杀魂呢？人们解释说："扣扒"的灵魂与一般人不同，他的灵魂是一只鹰鬼。又有人说，"扣扒"杀魂不是祖传，而是神授。关于"扣扒"杀魂的原因，人们解释说：只要是为"扣扒"所不满的人，"扣叭"就会杀他的魂，此人的魂一旦被杀，就会很快死去。还有的"扣扒"，不论别人与其有仇与否，都要定期杀魂。③ 人的灵魂是怎样被杀的？又怎样才能判断某人是"扣扒"呢？很重要的一条，便是根据梦。由于"扣扒"的灵魂是鹰鬼，因此，如果一个人梦见一只鹰，又梦见某人，那么这个人便是"扣扒"。梦者如果由此而得病，以至死亡，那便会认定梦者是被"扣扒"把魂给杀了。为了证明某人是"扣扒"，往往采取抛血酒、吃血酒或捞油锅等神判方式，以追究"扣扒"杀魂之责。被认定为"扣扒"者，也以同样的方式来证明自己的清白。经过神判被认定为"扣扒"的人，常按

---

① 杨学政：《原始宗教论》，云南人民出版社1991年版，第33页。
② 《云南省怒江傈僳族社会调查》之六，转自《云南省少数民族哲学社会思想资料选辑》第2辑，中国哲学史学会云南分会编印1982年版，第114—115页、第118页。
③ 同上。

习惯法将其逐出村寨，或者处死。①

内蒙古阿荣旗查巴奇乡的鄂温克族，把梦看作是灵魂的外游。他们认为，人睡觉后，灵魂就离开其肉体到处游动，这时所遇到的一切就是梦。他们认为好梦三天内不能往外透露，因为众人知道后，就失去了好梦的价值。坏梦应该见人就说，这样才能把好梦保持住，将坏梦及时地破除。②黎族也有同样的观念。黎族普遍认为，人的睡觉、做梦与生病，都是因为灵魂暂时离开了肉体，而人的死亡则是灵魂永远离开了人的肉体的结果。人死后，灵魂就成了鬼魂（死魂），他们凶恶贪婪，四处游荡。万一不幸遇到死人的鬼魂，人的灵魂就会被勾去，轻则飞来疾病，重则死亡。因此他们害怕说到祖先的名字，不能在家里吹口哨，忌讳扛着锄头进屋，禁止头朝门口睡觉，不得用筷子敲碗。他们还认为，如果这些禁忌稍有违反，祖先鬼便会溜进家来闯祸了。③

梦见异常现象，一般认为是不祥的征兆。摩梭人就持有这样的观念。一旦遇到这种情况，就赶快请达巴（巫师）或喇嘛卜卦，念经祭神送鬼。《云南摩梭人民间文学集成》收录了阿啊达巴在永宁区达坡村念诵的一首《哭灵》，其词是这样的：

> 我做了很多梦，
> 不该梦见的全梦见了。
> 梦见打了九个洞的粮架杆；
> 刚竖上去突然从中间折断了；
> 梦见鸡蛋做锅底，
> 才点燃火鸡蛋就炸裂了。

这是其中的一段。编者陈烈和杨尔车在注释中说："摩梭人认为平时梦见反常现象为不祥，要赶快找达巴或喇嘛卜卦测吉凶，念经祭神送鬼，以预防不测。这首丧歌在人死后念诵，表示惋惜、内疚之情，自责在有了

---

① 参见全国人大民族委员会办公室编《云南省怒江傈僳族社会调查》之四，转自《云南省少数民族哲学社会思想资料选辑》第2辑，第119页。
② 参见《鄂温克族社会历史调查》，内蒙古人民出版社1986年版，第112页。
③ 詹慈：《黎族的原始宗教及其演变》，《中国少数民族宗教初编》，云南人民出版社1985年版，第66页。

不祥之兆时没有及时祭神送鬼而遭厄运。"班尔达巴在永宁区拉伯乡念诵的一首题为《唱梦》的丧葬歌，所表达的则几乎全是些梦中出现的反常现象：

> 昨晚做梦了，
> 前晚做梦了。
> 梦见天上的神，
> 梦见地上的人，
> 梦见九代前的阿普（爷爷），
> 梦见七代前的阿依（奶奶），
> 大白天梦见黑夜，
> 梦见黑夜里天边地角亮，
> 黑夜里梦见太阳出；
> 流着的江河不会断，
> 梦见江河断流了。
> ……
> 梦见大山骑着天鹅飞去了，
> ……
> 天上的云彩在跑动，
> 梦见骑在云彩上；
> 树上的叶子在空中，
> 梦见坐在叶片上；
> ……
> 大地不会碎裂，
> 梦见大地粉碎了；
> 梦见大山烧山了，
> 梦见彩霞骑着马。
> 从来没有见过风骑马，
> 梦见风骑着马儿跑；
> 从来没有见过水倒流，
> 梦见山水在爬坡；
> 站在树上摸不着天，

梦见摸着天顶了；
站在湖边看不见湖底，
梦见看到湖底了；
金沙江水不会干，
梦见金沙江水干涸了；
四周的青山不会动，
梦见青山在走路；
脚下的土地不会陷，
梦见土地下陷了。①

在丧葬的时候唱这支关于梦的歌，其中所有的内容都是反常的，也就是说不吉利的，加重了哀悼死者的悲痛气氛。

下面我们来谈谈有关梦魂信仰的几种典型现象。

一、梦求神偶

梦求神偶是北方信仰萨满教民族的一种巫术活动，形象而生动地反映了这些民族的梦魂观念不仅十分古老，而且至今仍具有神圣性。

神偶是原始信仰中被赋予某种超自然神力的灵物或偶像，祖先的灵魂或神，附于其上，能作用于人类、族群甚至自然界，是个人、家庭、族群的崇拜对象。我国东北地区满、鄂伦春、达斡尔、鄂温克、赫哲、锡伯，以及西伯利亚地区信仰萨满教的民族，都有神偶崇拜。神偶信仰起源于古老的祖先崇拜，是家祭和野祭中必不可缺少的神像。

目前所保存的神偶中，以后起的人形神偶为最普遍。据学者研究，常见的人形神偶类型有：（1）人形偶，分裸偶、整身偶、半身偶、肢体偶；（2）半人形偶，分人兽合体、人禽合体、人鱼合体、人蛇或人龟合体神偶；（3）望柱形偶，指城寨部落或郊祀所用的大型人形偶，为立柱上的偶头形，有人头、魔头、兽头、鸟头等，亦有双头或多头者，充当守护神角色；（4）面具形神偶，为萨满祭或祛邪所用的面具偶。据满族专家富

---

① 《云南摩梭人民间文学集成》，中国民间文艺出版社1990年版，第166页。

育光介绍，第四种神偶在北方萨满祭祀中不多见。①（图3-20）

我国东北萨满教的神偶，具有绝对的神圣性。它不同于其他的一些宗教神像，可以大量制作，传赠售卖。它"绝忌公开面世，更忌讳作礼物或馈赠转让非本族人保存与佩戴，甚至本族无关人亦不可触摸，更不可售卖，……有极严格的单一性、承袭性和秘传性"②。按照萨满教的观念，神偶的形态和灵性是神赐的，其制作十分严格，必须经过萨满向神祈求。神在萨满梦中向之显形，萨满凭梦中的神形制作神偶，并把神性带到神偶之中。

神偶的神圣性主要体现在神的直接参与，这种参与又往往通过萨满的梦，在梦中与萨满的灵魂直接交往而得以实现。因此梦魂观念在萨满信仰中，不仅举足轻重，而且别具特色。萨满观念认为，做梦有两层含义：一是人本身的浮魂外游；二是人自身浮魂与宇内浮魂交往。一般人做梦，只是人的浮魂外游，而萨满经过一定的祈神仪式后做梦，则能到达常人所无法到达的境界。萨满的灵魂在梦中可以上天入地，与历代的祖先神魂、动植物神魂沟通，还可以凭借神力，从地府中把已死者的灵魂领回。著名的《尼山萨满》中讲述的便是女萨满尼山在各种动物神灵的帮助下，到地府把一个在打猎中死亡的年轻人的亡魂带回人间的故事。（图3-21）

图3-20　满族萨满梦求神偶（采自富育光《萨满教与神话》）

---

① 富育光：《萨满教与神话》，辽宁大学出版社1990年版，第301页。
② 同上书，第303页。

图 3-21　尼山萨满（19 世纪末 20 世纪初《尼山萨满传奇》
　　　　　 手抄本插图。原件藏原苏联东方研究所列宁格勒分所。
　　　　　 此据《世界各民族的神话》）

北方萨满教观念认为，做梦有"有依托梦"与"无依托梦"之分。所谓"有依托梦"指的是人为某一目的而求梦，故又称请梦、祈梦、取梦等。上面所说的梦求神偶，便属于有依托梦。"无依托梦"指的是无所求而得梦，即俗说"冷不丁做了一个怪梦"，或古人所说"偶得一梦"，故又称给梦、送梦、赐梦等，常带有神秘性与传奇性。

萨满教的昏迷术与梦魂观念有关。"萨满祀神的昏迷术，实际就是被看成萨满魂魄出壳升天的特异能力，出魂后的萨满身体形成了闭眼安眠的入梦情态。"[1] 可见萨满的通神昏迷状态实际上就是一种梦游状态，和上文所提到的我国传统的梦魂观"形寂而神驰"在实质上是一样的。

---

[1]　富育光：《萨满教与神话》，辽宁大学出版社 1990 年版，第 311 页。

美国学者米尔奇·伊利亚德认为萨满的进入昏迷状态有四个目的："萨满的昏迷术表现在灵魂能升入天国，灵魂能漫游中界，灵魂能降至充满亡灵的下界。萨满进行这些昏迷周游有下列四种目的：第一，亲眼目睹天神，为神灵带去本部族献上的祭品；第二，当人魂出游或被恶魔拐走时，为病人招魂；第三，为亡魂指路，以到达另一世界；第四，通过与神灵的经常交往，以增长自己的知识和本领。"①

二、托梦转世

托梦转世是梦魂观念的重要内容之一。这种信仰在全国各地都很普遍。

1994年5月18日即农历四月初八，是四川甘孜藏族自治州康定城人民的传统节日——转山会。传说这一天是佛祖释迦牟尼生日，有九龙吐水，为佛祖沐浴。就在这一天，康定城南无寺举行了该寺第三世降央曲柏活佛转世灵童吉美吾萨坐床典礼。

这转世灵童是怎么来的？

康定南无寺有两位活佛，第二世活佛为丁真扎巴，三岁时被认定为第一世活佛的转世灵童，曾在西藏学经，后历任甘孜佛教协会秘书长、州政协委员、康定县政协副主席等职。1986年因病圆寂。病中留下口嘱，说乾宁是个好地方，今后要到乾宁一次。于是便开始了在乾宁寻找丁真扎巴转世灵童的查访工作。根据藏传佛教的观念，活佛肉身圆寂，其灵魂是不死的，会转世到另一个儿童身上，这便是要查访的转世灵童。这次在乾宁共走访了8个村，在挑出的114名儿童中抽选出4名有不同吉祥特征的儿童，最后选中了道孚县八美乡（乾宁）俄年村6岁的吉美吾萨。据说灵童吉美吾萨出生前，其母梦见一僧人到她家借宿，并说今后一定报答养育之恩。灵童出世时，有两只花脖鸦在房顶上飞，天空还出现了彩云。灵童出生次日晨，在家门口拣到一条雪白的哈达。《中国西藏》发表的一篇专门报道这位活佛转世坐床的文章，还记述了小活佛转世坐床当天"菩萨显灵"的情景："不知是偶然的巧合还是菩萨显灵，当小活佛被迎出大殿时，天空突然出现两圈彩虹绕着太阳，人们惊喜无比，纷纷抬头仰望，虔

---

① ［美］米尔奇·伊利亚德：《萨满教——总论》，《宗教百科全书》第13卷，纽约，1987年。译文见《萨满教文化研究》第2辑，史昆译，天津古籍出版社1990年版，第331页。

诚的人们高呼：'圣光，圣光，这是小活佛的圣光呀！'按藏传佛教的说法，真正的活佛坐床时才会出现这种吉祥的征兆，小活佛可谓当之无愧的转世真身了。"[①] 据《中国西藏》杂志主编、藏族民俗学家廖东凡告诉笔者，这种托梦转世、梦兆吉祥，以及菩萨显灵的故事，在藏区十分普遍。他说，这种托梦或显灵是不是真的，并不重要，重要的是反映了一个全民信教的民族的民众心态。我以为很对。对于那些对灵魂信仰有兴趣的读者来说，了解这种托梦转世、梦兆吉祥，以及神佛显灵的观念，在今天依然存在，也不失是件很有意义的事情。

托梦转世的观念在关公神奇诞生的传说中，反映得相当充分，也颇具特色。

《三国演义》以"宴桃园豪杰三结义"开篇，并未提及关公的来历，而民间传说里则对关公的神奇诞生，有着十分丰富而细致的描写。笔者研究过当代在全国各地和各民族中流传的关公传说后，发现关公的神奇诞生传说有着鲜明的地域特色。一般说来，西南和西北地区认为关公是火德星君（火龙）下凡，而东部地区，特别是沿海一带，则认为关公是神龙转世。

前者，即关公是火德星君下凡的传说流传于我国西南和西北地区。这类传说的基本情节是这样的：（1）玉皇派火德星君（或火龙、火文星等）下凡烧百万之家，火德星君心疼百姓，只烧了百家万家，犯了欺君之罪，要被斩首；（2）火德星君托梦和尚（或道士），在他被斩之时，用盆接住从天上滴下来的鲜血，若干天后，打开盆盖，里面就会出来一个娃娃；（3）和尚把娃儿送给磨豆腐的冯姓（或庞姓的员外，或洪姓的老人）孤老抚养；（4）娃儿快速长大，武艺出众，因打死人（或杀死凌人之富豪）外逃，得观音之助，变成红脸长须的大汉，取名关羽。火德星君是道教和民间信仰中的五德星君之一。传说其主宰南方火星，人们祀之，以禳火灾。神话中有以炎帝、尧帝为火德星君的。说关公是火德星君、火龙、火龙太子、火文星下凡，显然都与火的信仰有关。

后者，关公是神龙转世的故事，认为关公是南海龙王、黄龙、襄河老龙、草龙、露水龙、雨仙、成仙的蚯蚓、黄河的鲤鱼精、蚂鳖精等转世而

[①] 杨小莉：《康定南无寺第二世降央曲柏活佛转世坐床》，《中国西藏》1994年第5期，第30—31页。

来，多流传于吉林、河北、山东、山西、湖北、江苏、浙江等近海或沿海地区。这类传说的基本情节大致是这样的：神龙违背玉帝的旨意，给久旱不雨的百姓下雨，犯了天条，遭斩首之罪。其余托梦和尚、滴血寄魂、灵魂转世、百姓收养、命案外逃、观音改容等情节，与第一类传说基本相同。显然这类传说都与龙和水的信仰有关。①

两类传说都有灵魂（火德星君或神龙之魂）托梦转世的情节，而这一情节显然带有浓厚的道佛色彩。其一，无论是火德星君下凡，还是神龙转世，无论是经仙人点化的天神下凡或飞来儿，还是木龙成仙下凡，无不来源于道教的观念和信仰。其二，火神或神龙被斩以前向其托梦求救的，都是和尚、道士、法师、长老；而为之接血祷告，使火神或神龙的灵魂得以转世的中介者，也是这些从事道教佛教职业的人员。其三，关公降生后，由和尚或道士送给无儿无女而又虔诚向神佛求子的孤老人，以表示满足求神佛得儿的宗教愿望。

关公托梦转世、神奇诞生的传说所展示的，是关公从神到人的非凡经历，与此后从人到神的非凡经历一样，都是为了说明关公的身份非同一般，其神性是渊源有自的。

可以看出，无论是西藏的活佛托梦转世，或是关公的托梦转世，尽管转世的观念是佛教的，但其中所保留的梦魂观念，即灵魂可以在人的梦中独立行动，并被人们信以为真，其起源却是十分古老的。

第四节　灵魂与影子

在许多民族的语言里，"灵魂"一词常常是借用气息、阴影一类的词儿。新英格兰民族称灵魂为影；澳洲塔斯马尼亚人的"阴影"一词兼指灵魂；北美印第安人称灵魂为"otahchup"，意思是"他的影"；阿根廷的阿维波内人的"loakal"兼指阴影、灵魂、回声、映影四者；加利福尼亚的内特拉语"piuts"一词也兼指生命、灵魂、气息三义。② 民族学家林惠祥分析，原始先民以为凡人都有另一个身体，即"复身"，而阴影和映像

---

① 参见马昌仪编《关公的民间传说》，花山文艺出版社1994年版。
② 林惠祥：《文化人类学》，商务印书馆1991年版，第243页。

都是这个"复身"的表现。这个"复身"便是灵魂。①

在我国一些民族中，也存在这种现象。例如居住在川、滇、黔三省的彝族的古籍中，均用同一个字代表"影子""像""魂"三个意义。另外，云南彝文古籍《祖神源流》中，以同一个字表示"影子""名字""灵魂"三个意义。② 云南兰坪怒族"若柔"人的语言中，人的灵魂称"腊拢"，与人的影子有密切关系。他们认为人的灵魂不止一个，当不同角度的光源照射到人的身上时，出现了几重阴影，就成为人有多个灵魂的证明。这里的人忌讳故意踏踩他人的影子。③ 纳西族有自己的"魂"或"灵魂"观念。古传纳西东巴象形文字专门有"魂"字，有的场合亦可当"阴魂"或"影"解，可见灵魂观念的产生与"影"有关。④

在人们的俗信中，人的魂魄与人的影子有关。我国古代有所谓"魄奴"之说。"魄奴"就是影神，它形象地说明影与魄的依附关系。道家认为，人有九影，九影各有其神：

> 道士郭采真言，人影数至九。九影各有名，影神：一名右皇，二名魍魉，三名泄节枢，四名尺鬼，五名索关，六名魄奴，七名灶幺，八名亥灵胎，九不记。⑤

法国学者列维－布留尔在《原始思维》中引格罗特的话说："在中国的书籍中，我们找不到任何肯定证实影子和灵魂等同的说法。"⑥ 布留尔和格罗特显然没有注意到中国典籍中有关影神名魄奴的记载，对于南朝梁宗懔所撰《荆楚岁时记》及唐代段成式在《酉阳杂俎·广知》中有关影和魄的记述，以及民间所流传的对影魂影神的信仰，同样也不了解。

---

① 林惠祥：《文化人类学》，商务印书馆1991年版，第243页。
② 《祖神源流》，又名《裴妥梅妮》，罗希吾戈等译，云南民族出版社1988年版。转自巴莫·阿依《彝族祖灵信仰研究》（博士学位论文，指导教授马学良，中央民族学院，1991），第4页。
③ 据何叔涛1988年于云南怒江州兰坪县的调查材料。见《中国原始宗教资料丛编》（怒族卷），蔡家麒主编、何叔涛编，上海人民出版社1993年版，第852页。
④ 参见李国文调查整理《纳西族原始宗教与社会习尚》，《民族社会学》1989年第1—2期。
⑤ （唐）段成式：《酉阳杂俎·广知》，中华书局1981年版，第108页。
⑥ ［法］列维－布留尔：《原始思维》，商务印书馆1985年版，第46—47页。

> 俗五月不上屋，云五月人或上屋，见影，魂便去。
> ——《荆楚岁时记》
>
> 俗讳五月上屋，言五月人蜕，上屋见影，魂当去。
> ——《酉阳杂俎·广知》

灵魂与影有关。古人认为，人影便是人的魂，影短表示魂弱寿短，看不见影子，表示魂已离体，人便会死亡。而农历五月正值夏至，太阳直射北回归线，北半球人的影子最短。因此，五月上屋，在阳光直射之下，影子极短，甚至看不见影子，在不具备科学知识的人看来，实在是一件最忌讳的事。《酉阳杂俎》中所说"五月人蜕"中的"蜕"，是指蛇蝉之蜕皮，道教把人死也称为"蜕"，如《神仙传·王远》曰："远死，三日夜，忽失其尸，衣冠不解，如蛇蜕耳。"① "五月人蜕"，指的是夏至季节，人上屋，失其影，便和蛇蝉蜕皮一样，灵魂离体而去。人影便是人魂的观念，在许多少数民族中都有。例如纳西族认为人有三个魂：一个是保护生命之魂，一个是人的影子，一个是身体魂。当人死去时，第一个魂离开人体，第二个魂（影子）消失，第三个魂去往祖先之地。②

既然人的影与灵魂、与人的生死有如此密切的关系，便由此而产生了种种避影的禁忌，以及灸人影治病、灸人影（或像）的咒术等。佛教经典中说："弟子从师行，不得以足蹈师影"（《沙弥威仪经》），又说："若随师行，不得喧笑，不得踏师影，相去可七尺。"（《教戒律仪》）。可见踏别人的影子是不允许的。据《酉阳杂俎·广知》所记，从人影之貌，可知吉凶：

> 宝历中，有王山人取人本命日，五更张灯相人影，知休咎。言人影欲深，深则贵而寿，影不欲照水、照井，及浴盆中，古人避影亦为此。古蠼螋，短狐，踏影蛊，皆中人影为害。近有人善灸人影治病者。

---

① 转自《中文大辞典》第29册，第382页。
② 杨福泉：《论纳西族生命神"肆"》，《思想战线》1992年第3期，第50页。

《红楼梦》第二十五回所记赵姨娘买通马道婆，对宝玉凤姐叔嫂施法术，企图暗算二人的例子是人所共知的。马道婆所施法术便是对宝玉凤姐二人的影像施以咒术。其术如下：马道婆"向赵姨娘要了张纸，拿剪子铰了两个纸人儿，问了他二人年庚，写在上面；又找了一张蓝纸，铰了五个青面鬼，叫他并一处，拿针钉了：'回去我再作法，自有效验的。'"这便是"魇魔法叔嫂逢五鬼"的故事。叔嫂二人先是大吵大闹，随后便不省人事，过了四天，棺木都准备好了，幸得一和尚一道士相救，三十三天后才转危为安。

云南罗平县彝族《指路经》上说："太阳最先出，影子跟着生，日出红彤彤，魂从影子生。"彝族《祖神源流》中还说："世间有影子，灵魂也出现。……你影跟着走，灵魂附在身。……无影不会生，无魂不会活，……影子不见了，灵魂进西天。"① 彝族认为灵魂是影子，灵魂的样子就是影子的样子。凉山彝族和云南禄劝县彝族忌讳别人踩踏自己阳光下的影子，认为这样会伤及身体和生命，被踩者往往会报复对方。彝族还认为，映在水中的映像也是自己的灵魂。云南弥勒县彝人认为，大年初一上午在水里看不到自己影子的人，当年必死。研究者指出，彝人有关水中映像的灵魂观，与弗雷泽在《金枝》中所记述的观念不同。弗雷泽说，祖鲁人、巴苏陀人、古印度和古希腊人，都忌讳在水中见到自己的影子，认为如果谁做梦看见自己在水中的倒影，就是死亡的恶兆。他们恐怕水中的精灵会把人的映像或灵魂，拖下水底，使人失去灵魂而丧生。② 而彝族的观念则恰恰相反，看不见自己水中的影子，则意味着灵魂走失离体，死亡将至。③

有些民族的古老观念认为，灵魂是影子，如果把人的影子偷走，那么人便会失神致死。白族有一种黑巫术，叫偷"开"。"开"是白族话，影子的意思。把对方身影待过的地方的泥土、小草、树叶之类拿走一点，再设法偷一件对方穿过的衣物，请巫师"朵兮"对其诅咒，然后用刀剪砍

---

① 《指路经》第 1 集（张庆芬等译，云南民族出版社 1989 年版）和《祖神源流》，转自巴莫·阿依《彝族祖灵信仰研究》，第 4 页。
② ［英］弗雷泽：《金枝》上册，中国民间文艺出版社 1987 年版，第 291 页。
③ 巴莫·阿依：《彝族祖灵信仰研究》，中央民族大学博士学位论文，1991 年，第 5 页。

射此物，以为这样便可以使对方的灵魂受伤致死。①还有人认为，在象征仇人的影像上钉上钉子，仇人便会因此丧命。有些民族不仅认为人的影子被踩、被偷会使人失神生病，牲畜也一样。永宁摩梭人和藏族，都认为鬣狗踩上牦牛的影子，牦牛会倒下。如果狼爬上羊圈顶上，月光把狼的影子投到羊群里，羊群便会惊恐乱窜。人、飞禽、走兽的影子投到女子身上，可使之感生怀孕。摩梭人不敢把妇女的裙子或裤子晒在屋顶上，认为空中飞的山鹰或其他禽类的影子投影在上面，这女子便会怀孕，产下的便是鸟影与人的混合儿，即鸟头人身、人头鸟身胎儿。他们的姑娘更不敢仰卧在野外或道旁，唯恐被禽兽、飞鸟或不爱的男人的身影投射而感生怀孕。此种风俗至今还有保留。②

俗信认为，失落的影子，可以通过巫术将其招回。有的民族就有巫师招影子治病的巫术。据调查，傈僳族巫师招影的巫术是：在正午烈日当空时，端一盆清水在病人面前，使他映出影子，同时祭献供品，低声吟唱召影歌，呼唤失落的影子重新回附到病人身上，据说，这样病人便会康复。③ 生活在黑龙江以北西伯利亚的乌德赫人也有请萨满招影的巫术。原苏联学者 B. 阿尔先尼耶夫在《林中人——乌德赫》一文中写道："乌德赫人认为，每个人都有两个影子：一个属阳，另一个属阴。后者具有它所属的那个人的形状。如果影子离开他，他就会失去理智，变成疯子。"影子有时会进入阴间，只有法力强大的萨满才有本事把影子从阴间找回。阿尔先尼耶夫所记述的便是1909年在阿纽依河支流托尔马逊河附近亲自见到的一次从阴间找回影子的跳神活动。

在一个月夜，一个乌德赫年轻人，在结冰的河面上行走。突然，他发现从他身上分出一个和他本人一样的人，跑到一边去了。这个人吓得要死，勉强走回窝棚，开始说起胡话来。整个通宵和第二天一整天，他都说梦话，样子粗野、胆怯，失魂落魄。第三天请来了萨满。萨满立即开始跳神。天黑下来，妇女拿出矶踯躅叶子，点燃着，但不让它烧起来，只是阴燃着，放在萨满脚边。两个乌德赫人抓起阴燃着的矶踯躅叶子，用其擦拭

---

① 章虹宇：《鹤庆西山区白族的"朵兮"教》，云南省民间文艺家协会、民间文学集成办公室编《边疆文化论丛》（三），1991年，第113页。
② 杨学政：《原始宗教论》，第36页。
③ 同上。

萨满的衣服，同时一个老太婆在火上烘烤鼓，不时用鼓槌敲打鼓面，看是否绷紧了。擦拭衣服的驱邪仪式结束了。萨满系上神裙，把刨花条扎在头上，再扎上腰铃，盘腿坐在火堆边，把脸凑近鼓皮，开始吟诵起来。最后，开始正式跳神，萨满站起来，用力打神鼓，吆吆喝喝，好像在唱，又好像在哭。晃动着腰铃，围着火堆跳。他口中喃喃地说着一些人们不懂的话。萨满正在飞往阴间，舍沃神帮助他作这次艰难的旅行。他在途中遇到许多艰难险阻：在山里迷了路，陷入了沼泽地，时而涉过河川，时而碰到虎豹。终于疲惫地到达了阴曹地府。这时，萨满忽然跪下，沉默片刻，开始寻找影子。在他面前有许多影子。萨满应当寻找的是病人失落的灵魂。他突然讲话了："病人在十年前割伤过脚，他的右脚掌上有个伤疤。""他右肩上有颗胎记。""左脚小趾从前冻伤过。"病人的父亲说："对了！"……萨满终于找到了病人的影子（灵魂）了。这时萨满站起来，边跳边扭来到病人跟前。病人变得狂乱不堪，浑身颤抖，呻吟不止。萨满再将神鼓伸在火堆上烘烤。突然有一只小动物围着鼓沿跑，紧紧抓着鼓边。这时，萨满走到病患者跟前，一下子把黑色动物扔到疯子敞开的怀里。然后，萨满捡起一根树枝，绑上一块涂上油烟的桦树皮，口念咒语，用这块桦树皮在躺在地上的病人身上，从头到脚，来回拂拭。跳神到此结束——影子找到了，又附在病人的身上。[①]

　　这种为治病（尤其是精神方面的疾病）而招生魂的跳神活动，在信仰萨满教的民族中非常普遍。乌德赫人的这个个例，明确指出被招的人是从人体离走的影子，这影子便是他的灵魂。影子招回，灵魂返身，人的病便好了。乌德赫人在招魂时，把一只黑色小动物看作人走失的影子（灵魂），这种观念，在我国许多民族中也很常见。

[①] 参见 B. 阿尔先尼耶夫《林中人——乌德赫》，蒋秀松译，1929 年收入郭燕顺、孙运来编《民族译文集》第 1 辑，吉林社会科学院苏联研究室，1983 年，第 317—319 页。

第 四 章

民间信仰中的灵魂世界（下）

第一节 可离的灵魂

一、灵肉相依与相离

灵魂观念认为，每个生命体都由肉体和灵魂两部分组成。灵魂赋予肉体以生命、感觉、思想和活动的能力。"灵魂为生命之源"[1]，灵肉相依，生命便存在。灵魂信仰的核心有二：一是灵魂可以离体外游；二是肉体虽死而灵魂还在。在初民看来，灵魂是可以离体的。灵魂离体有三种情况：一是暂时离体，会出现梦境、影子、失神、疾病等；二是灵魂寄存于身体的某一部位，或离体寄存于他物之中；三是灵魂永远离体，人便会死亡。

彝族祭司吉克·尔达·则伙对民间信仰中灵肉相依和相离的特性这样描述："彝族的'毕摩教'认为，每个世人都有三个躯体之外的精神的东西。叫'依'、'娜'和'娜格'，意近似汉语的'魂、魄、灵'。毕摩教认为这些灵魂是在人出生前就已经具有——早就由精神的东西变成物质的东西（怀孕），当人'出世'以后，三个精神的'魂、魄、灵'互相依赖、互相制约和互相促进共同支持物质的躯体，对人身健康起着决定性作用：魂调节感觉（活动与休息）；魄支配举止（稳定与失常）；灵支撑躯体（健康与病态）。毕摩教还认为，实体之外的三个魂、魄和灵可附体也可脱离。并说这三个灵魂离体会出现不同的反应：'依'离体会出现精神疲惫而长眠难醒的不佳现象；'娜'离体会出现失常的轻浮和胆怯表象；

---

[1] ［英］爱德华·泰勒：《原始文化》，连树声译，上海文艺出版社1992年版，第423页。

'娜格'离体就造成病害的状况。这些灵魂脱离躯体久而久之后，就能导致人的死亡。"他还指出：人的灵魂处在不断的运动与游走之中，幼年时，主要"寄附"于冠发下（指天灵盖）；青壮年时期，灵魂十分活跃，游移于五脏六腑之中；到了老年时期，除了"娜格"（灵）附于躯体外，"依"和"娜"（魂和魄）常去祖先处玩耍。①

居住在西藏的珞巴族称灵魂为"亚洛"。"亚洛"平日寄居于活人肉体之中。只有在人做梦、生病或死亡时，灵魂才离开肉体。人死，便是"亚洛"因不同原因永远离开肉体。②

云南省兰坪县河西区白族支系的拉玛人相信，每个人除了"肉体的我"以外，还有一个"精神的我——灵魂"。他们认为，人有三个灵魂："攀头"、"机齿"、"依欧"。"攀买"是主魂，附着于人的精神，对人的精神起作用；其他两个是次魂，附着于人体，对人的肉体起作用。他们认为，灵魂有时会暂时离开人体，遨游梦境；有时受到惊吓，躲到别处。遨游梦境的灵魂，待梦醒时就会自动回来；而因受惊而离开的灵魂，则须招喊回来，否则人会萎靡不振，时间长了会招致死亡。③

二、灵魂的暂时离体

民间所说的"魂不守舍""失魂落魄""神魂颠倒"，指的便是灵魂的暂时离体和错位，从而导致人生病、精神恍惚。

做梦和影子是灵魂的暂时离体。笔者在上文里说过，做梦是灵魂的离体外游，而影子是人的另一个身体——复身，也就是灵魂。梦魂和影魂的离体外游，只是暂时的，一定时候便会返归；如果离体的梦魂和影魂在体外受阻、受惊、受损、受伤，甚至被捉、被抓走，使之无法按时返体，或滞留不归，人便会因失神而生病，民间称之为"失魂"。

把生病看作灵魂走失所致，这种观念普遍存在于许多地区和民族之中。民间认为，灵魂走失，一般有主动的走失和被动的走失两种。小孩跌跤或者得点小病，被认为是灵魂走失，一般只须父母或本人呼唤，迷失的

---

① 吉克·尔达·则伙：《我在神鬼之间》，云南人民出版社1990年版，第78—79页。
② 于乃昌：《西藏审美文化》，西藏人民出版社1989年版，第47页。
③ 参见李松发《拉玛人的灵魂观念与原始宗教》，《怒江文史资料选辑》第8辑，怒江傈僳族自治州政协文史资料研究委员会编印，1986年。

灵魂便会返回人身，不会酿成大病。大量的"失魂"现象常常是被动的，是由于外力、鬼怪对游走的灵魂加以阻挠、惊吓、损伤、捕捉，甚至加害而引起的，这便是各种疾病和灾难的来源，并由此出现了种种招魂之俗，把游走的灵魂招回。

三、身死魂不死

古人认为，人的生死是魂魄运动的结果。"魂气归于天，形魄归于地"（《礼记·郊特牲》）；"生魂载其魄，魄检其魂；死则魂游散而归于天，魄沦坠而归于地也。"[①] 古人所说的"魂升魄落""魂游魄降""魂散魄归""魂飞魄散"，指的便是魂魄的永久分离，也就是死亡的意思。

死亡虽然是人人都会碰到的生理现象，但中国人过去却避讳说"死"。"凡人死，曰卒、曰殁、曰疾终、曰溘逝、曰物故、曰厌世、曰弃养、曰捐馆舍，此人所熟知也。"[②] 还有称"弃堂帐""启手足""隐化""迁神""解驾""遁化""舍寿""迁形""迁化""示灭"等。皇帝用"龙驭上宾"，大官称"薨"，当代人称"作古""谢世"，老百姓叫"老了""不在了""去了"。连《红楼梦》里的各色人等，也有不同的叫法：贾夫人是"仙逝"，秦钟是"夭逝"，尤三姐是"自逝"，元妃是"薨逝"，史太君是"寿终"，晴雯是"夭风流"，鸳鸯是"登太虚"，连赵姨娘也自有说法，叫"赴冥曹"。这名目繁多的叫法，自然与死者的身份、时代、死亡的方式有关，与宗教信仰有关，有些叫法也是出于对死者的尊重，即所谓"饰终"。[③] 与死有关的这种种名堂，实际上都离不开两个古老的观念：其一，死亡是灵魂永远离开肉体；其二，身死而魂在。

这种身死而魂存的观念，在民间相当普遍。哈尼族的丧葬祭歌是这样唱的：

> 你身死魂不死，
> 气消音不绝，

---

① 朱熹：《楚辞集注》，上海古籍出版社1979年版，第47页。
② 梁章钜：《浪迹丛谈》，转自韩羽《话说"死"字》，《杂文界》1993年第1期。
③ 韩羽：《话说"死"字》，《杂文界》1993年第1期。

肉体不来魂能来，
气息不到音传到。

哈尼族认为，每个人有十二个魂，各有固定的部位，灵魂少了要生病，人死就是十二个魂都丢掉了。但是，哈尼人在葬礼过程中，仍然要把死者失落的十二个魂都叫回家里，否则，亡者便要成为孤魂，不能返祖，而流落在外的孤魂，也会作祟家人。

人死灵魂离体，灵魂到哪里去了呢？民间俗信认为，离体的灵魂会到另一个世界中去。这另一个世界，在许多民族的俗信中，都是指祖先居住的地方。云南路南彝族认为，灵魂离体，与亲人告别，前往祖先居地，在另一个世界娶妻成家，种庄稼、养家畜，过着与活人一样的生活。他们的《指路书·送魂》里就描述了灵魂离体这一过程：

朵阿诺资爹，魂魄离你去。阴饭魂来吃，阴水魂来喝，阴鞋魂来套，阴服魂来穿。……魂离人亡散，快把白布找，剪下一截来，给你盖脸上。……离了阴时床，别了旧日房，来到大路口，四周闹吼吼。锣声安你魂，放炮逐魔走，前头有人喊，毕摩诵经随。……魂飞魂离去，……头发已燃烧，头发变青草，骨头已烧化，骨头变石头。肉已被焚化，血已变成气，肉化变成地，血融变成雨。剩下无影魂，随烟飘离地，狗见汪汪叫，鸡见喔喔啼。

就这样，亡魂经过了山山水水，来到祖先住地，用水塘的水洗头——"白发变青丝"，用水塘的水洗脸——"脸白如银镶"，用水塘的水洗身——"旧皮变新颜，变得难相认，老人变年轻"。亡魂往前走，见到一棵相思树，脚踩树根，手扯树枝，对亲人的思念便油然而生。再往前走，又见到一棵忘却树，亡魂嘴含树叶，忘却便从嘴起，把阳间忘个一干二净。就这样，亡魂在新居祖地开始了新的生活。[①]

我国各民族数千年来形成的视死如生的丧葬观、隆重而繁琐的丧葬礼仪、形式多样的葬式葬法、精心选择的墓地墓室与棺椁、陪葬的明器和残

[①] 云南路南彝族经典《指路经·送魂》，罗希吾戈译，《彝文文献译丛》第2辑，云南社会科学院楚雄彝族文化研究所，1982年，第41—74页。

酷的人殉……凡此种种，无不体现了"身死魂存"这种古老的观念。

四、特例：灵魂也会死亡

认为灵魂可离体而不灭，是世界各民族中普遍的观念。但也有例外的情况，认为灵魂是会死亡的。

生活在我国云南省西北角高黎贡山和独龙河谷这片封闭型亚热带土地上的独龙族，他们的灵魂观念非常独特。他们的信仰认为，灵魂是会死亡的，从而成为灵魂理论中一个特例。

独龙人认为，人和动物有两个灵魂："卜拉"和"阿细"。"卜拉"是生命之魂，每个人和动物只有一个"卜拉"。人的"卜拉"和本人的身材、相貌、性情、品德和智愚完全相同。人穿戴什么，其"卜拉"也穿戴什么。人睡，其"卜拉"不睡，喜欢到处活动，这就是做梦的原因。"卜拉"也会死亡，"卜拉"死亡是永远消失，既不复生转世，也不再在世间起任何作用。

"阿细"是死亡者的魂，人死，"卜拉"亦死，人的另一个魂"阿细"出现。"阿细"不福佑活人，与已故家族成员生活在另一个名叫"阿细墨里"的世界里。

独龙族灵魂观念的特点在于：第一，动物皆有"卜拉"和"阿细"，两个灵魂于同一生命体中先后出现，互不联系，分别伴随着生与死，用以说明生与死的自然进程。第二，亡魂"阿细"不是鬼，不会变鬼。鬼是自然界和各种灾祸疾病的化身，与人的两个灵魂属于两个互相对立的系统。第三，人先后出现的两个灵魂最终是要消亡的。独龙人认为，人死，生魂"卜拉"消失，亡魂"阿细"返归祖地"阿细默里"。一个人在世间活多久，其"阿细"在"阿细默里"也就活多久。年限一到，"阿细"便变成蝴蝶，飞向人间，靠采食花蜜和露水生活。漂亮的花蝴蝶是妇女们的"阿细"变的，单色蝴蝶是男人们的"阿细"变的。蝴蝶到了时间也会死，蝴蝶死后人的灵魂也就不复存在了。因此，独龙人没有灵魂不死不灭、轮回转生、附体显灵这一类层次比较高的灵魂观念。他们的灵魂观念执着于具体事物的直观属性，保持着灵魂信仰的比较原始和古朴的形态。[①]

---

① 参见蔡家麒1982年在云南贡山独龙公社各村所做的调查材料，以及他为《中国原始宗教丛编·独龙族》所写的前言，上海人民出版社1993年版。

认为灵魂会死的观念,并非为独龙族所独有。据记载,我国古代也有灵魂不死的观念,认为人死变鬼,鬼也会死,鬼死而变成聻。聻是什么?谁也没有见过。据说鬼都怕聻,想必是比鬼还要厉害的阴府的鬼神吧。据《五音集韵》的解释:

> 聻,人死作鬼,人见惧之;鬼死作聻,鬼见怕之。若篆书此字,贴于门上,一切鬼祟,远离万里。①

以聻克鬼,真所谓以毒攻毒!在民间,道家的咒符中,至今仍利用这种观念作辟邪镇鬼之用(图4-1)。端午时,常于门上画虎头,书聻字,谓阴府鬼神之名,可以消疟疾。(见《酉阳杂俎》)此俗在苏北一带至今还有流传。

人死变鬼,鬼死变聻,鬼亦会死。这种观念显然是为了对付鬼而产生的,带有浓厚的宗教色彩,和处于灵魂信仰的低级阶段的独龙人的灵魂会死的观念有所不同。

五、变形与转体

据说灵魂有变形与转体的本领。这在民俗志和民族志中有大量记载。清代师范《滇系夷属系》载:

> 僰夷,能为鬼魔,以一帛系衣后即变形为象、马、猪、羊、犬、猫,立衢或置冲道,行人稍畏避之,即为所魅,入腹中食其五脏,易之以土。有人言:曾卧病,医无效,祷于大士,梦好女子于其肋下出一小鬼,渐成老人。女子叱之,乃去,病遂已。知者遇前物以一手掠之,一手挺拳痛捶之,必还复其人,夺其帛而縻之,哀求以家资之半丐脱。②

又据明代《百夷传》载:

---

① 《五音集韵》,转自《中文大辞典》第27册,第63页。
② 《百夷传》,转自江应梁《摆彝的生活文化》,中华书局1948年版,第253页。

百夷，家畜一拨斯鬼，无形而善噬人魂，中者越宿死，死则百夷取其尸为蛊，鬼畏犬，闻犬声则远遁不返。①

图 4-1　驱疫之神（云南南涧彝族纸马）（采自王树村《中国民间年画史图录》）

这里说的善噬人魂的拨斯鬼，便是如今所说的蛊。那传说中系一扫帚

---

① 《百夷传》，转自江应梁《摆彝的生活文化》，中华书局 1948 年版，第 253 页。

于衣后，便可变形为动物以魅人害人的鬼魔，使人领教了鬼魂可变形的本事，读来让人恐怖万分。其实，以拳痛击之，便会还原为人身，也没有什么可怕的。

长沙马王堆一号汉墓出土的4字形帛画，墓的第二层内棺上，有一幅黑底彩绘图，在萦回缭绕的云气间隙中，填画了各种神怪与鸟兽，有写实的，也有想象的，共116个，分成57组。这些神怪与鸟兽意味着什么呢（图4-2）？许多学者对此做出了多种解释。刘敦愿先生说，那就是一幅灵魂翱翔的图画。人死之后，魄归于土，而魂则离体而上下翱翔。死者的肉体已经封闭在棺里了，而她的灵魂则"上升云际，与天上的神，山林川泽中的灵怪共徘徊，享受身后世界的欢乐"。[①] 由于灵魂具有变形的特性，图中的羊，很可能便是墓主灵魂的变形，它把鸟捉来当作坐骑，骑着它可以在第二世界中遨游逍遥。贵州的傩神三王，传说是彭祖的化身，他衍化三次而成为三面之神，因此而得名。三王其人可以变形，又具有追回失落魂魄的本领，因此在还魂傩愿中要请他出场。[②]（图4-3）

在民间，有许多关于灵魂变形和转体的传说。

土家族流传着一则土老司征服孽龙为民除害的传说。传说山洞里有一条孽龙，把天上的雨水都吞到肚子里去，使河水断流，禾木干枯，危及着人民的生存。有一位姓向的土老司（梯玛）下决心进洞征服孽龙。进洞前，他把一双草鞋脱在洞口，对徒弟们说："我进洞以后，你们一看到这两只草鞋打架，就赶快敲锣扎鼓，大声吼叫，给我助威。锣鼓声越大，我就越有力气战胜孽龙。"说完，手拿司刀，吹起牛角，摇着铜铃，进山洞去了。

向老司进洞不久，洞里传出了轰隆隆的响声，洞口的两只草鞋果然打起架来，在半空中忽上忽下，像两只鹰在半空中搏斗。徒弟们记起了师傅的嘱咐，锣鼓、吼叫一声紧似一声。两只草鞋在半空中恰似两把飞刀，你来我往，只见两道金光，上下飞舞。他们看呆了，一时忘记了敲锣打鼓、呐喊助威了，忽然间，两道金光不见了，两只草鞋也从半空中跌落下来！猛然间，洞里传来了山崩地裂的声响，只见向老司骑在孽龙背上，刚到洞

[①] 刘敦愿：《中国古代民间绘画艺术中的时间与运动》，《民间文学论坛》1990年第5期，第17页。

[②] 参见庹修明《贵州的傩戏与面具》，《民俗》画刊1989年第5期。

口，那孽龙一甩尾巴，把向老司甩在了岩壁上，变成了岩头，孽龙却逃之夭夭了。

图4-2 长沙马王堆棺饰动物画（采自《民间文学论坛》1990年第5期刘敦愿文）

图 4-3　可追回失落魂魄之傩神三王（采自《民俗》画刊 1989 年第 5 期度修明文）

向老司的灵魂没有死。他给自己的老婆托梦，让她把他们的儿子放在蒸笼里蒸七天七夜，这样就可以救活向老司，还可以降伏孽龙，解除旱灾。老婆按老司灵魂的吩咐去办了。蒸到六天六夜时，被孽龙知道了。孽龙变成孩子们的姥姥，来找向老司的老婆，非要揭开蒸锅看个明白。女儿拗不过，揭开蒸锅，儿子变成了一头大水牛，身体长全了，只差没有角，这就是犀牛。由于火候未到，没有角的犀牛无力把岩头上父亲的尸体挑下来，使之复活，也无力降伏孽龙。

向老司的灵魂第二次向他老婆托梦。让她到河里洗箅子（篾片制成的席子），一边洗一边捶，一边喊"背时的孽龙"，一边把篾片抽出来。就这样在河里抽了七天，根根篾片都变成了龙骨头，把孽龙制伏了，天上降下了大雨。①

在这个流传于湘西广大地区的传说里，向老司的灵魂可以变形而成为

---

① 笔者在湘西调查时，曾听土家梯玛巫师讲述过这个传说。

岩头，还可以向他的老婆托梦，用各种方式与孽龙斗法，并最终战胜了孽龙。人们赋予老司（梯玛）的灵魂以不死和变形的巫力。

珞巴族相信灵魂可以转体。20世纪50年代以前，该民族的某些氏族和部落实行杀人治病。凡本氏族的成员久病不起，则全氏族出动，设法俘虏本氏族以外的人，甚或不认识的走路者，将其杀死食之，并举行仪式，以救助生病者。在他们的观念中，这是用"替身"以安抚和满足作恶的"内锡"——非正常死亡者的灵魂。50年代以前该民族还盛行"投毒"之风。投毒的对象，一种是仇人，一种是有福分的人。对前者投毒，是以毒致死，来达到复仇的目的。对后者投毒，则认为被杀的对方，可以使其携带福分的灵魂转入本氏族和投毒者的身上。[1]

图4-4　苗族的替身草人（宋兆麟提供）

黎族的葬生之俗，同样反映了灵魂转体观念。该民族相信，人生病长期不愈，便是恶鬼缠身，要请娘母或道公给病人作"葬生"仪式。这种仪式有三种形态：其一，是捏个泥人作病人替身，给泥人穿上五色纸衣，然后杀鸡，请巫师作葬生仪式。巫师把泥人埋进地里，象征着把病鬼埋掉，人就会痊愈。其二，在病人生日这天，杀猪请道公上山砍一枝"尼嫩草"，制成一个小棺材，从病人家捉一只蟑螂放进棺材里，由道公和家

----

[1]　于乃昌：《西藏审美文化》，西藏人民出版社1999年版，第69页。

属抬着"棺材",沿途哭嚎,送至坟山埋葬,表示已葬病鬼,病人即可痊愈。其三,让病人打着雨伞坐在送葬的棺材上,抬往墓地,意为生人坐死人棺材出殡,死人带走生人的"恶鬼",病人便会平安无事。① 这种以草人、泥人作病人替身,弃于郊野的习俗,在苗、彝等许多民族中都有。(图4-4)

六、以巫术的方式使灵魂出窍

灵魂离体又称灵魂出窍。任何一个巫师都说自己具备能使灵魂出窍的本领。高明的巫师既可使自己的灵魂出窍,上穷碧落下黄泉,与鬼神沟通,与天地共处;又可为他人(包括活人和死人)的灵魂出窍,引导甚至役使他人离体的灵魂。这样的故事很多。最脍炙人口的莫过于妈祖游魂救父兄的故事。

传说妈祖是福建莆田县湄州一户渔民的女儿,叫林默,曾得神人相助,自幼身手不凡。有一次,林默的兄弟出海打鱼,途遇风暴,林默的游魂离开身体,前去救护兄弟。《绘图三教源流搜神大全·天妃娘娘》中记曰:

> 兄弟四人业商,往来海岛间。忽一日,妃手足若有所失,瞑目移时。父母以为暴风,急呼之。妃醒而悔之曰:何不使我保全兄弟无恙乎?父母不解其意,亦不之问。暨兄弟赢胜而归,哭言前三日巨风大作,巨浪接天,兄弟各异船,其长兄船漂没水中耳。且各言当风作之时,见一女子牵五两(桅索)而行,渡波涛若平地。父母始知妃向之瞑目,乃出元神救兄弟也。其长兄不得救者,以其呼之疾而神不及护也,懊恨无已。②

林默的灵魂离体以后,其"手足(肉体)若有所失,瞑目移时",处于昏迷状态,而其魂化作一女子牵着桅索而行,渡波涛若平地,使遇难的兄弟转危为安。有的传说说,林默正在织机上织布,灵魂出窍之时,身体便伏卧在织机上失神。中国历史博物馆藏有《天妃图》(共48幅),其中第

---

① 韩伯泉:《葬生》,《中国各民族宗教与神话大辞典》,学苑出版社1990年版,第378页。
② 《绘图三教源流搜神大全》,上海古籍出版社1990年版,第186页。

4图描绘了林默救兄弟的情景，称之为"正织机神游沧海"，画的是妈祖正在织机上织布，她的头上方有一道光芒射出，远处是妈祖的游魂来到了海上，寻找遇难的兄弟。这里所说的"神游""瞑目出神"，指的便是妈祖的灵魂离体，到汹涌的大海上去营救兄弟。妈祖死后，其灵魂不死，常穿朱衣，出现于海难之际，或化作红灯、神鸟，救人于难。因而在沿海的福建、广东、台湾各地，天后庙林立，对她尊崇有加。据研究，妈祖生前是一位著名的女巫，[①] 她具有使自己的灵魂出窍的本领。其灵魂变形外出，以灯或鸟的形态出现于海上，引导海上船只安全返航，在观念上是十分古老的。

藏族实行天葬，在观念上也与灵魂出窍有关。天葬的前一天要为天葬者举行荐亡仪式，由僧人为其念诵"抛哇"经文。"抛哇"是一种为人的灵魂开窍和出窍的仪式。（详见本书第九章《一个当代现存的灵魂王国》）当代女作家马丽华在小说《灵魂象风》里描写道："这一仪式旨在使死者灵肉分离，尤其使灵魂自最佳途径——头顶囟门处出走，以便往生善界。诵经结束前要调动自身法力，观想本尊，集中意念，两眼上翔，'噗、噗'吹七口气，死者灵魂就将由天灵盖上方脱离肉身。这是全部仪式的关键。"[②] 西藏噶举派活佛那如巴，对灵魂离体描述也很生动形象："闭门留一光射孔，以气射进心之箭；穿针引线成道路，灵魂开窍入净土。"[③]

第二节　鸟形的灵魂及其进出口

一、鸟形的灵魂

鸟信仰、鸟崇拜与鸟生传说，是我国东部沿海和东南地区，乃至环太平洋沿岸地区的一个独特的文化表征。鸟或作为图腾，或作为巫术活动中的灵物，或作为民族的祖先，在人类开创文化的业绩中，扮演着重要的角色。灵魂化鸟的信仰，同样是太平洋文化的一个重要的内容。

我国新石器时代，东南沿海的大汶口文化、龙山文化、河姆渡、马家浜、良渚文化，长江中游的大溪文化，以及珠江三角洲的石峡文化中，都

---

① 参见李露露《妈祖信仰》，学苑出版社1994年版，第15—26页。
② 马丽华：《灵魂像风》，作家出版社1994年版，第57、66页。
③ 同上。

保留着丰富的鸟纹图形和鸟形器遗存。① 古代文献及神话传说中，有关鸟类崇拜、鸟生的记载，不胜枚举。太昊、少昊的鸟图腾氏族，《山海经》中的鸟神、人鸟合体之神羽民国，《诗经》中的玄鸟生商，等等。这些考古遗存和文献记载，都和鸟是祖魂信仰（灵魂为鸟形、祖先化鸟）有关。

人死其魂化鸟的观念由来已久。《天问》中说："大鸟何鸣，夫焉丧厥体？"王逸注："言崔文子取王子乔之尸，置之室中，……须臾化为大鸟而鸣，开而视之，翻飞而去。"②

传说楚怀王之魂化身为鸟。据崔豹《古今注》云：

> 楚魂鸟，一名亡魂鸟。或云楚怀王与秦昭王会于武关，为秦所执，囚咸阳不得归，卒死于秦。后于寒食月夜，入见于楚，化而为鸟，名楚魂。③

《酉阳杂俎·忠志》又云：

> 上尝梦白鸟飞，蝙蝠数十逐而坠地。惊觉，召万回僧，曰：大家即是上天时。翌日而崩。④

这里的大鸟、楚魂鸟、白鸟，都是亡魂所变，既是引魂鸟，又是祖魂鸟。云南沧源崖画中有大量"鸟形人"图像（图4-5），同样扮演着引魂鸟、祖魂鸟的角色。云南哈尼族葬礼舞《棕扇舞》便是飞鸟送魂归天的象征（图4-6）。云南南涧彝族纸马中的云鹤，便是祖魂鸟，为亡故的老人亡魂所变。祖魂鸟有二仙童执幡引行，飞往第二世界中去。

---

① 石兴邦：《我国东南沿海和东南地区古代文化中的鸟类图像与鸟祖崇拜的有关问题》，《中国原始文化论集——纪念尹达八十寿辰》，文物出版社1989年版，第234—266页。
② 参见闻一多《天问疏证》，三联书店1980年版，第63页。
③ （清）陈元龙《格致镜原》卷八一引《古今注》（今本无），袁珂《中国神话传说词典》《楚魂鸟》，上海辞书出版社1985年版，第398页。
④ （唐）段成式：《酉阳杂俎》，中华书局1981年版，第2页。

图4-5 沧源崖画中的"鸟形人"图像

图4-6 飞鸟送魂归天,哈尼族葬礼舞"棕扇舞"(邓启耀提供)

墓葬里常见的鸟形图或鸟形器物中的鸟,扮演着祖魂、导魂、镇魂、守魂的角色。或本身就是灵魂的化身,或充当灵魂的向导及守护者,或两者兼而有之。如《大汉原陵秘葬经》中所记唐宋墓葬中的观风鸟,此种鸟,置于天子和亲王的陵墓中,是与方相神并排放着的。据考古学家徐苹芳考证,在唐代文献和《宋会要辑稿》中,只见方相,而无观风鸟。已经发掘的唐宋和南唐二陵中未发现有鸟形俑。因此,此类明器的出现,可能较晚。四川宋墓中曾发现有鸟形器,皆作人首鸟身状。[①]

有一种传说"能收人魂"、专门"摄人魂魄"的"鬼鸟",又称九头鸟,在民间流传极广。据报载,九头鸟曾多次飞临湖北神农架地区,有人曾亲眼目睹。由于目击者言之凿凿,引起了人们极大的兴趣。据专程访问

---

① 徐苹芳:《唐宋墓葬中的"明器神煞"与"墓仪"制度》,《考古》1963年第2期。

过九头鸟目击者神农架林区松柏镇堂房村村民张新全的民间文学工作者报道:"张新全,初中文化,今年三十三岁。他是1982年11月的一个阴天上午10时左右看到九头鸟的。当时,他在神农架林区泮水乡八角庙燕子洞附近的承包土地上种马铃薯,突然听到空中有鸟的奇特嘘叫声,像沉闷的哨音,跟他以前听到的各种鸟叫声不同。他感到很奇怪,便抬头望去,令他大吃一惊:发出怪叫声的是一只簸箕大的巨鸟,包括翅膀在内直径大约两公尺,其羽毛黑灰色;更使他惊骇的是该鸟长有一簇脑袋,大约有九个头,嘴巴(喙部)呈红色;它的尾部也很奇特,呈圆扇形,既像孔雀开屏,又像车轮,旋转而飞。一会儿,这只九头鸟便飞进了远方的山林。"[①]

报道中又说,1994年7月的一天傍晚,张新全在堂房村一处叫黑沟的山林中干活,又一次听到九头鸟在天上飞过的奇特叫声。可惜这次天已昏黑,没有看清九头鸟的样子。据张新全说,他的祖父和同村的人也曾见过九头鸟。神农架中药材公司退休职工、老中医周正江说,神农架民间有关九头鸟的传说不少,听老人们说,九头鸟曾在神农架叼走过小孩。九头鸟有一个弱点,既怕火,又怕灯光,常在天阴、黄昏或夜晚外出活动。至今,神农架山民晚上习惯生火或点灯,就是为了防九头鸟骚扰。

据说湖南屋脊壶瓶山境内也曾多次发现九头鸟。据该省石门县南坪河乡鹰子尖村目击者、基干民兵张承云说,一次他在后山打柴,忽见树上栖息着一怪鸟,其体形大小如同斑鸠,头上长着九个脑袋,一个大脑袋,额头上还长着连成一片的八个小脑袋,呈半月形,每个小脑袋嘴鼻眼耳俱全,并覆盖着一圈绒毛。张承云撒了一把沙石,只见此鸟除两翼奋飞外,八个小头亦有小翅分开腾飞,据说该地有二十多人曾见过这种鸟。[②]

这些传说、逸闻,显然带有浓厚的传奇色彩。有趣的是,宋代周密《齐东野语》卷十九《鬼车鸟》中所记宋孝宗(1174—1189)年间一位目击者所记九头鸟的形状及奋飞情况,与当代目击者所见大致相同:

淳熙间,李寿翁守长沙日,尝募人捕得之。身圆如箕,十胆环

[①] 尹笋君、胡崇峻:《九头鸟恐非神话》,《吉林日报·东北风》1995年6月23日。
[②] 《周末》(南京)1994年6月11日转载《江城晚报》文章《湖南发现九头鸟》。此处引自尹笋君、胡崇峻文。

簇。其九有头，其一独无，而鲜血点滴，如世所传。每脰各生两翅，当飞时，十八翼霍霍竞进，不相为用。①

九头鸟又名鬼车鸟、鬼鸟、姑获鸟、女鸟，古代典籍中有不少记载。从灵魂信仰的角度来看，九头鸟有三个特性：一、善变，衣毛为飞鸟，脱毛为女人；二、能收人魂，属鬼神类；三、为产死者所化，尤其值得注意。现把有代表性的记载摘引如下：

> 姑获鸟夜飞昼藏，盖鬼神类。衣毛为飞鸟，脱毛为女人。一名天帝少女，一名夜行游女，一名钩星，一名隐飞。鸟无子，喜取人子养之，以为子。今时小儿之衣不欲夜露者，为此物爱以血点其衣为志，即取小儿也。故世人名为鬼鸟，荆州为多。
> ——《古小说钩沉》辑《玄中记》

> 夜行游女，一曰天帝女，一曰钩星。夜飞昼隐如鬼神。衣毛为飞鸟，脱毛为妇人。无子，喜取人子。胸前有毛。……或言产死者所化。
> ——段成式《酉阳杂俎·羽篇》

> 鬼车，晦暝则飞鸣，能入人食收人魂气。一名鬼鸟。此鸟昔有十首，一首为犬所啮，今犹余九首。其一常下血，滴人家则凶……亦名九头鸟。
>
> 姑获能收人魂气，今人一云乳母鸟，言产妇死变化作之。
> ——《天中记》卷五十九《本草》

> 鬼车，春夏之间，稍遇阴晦，则飞鸣而过，岭外尤多，爱入人家烁人魂气。
> ——《岭表异录》卷中②

---

① 朱菊如等校注：《齐东野语校注》，华东师范大学出版社1987年版，第370页。
② 袁珂等：《中国神话资料萃编》，四川省社会科学院出版社1985年版，第139—141页。

袁珂认为，《山海经·大荒北经》所记之"九凤"（"有神，九首、人面、鸟身，名曰九凤。郝懿行云：郭氏《江赋》云：'奇鶬九头'，疑即此。"），亦属于九头鸟之类。

世界著名的毛衣女（又称"天鹅处女"）类型故事在中国的原型，可追溯至古老的九头鸟。探讨善嗤人魂的鬼鸟如何演变为化身为鸟下凡人间的天女，实在是一个有意义的课题。

商代铜器"玄鸟妇壶"有"玄鸟妇"三字合书的铭文（图4-7），是商代金文中保留下来的先世鸟图腾的遗迹，对了解商人的信仰很有意义。据于省吾考证："作壶者系以鸟为图腾的妇人，这个妇人既为简狄的世裔，又属商代的贵族。'玄鸟妇'三字合文宛然，是一幅具体的图绘文字，它象征着做壶的妇人系玄鸟图腾的后裔是很明显的。"[①] 从灵魂信仰的角度，是否也可以把"玄鸟妇"铭文解释为灵魂化为玄鸟的女子，或者说，其祖为一女子，女子之魂化为玄鸟，反映的是认祖归宗的原始观念。

图4-7　商代铜器"玄鸟妇壶"上的"玄鸟妇"铭文
（采自石兴邦《中国原始文化论集》）

---

① 于省吾：《略论图腾与宗教起源和夏商图腾》，《历史研究》1959年第11期。

灵魂离体化身为鸟，从躯体飞出的观念，在全国各地流行十分普遍。哈尼人在送葬次日，天未亮，大儿子和小儿子抬一瓢水，用布条搓成绳子点燃，沿着送葬的方向，到远离村寨的地方呼唤死者，连叫三声，山村里有鸟回音，便认为死者灵魂已羽化为鸟。于是，这一年也就不捉这种鸟。① 赫哲人认为小孩的魂是只家雀。因此，小孩死了不埋葬，而用树皮卷起来，挂在树枝上。因小儿魂是小家雀，个小，埋在地下出不来。小儿死后，雀飞进屋不得捕捉。赫哲的求子仪式叫"雀喀扎法里"，意为"捉雀"，也和婴儿魂是雀的观念有关。同样，满族认为，麻雀是童子魂。在为小儿叫魂时，若见到雀飞来，即认为小儿魂魄已招回。黑龙江满族的求子仪式中，在柳枝上筑一雀巢，供童子魂寄居。②

珞巴族把致使妇女生病、不孕的精灵想象为恶鸟，它们为一雌一雄，故叫宁一、宁德。祭祀地点在村外的树林或竹林中。祭祀时，用草扎成鸟形偶像，带翅膀；用木片刻出鸟嘴，用木炭在鸟嘴上划上纹路，并用红线缠绕。要杀一头母猪奉祭宁德精灵；杀两只母鸡、一条公狗祭祀宁一精灵。祭祀毕，求祭的妇女留在路上的脚印，要用米糠盖上，十天内不得出家门。③

云南永宁达坡一带的摩梭人在尸体放入棺材以前，有用鸟替死者守灵之俗。这里的摩梭人的棺材和汉民族常见的棺材不同，是一个一立方米见方的薄木板箱子，正面画一对孔雀嘴对嘴，其他三面彩绘鲜花、海螺、宝瓶之类佛教圣物。棺顶类似房顶，尖形，画有瓦片。表示人生前住什么房，死后也住同样的房子。在尸体放进棺材之前，里面先放一只面捏的小鸡（另一说是泥塑的），摩梭语叫"果梭米"，形似孔雀，意为神鸟。另外还放几枝刺，以防止鬼进去。据调查，这只鸡有两个功能：一是在尸体放进棺材之前，充当亡者灵魂的替身；二是为亡魂守灵。永宁区拉伯乡摩梭人高若达巴在《装棺祭歌》中是这样唱的："这是你的新房，这是你早就想住的地方，现在把它送给你。你没有住进去以前，是果梭米替你守着，刺枝守着新房子，鬼魂进不去，你就放心地住进去吧！"④

---

① 《中国民族宗教与神话大辞典》，学苑出版社1990年版，第164页。
② 富育光：《麻雀》，《中国象征词典》，天津教育出版社1991年版，第185页。
③ 于乃昌：《西藏审美文化》，西藏人民出版社1999年版，第74—75页。
④ 《云南摩梭人民间文学集成》，中国民间文艺出版社1990年版，第190、477页。

上面我们说过，灵魂化鸟是环太平洋文化的一个重要文化表征。美洲印第安人有一组以图画文字表达的战歌，形象地反映了这种十分古老的灵魂化鸟的观念。（图4-8）

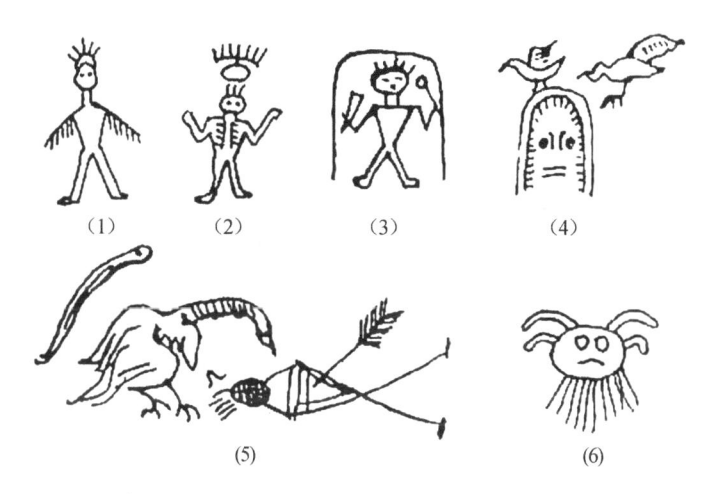

图4-8 印第安人的战歌（采自萧兵《黑马——中国民俗神话学文集》）

战歌的图意如下：
1. 战士带翼，表明他的迅速；
2. 他在晨星之下；
3. 他在天的中央的下面，手里拿着战棒和响器；
4. 吃肉的鹫回翔于空中；
5. 战士受命于疆场；
6. 飞升天空成为神灵。

战歌的歌词大意为：
1. 我愿我的躯体变成一只飞得最快的鸟；
2. 每日我都看见你，其余的半日唱我的歌；
3. 我投身向前；
4. 我要抛弃我的肉体，（像）那只鸟儿高高地飞翔在天空；
5. 我何等欣幸能加入战死者之列；

6. 神灵们将在高处传颂我的姓名![①]

细心的读者一定注意到了上图（1）、（2）、（3）、（4）四个人像顶部都有光芒状的线条。这个带有线条的头像，使我想起几位著名学者曾经引用过的叶尼塞凯特人的萨满神鼓上的图。（图4-9）

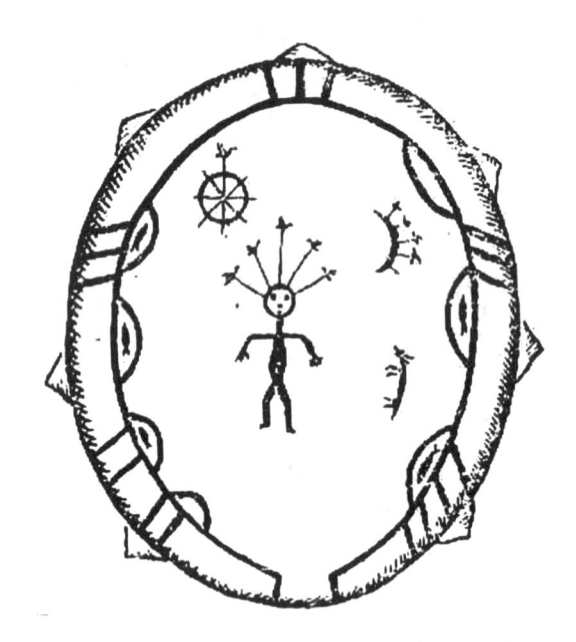

图4-9 鸟形灵魂——叶尼塞神鼓鼓面（采自凌纯声《松花江下游的赫哲族》）

苏联出版的《世界各民族的神话》词典把现存喀山大学博物馆收藏的这面鼓上的图，定名为"凯特神话英雄多赫的思想之魂是鸟形的"。[②] 凯特人旧称叶尼塞人，把此鼓叫作萨满铃鼓（ШАМАНСКИЙ БУБЕН），正面包皮，上有图，鼓背上若干小铃，故名。凌纯声在《松花江下游的赫哲族》一书的图录中选用了这面叶尼塞神鼓的正面和背面，并解释说："叶尼塞鼓的式样与阿尔泰的同为圆形。如图，中间绘有萨满，头上有五线，每线端有一飞鸟；左上角为太阳；右上角为月亮；右旁为一只鹿；鼓

---

① 这里的印第安人的战歌，据萧兵《黑马》，台北时报文化出版公司1991年版，第299页；林惠祥《文化人类学》，商务印书馆1991年版，第370页，两个材料加以综合。
② 《世界各民族的神话》上册，苏联大百科全书出版社1980年俄文版，第642页。

的四周共有七个半圆圈为海，六个海中有鱼等等。"① 俄国学者叶甫秀柯夫在论到这鼓的图画时说："（画面描绘）萨满奔赴他界的想象中的情形。画面的中心位置用红色赭石画的人形，头上伸出五根线，线端各有一只鸟。这人便是萨满，带飞鸟的线是他的'思想'。图的上方是太阳和月亮，右面是一只驼鹿，是大熊星的象征，凯特人通常是靠它来定方位的。内圈是世界的边缘。下部是不封闭的，这就是地穴，是冥界的入口。宇宙的两边有七个半圆，为七个世界之海，使宇宙呈环状结构。六个海中有鱼，第七个海被认为'有臭味的'，没有鱼，原因是水太热了。"②

上面所说的带飞鸟的"思想"，指的便是思想的灵魂，或称智慧的灵魂。这种观念，在萨满教信仰中是十分普遍的。例如，赫哲人认为人有三个灵魂，第一个叫"斡仁"，人与动物都有，人死，此魂便离开肉体。它与人的生命共始终，是创造生命的神所赋予的，又称"生命的灵魂"。第二个叫"哈尼"，人在清醒时的思想和梦中的所作所为，皆因它暂时离体或与其他灵魂交往所致。所以又称之为"思想的灵魂"。人死后，此魂不会消失，要请萨满把它送入阴间。否则它会留在世上作祟，加害人畜。第三个魂叫"法加库"。能投生，为专管转生的神所赐，又称"转生的灵魂"。人死后，此魂立即离开肉体，按人生前的品行，或转世为人，或投生动植物。妇女不育或孕妇流产，是由于没有转生灵魂，或转生灵魂被攫所致。③

这面叶尼塞神鼓上具有非凡的鸟形的智慧之魂——萨满，便是凯特的神话英雄多赫。据神话记载，多赫是凯特人的创世神和文化英雄，又是第一个萨满。他在潜鸟的帮助下，从海底掏出一把土，建造了第一片土地，完成了造岛的伟业。作为一个萨满，多赫的重要标志便是他的铃鼓，铃鼓是他的通神工具，是他的坐骑。因此，神鼓特别夸大了他那鸟形的智慧之魂，足有他体形的三分之一还要长（这一鸟形的灵魂是太阳和月亮都有

---

① 凌纯声：《松花江下游的赫哲族》图4-9，文字说明见南京中央研究院1934年版，第111页。从内容来看，凌说可能来自波兰著名萨满研究家尼斡拉兹的《西伯利亚民族之萨满教》一书。尼斡拉兹在谈到这面神鼓画面上五根直线顶端的飞翔之鸟说："此乃萨满之观念。"这里所说的"观念"，指的便是灵魂中的"思想之魂"。

② ［俄］叶甫秀柯夫：《宇宙神话》，苏联科学出版社西伯利亚分社1988年俄文版，第36页。

③ 参见凌纯声《松花江下游的赫哲族》，第102页；又见宋恩常《中国少数民族宗教初稿》，云南人民出版社1985年版，第13、14页。

的），其目的一方面在于说明多赫的灵魂可以幻化为鸟，具有变形的和上天入地的非凡本领，能来往于两个世界之间。另一方面，多赫又是一位鸟神，他每年与飞鸟一起开辟了从北方到南方的通道，神话中说，他飞行所到之处，便是"银河"。①

二、带翅之神

民间常把神灵想象为带翅者，可能与灵魂会飞的观念有关。动物神常常是人形带翼，如飞龙、飞虎，或人、鱼、蛇共体带翼，如云南大理白族的本方飞龙娘娘（图4-10）。福州纸马上的北斗七星雷公，其形象是鸟翼虎身，这个鸟形雷公前爪捧着八卦，后蹄踏着风火轮，与彝族纸马上把罡煞踏于足下的驱疫之神的功能是并无二致的。

陕北保宁堡保宁寺三官殿，有两尊造型奇特的神像，一个叫日游神，一个叫夜游神。日游神口衔一棒，夜游神口衔一笔，分别张翅值日值夜。据会首讲，日游神白天值日，以口衔之棒警戒四方；夜游神接日游神的班值夜，因他是哑巴，故口衔一笔，记载人家善恶之事，然后向天官汇报。②（图4-11）

笔者在云南大理洱海中小普陀的菩萨庙前搜集到的白族纸马，画面上画的身穿官服的神灵，手持令旗，坐在飞鸟上，正在向天宫飞去。他显然也在起着沟通天上与地下的作用。在这里，飞鸟充当的是神灵的坐骑角色。

与灵魂信仰有关的带翼会飞的神中，煞神最有意思。煞是一种恶鬼，传说是人的灵魂所变。古人认为，人死魂升于天，魄降于地。死后若干日，魄由地出，煞亦随之而来。也有人说，凶死（非正常死亡者）之魂魄由于没有资格返回祖地，认祖归宗，因而变成煞，浪游人间，作祟于人。民间对煞的态度，是又敬又畏，又拉又打。传说人死三天，灵魂返家，俗称回煞。一般要祭祀煞神，让它赶快离家，但生人又不得与煞相见，否则生人的魂会被勾走，故民间又有避煞、推煞之俗。

民间流传的有关煞神的纸马很多，认为在祭祀时，把煞神纸马烧掉，

---

① 参见《世界各民族的神话·凯特人的神话》上册，第642页。
② 参见郭冰庐《陕北保宁寺祀神活动及社火——秧歌考察》，《北京师范大学学报》1993年访问学者专号。

煞便不会作祟人间。常见的煞神纸马有三类：

图4-10 飞龙与飞龙娘娘（云南纸马）

图4-11 陕北保宁寺的日游神与夜游神（采自《北京师范大学学报》1993年郭冰庐文）

1. 纯动物形（鸡形）煞神。（图4-12）
2. 人鸡合体，一般是人首鸡翅鸡爪。（图4-13）（图4-14）
3. 七十二煞神。（图4-15）七十二煞神，一律官服打扮，连牛头马面、鸡、兔、猪等动物，均着人的衣服。

图4-12 鸡形神煞（云南纸马）

图4-13 飞煞（云南纸马）

图 4-14　煞神（云南纸马）

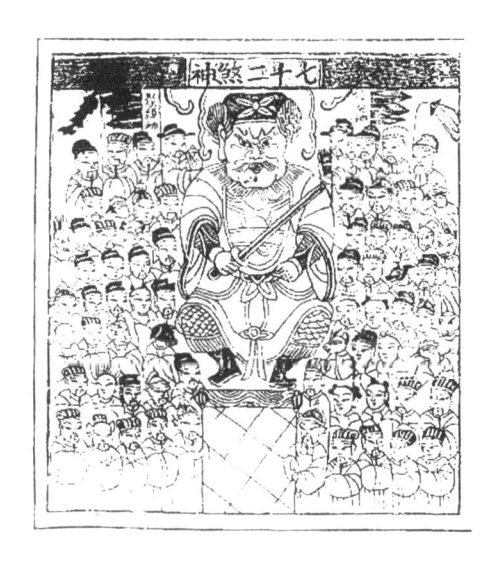

图 4-15　七十二煞神（19世纪末20世纪初中国木板年画，
　　　　俄国阿列克谢耶夫搜集，现藏彼得堡宗教与无神
　　　　论史博物馆）（采自《世界各民族的神话》俄文版）

在民间，对人首鸡身带翼的煞神，流传着许多有趣的故事。周作人曾这样记述绍兴的转煞风俗和人首鸡身的煞神："绍兴转煞之仪式亦颇郑重，煞即起于倾浴尸水之地，状如流星，本为死者之魄，唯又别有煞神，人首鸡身，相传旧有牝牡二神，赵匡胤未遇时投宿人家，值回煞，攫得其一食之，以后世间遂只有雌神云。"①

浙江流传的关公吃煞神的故事，很可能和周作人所说的赵匡胤吃煞神的故事有些瓜葛。过去民间有人死三天回煞之俗。据说阎王怕灵魂跑掉，便派个煞神跟着。这煞神头长角、面紫青、双眼如铃、脚生毛、爪如鸡、嘴尖爪利，来时一阵风，去时一阵沙，甚是吓人。因此，民间又有避煞之俗，家人把豆腐、米饭、三杯水酒、一个剥壳的鸡蛋置于门外，供奉煞神，自己躲起来，以免见到这怪神。传说关公年轻时，因杀了恶少，外逃时，十分疲倦，来到一回煞之家，累了睡下，半夜见到这似鸡非鸡的煞神，杀了蘸些盐吃掉了，不仅脸变红了，而且有使不完的劲。②

三、灵魂的进出口

初民认为，灵魂是可以自由游动的，人的身体就有灵魂的通道。为了使灵魂能畅通无阻，便要保护人体上的灵魂通道。人死，也要在葬具、葬式、墓地上为灵魂留出进出口，以便亡魂自由出入。

人体上的灵魂通道

古人认为"天灵盖"是人的灵魂出入的通道。李时珍在《本草纲目》卷五"天灵盖"条中说：

> 人之头，圆如盖，穹窿象天。泥丸之宫，神灵所集。修炼家取坎补离，复其纯乾，圣胎圆成，乃开颅囟而出入之，故有"天灵盖"（"脑盖骨""仙人盖""头颅盖"）诸名也。

著名宗教学家江绍原在他的《发须爪：关于它们的迷信》一书中，

---

① 周作人：《自己的园地·回丧与买水》，北新书局1923年版，第224—226页。
② 《投宿吃煞神》，《山海经》杂志1984年第2期；另收入马昌仪编《关公的民间传说》，花山文艺出版社1995年版，第106—109页。

在引用李时珍的这段话时说，修炼家固然很重视天灵盖的价值，但是，在这以前，民间就已经存在着一种通俗的观念，这便是："人醒时或梦寐中的灵魂出入，是以'性门'为门的。修仙者固然要把天灵盖软化，以便他们的'圣胎'可以随意出入；然一般的先民却只巴不得'小宝贝'早点把天灵盖长好而且硬化，省得他的小魂灵儿时常从那里飞出去，或被奸人恶鬼从那里摄去。"① 道家从修炼的眼光看天灵盖，认为它是圣胎的出入通道，而江绍原在这里却从民俗学灵魂信仰的眼光去分析，指出天灵盖是人的灵魂自由飞出的通道。

许多民族都认为脑门是人的灵魂的所在，又是灵魂的孔道，因而格外爱护。民间习俗，新生儿的胎毛，百日内不得剃去。有些地区认为在满月之前不能剃去，否则便养不大。原因便是怕损害小宝贝的天灵盖。新生儿、婴儿的脑门，绝对禁止抚摸、拍打，否则，伤了天灵盖，小孩会成为哑巴或痴呆。许多地区的小孩长大了剃头，常常在脑门上留一撮头发，并拴上红头绳，有些地区直到十二三岁才剃掉。有人还把这缕头发辫成小辫子，俗称"八十辫"，是祝愿小孩快快长大、长命高寿的意思。② 珞巴族苏龙部落母亲带小孩外出时，胸前挂一块姜。遇到湖水、怪树、悬崖峭壁和石洞，要切一块姜片，吐上口水，贴在小孩的脑门上，他们相信，姜里有火，可以防止孩子的灵魂从囟门上逃走，招致疾病。③

彝族男子的头饰"天菩萨"，也包含灵魂所在和灵魂通道的意思，因而十分神圣。四川大凉山一带的彝族男子，在额前留一小撮2—3寸长的方形头发，辫成小辫或一头帕竖立包裹起来，名曰"天菩萨""指天刺"，认为内藏天神，也是本人生命和灵魂的所在，他人绝对不能触摸。

居住在云南省澜沧江、怒江一带的那马人（白族的一支），他们的未婚女孩的头饰要给灵魂留一个出入的圆孔。那马人已婚的女子用红、黑、白三色头帕包头，而未婚女孩不戴头帕，只能戴一种燕尾帽。燕尾帽的中间留有直径约两公分左右的一个圆孔。那马人对这个圆孔是这样解释的："圆孔是小孩灵魂时常出入的必经之路，如果她的灵魂有灾有难，很快被

---

① 江绍原：《发须爪：关于它们的迷信》，开明书店1928年版，第53—54页。1987年上海文艺出版社影印再版时改名为《发须爪：关于它们的风俗》。
② 同上书，第53—54页。
③ 李坚尚：《脑门贴姜》，《中国象征词典》，天津教育出版社1991年版，第203页。

天神透过圆孔发现，会及时为其除灾解难，永葆孩童无病无灾地成长。"[①]

西藏达木天葬台天葬师阿旺丹增手上有一串念珠，是从无数死人头骨上各凿一个圆洞，然后用那一小片头骨穿串而成的。[②] 经过凿洞的死人头骨被垒成一道骷髅墙，保存在这座又称为狂笑寒林的天葬台上。死人骨头上的圆孔显然是供灵魂出入之用的。已凿圆孔的头骨，保存在天葬台，表明生前寄存于头盖骨的灵魂，已经通过这个圆孔——灵魂通道离体，经过天葬返归天国或进入轮回，头盖骨已非灵魂寄存之所，这是信仰天葬者的最好归宿。另据《西藏》（民国年间铅印本）载："人初死，必要求喇嘛拔取灵魂，当喇嘛未来以前，决不能稍有所移动，若稍动则灵魂逃出，被妖鬼捕获。故以白布蔽亡者之面，……喇嘛到，倚亡者之枕，端坐静肃，窗户严闭，然后指示西方极乐之地而唱歌，最后以拇指拔除亡者之发三四根，是为头骨穿孔使灵魂逸去之方法云。"[③]

从欧洲、阿尔及利亚、南北美洲等地史前考古发现的骷髅中发现，在石器时代，人类生前有互相于头颅打洞的习俗。据研究，这种钻孔之术，是在生前举行的。使用的工具是火石制作的刀，而且这些生前头颅被钻孔的人，术后还活了许多年。为什么要这么做呢？据研究者分析，一些民族认为，人之所以抽搐、痫疯、其他神经性心肌失调，乃至激烈头痛是由于人的头颅被魔鬼所侵占所致，因此，要在头颅上钻一孔，让恶魔逃走。北非卡比尔人在患痫疯时，则以钻孔之法治疗。[④]

民间为亡魂准备出入口的葬俗

有一种很流行的习俗，人将死时，必须把窗户打开，以便灵魂可以飞出去。云南宣威普鹤乡卡腊卡村的彝族在病人断气后，用一把犁头，压在死人的胸前，再拿一块白布，照着死者的面孔，剪成眼、耳、口、鼻，蒙在脸上，然后用一根长矛，在死者左方，把屋顶的瓦戳开一片，口中念着

---

① 张秀明、李加郁：《浅析那马人的服饰》，《怒江》（内部刊物）1985年第2期，第70页。
② 阎振中：《光荣随鹰背苍茫而远去——天葬及其起源》，《雪域文化》（拉萨）1993年夏季号。
③ 《中国地方志民俗资料汇编》（西南卷）下册，书目文献出版社1991年版，第920页。
④ 柯克士：《民俗学浅说》，商务印书馆1939年版，第66页。

"红煞黑煞出出，凶煞出，生魂进亡魂出"一类咒语。① 笔者90年代中期在湘西调查土家族的巫文化时，曾听土家族梯玛向宏清讲他的师傅彭天禄死时，也有类似的习俗。在屋脊处揭下三片瓦，叫作"开天门"。② 布依族也有此俗。人死，要在灵堂房上揭开一个洞，作为死者灵魂上天之路。③

四川称此俗为"出死星"。据《眉山县志》记："亲甫没，使人持竿破屋瓦，三呼三答，曰'出'，谓为'出死星'，盖即复魂之义。复而不生，始行死事。"

另据《彭山县志》载："以竿戳死者屋顶，呼应而出之，谓之'出死星'。"据志书《西康综览》所记甘孜藏族习俗："入殓则以竹竿穿破屋顶射而出之，示死者灵魂升天。"④

摩梭人的寄葬之俗，也是给死者灵魂以出入通道的意思。人死，把尸体捆成胎儿状，成蹲坐式，希望死者的灵魂像婴儿降生那样，重新投胎人世。把捆好的尸体装入白色布袋里，置于停尸房里挖的地穴内，举行寄葬仪式。尸体放在撒上灶灰或火炭的地穴的石头上，上盖一大铁锅，周围封好，其上再盖一多孔的竹篮。摩梭人认为，篮上的孔洞象征许多眼睛保护着死者，以免鬼魂干扰死者。⑤ 这多孔的竹篮，是否还有另一层意思，民间认为，人死，灵魂还存在，这些孔道可以让灵魂自由出入。

原始人认为，口是灵魂出入的门户。荷马常说灵魂经过了"牙齿的藩篱"。据传说，一个牧人睡着了，一只蜜蜂从口中飞出，一小时以后，又返回牧人口中，他对同伴说，他梦见自己跨过一座大桥，在天堂游历了一番。13世纪罗马史学家马太·巴里斯（Matthew Paris）曾说，灵魂离体从口中出来时，常常是一只鼠的样子。如果这时候把睡着的人挪到别的地方，小鼠回来时找不到躯体，这人便会死去。⑥

---

① 马学良：《云南彝族礼俗研究论文集》，四川民族出版社1983年版，第40页。
② 马昌仪：《土家族巫师——梯玛》，《中国民间文化》1991年第2期，第20页。
③ 汛河：《布依葬俗》，《贵州民族研究》1982年第3期。
④ 《中国地方志民俗资料汇编（西南卷）》上册，第184、188、397页。
⑤ 《云南摩梭人民间文学集成》，中国民间文艺出版社1990年版，第166、476页。
⑥ 柯克士：《民俗学浅说》，商务印书馆1939年版，第44页。

葬具及墓地之灵魂通道

在新石器时代仰韶文化阶段,夭折的儿童一般行瓮棺葬,半坡发现的瓮棺共73座,成群或零星地分布在住地的房屋旁边,以瓮、缸、钵、盆为葬具。考古学家发现,绝大多数葬具的底部中间有一人工凿制或敲打而成的小孔,直径约1.5—2厘米,呈规则或不规则形状。(图4-16)半坡陶器中那精美的绘有人面纹、人面鱼纹和鹿纹的彩陶盆就是作为葬具出土的。除半坡外,宝鸡北首岭、云南元谋县大墩子等新石器遗址的瓮棺上也有发现。河南临汝阎村出土的有"鹳鱼石斧图"的彩陶缸底部正中,也有一孔,此孔直径0.8—0.9厘米,是专门烧制的。学术界比较一致的看法,认为这一类瓮棺底部的小孔,是给灵魂自由出入留的通道。[①]

给灵魂留出入通道是一种世界性的文化现象,在史前的巨石文化中就留下了踪迹。世界许多地区都有一种叫作"多尔门"的巨石遗址,有人称之为"多尔门状石棺"或"石椁",其功能之一,是做坟墓用的。考古学家发现一种奇异的现象,德国的瓦尔的克多尔门,又称有孔石室,"两侧立巨石以为侧壁,正面是一枚板石——其中央有圆孔",[②]印度的有孔多尔门,其侧石的一面,也有一圆孔(图4-17)。这种现象,相当普遍。石坟墓的侧面,为什么凿一圆孔?这圆孔是作什么用的?学术界有三种解释:(1)死人灵魂之脱出或禁其追踪的;(2)为了死人之精灵可以引入食物而且可以外出的;(3)和巨石与太阳崇拜有关,圆孔或圆形物是模仿太阳之状而造。西村真次的解释比较充分,他认为"此孔多半是为灵魂离其死体而出入石室之便利而造的。"[③]

---

① 见《新中国的考古发现和研究》,文物出版社1984年版,第63页;严文明《仰韶文化研究》,文物出版社1989年版,第33页;张云《半坡遗址三十年研究综述》,《文物》1989年第76期。

② [日]西村真次:《文化移动论》第九图版之说明,李宝瑄译,上海文化出版社1989年影印本。

③ 同上书,第12—118页。

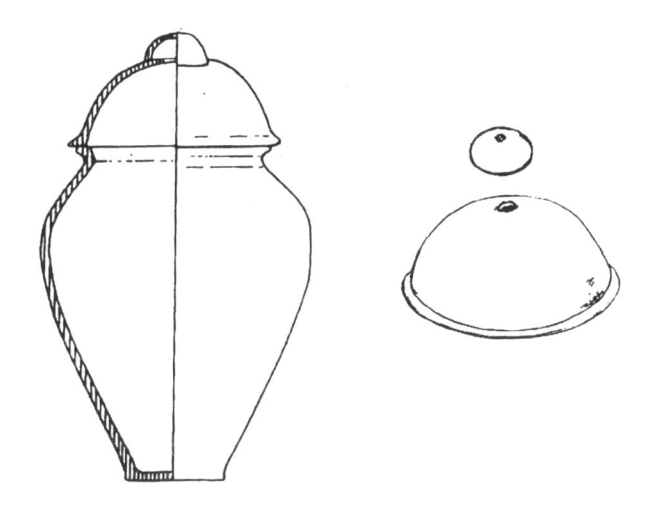

图 4-16　半坡仰韶文化的可供灵魂出入之有孔瓮棺

图 4-17　印度有孔多尔门上为灵魂出入的圆孔
（采自西村真次《文化移动论》）

在葬具和墓地上为灵魂留出入孔之古俗，在一些民族中还有遗留。例如实行土葬的义都珞巴族就是其中之一。该民族年过六旬的老人，不分男女，都备有用圆木刨成的棺材，晚上在此就寝，表示不畏死，借以震慑前来加害的精灵。男子死后，由其姐妹或妻子梳头，亡人右侧外、右手下方放长刀一把，象征其灵魂进入阴间所带的防身武器。底垫麻布，口、眼、耳、鼻撒盐灌酒，象征在去阴间的道上不会遭受蚂蟥、蚊子叮咬；再把供祭所杀的牛的心、腿、肝、舌各一小块和若干猪肉、鸡肉放入棺内，供其灵魂前往阴间时旅途食用，盖上棺后，在盖上凿一小洞，象征灵魂进出的门口。实行岩洞葬的隆子县珞巴族也有此俗。① 居住在新疆察布查尔的锡伯族死者夫妻合葬时，夫棺在左，妻棺在右，二棺靠近的一侧各凿有一孔，供他们的灵魂出入，据说以便他们的灵魂在另一个世界里过夫妻生活。云南屏边瑶族夫妻死亡也实行分棺合葬，墓上修石门，如系原配夫妻，则只修一石门，供他们的灵魂共同出入；若是二次婚的夫妻，则各修一门，供其灵魂各自出入。② 贵州黔东南舟溪地区的苗族，人死盖棺时，留一小缝，以便灵魂出入。而该省从江县加勉乡的苗族，则不在葬具上留孔，而是在坟顶左侧掘一小洞，供日后祭奠死者时从此洞投放祭品之用。贵州省荔波县瑶山公社白裤瑶，人死装棺后，要在坟头插一根竹竿，把竹节打通，另一端对着死者的嘴部。当地把这根竹竿称为"归宗竹"，认为死者的灵魂可通过此竹筒出入。也有资料说此竹竿置于坟之后部。③

用无底棺木埋葬死者，也有供死者灵魂自由出入的含义。据记载，居住在我国西北地区的古老民族羌族，过去在黄河两岸的岩洞里，就是"葬用无底石棺"。④ 锡伯族没有结婚的死者，不论男女老少，死后均用无底棺。1960 年考古工作者在内蒙古扎赉若尔地区发掘的 31 座拓跋鲜卑墓葬，其中的墓葬多是有盖而无底的。⑤ 贵州麻江旧时的黑巫也有用无底棺之俗。⑥

信仰萨满教的北方民族，为慰藉死去的亡魂，设置简易的桦皮篓、皮布神堂，作为亡魂返家时的栖息之所。在出土的遗物及运送尸体的石棺、瓦罐、圆木筒上，常有灵魂洞。辽金时期，满族盛行火葬，其葬具有石、木、瓮棺三种，形体较小，盛放骨灰。不论何种葬具，均留有灵魂孔，即在陶罐、瓷罐、石罐、木匣、桦篓上方打孔，作亡魂游动之路。⑦

云南永宁摩梭人对正常死亡者实行火葬，火化后由女儿拾骨。把死者

---

① 参见李坚尚《棺盖凿洞》，《中国象征词典》，第 103 页。
② 《半坡仰韶文化纵横谈》，西安半坡博物馆编，文物出版社 1988 年版，第 78—80 页。
③ 同上。
④ 吕明桐：《羌民生活一瞥》，《风土什志》1943 年第 1 卷第 23 期，第 85 页。
⑤ 佟克力：《锡伯族丧葬习俗初探》，《北方民族》1989 年第 1 期，第 136—137 页。
⑥ 《中国地方志民俗资料汇编》（西南卷）下册，第 613 页。
⑦ 富育光：《萨满教与神话》，辽宁大学出版社 1990 年版，第 308、270 页。

的头、颈、手、腰、脚等人体各部分分别捡一片骨头,放在一小麻袋中。捡回请达巴(巫师)念经,送到墓地。到了墓地,要剪开小麻袋底部,让灵魂自由活动,否则,灵魂出不来,就会找活人麻烦。到了墓地,放骨灰的人还要哄死者,一个假装舀水,一个假装找火溜走,以免死者的灵魂跟着活人回家。

第三节 两个世界的沟通者

巫师是两个世界的沟通者。西伯利亚埃文基族(在我国境内为鄂温克族)的一位老人瓦西里·沙尔希克达里画了一幅画,画的是萨满正引导亡故的亲属到另一世界去。[1] 画的中间是人的世界,向下经过一条布满障碍的路,到达地下世界;向上,灵魂变成飞鸟,飞往祖先的世界去。(图4-18)

我国北方民族的著名尼山萨满是两个世界的沟通者。她头戴鹿角帽,手举神鼓,正在呼唤她的动物助手,协助她到地下世界去把一位青年猎手的灵魂招回来。

神鼓同样是两个世界的沟通者。神鼓既是上天入地的坐骑,又是沟通两个世界的使者。一面北欧古萨阿米人萨满神鼓上,中间是人的世界,其余上部下部都是亡魂的世界(图4-19)。我们在鸟形的灵魂一节中介绍的叶尼塞萨满铃鼓,带有鸟形灵魂的萨满、太阳和月亮的鼓面中部,是人的世界,四周的七个海以及从地下通道出去地下,便是另一个世界。一幅澳大利亚的地下世界图,描写的便是亡魂在祖先的家园狩猎鸸鹋的情景。[2](图4-20)

神树是两个世界的沟通者。许多村寨都有自己的神树。我们这里介绍的是苏门答腊岛的一种生长在运送萨满往地下世界的"亡魂之舟"上的世界树(图4-21)。[3] 在原始人的观念中,魂舟和世界树都是两个世界的沟通者。在纽约的美国自然博物馆里收藏有一套19世纪末的西伯利亚

---

[1] 见《世界各民族的神话》上卷,第453页。
[2] 同上书,第565页。
[3] 同上书,第405页。

萨满神衣（图4-22）。① 神衣上可以清楚地看出萨满正沿着神树来往于两个世界之间。西伯利亚的那乃人（在我国为赫哲族）心目中的世界之树，同样充当着世界沟通者的角色（图4-23）。② 树上的神偶，便是另一个世界中萨满的祖先。另一幅图的世界树上（图4-24），那乃人的祖先都是动物形态，那乃人正是通过神树与自己的动物祖先沟通的。叶尼塞萨满神衣上的萨满，与世界树合为一体，充斥着整个宇宙，是天地日月和人的中介者。（图4-25）

马也是两个世界的沟通者。在灵魂世界中，马扮演着双重的角色。既作为巫师来往于两个世界的坐骑，又具有与灵魂打交道的本领。笔者在湘西调查巫文化时，见到用于巫术活动的两种马——铜马和板凳马。它们都是梯玛巫师的神器，在沟通两个世界的巫术活动中起着重要的作用。③ 笔者在云南丽江东巴文化研究所展览馆所见纳西族东巴葬仪中的送魂马是纸糊的，十分精致。（图4-26）

我国南方常见的甲马（纸马）所扮演的，同样是沟通两个世界的角色。与上述土家族铜马、板凳马不同的是，纸马是在请神驱邪送灾时，要焚烧了才能起作用。云南白族的甲马，不仅使用普遍，而且花样繁多。白族称之为甲马子，又称追魂甲马。以棉纸制作，除以马为主图外，常画有巫教、佛教、道教的各路神祇图像。其种类有上刀纸、还愿纸、谢水纸、木器纸、土器纸、五方纸、替身纸、下炫纸、花神纸、白虎纸、喜神纸、灶君纸、月宫纸、家神纸、送岁纸、万贯纸等。纸上之图因祭祀对象、扮演的角色、场合之不同而各异。如替身纸，在祭祀本主时焚化，上印着穿白族古装的男女像，让他（她）去代替病人或死者的灵魂，为本主服役，换回真身。④ 有一幅云南大理白族的纸马《精神甲马》，是著名民间美术专家王树村先生在云南搜集的。他在此图的说明中说：精神甲马和另一种叫"白马先锋"的甲马用途一样，是焚纸马时必有的一幅。因人们祈福禳灾于神，需它作信使，传达于天，所以不论焚烧何种神像纸马，都要附

---

① 见《世界各民族的神话》上册，第405页。萨满神衣为19世纪末制作，现存美国自然历史博物馆。
② 同上书，第398页。
③ 马昌仪：《土家族巫师——梯玛》，《中国民间文化》1991年第2集，上海。
④ 李缵绪：《甲马纸》，《中国象征词典》，天津教育出版社1991年版，第137页。

此"精神甲马",否则不灵。① 这里的"精神",便是我们所说的灵魂。云南的另外两幅甲马,一幅是带翅膀的(图4-27),另一幅则背负令旗,正在腾飞,突出了它们沟通两个世界的本领。青海湖的船家在船只起航时,向湖中撒扬一种纸马,祭湖神,求平安。

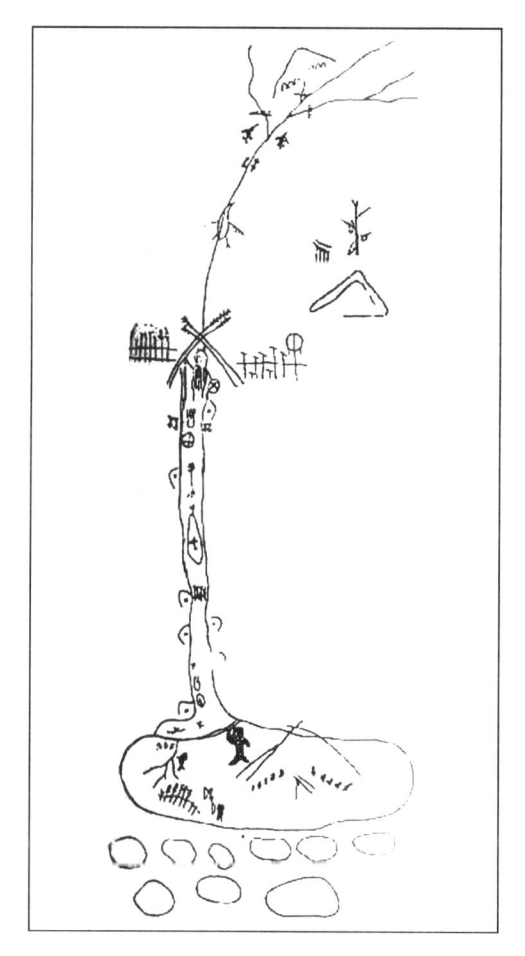

图4-18 萨满正引导亡故的亲属到亡灵世界(西伯利亚埃文基族人瓦西里·沙尔希克达里绘。采自《世界各民族的神话》俄文版)

---

① 王树村:《中国古代民间年画》图107,新世界出版社1992年版。

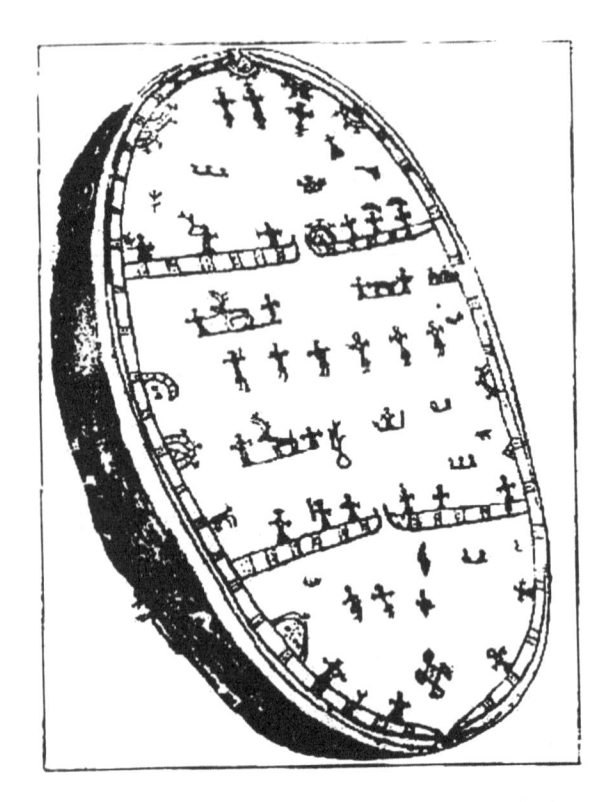

图4-19 北欧古代萨阿米人萨满神鼓上的两个世界
（中间是人界，上、下为第二世界）
（采自《世界各民族的神话》俄文版）

图4-20 亡魂在祖先的家园狩猎鸸鹋（澳大利亚）
（采自《世界各民族的神话》俄文版）

图 4-21 生长在运送萨满往地下世界的"亡
　　　　魂之舟"上的世界树（苏门答腊岛）
　　　　（采自《世界各民族的神话》俄文版）

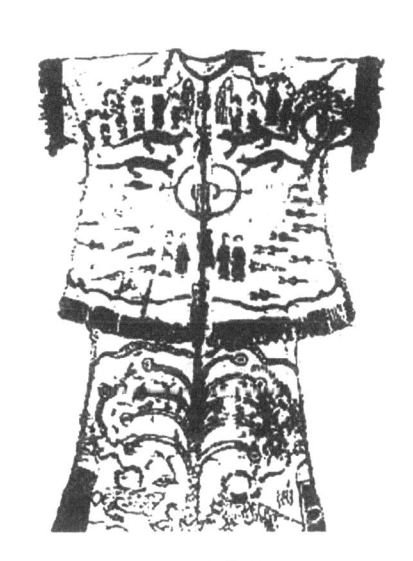

图 4-22 西伯利亚萨满神衣上的两个世界，
　　　　萨满正沿着一棵鳞状树去第二世界
　　　　（采自《世界各民族的神话》俄文版）

图 4-23 那乃人的世界之树——两个世界的沟通者（采自《世界各民族的神话》俄文版）

图 4-24 那乃人的祖先树（采自《世界各民族的神话》俄文版）

图 4-25　与世界树合为一体的萨满（叶尼塞萨满神衣下摆上的图形）（采自《世界各民族的神话》俄文版）

图 4-26　纳西族东巴葬仪中的送魂马（邓启耀　摄）

图 4－27　带翅甲马（云南纸马）

　　滇南一带把来往于两个世界、人鬼之间的使者，叫作"雅当"。民俗研究者孙敏近年曾经到中越边界边陲地区壮、苗、瑶、汉诸族聚居的地方，采访过一位 1962 年出生的雅当小桃。雅当是壮语，意为"坐在板凳上的女人"。她们是人间的医生，来往于阴阳之间，又是冥界的使者。她是在十一岁那年大病一场之后成为雅当的。她在回忆自己灵魂出窍的情景时说："那天家里飞来许多飞蛾，但我看见的是一些人和马，都扛着枪。我的感觉是在飞，身子一点重量都没有，被师傅领着飘来飘去。"她说：雅当的神具是一把扇子，这把扇子是去见师傅的马，轻轻一摇，人就像鸟一样飞了起来。孙敏把小桃进入催眠状态以后的一段唱词记录了下来。下面我们听到的，是一个离体的灵魂在两个世界之间遨游的声音：

> ……我是行影
> 我是一阵风
> 我们上到月亮那个地方了
> 奔波在群星之间
> 来到太阳的寨子了
> 那是在蓝天高高的地方
> 你们这些玩云彩弄云雾的老人呵
> 地面的人家想要听你们的声音
> 下去吧，去说说古时候的道理
> 我们来了，一个跟一个地飞着来了
> 像枯树叶一般地飘着
> 月亮明时我们走
> 月亮落下去了我们还在走
> 我们变成风
> 在空气中飘浮
> 停留在竹叶上颤动
> 睁大眼睛看好，地上的寨子到了
> 这家人正在拿好酒好菜招待我们呢
> 我们从瓦缝里轻轻地落下来
> 别把橡子碰烂了
> 地下的人们不要怕
> 我们是行影
> 我们是风……

孙敏写道："当你感觉到这是一个离开躯体的灵魂的吟唱时，凡间在虚无中消失了，冥界就近在咫尺。雅当便是这样吟唱着召唤那些死去的灵魂在暗夜里跟着他们姗姗而来。"①

---

① 孙敏：《冥界的使者——滇南民俗旅记》，《山茶·民俗文化实录》1994年第3期，第34—36页。

第四节　寄魂信仰

在初民看来，灵魂是可以游走的。灵魂游走有三种情况：除暂时离体（梦境、影子、疾病等）、永久离体（死亡）外，还寄存于体内某一器官或体外他物之中。

寄魂信仰的基本观念在于：第一，灵魂可以游走，第二，其寄居处便是灵魂之所在，生命之所在；第三，寄居于体内或体外之灵魂如受损、受惊、受伤，人便会失神、生病，甚至死亡。人为了保护自己的灵魂，便形成了各种禁忌；为了召唤各类受惊受伤之灵魂，出现了形形色色的招魂之俗。而对付敌人的最好办法，莫过于对付其"致命之处"，使寄居体内和体外之灵魂受伤致死。

一、体内寄魂

道教典籍《云笈七签》卷五五《魂神》中说，人体之中有三万六千神，分别寄存于人体各器官之中，均受三魂七魄所统辖。[1]

灵魂寄存于血、毛发、骨、指甲、男根等最为常见。下面我们着重谈谈血液和毛发寄魂问题。

血液寄魂

在寄魂信仰中最常见最古老的便是血液寄魂。血是精气之所在，是生命之源。起源于原始社会的血祭所反映的，便是把作为灵魂的血献祭于神的原始观念。到了19世纪，这种杀牲血祭之风有了变化。原始文化史家发现，许多当代的原始民族已经不杀牲血祭了，只在祖先的偶像嘴边抹血。这种祭祀方式是怎么来的？为什么这样呢？

英国原始文化史家约·拉克伯在《文明的起源和人的原始状态》（1870年）一书中记述了许多原始民族祭献牺牲的情景。他说，起初，人们以为神灵真的会把供品吃掉，后来发现并非如此。因此，他们深信，"神灵吃掉了祭物的灵魂部分，把粗杂部分留给自己的虔诚的崇拜者。例

---

[1] 《云笈七签》，书目文献出版社1992年版，第396—397页。

如，在印度的大吉岭附近的林布人就是把供奉的牺牲物吃掉，他们说得很清楚：把灵气给神，把肉给我们自己"。①

英国人类学家、殖民地官员乔治·格雷（1812—1898年）在《波利尼西亚的神话》一书中说，在新西兰，当人们把珠宝献给仙女的时候，仙女只把影子拿走，对尘世实物是不感兴趣的。而荷兰西印度公司职员博斯曼·威廉（17世纪）说，在几内亚，"只把血给偶像，因为肉他们自己很喜爱"。奥斯嘉克人把祭牲的肉吃掉，而在偶像的嘴边抹上血，后来还发展为在偶像嘴边涂红颜色。印度的圣石就常常是这样，在刚果也是这样，受崇拜之物每逢新月都被涂上红色。

1882年，马克思在写《约·拉伯克〈文明的起源和人的原始状态〉一书摘要》时，在上述文字的"在嘴边抹上血"和"涂红颜色"下面画上着重线，说明这种现象曾引起了马克思的注意。笔者1990年在湘西古丈县、保靖县向土家族巫师梯玛调查他们的信仰时，见到巫师梯玛在祭祀和作法之前，一边念诵祷词，一边在献祭的大红鸡脖子上使劲拔下一些毛，然后把几根鸡毛和鸡血抹在家神位下方，据说在大型法事或正式的祭祀仪式上，巫师要把公鸡杀死祭神，在一般的小法事（还愿或治病等）上，有时就简化为拔点鸡毛，在神龛上抹上血就可以了。因此，你如果到湘西偏远的土家寨子，家家户户的神位上都沾满鸡毛和血。巫师说，这表示神接受了你的祭牲（图4-28）。由此可见，这种祭祀时在神像嘴边抹血的现象在世界许多地方都有。这种现象的起因和相信灵魂寄存于血的观念有关。

拉伯克在介绍了许多民族都有神接受祭品的灵魂的观念以后，再次引用威廉斯·托玛斯在研究斐济的文章《岛和岛民》（1858年）中的话："按照当地的信条，属于被描写为大胃口的神的那一份仅仅是牺牲物的灵魂；实物则由崇拜者们分食。"②

为什么祭神要用血肉？我国古代哲学家朱熹有一种解释。有人问朱熹："今愚民于村落杜撰一神祠，合众以祷之，其神便灵。"朱熹回答说："可知众心之所辐辏处便自暖，故便有一个灵底道理。所以祭神多用血肉者，盖要得借他之生气耳。"（《朱子语类》卷八七）祭神之所以多用血

---

① 转白《马克思恩格斯全集》第45卷，人民出版社1985年版，第673—674页。
② 同上书，第673页。

肉，目的在于借他之生气。这生气便是灵魂和生命之所在。

以动物之血和毛献牲之俗大量见于我国许多民族。例如西藏珞瑜马尼岗一带的珞巴族博嘎尔部落在狩猎时有祭四精灵之俗。如集体外出狩猎一无所获，第二次进入猎区时，要举行祭四精灵仪式。届时，在巫师主持下，用竹子、竹屑和茅草扎成四个草人，象征刚德、沙尔德、耶墨、蒂路四个精灵，放在地上，然后在草人周围插入六条弯成弓形的竹片，各悬挂一只活鸡。准备就绪后，巫师念咒，先杀一条狗，然后把悬挂的鸡杀死，取鸡狗血全洒在草人上，并在草人手上用血黏上少许鸡狗毛，象征将献祭之鸡狗送到四位精灵手中。他们相信，经过此仪式，狩猎便可获丰收。①

图4-28 湘西土家族沾满鸡毛的家神灵位（马昌仪 摄）

---

① 李坚尚：《祭四精灵》，《中国象征词典》，天津教育出版社1991年版。

英雄握血降生的观念常见于阿尔泰马背民族的英雄史诗之中,最有名的便是柯尔克孜史诗《玛纳斯》了。玛纳斯握血降生、痛饮敌血、歃血盟誓等情节都是血液寄魂的生动写照。(详见本书第八章)

滴血寄魂降生的故事在民间也广为流传。民间认为,关公原是天上的火龙、水中的神龙,因为犯了天条被斩,他的灵魂寄存在鲜血、血泡、血砣砣、血沫、红光、红布、红线之中,降落到人间,转世而为人,这便是关公。滴血感孕降生的例子还有彝族英雄支格阿尔。支格阿尔征服了大自然(烈日、烈月和雷电),还征服了人间邪恶和妖魔鬼怪。传说支格阿尔是鹰之子,有一天,他的母亲朴莫尼依坐在门院中织布时,从天上降下了三滴血,落在朴莫尼依的帽、衣袖和裙子上面而致她怀孕,生下了奇人支格阿尔。因此,彝族崇拜鹰,祭司常佩戴虎和鹰之爪,以表明自己是虎鹰后代。① 关公和彝族的支格阿尔都是由于寄存于血滴中的灵魂而降生人间。但二者在观念上是有区别的,关公是火龙、神龙的灵魂寄居于血转世人间,而支格阿尔却是他母亲因神鹰之血感孕而生,人与动物相交的观念更加古老。

鲜血具有巫术的作用。云南有《血星亡魂》(白族)和《人血之神》的纸马,为的是对寄存于鲜血中的亡灵献祭,使他们不要作祟于人。云南民俗学家孙敏记录了一则发生在滇南的鲜血洗魂的真实故事。一个年轻美丽的姑娘,由于丈夫的哥哥的孩子死了,被认为是她使了邪术害死的,此后厄运便伴随着她的一生。直到晚年,为了求得灵魂的宁静,她接受了比酷刑还要残忍的鲜血洗魂,以换取寨人的信赖和认可。

那是一个月黑风高的夜晚,请来的几位师父和帮忙的人拖着一条狗,背着铜炮枪来到神山下那两条河的交汇处。人们扎了一个稻草人,给它穿戴上这女人的衣服和首饰。子时到了,火把照亮了神树林。师父们杀了狗,祭过寨神和四方神鬼,念着咒语把带有魔力的狗血从她身上缓缓淋下,猩红的血水淋透了她全身,淋透了那穿着她的衣服、象征着她的灵魂的稻草人。她的肉体以及不洁的灵魂受到了鲜血的洗礼。主祭的师父看着她在众目睽睽之下喝下了剩余的狗血,才将带血的稻草人扔进湍急的漩涡,让河水把那不洁的灵魂、把那一生的耻辱、不幸和痛苦永远带走。铜

---

① 《我在神鬼之间——一个彝族祭司的自述》,吉克·尔达·则伙口述,刘尧汉整理,云南人民出版社1990年版,第173页。

炮枪在夜空中响起，把邪恶的阴魂驱赶干净①。这经过鲜血洗魂的女人是否获得了灵魂的平静，是否获得了重生，我们不知道。然而，一个民族，要挣脱灵魂上的枷锁恐怕不是任何鲜血洗魂的仪式所能奏效的。

毛发寄魂

民间认为，毛发是人的灵魂寄居之地，是生命的所在。《说文解字》中释"发"字为"根"也。古代又有"肾之华在发""血之荣以发"（《康熙字典》）和"调理五华之精发齿"（《云笈七签》十二）之说。对人身上之发与爪，不得伤害，否则便会"伤魂"。

> 凡梳头发及爪，皆埋之，勿投水火，正尔抛掷；一则敬父母之遗体，二则有鸟曰鸺鹠，夜入人家取其发爪，则伤魂。②

自古以来，老百姓对新生儿、小儿的胎发都十分重视，究其原因，是由于胎发长在天灵盖上，是灵魂的出入之口，小儿的天灵盖脆弱，俗话是人的命根子，因而要百倍爱护。据说在江苏常州，大人把婴儿满月剃下之发，趁湿搓成桂圆般大的一团，以红线贯之成为络纳，挂在小儿床上。杭州亦有把胎发置于金银小盒内保存之俗。云南的哈尼族、拉祜族有头顶留一撮头发的习俗。自落娘胎起从不剪剃，称魂毛或生命毛。魂毛是灵魂居地，能避邪。

满族认为头发是生命之本。萨满教认为头发位于人体顶部，与天相连，接受九天之神光，与天神最近，故人的真魂——无形无状、永远不死的转世魂就在头发和牙齿中。死人火葬时，要留下发辫。阵亡将士的发辫不论多么遥远，也要将其捎回故土入葬。发辫的长短象征生命的尺度，所以满族对发辫精心爱护，有"金发天足"之说。

珞瑜珞巴族认为，人肚子痛、拉痢等是触怒了水里的精灵，巫师作法后，在病人头上抓几根头发，打一个结，表示回来的灵魂已被拴住，病人会逐渐康复。③

---

① 孙敏：《血净的"蛊女"》，《山茶·民俗文化实录》1994 年第 1 期。
② 《云笈七签》卷四七。
③ 李坚尚：《头发打结》，《中国象征词典》，天津教育出版社 1991 年版，第 288—289 页。

我国民间有"结发夫妻"之说,据说也和发是人身精华的观念有关。江绍原在《发须爪》一书介绍北京结婚的结发之俗,说的是新娘梳头时,将鬓边的发分出一股,另从新郎的头上取出若干根,同编成一个小"抓髻",置于新娘鬓中。江绍原认为,结发的用意在于,"人既然将发认为己身的一种精华,而且深信己身与彼之间永远有同感关系,则人轻易不肯去发,和再不肯委之于他人之手,都是一定的。成婚时男子把自己的发给新娘,乃是破例行事,已表示无上信托无上亲爱之心。……他俩的发亲近,就可以使他俩的心,他俩的魂,也非常接近。"① 所谓"结发",实际上是男女二人灵魂的一种结合。

从来只听说"结发夫妻",以示白头偕老之意。民间故事中却有结发兄弟之说。关公传说中,有一则《结发兄弟的故事》②,对"结发"另有解释。传说刘关张桃园结义后,刘备把关羽请到他家住。刘妻钱氏生性淫荡,勾引关公,关公怒而杀之,用妇人之血在墙上写下:"嫂嫂不贤生外心,莫怪竹刀不认亲;为除淫妇弟杀嫂,兄若有义持发寻。"写毕,关羽从头上割下一绺头发,放在桌上,连夜不辞而去。刘备查明真相后,拿着关羽的头发,四处追寻,终于在幽州投军前相遇。二人抱头大哭。刘备取出关羽的头发,叫关羽给他黏在下巴上,然后从自己头上割下一绺头发,黏在关羽的下巴上。由于刘关互以头发黏须,所以他俩成了世上特有的"结发"兄弟。

《三国演义》中,曹操过许都时,曾下令军士不得践踏麦田,违者斩首。后曹操的马因一只飞鸠受惊,践坏了一大块麦田,曹操表示自刎以治自己践麦之罪。经劝阻,便"割发权代首",并使人以发传示三军曰:"丞相践麦,本当斩首号令,今割发以代。"(第十七回)③ 这种"割发代首"之刑法古代称之为"髡耐",与宫刑、劓刑等同。割发之所以称为刑,在于伤其魂,衰其元气,可见在古人的心目中,发是人身之精华,与血与精这一红一白的两种汁液,占有同样的地位。

人死,恐其阴魂作乱,同样要髡其发,毁其尸。《三国演义》第三十二回记袁绍死,其妻"刘夫人便将袁绍所爱之宠妃五人,尽行杀害,又

---

① 江绍原:《发须爪:关于它们的迷信》,开明书店1928年版,第61页。
② 马昌仪编:《关公的民间传说》,花山文艺出版社1995年版,第139—141页。
③ 罗贯中:《三国演义》,人民文学出版社1972年版,第143页。

恐其阴魂于九泉之下再与袁绍相见,乃髡其发,刺其面,毁其尸"。① 以为刺其面,阴魂不识其居所,又髡发毁尸,阴魂便无居所可归,其魂在另一世界便无法与袁绍相见了。

传说古希腊人在造房时,要物色一人,把他的头发或一片爪甲压在基地下面,其用意是要把此人之灵魂献给基地上之精灵,求精灵作为他们所盖房屋的保护者。据说中国古代的匠人盖房子时也要把某人的头发放在大梁的左右或柱的上下,其用意也不外乎两种:或象征以此人为新屋屋神的祭品,或拘住其人的灵魂,使为新屋之守护神。②

二、体外寄魂

灵魂寄存于体外,可说是无处不在。大至日月山川、猛兽凶禽,小至蛇虫鼠蚁、针头线脑,处处都是灵魂寄居之所在。大致说来,不外乎动植物、自然物、人造物几种。

动植物寄魂

北方民族信仰人之灵魂可寄存于鹰、熊、狼、虎等猛兽巨禽,而南方民族更多是蛇、鸡、鸟、蛙、蜘蛛等。

灵魂寄存于蜘蛛的观念在南方十分普遍,也最具特色。许多民族认为蜘蛛是灵魂寄身之处或是灵魂的化身。侗族在为新生婴儿赐魂的取名仪式上,通常由外婆将一三角形小彩布包挂于婴儿颈上,然后宣布其名字。彩布包里装的就是一只红色的幼蜘蛛,它便是婴儿之魂,或是婴儿魂寄居的地方。③

云南碧江和兰坪的怒族都认为蜘蛛是人的灵魂的化身,常用之招魂。兰坪怒族常用红蜘蛛,碧江怒族则多用绿蜘蛛。在招魂仪式的末尾,巫师用簸箕将一只小蜘蛛放到失魂者的头顶处,让蜘蛛爬到被认为是人的灵魂出入处的发顶旋涡中,象征灵魂已经返归肉体,病就会好了。④

苗族也认为蜘蛛是灵魂的化身。据苗族传说,一对年近半百无子的夫

---

① 罗贯中:《三国演义》,人民文学出版社1972年版,第258页。
② 江绍原:《发须爪》,第97—98页。
③ 杨保愿:《蜘蛛神话与民俗遗存》,《民族文学研究》1988年第3期。
④ 据何叔涛1988年于云南怒江州兰坪县、碧江县的调查资料。《中国原始宗教资料丛编·怒族》,蔡家麒主编,何叔涛编,上海人民出版社1993年版,第853页。

妇，一日见一蜘蛛从门楣吊下，不久妻孕生子，被认为蜘蛛降而神赐子。后蜘蛛衍生为灵魂象征，有病即认为是掉魂，请巫师招魂时，偶见蜘蛛，即认为魂已回归。①

笔者在土家族调查时得知，土家族也把蜘蛛看作人的灵魂寄身。人死入葬第三天，从墓附近捉回一蜘蛛，放于神龛，与祖宗同祭。非正常死亡者之魂不得招回家中，只能在山洞里立牌位享祭。

甘肃宁县有一种八卦娃娃的民间剪纸。娃娃双手各握一禾苗，头顶是一八卦，八卦里面是一只蜘蛛。（图4-29）这里的蜘蛛既是八卦娃娃灵魂之所在，又是祈求丰收的象征。蜘蛛和八卦真有些关系，传说伏羲便是根据蜘蛛网动传递消息的灵性和仿照蜘蛛网的形状创造了八卦图的。蜘蛛的灵敏性极强，它伏于网中，仅凭八条腿之敏感，就能准确无误地捕捉到来自各方的昆虫。据说八卦图极像蜘蛛网，特别是森林中有一种长腿花蜘蛛，它结的网分内、中、外三层，真像八卦图。这种种现象为蜘蛛染上了神秘色彩，成为灵魂的化身及征兆的体现者。民间称蜘蛛为"喜子"，以之为符应。侗族的创世神、天神萨天巴便是一只金斑大蜘蛛。② 在许多民族的神话和传说中，蜘蛛充当创世神、图腾神和文化英雄的角色，在各个民族的民俗信仰中也有至关重要的作用。

云南武定元谋彝族支系俚濮人认为灵魂投生在苍蝇身上。在送葬当天，死者的幼子留在坟上观看，第一次看见某棵树上停栖着一只苍蝇，就认为是死去的父母投生，灵魂附在上面，赶忙跪下来喊："爹（妈）！儿看见你了！"于是把苍蝇停落的树挖出反背回家，把他雕刻成人形，放在堂屋中的神龛上烧香献饭。③

灵魂寄存于植物的观念同样十分普遍。各民族都有关于世界树、神树的信仰，认为这些树是祖先灵魂寄存的地方。如柳树常被看作亡灵寄存的地方。民间认为柳是幽冥与死亡的象征。《释名·释丧制》云："柳，聚也。"是日光所聚，又是死者亡魂所聚的地方，所以丧车要用柳木来做。

---

① 潘光华：《蜘蛛》，《中国象征词典》，天津教育出版社1991年版，第347页。
② 杨保愿：《蜘蛛神话与民俗遗存》，载《民族文化研究》1988年第3期。
③ 张桥贵：《武定元谋彝族俚濮的农业祭祀与婚丧祭礼》，载《民族调查研究》1989年第1、2期合刊。

图 4-29　头顶蜘蛛之八卦娃娃（甘肃宁县民间剪纸）

柳是满族的女性始祖神，黑龙江的求子仪式便是在"送子娘娘"背后立一柳枝，上置用草秸制的鸟巢，作为寄托小孩灵魂的地方。[1]

四川省万县流传着一则关公的灵魂寄存于水杉树的故事。[2] 在四川万县与湖北利川交界的利川谋道镇，又名磨刀镇，因三国蜀将关羽与东吴孙权打仗时曾在这里的磨刀溪旁磨刀而得名。传说关羽死后，阴魂不散，常返归此地。这里的一棵水杉树钦佩关羽之忠勇，便将他的灵魂安置于树上。孙权得知后，派大将吕蒙率兵包围神树，要树把关羽的灵魂交出，神树不从，吕蒙军队便动手砍伐神树，但不管吕蒙等如何费力，都无法伤到神树一枝一叶。一天深夜，吕蒙军队个个在梦中见到关公显圣，骑马挥刀，从水杉树下杀将过来，吓得吕蒙等连忙逃回东吴。关羽英灵为报答水杉寄魂之恩，不分春夏秋冬，日夜守护水杉，使之枝叶繁茂，四季常青。当地居民为纪念关羽，在神树旁修了大关庙，把关羽磨刀的小溪称为磨刀溪，小镇取名磨刀镇。

自然物寄魂

山川湖泊，日月星辰，到处都有灵魂的身影。例如西藏有一则苯教传说，记述了灵魂寄存于石，又可被偷走的故事：传说娘地女神的灵魂寄存在明底松蕊石中，有一天，一个妖魔趁娘地女神打盹的时候，偷走了她灵魂寄存上的七块灵魂石，于是娘地女神"心不能想，神志不清；嘴不会说，口齿不清；眼看不见，模糊不清"。[3]

意大利学者图齐和德国学者海西希在《西藏和蒙古的宗教》[4] 一书中指出，西藏人的一生都受一种灵魂状态的影响，坚信人的未来可以透过某种仪轨加以预卜。例如，有一位名叫宁钟护法王的女神可以附身于12—16岁的男童或女童，在圆光仪轨之中预卜未来。主要法器和供器为铜镜、带五色布的箭矢、奠祭奶、青稞酒、掺有酥油的面粉与青稞。被召请的神身着黑外套，骑着长黑蹄的深色马，头插黑羽翎，显形于召神者面前。被

---

[1] 富育光：《柳》，《中国象征词典》，天津教育出版社1991年版。
[2] 《关公磨刀的传说》，吴显福讲述，唐大明搜集，《中国民间故事集成·四川省万县地区卷》上册，1988年。
[3] 叶玉林：《犛牛——神和魔》，载于《邦锦花》1992年第2期。
[4] ［意］图齐、［德］海西希著：《西藏和蒙古的宗教》，耿昇译，天津古籍出版社1989年版，第252—260页。

选作神灵附身的儿童一般经过训练。特别要准备一块石片，用白布和黑布包裹，由主持仪轨之巫师（圆光者）将此藏于神灵附身者的膝盖下。这块石头叫"魂石"，体现了古老的萨满教观念。咒师的祷词、所描述的神灵的居所等同样是古老的内容。可预卜人的命运有三个方面：家宅、生命、生子。神谕不是通过镜子，而是看指甲的颜色与纹路获得。

圆光仪轨中的灵魂石特别引起我们的注意。主持仪轨的人必须在膝盖下放一块白石，因为膝下被认为是唯一安全和不易被发现的地方。在这里，白石是灵魂的寄存处，是灵魂的依附物，把它置于安全的地方，是由于召神者的灵魂在举行仪轨时离体，让位于下界被召唤之神，因而保护自身灵魂的安全也是十分重要的事。

石头不仅是招魂者灵魂的寄存处，同时也是神像灵魂的所在、神佛仙女的化身。广泛见于西藏和青海、四川、云南一带的玛尼堆，备受藏民崇敬，也和灵魂的观念有关。

人造物寄魂

灵魂存于人造物的现象普遍见于各民族的日常生活和习俗信仰之中。

丧葬用的灵魂寄存物，如：面帛、棺椁、铭旌、桐人、明器、碑碣、魂帛、魂衣、魂车、魂帕、魂亭、魂楼，……其中以我国的魂瓶最有特色。（详见本书第五章《招魂》和第十章《魂瓶——灵魂世界的象征》）

第五节 三魂七魄与多魂信仰

三魂七魄之说，广泛见于道家典籍。《抱朴子·内篇》卷十八曰：

> 欲得通神，当金水分形。形分则自见其身中之三魂七魄。而天灵地祇，皆可接见，山川之神，皆可使役也。

《云笈七签·魂神·说魂魄》中对三魂七魄有详细的解释：

> 三魂者：第一魂胎光，属之于天，常欲得人清静，欲与生人，延益寿算，绝秽乱之想，久居人身中，则生道备矣；第二魂爽灵，属之

于五行，常欲人机谋万物，谣役百神，多生祸福灾衰刑害之事；第三魂幽精，属之于地，常欲人好色嗜欲，秽乱昏暗，耽著睡眠。

夫人身有三魂，谓之三命，一主命，一主财禄，一主灾衰。

所说三魂，从灵魂观念看，第一魂胎光属于生命之魂，第二魂爽灵属于智慧之魂，第三魂幽精属于欲望之魂。

《云笈七签·魂神》所记七魄如下：

其第一魄名尸狗，其第二魄名伏矢，其第三魄名雀阴，其第四魄名吞贼，其第五魄名非毒，其第六魄名除秽，其第七魄名臭肺。此皆七魄之名也，身中之浊鬼也。①

对三魂七魄的来历，有多种解释。具代表性的有三种。

（一）天干说。三魂七魄之说或与天干地支的观念有关。古有天干地支之说，据《皇极经世》："十干，天也；十二支，地也。干支配天地之用也。"又据《辍耕录·授时历法》："天干三数，地支七。"②

（二）五行说。朱熹认为："魂属木，魄属金。所以说三魂七魄是金木之数。"（《朱子语类》卷三）

（三）魂魄形神说。《太上老君内观经》曰："三月，阳神为三，魄动以生也；四月，阴灵为七，魄静镇神也。"古人又从魂魄的生成与散失来解释："人之初生，以七日为腊，死以七日为忌，一腊而一魄成，一忌而一魄散。杨升庵亦曰，人生四十九日，而七魄全，死四十九日，而七魄散。"（《陔余丛考·卷十七》）故民间有"七七之祭"之俗，指人死后每七日一祭，至七七四十九天，这时魂魄便完全散走，到另一世界中去了。

因此，道家讲究人的魂魄相守、相依，即所谓"真一存，三七守，百病却，年命延矣。"（《抱朴子》）提出以"调和三魂，制炼七魄"（《上清黄庭内景经》）为目的的各种修炼之法。他们认为，"人身之中自有三万六千神，左三魂，右七魄，阴阳配合，共辅护识神。"（《云笈七签》卷

---

① 《云笈七签》，第392—394页。
② 《天干地支》，见《中文大辞典》第8册，台北：中国文化学院出版部，1968年，第28页。

五十五）

　　三魂七魄的观念，至今在民间仍然流传极广。江苏连云港一带有一种消夜啼的习俗，婴儿夜间哭闹，俗称夜啼。用一张三寸宽七寸长（表示三魂七魄）的红纸，上写："天黄地绿，小儿夜哭，君子念念，睡到日出。"或写："天黄黄，地黄黄，我家有个夜啼郎。过路君子念一念，一觉睡到大天光。"把写好的红纸，夜深人静时贴在道路口显眼的地方，有些行人好奇，见路旁贴着红纸，常常要不自觉地念一遍。

　　广西防城京族葬俗，人死入殓前，在死者口中放铜钱（或硬币）三枚，白米七粒（女性放九粒）。此举是对死者的安慰与祝福，让他不要惊慌，放心去吧。钱代表魂，米代表魄。人们认为，男人有三魂七魄，女人有三魂九魄。

　　笔者在湘西调查时听梯玛说，人有三魂七魄，但进一步问他三魂七魄具体指什么时，他却说不出来，只说是师傅传下来的。可见，南方许多少数民族的三魂七魄观念可能是从汉民族传过去的。

　　在我国少数民族地区，多魂信仰却十分普遍。

　　阿昌族认为人有三个魂，人死魂不死，一个魂被送到坟上，要于清明节祭扫；一个魂（祖先魂）供在家里；还有一个魂要送到"鬼王"那里。①

　　普米族认为人有三个魂，人死后，一个魂到埋葬骨灰的公共墓地"罐罐山"，巫师韩规从骨灰上的痕迹，可以看出亡魂是否已返"本"转世或生于某家；一个在家里的锅庄附近；一个远去木里以北的大雪山上祖先所在的地方。②

　　滇西北丽江、永胜两县交界地区的苗族认为，人有三个魂。人死后，一个灵魂守尸；一个灵魂由指路师指路，到天上"假勃假尤"地方和祖宗住在一起；一个灵魂去投胎，把给死者洗脸的布用火烧，从布灰上的纹路即可看出投胎转生的是男还是女。③

---

　　① 刘扬武、邓启耀：《阿昌族的原始宗教残余》，《中国少数民族宗教初编》，宋恩常编，云南人民出版社1985年版，第175页。下称《初编》。
　　② 余仁澍：《丧葬与灵魂》，《云南民俗》第7期，云南民间文艺家协会和云南民间文学集成办公室编，第142、141页；杨学政：《普米族的韩规教》，《初编》，第283页。
　　③ 古文风：《滇西北苗族丧葬礼仪调查》，云南省社会科学院民族研究所主办《民族学》1990年第1期，第80页。

云南兰坪县河西区白族支系拉玛人认为，人有三个魂："攀买"、"机齿"、"依欧"。攀买是主魂，附着于人的精神，对人的精神起作用，其他两个是次魂，附着于人体，对人的肉体起作用。拉玛人认为，三个魂中的一两个暂时离开人体，人不会死，三个都离开后，人才会死。魂不会死，离体后成鬼，到另一个鬼世界"木容丁"去，通过"木容丁"再到历代祖先亡灵居住地——"敖宗丁"，与已故亲人的亡灵团聚。①

邦腊佤族的灵魂观为我们提供了原始信仰与外来宗教融合的可贵实例。据调查，他们认为，人的灵魂有四个：一、"宽"——人人都有的、活着时的生魂；二、"宽西阿"——基督徒经耶稣拯救后，死后可以升入天堂的灵魂；三、"姆玉安"——人死后可以进入"死人城"的灵魂。老人们说，"死人城"在大埋的三月街。送葬时，必须以白棉布盖棺，使死亡者取得进入"死人城"的"证明"，否则，"姆玉安"无法入城，找到自己的归宿；四、"嘉"——指未被耶稣接入天堂，又未能进入"死人城"的游魂，常常发怒，并怪罪于活人。②

彝族的三魂观普遍见于各地的彝文文献及现存的丧葬习俗中。各种彝文经典以及各地毕摩（巫师）对三魂的名称及其归宿，有不同的记载和解释。例如，云南哀牢山彝族村寨殡葬祭词《查诗拉书》第十四章《指路篇》载："人死有三魂，一魂守灵牌，一魂守坟墓，一魂见祖先。"③ 云南禄劝彝文经典《供牲献药经》载："阴间人死有三魂，快魂要去阴间地，善魂守着祖灵牌，恶魂在那坟脚居。"④ 云南彝文经典《叙祖白》载："死去的人，活着的时候，都有三个影子。死了的时候，还有三个魂。有影就有魂，影魂有地方。在哪个地方？魂上哪里去？一个在神牌，一个在坟地，一个去阴间。"⑤ 云南罗平县《指路经》说："如今你过世，人死魂三个，一个去投胎，一个守灵台，一个到阴山。"云南宣威县《指路

---

① 李松发：《拉玛人的灵魂观与原始宗教》，《怒江文史资料选辑》第6辑，怒江政协文史资料研究组编，第114—115页。

② 魏明德：《邦腊佤族葬俗中的宗教特点》，《民族调查研究》1986年第2期，第41—46页。

③ 《查诗拉书》，普学旺、梁红、罗希吾戈译注，云南省少数民族古籍译丛第12辑，云南省少数民族古籍整理出版规划办公室编，云南民族出版社1987年版，第94页。

④ 《供牲献约经》，张仲仁、普卫华译，云南民族出版社1988年版，第24—25页。

⑤ 《叙祖白》，朱踞元等译，云南民族出版社1987年版。

经》说："人死有三魂，一魂守斋场，斋场始平安；一魂守葬场；一魂去阴间，阴间不多住，只能住三夜。"① 彝族学者巴莫·阿依认为："此处为去阴间（归祖）之魂投生转世。"② 说明去阴间归祖并非最终的目的地，而投胎转世才是亡灵最后的归宿。云南、贵州、四川广大地区的彝族，其三魂观念尽管在名称和解释上略有差异，但其基本模式却是相近的。即人死有三魂，一个归祖，一个附祖灵牌，一个留守焚场坟地。此外，还有回归图腾祖先（归竹、归虎、归鹰、归葫芦等），转生动物或投胎转世等说法。

独龙人一般认为人有两个魂，生魂"卜拉"和亡魂"阿细"。也有的独龙巫师说，人活在世间有九个魂，一个离身，人便感到不适，多魂失散，人便得病，要请巫师找魂，魂全部找回，病就好了。人死，九个魂一齐消失，变成亡魂"阿细"。③

傈僳人认为，人有三个魂，人活着时，这三个魂到处游荡，若受到惊吓，它们就不敢回来，以致走失。失魂者便会患病，必须把失去的魂找回，于是便有各种招魂之俗。人死后，这三个魂，一个去阴间或天上，为了让这个魂顺利上天，死者的坟头要挂置一弩弓，以便射杀前来拦截他的饿鬼；第二个魂守在坟上，如果照料不好，它会四处游荡，变成野鬼，作祟人畜；第三个亡魂供在家堂之中，若对它侍奉不周，也会外出游荡，变成野鬼或白虎精之类，回家来作祟。④

还有些民族相信，人的灵魂不止三个。如基诺族认为，男人有九个魂，女人有七个魂；前三个是好魂，后三个是坏魂，人死是好魂被鬼掠走或咬死了，要请董萨（巫师）唱送魂歌，按各姓氏的南迁路线，把死者送到祖先居住过的北方安息。傣族认为人有三十二个大魂九十二个小魂，大魂如头魂、手魂、脚魂等，大魂中又包括小魂，如发魂、眉毛魂、眼珠魂、手指魂等。因此，人有病，便要把大魂小魂统统招回，附在人身上。

---

① 《指路经》第1集，张尤发译，云南民族出版社1989年版。
② 巴莫·阿依《彝族祖灵信仰研究》，中央民族大学博士学位论文，1991年，第8页。指导老师马学良先生。
③ 洪俊：《独龙族的原始习俗和文化》，《云南少数民族历史调查资料汇编》（一），云南人民出版社1986年版，第215页。
④ 见《中国原始宗教资料汇编·傈僳族》，第728页。

第五章

招 魂

第一节 为生者招魂

招魂又称叫魂、喊魂，是一种古老的信仰习俗，在我国的一些地区和民族中都有流传。从招魂的对象来看，可分为为生者招魂、为死者招魂和为动植物及其他招魂三大类。

在上文中我们说过，古老的灵魂观念认为，人由肉体和灵魂两部分组成，灵魂可以离开肉体。灵肉分离一般有两种情况：灵魂暂时离开，便会出现梦境，生病被认为是灵魂走失；如果灵魂永不返回肉体，人便会死亡。处于认识低级阶段的原始先民把生病、死亡的原因归结为灵魂走失或受损，便千方百计地以巫术的手段把游走的灵魂招回。于是，形形色色的招魂习俗便由此而生。（图5-1）

一、灵魂走失

民间把有病有灾的人叫作"丢了魂了"。所谓"丢魂"又有两种情况：一是自动走失；二是被动离体。许多民族认为，灵魂和人一样，有喜怒哀乐的本性，好奇爱动，人睡觉时灵魂并不睡觉，喜欢到处游逛，常常免不了走失迷路。因此哈尼族忌讳到陌生的地方说"这个地方太好了"一类的话，怕灵魂滞留不归。如果孩子跌倒了，大人把他扶起来的时候，要给孩了简单地招魂："某某回来哎！"把孩了扶起来时，不要先去拍孩子身上的灰土，而是在孩子跌倒的地方，抓起三把土，表示把孩子的灵魂拉回来。他们认为，人在自己生日那天，如果第一次听到当年的布谷鸟叫便会失去灵魂，据说人的魂会随着布谷鸟声而飞走。因此，听到布谷鸟叫声后，人立即要为自己招魂，劝慰自己不要跟随鸟声而飞走。①

图 5-1 招魂（采自［法］亨利·道尔《中国迷信之研究》，上海天主堂 1911 年版）

走失的灵魂，可能附着在某一物质上。苗族有捡石收魂之俗，认为小孩跌跤，便是灵魂离体，必须在跌跤的地方，拾一块小石子放在小孩衣兜里，嘴里念道："随我回去吧，魂，不要在野外游荡！"把这块小石子装

---

① 参见李期博《哈尼族招魂与保魂习俗探析》，1993 年哈尼族文化国际学术研讨会论文。

进小孩的衣兜象征小孩跌跤时游走的灵魂，已经回到了小孩身上。① 西藏珞瑜地区的珞巴族苏隆部落，有用树叶为迷失的灵魂指路之俗。他们在向新住地搬迁时，每过三岔路口，便摘片树叶，往上面吐口水，然后以土压在地上，树叶尖端朝着前进方向，以便途中迷失的灵魂，可以顺着树叶所指示的方向，回到人身上，确保平安。②

上述这类自动走失的灵魂，一般只须父母或本人呼唤，迷失的灵魂便会返回人身，不致酿成大病。大量的"失魂"现象，都是被动的，是由于外力对游走的灵魂加以阻挠、惊吓、损伤、捕捉而引起的，这便是各种疾病与灾难的来源。独龙族认为，人的疾病和灾难，都是形形色色的鬼所为。在该民族的观念中，鬼的名目繁多，主要分天鬼类、山林地鬼类、水鬼类、病灾鬼类、巫帅鬼类等。触犯了鬼，他们便加害于人的灵魂，使人遭灾得病。例如，地鬼"木力卜郎"会使人生疮、生疥子；高山鬼"苍麻卜郎"会使人头痛、腹泻；野鬼"塞郎乃木卜郎"会使人半身不遂；"昂德格拉鬼"使人神魂错乱而落江淹死或跳江自杀等。③

所谓被动"失魂"，民间认为人的灵魂走失，可能是被某个精灵给捉走了。这时，就要招魂、追魂。怒族认为，人患病是家鬼或各路崖神扣住了人的魂，因而要祭祀它们，求它们把人魂放回来。当人病危时，家人要请祭司杀牛祭祀家鬼"耀于"，求它把病人的魂放回。然后，要为病人祭祀崖神"米处于"，要沿着病人氏族或家族往昔迁徙和送魂的路线，逐一询问沿途各崖神：

> 你是不是带走了某人的魂？……
> 就请你放出来！
> 他的魂你真的带走了，
> 就请你还回来！
> 求你了，拜你了，
> 我们是你的子民，

---

① 参见潘光华《拣石收魂》，《中国象征词典》，天津教育出版社1991年版，第138页。
② 李坚尚：《圡树叶》，《中国象征词典》，天津教育出版社1991年版，第320页。
③ 蔡家麒编：《中国原始宗教资料丛编·独龙族》，上海人民出版社1993年版，第622—623页。

样样都听你的安排；
　　我们是你的臣民，
　　一生都由你主宰。
　　求你了，拜你了，
　　让我们用酒来换魂，
　　让我们用肉来换魂，
　　请你放出来……①

与怒族招魂的情况相似，珞巴族在人遇被动失魂时，也要招魂，如人被蛇咬或打蛇后患病，就被认为其灵魂被蛇的精灵抓走了，于是要举行一种名为"黑米巴"的祭蛇仪式。其时，巫师用草编一模型，象征蛇的精灵，将其置于一长形筐内，然后用一根打了活结的绳子斜放在筐里，上面压一小石子。巫师杀牲致祭，滴血于小绳上，请求蛇把人的灵魂放回。三天后，如小石子落地或活结打开了，便象征人的灵魂已被蛇精放回，病即可痊愈。② 彝族招魂要烧"追魂马"纸马。

傣族认为，人身上有32个魂，这些魂会离开肌体，外出游荡，或者被鬼绑走，于是，人便会生病。因而要把它们一一招回。有一首招魂歌是这样的：

　　魂啊魂，
　　不守护主人的魂，
　　离开了肌体的魂，
　　在天边游荡的魂，
　　待在森林河边的魂，
　　待在岔路口的魂，
　　被鬼擒走绑走的魂，
　　今天我要用
　　生鱼和生肉，

---

① 据何叔涛1988年于云南怒江州碧江县调查资料。参见《中国原始宗教资料丛编·怒族》，第852—853页。

② 李坚尚：《黑米巴》，《中国象征词典》，天津教育出版社1991年版，第113页。

黑饭和红饭，
来赎回你们这些魂。

魂啊魂，
人身上的魂有三十二个。
孤苦伶仃在森林的魂，
团团转转在天边的魂，
受寒受冷在岸口的魂，
受饥挨饿在岔路的魂，
不见天日在阴间的魂，
快快回到你主人的身上。①

民间认为，由于人的灵魂会走失，所以要为生者招魂。一般认为，只有人生病时，才要为生者招魂；但实际上，据许多民族的调查材料，人活得好好的，也要为生者招魂，这便是祈福、保魂、安魂性质的招魂。总的来看，为生者招魂大体可分为两大类。

第一类，治病驱灾类，包括为伤病者招魂、为濒死者招魂、驱灾性招魂等。

第二类，祈福、保魂类，属于固魂、安魂防御性质。包括人生礼仪性招魂、家族定期性招魂、节令性招魂、道教招体内神、日常生活即兴性招魂等。

二、为伤病者招魂

招魂是旧时巫医治病的重要手段。西双版纳的哈尼族为病人叫魂（图5-2），主要用具是簸箕，上放装米和生鸡蛋的碗，用泥土捏成羊、猪、牛、马等牲口，还用马草和小竹管做成抬担，放上各种彩色布条、一股白线和一块白布、几块钱、一只纯色公鸡。主持招魂者拿着簸箕来到门口，陪同者抱着猪或鸡也到门口，让患者在牲口头上朝外抹三次，表示一切邪鬼从病者身上扫出去，让这猪和鸡顶替病人献给神鬼。主持招魂者来到寨门外边，把簸箕里的东西倒在地上，抱起猪或鸡边抹边念招魂词，求

---

① 《傣族歌谣集成》，云南人民出版社1989年版，第288—289页。

天上的太阳月亮神、地下的山河树桩石头神都来，表示要把祭品献给恶鬼，求它们把人的魂还来。然后，拔下几根猪毛或鸡毛，用火点燃，表示杀给神鬼吃。回去时只拿猪或鸡、米、蛋、白线，钱丢一半拿一半。走到家门口时，不停地喊："回来，回来，快回来！"到家后，杀鸡煮肉，让患者先尝饭菜，主持者把白线放在饭桌上绕三圈后拴在患者身上，表示魂已招回。①

图5-2　云南红河哈尼族巫师手持三叶枝（椎栗树）叫魂（邓启耀　摄）

云南大姚县赵家官乡彝族支系俚濮人招魂的方法有两种。（一）魂被

---

① 高和：《哈尼族叫魂》，《山茶·民俗文化实录》1994年第5期，第37页。

吓丢失在高山之中者，要用"维索滋"叫魂法，即篮中放一块穿着线的白布，抱一只鸡上山，请毕拔（巫师）砍三根松枝、三根栗树枝，杀鸡煮蛋祭山野之神，把鸡翅膀挂在树枝上叫魂，边叫边撒米花、荞子，沿来路返回家，魂就会沿着线回家来。（二）魂被吓丢失在村寨附近者，用"维索日着滋"法，即在家中摆一斗米，插上香，一盆谷子，一盆肉，请毕拔念经叫魂。[1]

台湾南势阿美族认为，人之所以会生病，是因为人的灵魂被Kawas捉去了。Kawas原泛指所有超自然存在的神灵，在这里特指一些令人致病的鬼神，驱病的仪式必需要由资深的祭司来担任。开始的时候，祭司要先找出致病的瘟神，他们用香蕉叶的叶心，把卷成筒状的叶心摊开，两手撑着，目光专注，透过叶片向四面八方寻找瘟神。瘟神找到了，祭司开始追灵魂。他们象征性地做出通过许多困难关卡的动作，最后到达灵魂被囚之地，把灵魂唤回到香蕉叶上，带回来。[2]

江苏南通为活人招魂治病的仪式叫"清叫"。主家有人受惊吓，便请童子一人在堂前神柜上供马子三幅（家堂、土地、本命），设香炉烛台，供豆腐、三寸（肉）、酒及杂物。执事主持，先由土地菩萨查魂。叫魂时，用镜子一面、衣尺一把、剪刀一把、草把儿一只、木秤一杆，再用"顺治"铜钱一枚，青线圈扣，套在患者头上，名曰扣魂，口念送魂入窍，前后约一小时，便可把患者的魂叫回来了。[3]

江西人认为，人有了病，是犯了太岁（图5-3）所致，要招魂解禳才能痊愈。其招魂方法，据《南昌县志》（民国24年铅印本）载："解禳，有曰犯太岁者禳于家。有因以喊魂者，谓于某处惊悸失魂，将夕，抬木偶神全其处，用红布袋囊斛，以秤杆裹病者衣置其中以藏魂，沿途呼病人名以归。"

---

[1] 赵洪云：《大姚赵家官乡彝族（俚濮）情况调查》，《民族调查研究》1989年第1—2合期，第162页。

[2] 明立国：《台湾原住民族的祭礼》，台北：台原出版社1989年版，第67—68页。

[3] 施汉如等《南通傩祭与傩神》，《民俗》1994年第1期，第26页。

图 5-3 太岁（云南纸马）

一般认为，婴幼儿的魂比成人更为脆弱，容易受惊受损出窍。因而，为小儿叫魂招魂的习俗，更是普遍流行。据四川一些民俗志所记，为小儿招魂就有烧胎、退煞、收骇、观花、照水碗、磨光、拴胎、叫蛋、走阴、捞油火、砍红山、打梅山、将军箭、拜干爹、寄名、脱白、送火盆、背星辰、铺花盘等名堂。据江绍原在《中国礼俗迷信》一书中介绍，仅广东的西江、南路两地，旧时就有九种为小儿招魂法：唤叫、灸叫、祖叫、灶叫、睡叫、泼水饭、赎魂、做十保、调茅山筛等。他还把各地为小儿招魂之法归纳为：叫魂收惊、压惊、防魂被夺、贮魂（流行于江浙一带，即所谓"收禁八字"——把小儿出生的时辰八字写在布上，放入罐中，由算命先生交给某神收禁，到成年时开禁，以为这样，可防小儿早夭）、锁魂等多种。① 云南为小儿招魂要为被招者烧送魂使者和背魂童子的纸马。

与上述江浙等地的"贮魂"习俗相似，台湾汉族有魂瓮仔之俗。他们认为，小儿生病是灵魂走失所致，为此要请道士把小儿之魂收入瓮中，以免走失。道士取瓮一只，用红纸封口，再用黑线绑牢，在红纸上放米七粒（代表三魂七魄），然后在纸中央戳一个洞。道士念经打锣，瓮上之米受震动滚入洞中。道士把写着咒语的红纸条加封，绑牢后放入篮中，用红线吊挂在正灯的灯桁上，每月初一、十五烧香祈祷。如小儿有病，便向魂瓮仔祷告，把病儿之魂招回。直到小孩16岁成年时，请道士开封，放魂出瓮。② 类似的习俗，还有广东潮州大埔乡的"喊太阳"。日落时分，母亲带受惊小儿到有太阳地，用香和宝锭向太阳叩头祈祷说："太阳公公，保佑我的阿狗乖乖呀！日里吃得烧茶热饭，夜晚一宿到天光。勿着惊，勿着吓，太阳公公带阿狗三魂七魄转，三魂七魄归……"拜完烧宝锭，用小杯盛灰，抹小儿额上。带儿归时，也边走边叫太阳公公保护。回家后，将小杯置于床头。③

浙江定海为婴儿招魂，常"设野祭，击古铜镜以招魂，或草或纸船，实以冥艇，送鬼出户，烧化船艇，东西南北及远近各有定所"。为儿童招魂的仪式又有所不同。儿童生病时，则"向临近各家乞米少许，须满百家，煮饭令孩童食之，谓之'兜百家米'。孩童胆怯易惊，常制佩囊，置犁铁少许佩之，或结以隔年之历本。孩童受惊，谓灵魂出窍，则啐魂灵。以一人抱儿，以铁勺熔腊，骤淬于水使发声，随腊之形而想象之，以验受惊之地及事物。或一人立于灶前，一人坐于灶后，一人递呼儿名曰某某来，一人递应之曰唯，呼之四十九声，曰魂来矣"④。

三、为濒死者招魂

这里所说的濒死者，指的是民间所说的"已经到了阎王爷那儿去了"的人，只有高明的巫师才有本领把这类远离躯体的灵魂招回。据

---

① 江绍原：《中国礼俗迷信》，渤海湾出版公司1989年版，第166—171页。
② 参见叶大兵、乌丙安主编《中国风俗辞典》，上海辞书出版社1990年版，第228页。
③ 杨睿聪编：《潮州的习俗》，潮州支那印社1930年版，第115页。
④ 《中国地方志民俗资料汇编·华东卷》中册，书目文献出版社1995年版，第815、817页。

说，不少民族都有自己的为数不多的这类有本事的巫师。其中最为人知而且经常被引用的是北方阿尔泰语系各族广泛流传的尼山萨满。尼山萨满（满族、锡伯族）又称音姜萨满（满族）①、尼桑萨满（达斡尔族、鄂温克族）、一新萨满（赫哲族）。据传说，女萨满尼山便具有非凡的本领，她潜入幽冥地府，把一位在打猎中死去的年轻猎人色日古带的魂灵，从冥王依勒门汗手中领回人间，并让他活到九十高龄无疾而终。②到阴间招魂要举行繁缛的仪式，女萨满尼山要佩戴全部神衣、神具，带上足够的祭品，从一开始便始终处于迷狂状态之中，与冥界的各类神祇打交道，还调动了女萨满的全部动物助手，在漫长的冥界之旅中给予帮助。

尼山萨满的传说在欧亚各国影响甚广。20世纪初，一位在海参崴东方学院教满语和文学的俄国学者格列别希柯夫（А·В·Гребенщиков，1880—1941）曾经从П·施密特教授那里得知满族有一部名为《尼山萨满》的作品流传于世，便于1908年动身到当时的中国东北地区寻找。数年间，他搜集到三个手抄本，这便是1908年的齐齐哈尔本、1909年的瑷珲本和1913年的海参崴本。其中第三个本子系由当时在海参崴的满族人德克德额记述，比较完整。1961年（前）苏联莫斯科东方文学出版社出版了《尼山萨满传奇》的满文、拉丁字母拼写、俄译对照本，俄译者是俄国女学者—·П·伏尔柯娃。③《尼山萨满传奇》在欧亚各国得以广泛传播，与俄国学者的搜集、研究和出版有密切关系。

四、驱灾性招魂

旧时民间认为，一切灾难都是邪神恶鬼所为，使人的灵魂受损或被

---

① 据满族学者富育光介绍，满族有一部名为《音姜珊蛮》的史诗，曾在黑龙江地区流传。见《萨满教与神话》，辽宁大学出版社1990年版，第286页。

② 《尼山萨满》，爱新觉罗·乌拉希春《满族古神话》，内蒙古人民出版社1987年版，第108—217页。

③ 《НИШАНЬ САМАНИ БИТХЭ》（Предание о нишанской шаманке），苏联科学院亚洲各民族研究所主编《东方各民族文学经典丛书》Ⅶ，М·П·伏尔柯娃校订、翻译、作序，莫斯科东方文学出版社1961年版。有关此书的搜集和版本情况，见伏尔柯娃的序言。中文已有译本《尼山萨满传》，赵展译，辽宁人民出版社1988年版。

禁，因而要请巫师念咒驱灾（图5-4），或在屋内悬挂吞口神（图5-5），为受灾者招魂保魂。例如，据资料记载，三十年代上海《申报》刊登了一段新闻，谓"南京近日忽发现一种无稽谣传，谓总理墓行将竣工，石匠有摄收幼童灵魂，以合龙口之举。市民以讹传讹，自相惊扰，因而家家幼童，左肩各悬红布一方，上书歌诀四句，借避危险。其歌诀约有三种：1. 人来叫我魂，自叫自当承。叫人叫不着，自己顶石坟。2. 石叫石和尚，自叫自承当。急早回家转，免去顶坟坛。3. 你造中山墓，与我何相干？一叫魂不去，再叫自承当。"① 这类被称为太平歌诀的招魂歌，带有防御驱灾和保魂的性质。

图5-4 张天师驱邪招魂（民间版画）

---

① 鲁迅：《三闲集·太平歌诀》，作于1928年，收入《鲁迅全集》第四册，人民文学出版社1981年版，第103页。

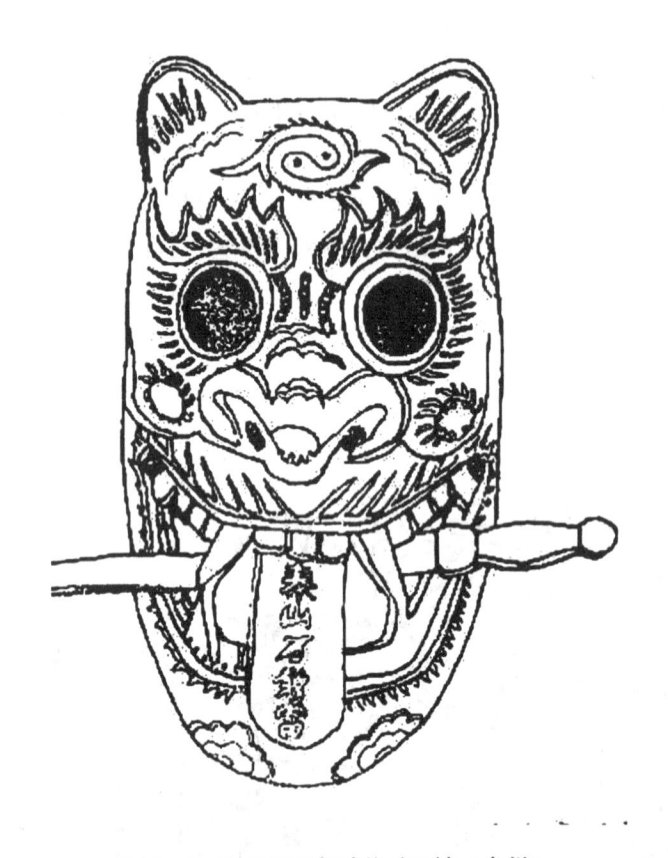

图 5 - 5　用以驱邪招魂的吞口神（贵州）

旧时埋葬死人，要用陶罐为亡魂准备食物，称为魂瓶。（详见本书第十章《魂瓶》）贵州有一个汉族村子，人死后要为亡魂准备一个装满糯米的陶瓶陪葬，名叫"禳阴罐"。出殡前夜，丧家要举行"装粮"仪式。在"装粮"前，要高声通知左邻右舍，此时，各家的母亲便频频召唤自己孩子的名字，以免自己孩子的魂魄被装入"禳阴罐"中去。①

民间认为，犯了禁忌招来灾祸的人，也要为其招魂。云南元江县哈尼族禁止妇女用"披佳"（一种用以装饰臀部的垂穗饰物）打男子，认为这样做会把男子的魂打跑，使男子遭灾。犯了这种禁忌的妇女，必须出祭

---

①　柳颐：《贵州的小孩》，《中国民间搜奇》（二），台北金文图书有限公司 1977 年版，第 79 页。

品，请贝玛替男子招魂。如是妻子打了丈夫，马上会被休掉。①

五、人生礼仪性招魂

人的一生，从出生、成年、婚娶，到死亡，要经历若干大的关口。在这些关口中，灵魂处于转换状态，很容易迷失或受损。因此，民间有各种人生礼仪性招魂仪式，以确保灵魂平安度关。这类招魂属于祈福、保魂、安魂性质。

求子招魂

有些民族认为，妇女怀孕、生育是婴儿魂进入母体所致。许多民族至今仍盛行的祈子巫术，便是以这种灵魂观念为依据，期望以巫术的手段把游荡体外的婴儿魂招入母体。据杨学政的调查，云南哈尼族认为，人的生殖首先是灵魂的生殖，只有在母体中首先产生婴儿的灵魂，才能形成婴儿的胎体。哈尼族奉"昂司"为生殖神，不孕妇女虔诚地向他祈求婴儿魂。求婴儿魂时，夫妇同往。经过祭祀求拜后，夫妇在回家途中，要连续不断地呼唤所求得的婴儿魂的姓名，直至到家。② 招婴儿魂是一种十分古老的习俗，这种观念和习俗，在著名的柯尔克孜族史诗《玛纳斯》里也有描写。英雄玛纳斯的父母年老而无子嗣，心中十分焦急，日夜向神求子。这时，有人在丛林中看见四十个长相一样的孩子，在山中放鹰玩耍，为首一个红脸膛孩子，自称是克普巴依（玛纳斯之父）的儿子坶纳斯。这便是尚未进入母体的玛纳斯和他的四十勇士的婴儿魂。后来，神果然使玛纳斯的母亲绮依尔迪怀孕，婴儿魂进入了母体。足月以后绮依尔迪生下了一个青色的皮囊，用金耳环把皮囊从中间划开，取出一个一手握血、一手攥着乳汁，手心写着"玛纳斯"字样的男孩。③ 关于玛纳斯的婴儿魂，还有另外一种说法。俄国拉德洛夫1869年从吉尔吉斯萨利·巴吉希部族搜集的一篇名为《玛纳斯的降生》的作品中记述说：一个不知名的部族可汗雅吉普，婚后14年没有子女，他和妻子依里乞祈求神赐给他们一个儿子来

---

① 白坡德：《元江哈尼族日常生活禁忌》，《山茶·民俗文化实录》1994年3月号，第31页。
② 杨学政：《原始宗教论》，云南人民出版社1991年版，第51页。
③ 《玛纳斯》居素普·玛玛依唱本，第一部上卷，新疆人民出版社1991年版。

消灭来犯的外族人。雅吉普把一张弓和箭拴在他妻子的臀部，终于使她生下了一个勇士儿子。辅助雅吉普的四位先知，为他取名玛纳斯，并预言他将成为一名勇猛的征服者。① 在这里，以弓和箭的巫术力量召唤玛纳斯之婴儿魂进入母体，其含义是十分清楚的。

赫哲族的"捉雀"（赫哲语为"雀喀扎法里"）也是一种求子招魂的习俗。据传，妇女婚后30岁仍不育，则被认为缺少"转生魂"（赫哲族认为人有三魂：生命魂、思想魂、转生魂），就要请萨满为之找魂招婴儿魂。在他们的观念中，婴儿魂是一只小雀，萨满常常在梦中外出寻找这种雀魂，把别处孕妇的胎魂或刚夭折的小儿的雀形魂盗来，置于家中，任其到处飞翔。如有求子者来请萨满招婴儿魂，他便跳神捉魂，把雀形的婴儿魂装入求子者的"求子袋"中去。②

为新生儿定魂、锁魂、固魂

民间认为，刚离开母体的新生婴儿灵魂十分脆弱，飘浮不定，要以各种定魂、锁魂手段使之固定于躯体之上。基诺族在婴儿出生九天后，举行定魂命名仪式，杀一对红色鸡请亲友社老，并在婴儿帽子上结一红线结，由巫师为之命名，以主持仪式的巫师之名为名。这种名字只在男孩中使用，作为取得社会承认的象征。③ 显然这种做法，带有为新生儿固魂的作用。认为新生儿的魂脆弱不定，是很普遍的观念。晋南在婴儿满月时，要蒸制一种名叫"箍练"的食品，形似箍练，意在用箍练把新生儿的魂锁住。④ 四十年代，考古学家卫聚贤曾记述西康人的一则习俗，说："西康人以小儿不容易养成，乃于十字路旁，刻小儿足印在石上，足心多刻十字，以为把小儿的灵魂钉住。"⑤ 命名也好，用箍练箍住也好，用刻足印的办法钉住也好，都表现了老百姓观念中的一种象征意识，牢牢地把小儿的脆弱的灵魂固定于其躯体上，使其生命得到保护和安全。

---

① ［英］亚瑟·哈托：《十九世纪中叶吉尔吉斯史诗的情节和人物》，《民族文学译丛》第1集，中国社会科学院少数民族文学研究所1983年编印，第179页。
② 《中国各民族宗教与神话大词典》，学苑出版社1990年版，第309—310页。
③ 《定魂》，《中国象征词典》，天津教育出版社1991年版，第68页。
④ 《麦黍文化研究论文集》，第159页，甘肃人民出版社1993年版。
⑤ 卫聚贤：《古史在西康》，《说文月刊》1944年第2卷。

度关招魂

人的一生要经过大大小小各种关口，有的地方把这些关口称之为"坎"，是难关的意思。许多民族和地区都有自己的度关、避煞招魂习俗。例如浙江宜平地区的畲族认为，人人都要过所谓百日关、千日关、铁蛇关等36关。[①] 藏族有一种轮回图就是为驱邪护魂度关用的（图5-6）。人有病遭灾便是犯了"关煞"所致，要为其举行各种形式的度关仪式，以求把病者的灵魂招回。

图5-6 藏民驱邪护魂用的轮回图

① 叶大兵、乌丙安主编《中国风俗辞典》，上海辞书出版社1990年版，第242页。

求爱招魂

灵魂观念认为，一个男子要得到某个女人的爱情，首先要占有其灵魂。因此，一些古老的民族便流传一种求爱的"勾魂术"。据民俗学家调查，滇川金沙江畔的傈僳族，有人想得到某个女人而又不被她爱时，便请巫师对她施"勾魂术"。其法是：巫师制作一男一女搂抱交欢之木偶，把此女子的一缕头发或指甲黏在上面，把木偶偷偷放在她房前屋后。巫师选一有月光的夜晚，躲在她家附近的树林里念咒："喔哦喔——××漂亮女人的魂呀，快快游来我身边吧！我给你准备了五彩的珠串，我给你准备了闪光的银器，我给你准备了漂亮的衣服，趁你爹妈熟睡，快来伴我同眠！"如是连念七夜，据说就可以把这女子的魂勾来，魂既勾来，这女子本人随即也会来找勾她的男人。川滇大小凉山的彝族巫师是用羊皮口袋作求爱勾魂仪式的。据说，巫师作法时，先对羊皮口袋念咒语，往袋中吹七口气，然后把口袋打开，对准所要勾摄的女人的背影，连续按压羊皮口袋九次，据说这样一来，那女人的魂便被摄入羊皮口袋之中了。求爱的男子把装有他所思念的女人灵魂的口袋压在胯下而眠，心中默念："我胯下压的不是羊皮口袋，而是××漂亮女人！"[①] 他们认为，经过对所爱的女人施术以后，那个被勾掉魂的女人便会像羊皮口袋一样任凭求爱的男子支配。云南昆明盘龙寺中盘龙祖师庙前有一棵柏树，上面缠满了红线，那是求爱者求爱用的。以为红线相缠，灵魂相交，便可找到对象。傣族求偶用的恋爱符是动物形的（图5-7）。而苗族的求爱符上男祖手拿箭，女祖手持箭牌，其象征意义是显而易见的。（图5-8）

婚娶招魂

在民间，男女婚嫁时，男方常常要举行把新娘的魂招到新郎家来的仪式。贵州赫章县海确苗族娶姑娘时，有招新娘的魂入婆家的习俗。新娘快进门时，新郎在大门外迎接，家中一对"双全"的家长面对门外等候，男的抱一对公母鸡，待新娘入门时，抱鸡的男家长说："魂来！魂来！"召唤新娘的魂与新郎共作一家，不往外走。[②] 广西毛南族新娘进男家前，

[①] 杨学政：《衍生的秘律》，云南人民出版社1992年版，转自邓启耀《中国黑巫术》（手稿）第三章第四节。

[②] 《苗族社会历史调查》（三），贵州民族出版社1987年版，第53页。

男家要举行招魂仪式，敬梁山伯与祝英台。男方备新郎新娘帽子，交师公点香于帽上，画符后，捆在一起，再交新郎带入新房，放在被褥下。认为这样便把新娘的魂招入夫家。① 这与许多汉族地区的结发成亲的风俗是一样的。民间认为，灵魂寄于人的毛发之中，结婚时，男子要把自己的一缕头发夹在新娘的鬓发中，表示男女二人灵魂从此结合在一起永不分离。〔见本书第四章第四节《寄魂信仰》〕

图 5-7 求偶招魂（傣族恋爱符）（宋兆麟供图）

---

① 《中国各民族宗教与神话大词典》，第410页。

图 5-8　求爱招魂——男祖持箭，女祖持箭牌（苗族恋爱符）（宋兆麟供图）

　　云南新平县新化乡彝族结婚，在散席前，男家请来彝巫贝玛为全家老幼叫魂。叫魂要用升斗、松毛枝、银器、钱币、红布、炷香、鸡蛋、青蒜等物设置神位，献酒、肉、饭、糖、茶、盐、净水为祭品，并将家人穿戴的头巾、衣、帽等各取一件，放于神位左侧，然后杀鸡祭神，由贝玛手摇铜铃，吟诵彝经，为主人家叫魂。如占卜为一阴一阳顺卦，表示魂已归来。叫魂的目的是祈求人魂守在家中，平安吉祥。喜事中一般是独子或家中最后一子或一女嫁娶时，才举行叫魂仪式。叫魂过后，喜宴即散，送亲者返回，留下四个女伴陪新娘。①

为老人延寿招魂

　　在哈尼族，要为七十岁以上的老人作延寿保魂仪式——"营保保"。届时，众亲友要凑一些土布，为老人缝制一件黑白相间的布衣，把祭祀用的小贝壳、长生不死草、少许鸡鸭爪缝入衣服的夹层中，认为这样便可达到为老人延寿保魂的目的。②

---

①　普珍：《中华创世葫芦》，云南人民出版社 1993 年版，第 12—13 页。
②　李期博：《哈尼族招魂与保魂习俗探析》，哈尼族文化国际学术讨论会论文，1993。

为活人招魂的葬俗

许多民族在送葬时，都要请巫师送魂，把亡魂送走之后，还有两项重要的仪式，一是为送葬的亲人叫魂，以免活人的魂被亡魂带走；二是巫师为自己叫魂，防止亡魂纠缠。

贵州汉族地区把出丧时招生魂之俗，称为"除魂"。人死入殓后，先不盖紧棺盖，由道士对着棺材把丧家男女及亲友的名字一一喊一遍："某某生魂除！除！"喊毕，即盖紧棺材。以为这样便可把生魂招回，不随亡魂而去。

云南勐海县定西山坝丙寨的哈尼人在送葬返回时，每人要拖一截抬棺材的绳子，到岔路口还要用红毛树叶、野姜叶和竹叶各三片掩盖自己的脚印，防止死者鬼魂跟着自己的脚印回家。葬后第十二天，由贝玛为全家老小举行叫魂仪式，哈尼语叫"恶拉空"。贝玛的叫魂词说："死者的鬼魂走掉了，但活着的人的魂不要跟着去，我们用鸡、猪、米、茶来叫你们，跟我们一起回家去，走！回去，回去！"叫魂以后，贝玛用事先准备好的线为家人手上拴一截，表示已经把各人的魂叫回来，拴在各人身上，不必再害怕被亡魂纠缠了。[①]

西双版纳一带的布朗族葬俗，当死者被抬出村时，村社头人召曼要在晾台上大声喊："男孩、女孩们听着：你们的魂不要跟去，好好地住在召曼的村子里。"埋葬结束返回村寨时，召曼走在最后面，边走边喊："龙山是很脏的地方，你们（指送葬者的魂魄）不要待在那里，赶紧返回寨子吧！"这样反复叫唤，唤回活人的魂魄。送葬的队伍临近村寨时，要在水沟边洗手洗脸，象征摆脱鬼魂的干扰。进寨后，召曼要向寨心神"再曼"祷告："寨子里少了一个人，我们已经把他送到龙山上去了。"死者家属除了向木氏族神"胎嘎滚"祷告外，还要用五对腊条分别祭祀几个村寨头人家中的"胎嘎滚"，意思是买回了"骨魂"。[②] 此地的傣族在为死者出殡时，在棺上放一对腊条，把一根串有槟榔的线系在棺上，一端握在生者手里，由一老者把线剪断。剪线象征着生死相诀。这一举动，颇像台湾葬俗中的"割阄"。这种仪式是将长麻丝一端系于死者身上，另一端

[①] 宋恩常等：《勐海县定山坝丙寨哈尼族宗教历史调查》，《哈尼族社会历史调查》，云南民族出版社1982年版，第139页。

[②] 东方既晓：《出殡》，《中国象征词典》，天津教育出版社1991年版，第46页。

则由遗族各执一段，由道士念吉句，将丝一一斩断，然后各人将手中的麻丝包入银纸烧掉，其意为可与死魂断绝来往，此后始免被扰。①

云南曲靖的苗族（大花苗）虽然受基督教的影响较深，其葬俗简单，但仍保留着不少原始观念：例如他们认为夭折的儿童不能埋入公共墓地，若是双胞胎的一个死了，就要削一个木偶给他做伴埋在一起，以免亡魂回家把活着的同胞兄弟拉走。相比之下，花苗、白苗、青苗的葬俗要复杂得多。入殓之前，在棺内铺垫好白布枕头，拿三根拉手草在棺内扫三下，边扫边喊："亲戚朋友，侄男侄女，孝子的魂魄统统出来，莫待在棺材里面。"说完，把尸体抬入棺材，再对亡者说："睁开眼看看你的房子（指棺材）吧，闭上眼睛赶紧去吧，你走了可莫把活人的魂带走，留下后人才有人给你烧纸钱泼水饭！"说完盖棺，并在棺上打几道箍，以免亡魂外出作祟人间。埋棺入坑时，还要扫棺，把活人魂扫出，死人魂扫入。并在抬丧的杠子上砍几刀，对死者说："以后有人来借你的马，就说它已跛脚了！"此举也是为了防止亡魂回家骚扰活人，把活人的魂招回家。②

彝族古籍《查诗拉书》（云南民族出版社 1987 年）上说：巫师毕摩在给死者指路，送亡魂返归祖地之后，怕自己的魂魄也跟着死者而去，所以在回家的路上，要脱掉右鞋提在手上，为自己招魂。苗族支系偏苗（广西隆林县）主持葬礼的巫师摩公则一直是由自己的灵魂带领死者的灵魂返回祖先住地的，因此，在入葬之前，也就必须把自己的灵魂与亡魂分开。坐在棺前招魂时，要脸垂黑布，把自己的魂遮住，以免被鬼魂拉去。哈尼族的巫师贝玛在为亡魂指路以后，也要为自己招魂：

    从前很古的时候，
    人鬼分家那一天，
    人鬼分离那一日，
    定下永久的规矩：
    鬼话人不听，
    人话鬼得听；
    鬼话人不信，

---

① 吴瀛涛：《台湾民俗》，台北众文图书公司 1984 年版，第 149 页。
② 张桥贵：《曲靖苗族的宗教信仰与丧葬礼仪》，《民族调查研究》1990 年第 1 期。

人话鬼得信；
鬼是小的，
人是大的。

贝玛往后转回家，
贝玛头上有铜皮，
身上有铁甲，
脚上穿铜鞋，
像虎一样凶，
像豹一样恶，
妖魔鬼怪莫跟来。
我要回去管庄稼，
我要回去保护人，
我要回去管牲畜。
我是有家室儿女的人，
有妻要把妻魂叫，
有儿要把儿魂喊。
用一只麻母鸡，
用一只红公鸡，
好妻来叫好夫魂，
好夫来叫贤妻魂，
父母要叫儿女魂，
魂体一起回，
音气一同归。

贝玛把全家大小、父母、妻儿的魂，肉体和灵魂、音和气全部招回，然后把自己身上的十二个魂一一招回：

趾甲魂叫回，
脚趾魂叫回，
脚板脚跟魂叫回，
踝骨小腿的魂叫回，

>膝盖大腿臀部的魂叫回，
>肠子心脏的魂叫回来，
>肋骨胸部胳膊的魂叫回来，
>手杆手掌的魂叫回来，
>手指指甲的魂叫回来，
>头发脖子的魂叫回来，
>眼耳鼻舌的魂叫回来，
>脸盘牙齿头颅的魂叫回来，
>全身完整地回来。①

除了送葬仪式上为活人招魂外，祭祖时，或者平时，还要举行放魂或隔魂仪式，在祭奠亡魂的同时，为活人招魂。

生活在云南武定、元谋地区的傈僳族，生死两个世界的观念分得很清楚。每年清明祭拜祖先以后，为防止活人的魂留在坟山上，大家返回时，边走边喊："死了的同活着的分开，麦壳同苍蝇分开，死人有土味，活人有汗味，死人守着土，活人牲畜，回来收粮食。"②

拉祜族有隔魂之俗。人死，要举行两次隔魂仪式。第一次在安葬祭祀完毕，由主祭的巫师沿坟地四周洒水洒酒，用红毛树叶扫平人的脚印，并唱隔魂调。第二次在寨外举行，点烛，堆柴火，再念隔魂调。大意是叫死者的冷魂安息，活人的热魂各自归来。"各有各的家，冷魂上山去，热魂请进家。"③

苗族还有一种放魂仪式，使亡魂彻底离开人间，不要再扰乱活人的祭祀活动。他们认为，人死之后，如果得不到祭祀，其灵魂得不到安生，会变成"老变婆"，作祟人间。因此，在葬后一段时间，必须举行放魂仪式。放魂仪式，在孝家举行，亲朋不得参与。放魂时，孝家有几口人就要准备几只鸡，男性用母鸡，女性用公鸡，据说，只有鸡的叫声可把亡魂带走的活人魂喊回来。放魂仪式的程序是：一，招魂：在放魂前一天中午，

---

① 《斯批黑遮——哈尼族殡葬祭歌》，李期博等译，云南民族出版社1990年版，第167—168页。
② 《中国原始宗教资料丛编·傈僳族》，第728页。
③ 刘辉豪：《隔魂》，《中国各民族宗教与神话大词典》，学苑出版社1993年版，第374页。

由摩公把家中活人的灵魂招回；放魂的当天清晨招死者的魂，先杀鸡备好酒饭由摩公在孝家门前边舀酒饭边念招魂词，请亡魂回家。二，请死者灵魂进门：把一个簸箕放在地上，其上用竹片架一笼罩，上罩一件死者的衣服，由摩公念招魂词。经卜卦证明死者的灵魂已进入罩内，就把酒饭、鸡倒入簸箕，把簸箕及竹罩抬入灵堂。孝家吃饭时，由摩公给死者的灵魂敬酒饭。三，送魂：把死者灵魂所附的簸箕及竹罩、衣服抬出屋外，由摩公再敬酒饭，念道："××呵！阳间请你不要挂念，你快回家（墓地）吧！再不回，恐怕蚂蚁会搞坏你的家！"经占卜，若阴阳相交，表示灵魂已离开人间归阴了。亡魂归阴后，把笼罩拆开烧掉，把衣服在烟火处前后各绕三圈，据说，这样一来死者的灵魂便认不得原来的房子和衣服，不会再来打扰活人了。[①]

六、家族定期性招魂

以家庭为单位定期为家庭或家族成员进行招魂的习俗，反映了我国民间信仰以家族为单位的重血缘的特色，很值得注意。下面我们以哈尼族为例。

哈尼族家庭，每年都要为家庭及其成员举行招魂仪式，哈尼语为"约拉枯"。"约拉"即魂，"枯"为召唤或叫喊。这种招魂表现为以下几种形式。

（1）为"接祖宗根"招魂。哈尼语为"米差当者差"。按哈尼语意，"米差当"为稳住土地，或分得一分土地；"者差"为"接祖宗根"。这是具有人生礼仪性质的重大活动，表示已经成人，个人的魂与祖宗之魂相连，死后其魂有资格进入祖灵世界。人一生只能举行一次，一般在人生的重大关口，即七八岁成年之时、婚前或送葬之日举行。有固定的日子、仪式、祭品，家族成员特别是舅舅一定要来参加。

（2）为"接家庭祖根"招魂。哈尼语称"俄者差"。以万年青树为接家庭祖根的象征，祈求家庭有如这棵树一样万年常青。仪式主要由家族中女性成员参加。

（3）为"包连全家人的魂"招魂。哈尼语称"俄合合妥"。从安家立户那年开始，每年都要举行一次。由巫师念诵连魂词，杀鸡，切下鸡

---

① 周继勇：《广西隆林县苗族葬俗》，《民族调查研究》1986年第4期。

爪、翅膀、嘴尖各一点，掺一片碎银，用一条长一米、宽六寸的白布包成一个疙瘩，每年加上一个，表示全家人的魂包在一起，永不分离。

（4）为"招领家庭之魂招魂"。哈尼语称"俄拉枯"。每年一次，在父或母生日那天举行。举行此仪式需用何种祭品由巫师卜鸡卦决定，认为只有被神认可的祭品，方可把全家的魂招回。

此外，还有专门为40岁以上男女个人举行的招魂仪式；为40岁男子举行的"接命根子"仪式；为15岁到20岁之间的男女、5岁到15岁之间的男女，为5岁以下的小儿，都有专门的招魂仪式……①

20世纪40年代，民族学家徐益棠在四川雷波小凉山彝族进行调查，发现那里每年三次举行一种为祈求家宅平安、人口康泰的招魂法事，叫"太平菩萨"。情形如下：

第一次 阴历二、三月间，由主人请毕摩到家，毕摩以树的枝丫插于正屋靠大门口的地上。树枝的作用，相当于汉族的香烛。法事程序如下：

1. 请神

毕摩坐在树枝上方，面对大门念经请神。

所请的神：①山神，②毕摩的护法神（如李老君），③毕摩的家神，即毕摩祖先第一个做毕摩的人，以及以下各代徒子徒孙。

请神毕，开始念经："现在本家主人请神……保护他们，把他们的鬼赶出去，把他们的魂招回来……"

2. 供品

羊、猪或鸡。以生羊肉请山神；熟羊心、羊肝、羊腰三小块请护法神；最后以羊肉汤、盐巴、辣椒向四方洒泼，分享各鬼。

3. 赶鬼

毕摩手持一代表鬼的木刻，念赶鬼词，后把一头尖立之木刻丢出门外，如尖向外，则鬼已出去，否则接着下咒，直至尖端向外为止。

4. 招魂

毕摩坐地，取专用于招魂之经一本，起立站在门口，手持活鸡，按照主人、主人妻、主人父母、兄弟及其他家人，分别按顺序为之招魂。其招魂词曰：

---

① 毛佑全：《哈尼族文化初探》，云南民族出版社1991年版，第178—183页。

阿候（主人的名字）的魂落在东方招回来，
阿候的魂落在南方招回来，
阿候的魂落在西方招回来，
阿候的魂落在北方招回来！

第二次 在阴历七月，仪式同上，无招魂。

第三次 在阴历九月，玉米收获以后，仪式与第一次同，唯所招之魂，系苞谷、荞子之类。①

七、节令性纳吉招魂

我国西北甘肃、宁夏等地有正月初七人日招魂的习俗："七日，食饼面，击铜器相呼叫，名为'招魂'。"（《宁夏府志》）"七日黄昏后，弱女、幼子怀饼焚香，赴街相呼，名曰'招魂'。"（《灵州新志》）"至七日，谓'人日'。家家门前挂灯球，谓之'招魂'。"（《重修灵台县志》）"七日黄昏后，弱女幼子怀藏麦饼，手执香，赴街相呼，名为'招魂'。比屋皆然，亦古人煎饼熏天之遗意。"（《花马池志迹》）

新疆吐鲁番阿斯塔那—哈拉和卓古墓唐代墓中，有寓意招魂的人胜剪纸，纸人数目为七枚。杜甫在《彭衙行》中有"剪纸招我魂"句。《荆楚岁时记》记："正月七日为人日，以七种菜为羹，剪彩为人。"

居住在祖国西南边疆的哈尼族也有节日招魂的习俗。每年农历十月第一个属龙日，哈尼族要过年，这天早上家家都要杀鸡招魂。

此外，道教的招体内神也带有招魂性质，还有日常生活即兴式招魂等等，这里就不一一介绍了。

第二节　为死者招魂

为死者招魂，主要有皋复、指路招魂、为客死他乡的死者招魂、祭奠招魂和招魂婚等。

---

① 徐益棠：《雷波小凉山之倮民》，金陵大学中国文化研究所，1944年，第73—74页。

一、复与指路招魂

我国古代把为死者招魂称为复。"复者,人死则形神离。古人持死者之衣,升屋北面,招呼死者之魂,令还复体魄,冀其再生也,故谓之复。"(《礼记·曲礼下》陈澔注)指的是通过一定的仪式,呼唤死者的精魂复返其体魄之上。

复礼有一定的仪式,其程序大致有:更服、荷衣、设阶、升屋、呼号、挥衣、投衣、降屋、衣尸等数项。为死者招魂的人,必须更服换衣,以示肃穆,然后肩荷死者生前之衣裳,沿着专门设置的阶梯,从房屋的东翼,登上屋顶。"北面三号"(《礼记·丧大记》),面向北方,长声呼唤死者归来:"皋某复"(《仪礼·士丧礼》。"某某呀,回来吧!")如是者三次。所谓"三号",据《礼记·丧大记》曰:"一号于上,冀魂自天而来;一号于下,冀魂自地而来;一号于中,冀魂自天地四方之间而来。"与此同时,把招魂用的死者生前之衣从肩上取下,左手提衣领,右手执衣腰,自右至左相招。三号完毕,复者回身面向南方,"降衣于前,受用箧"(《仪礼·士丧礼》),把招魂所用之衣卷起,投向前方,由司服持箱承接。这时,复者从屋之西北翼下来,谓之降屋。以箧受衣者把招魂所用之衣,覆盖在死者身上,谓之衣尸。复礼至此完毕。

为死者招魂是为了表达"尽爱之道",故《礼记·檀弓下》曰:

> 复,尽爱之道也。有祷祠之心焉,望反诸幽,求诸鬼神之道也。北面,求诸幽之义也。(陈澔注曰:行祷五祀而不能回其生,又为之复,是尽其爱亲之道。而祷祠之心犹未忘于复之时也。望反诸幽,望其自幽而返也。鬼神处幽暗,北乃幽阴之方,故求诸鬼神之幽者必向北也。)

古人认为,生者不忍心亲人永远离逝,为表达爱心,便求诸鬼神,希望死者的灵魂从幽阴的北方返归到自身的体魄之上。他们认为,北方是人死亡魂的去处,因而复必向北方。

复是丧礼的第一步,故又称初死招魂。人死是魂魄相离,复的目的在于使魂复归于人的形体而使之复生。"复不苏,可以为死事"(《礼记·丧大记》注),经过复礼,魂已远去不可复生,才可以为死者办丧事。

道教把呼召鬼神之法称为诺皋，与古代的皋复之俗有关。《抱朴子·登涉》曰："往山林中，当以左手取青龙上草，折半置逢星下，历明堂入太阴中，禹步而行，三咒曰，诺皋，太阴将军……"①傅家勤在《中国道教史》中解释说："皋谓呼号，诺谓应诺，《礼》称人死登屋招魂，曰皋某复，其下必有人代应曰诺，今俗为小孩叫喜尚如此。《酉阳杂俎》有《诺皋记》，即记鬼神之名以备呼召者也。"②

近代在民间，人初死，还有登屋持衣为死者招魂之俗，称为"指冥路"（指明路），是古皋复之遗绪无疑。

四川《眉山县志》云："亲甫没，使人持竿破屋瓦，三呼三答，曰'出'，谓为'出死星'，盖即复魂之义。复而不生，始行死事。"③

辽宁《新民县志》载："既亡，立即出屋登屋顶，置扁担于烟囱内，高呼亲属曰：往西方大路走，是谓'指明路'。又或用白布，由亡人床侧引至屋顶烟囱之上，然后高呼所亲往西方大路走。三呼下屋，哭于亡亲之床侧。"④之所以呼西方光明大路，据说是"用释氏西方佛国之义"（《奉天通志》）。⑤

吉林民间为亡者招魂，指的是西南大路。《吉林新志》载："长子持竿登高，向西南指而泣呼其父或母曰：'西南大路！明光大道！'者三，盖恐死者之魂灵迷去路也。唯何以必指西南，则颇费解说。或因佛经西南有乐园（经云：'西南佛国乐逍遥。'），或因其先来自西南，而使死者归之，均未可知。"⑥《吉林盘石县乡土志》载："孝子手持扁担登于凳上，向西南指呼亡人曰，'西南大路甜处安身，苦处使钱'等语，盖指告亡人灵魂西南为极乐乡也。"⑦吉林《怀德县志》对指路招魂的西南方向是这样解释的："或谓生佛之印度在我国西南，向西南者，魂归极乐园也；或为酆都为地下之京师，四川酆都在中国西南，人死以酆都为归宿，故而西南行也。要皆附会之辞，总不若谓止路者，冀其复生，谓指路者，痛其不

---

① 王明：《抱朴子内篇校释》，中华书局1985年版，第302页。
② 傅家勤：《中国道教史》，上海书店1984年影印本，第122页。
③ 《中国地方志民俗资料汇编》（西南卷）上册，第184页。
④ 《中国地方志民俗资料汇编》（东北卷），第51页。
⑤ 同上书，第4页。
⑥ 同上书，第263页。
⑦ 同上书，第285页。

返，且望其有所归之为得，为人子者之心理也。"①

指路招魂是恐刚刚离体的灵魂迷路，招之并为之指路，无论是往北、往西或西南，都是通往理想归宿的必经之途。我国汉民族的灵魂回归观念受道佛的影响很深，佛家的极乐世界、酆都的幽冥地府、道家的仙界，都是灵魂回归之途，但最终的目的仍然是返祖归宗，与祖宗认同，进入祖灵世界是他们灵魂回归的最高境界。

与汉民族的灵魂回归观念不同，我国许多经历过民族迁徙的民族，他们为亡魂招魂指路的目的地，是回到民族的发祥地——祖先的身边。（见本书第七章《原始返祖》）

为死者招魂饱含着生者对死者的挚爱之情，如果说，皋复这种初死时的招魂仪式的"尽爱之道"表现为一种愿望——"冀魂复生"，那么，指路招魂则以一种爱与畏惧交织的心情，渴望把死者的魂送走。一方面，出于爱心，为魂指路，使之平安到达祖先的身边或其他理想的境界；另一方面，出于畏惧，害怕亡魂滞留人间，或变成各种鬼怪，祸害与骚扰活人，因而要千方百计地把魂送走。试看许多民族形形色色的葬俗，无不体现了人鬼殊途、生死异路这种原始的两个世界的观念。

二、为客死他乡者招魂与招魂葬

宋代范成大在《桂海虞衡志》中记述为远行者归家招魂的情景："家人远而归者，止于三十里外，家遣巫提竹篮迓，脱妇人贴身之衣贮之以前，导还家，言为行人收魂归也。"如客死他乡，要为之举行专门的招魂仪式。史载，鲁僖公二十一年，与邾人战于鲁地升陉。邾师虽胜，而死伤者多，军中无衣，复者用矢。故《礼记·檀弓上》有"邾娄复之以矢，盖自战于升陉始也"②之说。邾人呼邾声曰娄，故曰邾娄。由于战死者众，无衣可以招魂，故复者用矢。张籍《征妇怨》中描写征妇为战死沙场之亡夫招魂的情景："九月匈奴杀边将，汉军全没汉水上。万里无人收白骨，家家户户招魂葬。"

考古发掘发现了亡夫客死他乡尸体无存、招魂用替身与女尸合葬的事例。据新疆吐鲁番阿斯塔那—哈拉和卓墓群的发掘报告记载，在644A—

---

① 《中国地方志民俗资料汇编》（东北卷），第343—344页。
② 《礼记》，上海古籍出版社1987年版，第31页。

M24唐代墓主室的女尸身边，有一外缝麻布的大草人，与成人躯体相等，应是夫亡尸体无存招魂合葬的习俗。①又据太原小井峪宋墓58、67号各有女性骨骼一具，又各置石刻像一具，这也是尸体无存，刻石招魂合葬的遗风。

近代方志中有关给远死他乡者招魂的记载尤多。例如贵州《平坝县志》记载，远道丧亡，家人闻耗后向其旅行的方向举行招魂。要制作魂帛、灵位、神主，并奉其真容或照片以及生前所穿的衣服，向郊外招之。在郊外招魂完毕，归家后，仍要陈设丧堂，举行成服、点主、祭吊，一如在家死亡者一样。②

这种为客死他乡的人进行安葬，一般叫作招魂葬或衣冠冢。江苏连云港一带为远死在他乡的死者招魂，是用一个柳斗，斗口蒙上一块老年妇女用的黑头巾，最好是生母或祖母的，用白纸写上被招魂者的姓名和出生年月日时辰，放入斗内。夜深人静时，由死者的兄弟或妻子持招魂斗到野外三岔路口招魂。招魂时，呼喊亡者的名字，"回来呀"，连喊七次。呼喊时，把斗口敞开。呼喊后用黑头巾把斗口蒙死，然后把斗中写有字的纸条放入棺内，掩埋筑坟。东南沿海的渔民把为远死在外者招魂，称为"潮魂"。渔民出海遇难，找不到尸体，家人常扎稻草人，穿上亡者的衣帽，以代替亡者，请道士举行招魂仪式。仪式通常在夜间潮水初潮时举行，在海边搭起醮台，烧篝火，缚一只雄鸡于箩中，挂在带根的毛竹的顶梢。道士坐台作法，一人摇动毛竹，面向大海。也有由亲戚披麻戴孝，提着灯笼，奔走于海滩，口呼"××来呀"，另一人答"来啰"，直至潮水涨平，认为亡魂已被招至稻草人中，才由道士引魂归家。次日将稻草人入棺安葬。

二、祭奠招魂

子孙后代常常要给先祖的亡魂献祭和举行各种招魂活动，其目的在于祈福禳灾，保持子孙与祖先的联系，同时，安慰亡魂，给亡魂烧纸扎（图5-9），令其放心在另一世界里生活，不要骚扰活人。这些祭奠仪式如：祭墓做七招魂，做斋超度亡魂，定期的祭祖招魂，节令性的祭奠游魂野鬼等。

---

① 《吐鲁番阿斯塔那—哈拉和卓古墓群发掘简报》，李征执笔，《文物》1973年第10期。
② 《中国地方志民俗资料汇编》（西南卷）下册，第551页。

图 5-9 清代风俗画《冥宅宏开》（广东顺德）

图 5-10 蒙古家神（采自《西藏和蒙古的宗教》）

祭祖是我国各民族最受重视、也最频繁的一项祭祀活动（图5－10）。每年初一、十五，逢年过节、生老病死、婚丧嫁娶、择寨乔迁甚至店铺开业……大凡家庭、家族中的重大事件，都要祭祖，召唤祖魂前来享祭，以求得先祖的保护。我国一年四季都有祭奠先祖亡魂的节日。如春天的清明节，秋天的中元节、鬼节、七月半烧包节、盂兰盆会，冬天的上冬坟等。除了祭祖的内容外，还有祭奠游魂野鬼，为之招魂超度，使其安心在另一世界里生活。

　　例如，纳西族每年定期于七月和十月祭祖。十月祭祖时，院坝中间要插三排带叶的青冈树枝，每排三棵。每棵树旁放一枚鹅卵石，另插一棵剥皮的高约一米的白杨树枝。在祭前杀猪，用猪血染红白杨树枝，在鹅卵石上涂上猪血，用意是以此作为路标，便于祖先亡灵沿着鲜红的路标返回家园。祭祀开始，由巫师念《祭祖经》，然后逐一呼唤家庭亡故祖先的姓名，每唤一个名字，家长将少许猪肉放于祭盘内。祖先姓名一般唤到三代至四代。祭毕，将白杨树枝和十二枚石子扔到院外，把各类祭品各选一点抛于村外山坡上，让鸟雀啄食。其余九棵青冈树枝用石头压在正房屋脊中央，树枝尖朝北表示祖先来自北方，永不忘本。① 四川叙永的鸦雀苗死后十二天要做回阳祭，一年后要做周年祭，若干年后做斋祭，再若干年后要做翻尸祭。② 彝族在人死后有两大祭仪。一是作祭，追悼死者指引死者赴阴间的路程；二是作斋，超度阴鬼化为仙灵，与始祖同登仙域。作斋是彝族最隆重的祭祖大典。"作斋不仅是为了孝思，由经（指倮文作斋经）所载且可使子孙昌盛，化凶为吉。所以倮族凡是隶属于同宗的子孙，每经十三年，选择年建为丑、寅、午、申的腊吉日，就要举行作斋一次。"③

第三节　为动植物等招魂

　　我们在本书第三章第一节中论述了古老的万物有灵信仰。民间认为，

---

① 杨学政：《原始宗教论》，第198—199页。
② 芮逸夫、管东贵《川南鸦雀苗的婚丧礼俗（资料之部）》，中研院历史语言研究所单刊甲种之二十三，台北商务印书馆1962年版，第295—456页。
③ 马学良：《倮文作斋经译注》，原载《中央研究院史语所集刊》第14本，收入所著《云南彝族礼俗研究文集》，四川民族出版社1983年版，第199页。

不仅人有灵魂，自然物、动植物有灵魂，村有村魂，寨有寨魂，甚至非物质形态的抽象观念也有灵魂，如人的喜怒哀乐、财运福祸、瘟病蛊灾、口舌是非、冤家结仇，等等，都有灵魂在主宰着。要想风调雨顺、谷物丰收、牛羊肥壮、村寨兴旺、财运发达，可以通过招魂的方式获得；相反，对于天灾人祸、恶风暴雨、灾祸病痛、伤风感冒，等等，也可以通过割魂的方式驱除赶走。

谷魂信仰在农耕民族中是最为普遍的一种信仰，因而多有叫谷魂的习俗。佤族、彝族、拉祜族、傈僳族、怒族、基诺族等每年春夏或破土下种前，都要举行各种不同的叫魂仪式，祭献谷神或谷魂。

彝族支系俚濮人大年初一有叫谷魂的习俗。叫谷魂时，用一个筛子，内放三碗肉、三碗酒、三碗饭、三炷香、一些苞谷和米，在大门外叫五谷六畜的魂，并把苞谷和米撒在院子里，给家畜吃。先供五谷六畜的灵位，然后把两碗饭和肉倒在木盆里喂狗。然后念诵招魂词，其大意如下："狗、狗、猪、鸡、鸡、五谷六畜的魂来，男子的魂回来，女子的魂回来！"念毕，回到大门口，用一碗饭一碗酒、三炷香，再祭五谷六畜灵位。又念道："五谷六畜的魂叫回来了，交给你看管；男人的魂叫回来了，交给你管照；女人的魂叫回来了，交给你保管。"到了四月初七，又要祭五谷六畜，用一个碗，碗底上放十二枚铜钱，把自己所种的五谷每样放一点儿在碗里。然后拿小碗盖上，供在五谷六畜的灵位处。把三炷香插在一碗米上。杀鸡，把鸡的头脚翅膀及肝供在那儿。念道："供，供呀，庄稼的灵魂，六畜的灵魂，男人的灵魂，女人的灵魂。盘庄稼顺利，儿女要长大，儿女长大后，男儿要定根，女儿要发芽。我献到天，五谷靠老天；我献到地，庄稼靠土地，庄稼的穗鸟莫去吃，庄稼的腰，耗子莫去啃，庄稼的根，虫莫去咬，一棵结两穗。"祭五谷六畜时和祭祖一样，都要磕头。旧历六月，还要献田头、祭庄稼的魂，全家在田头吃一顿饭，饭后主人端酒点香。在返家的路上，念道："粮食魂，骡马牲口的魂，五谷的魂，我都带来了。我们祈求风调雨顺，盼望五谷丰登，六畜兴旺。"[1]显然，在以农耕为主要生计的俚濮人的心目中，五谷六畜和男人女人都是在同一个等级上的，都有魂，生死存亡都受着魂的制约。要家族人丁兴

---

[1] 张桥贵：《楚雄州彝族支系调查》，《民族调查研究》1991年第11期，第112页；《武定元谋彝族（俚濮）的农业祭礼与婚丧祭祀》，《民族调查研究》1989年第1、2期合刊，第206页。

旺、五谷丰登、六畜兴旺，要举行同样的招魂仪式。

巍山彝族农历二月初五至初八日，要举行"叫饭魂"活动。叫饭魂时，须挖坑堵路，防止外人进来，惊跑饭魂。叫饭魂者，由长老指定，走在前面的两名"老丑"全身涂满各种颜色，手执牛尾，驱鬼开路；其次是由一对小伙子装扮的"新郎"和"新娘"，他们专司迎接和侍奉"饭魂"，叫饭魂者扮为"牧羊人"，手执羊鞭，身披羊皮领褂，漫山呼唤。如有人应答，便是叫到饭魂了，牧羊人立即用力跺脚，表示踩住饭魂。巫师随即把"五包"（分别装着大米、红糖、茶叶、盐巴、硬币）埋在牧羊人脚前的地里，表示饭魂已将这些财富带给了村寨，现作回敬。这时，锣鼓声起，鸣枪放炮，将"饭魂"迎回村中。村民认为，叫到"饭魂"，一年可以风调雨顺，一年四季能吃上米饭。[1]

主要从事农耕的拉祜族也信仰谷魂。他们在山地打谷，所以很自然地认为谷魂就在最后的收谷场里。要从谷堆上拿回一对石头，一对土团，回家时，要沿路撒谷壳，唱着叫谷魂歌。回到家中，把石头和土团放在囤箩下面，表示谷魂已经到家了，可保来年丰收。拉祜族的叫谷魂歌是这样的：

　　去年撒下的谷种，
　　在大地上生根，
　　谷子打完了，
　　今天要领你回去了。

　　扎哈，扎哈你回来！
　　山上你不要在，
　　田里你不要在，
　　路边地角你不要在，
　　老鼠会把你吃掉。

　　扎哈，扎哈你回来！
　　竹林里你不要在，

---

[1] 邓启耀、张刘编著：《秘境节祭》，云南人民出版社1991年版，第119页。

牛路上你不要在，
小雀小鸟会把你吃掉。

扎哈，扎哈你回来！
顺着谷壳的指引走回来。
小鸟小雀的话你不要听，
看着谷壳走回来。

你的福气在囤子上，
回到家同我们一起吃，
吃不完用不尽，
吃到箩底又冒起。

河有九十九条，
房有九十九间。
扎哈，扎哈你回来！
水牛骡马的话你不要听，
猪叫鸡叫你不要怕。

囤箩有九十九个，
仓库有九十九间，
吃完一碗添一百碗。
回来！回来！
不要再跑，好好在家。①

第四节　招魂工具

　　尽管在现代人看来，招魂是不可信的，招魂者们还是虔诚地希望通过招魂仪式和某种招魂物（如竹篓、衣服等），使游走的灵魂能够返回到躯

---

① 《拉祜族民间文学集成》，中国民间文艺出版社1988年版，第217—218页。

体上来。在他们看来，不借助一定的招魂物，走失的灵魂就无所依托，也就无法引导其返归躯体。因此，这些供招魂用的物件，在招魂仪式中往往具有生命的象征意义。不同时代、不同地区、不同民族，在招魂时都使用一定的工具，往往因地而异、因生活习惯而异、因民族心理而异。《楚辞·招魂》曰：

> 魂兮归来！入修门些。工祝招君，背行先些。秦篝齐缕，郑绵络些。招具该备，永啸呼些。魂兮归来！反故居些。（《楚辞集注》第137页）

清代胡文英在《屈骚指掌》中对"秦篝齐缕，郑绵络些"作注时，介绍了吴楚地区的招魂习俗。他说："今吴、楚俗，为生人叫魂者，取病人里衣，备一小斗，实之以米，米上埋篝，篝旁插剪尺，剪尺上挂线。用三人于深夜无人时往招。去时无声、疾行。至土神庙或野处。化楮叫呼生人乳名，其抱斗者随声作应。背行引魂至家，以衣复病者，遂愈也。"[1]

今人侗族学者林河和杨进飞认为，《楚辞·招魂》所说的"篝是竹篓子，缕是麻线，绵络就是飞衣。永啸呼则是拖长嗓子喊魂。"沅湘一带常用篓子装水饭纸钱，到四方去施舍，求野鬼把小孩魂魄放回。还要在病孩头上或腕上缠七道青线，并以病孩衣悬挂屋上，然后，巫婆拖长嗓子去四方喊魂。[2] 从许多调查材料来看，《楚辞·招魂》中所说的招具竹篓、麻线、飞衣，正是楚地招魂所使用的。

竹篓作为招魂工具，在南方一些民族中是常见的。傣族旧时每家都有一个叫魂的竹箩，招魂时，把病人的衣服装在竹箩里，放上米和白线，提到寨外去叫魂，然后再把装有灵魂的竹箩提回家。叫魂的人边喊边走："魂啊魂，快快来……爹妈叫着你，快来进魂箩，快来穿新衣。……"[3] 彝族招魂时也用竹箩。"傈族祖人灵位是用竹子编成的一个箴箩箩，其中附上一个小布袋，袋中放山竹根、绵羊毛，用丝线系连，这个小袋是祖人

---

[1] 胡文英：《屈骚指掌》卷四，北京古籍出版社1979年影印本。
[2] 林河、杨进飞：《马王堆汉墓飞衣帛画与楚辞神话——南方神话比较研究》，《民间文学论坛》1985年第3期。
[3] 《傣族古歌谣》，中国民间文艺出版社（云南）1981年版，第230—231页。

的灵魂寄托处。"① 纳西族古代有一个十分特殊而重要的神,纳西语称之为"肆"(seel),肆神是个人的生命之神,寄居在一个竹篓之中,这个竹篓称为"肆堵",意即"肆之竹篓",就是俗话所说的"魂箩"。平时放在正房火塘上方的神龛上,人们每日三餐前先供奉它,严禁随意乱动。竹篓上宽下窄,圆形,高约45公分,直径约30公分。每家有几个儿子就做几个"肆堵",儿子分家时另分一个"肆堵"给他。据说,人一生下来就有自己的"肆","肆"在人身中。人死,"肆"便离开肆竹篓。由此可见,"肆"包含着两重含义,生命和司生命之神。用我们的话说,这"肆"便是人的灵魂和魂神。据大东乡和玉才说,人、牲畜、庄稼都有自己的"肆",如果没有"肆"神,庄稼就长不好,牲畜也不兴旺。②

以衣招魂的习俗,几乎遍及全国。古代有"复者以衣"之说。长沙马王堆汉墓出土的4形帛画(图5-11)称为非衣,亦即飞衣,是以衣招魂的一个生动写照。飞衣帛画上的神话三分世界,就是为亡魂招魂指路,使之返归理想的归宿地。

据民俗学家在云南西北部的一些民族中调查,在一些边远地区,常见一些破旧衣服捆绑在树上,随风飘扬。据当地的民众告知,这些衣物代表一些沾有病邪的人的魂魄。当人久病不愈,家人便把他(她)的旧衣物送到村外,经仪式后,捆在选定的树上,表示送走附在病人身上的带有邪毒的灵魂。也有人认为,这些衣物是养蛊者想"送走"的蛊,若有人捡走,便会把蛊或邪毒带走,从而中蛊或患病。因此在少数民族地区荒郊拾物被视为禁忌。

毛南族把代表一个人身份,象征人灵魂的贴身衣物叫"本身"。在还愿求花(求子)仪式中,师公要穿上主妇的"本身",代表主妇去圣母娘娘处求花;老人下葬时,要看死者衣服上有无阳间生人旧衣之布片,如有即取下;否则亡魂会把阳间人的灵魂一起带走。毛南族忌在行人过道晒衣服,怕人偷剪衣裤上之线或布片(本身),把自己的灵魂带走。③

傈僳族招魂所用的工具则是板栗树枝和麻栗树枝、布、线、篾箩、篮子、簸箕、妇女饰物、木碗等。他们的招魂词说:

---

① 马学良:《倮文作斋经译注》,《云南彝族礼俗研究文集》,第204页。
② 杨福泉:《论纳西族生命神"肆"》,《思想战线》1992年第3期。
③ 蒙国荣:《本身》,《中国象征词典》,第26页。

图 5-11　长沙马王堆汉墓 T 形非衣帛画

男：你的魂挂在树枝上，
　　你的魂挂在岩壁上；
　　我要把它喊回来！
　　我要把它招回来！
女：我的魂挂在树枝上啊！
　　我的魂挂在岩壁上啊！
　　你用什么来喊魂？
　　你用什么来招魂？
男：你的魂挂在树枝上，
　　你的魂挂在岩壁上，
　　我杀牙猪来喊魂，
　　（牙猪：方言，即未割过睾丸的小公猪）
　　我宰山羊来招魂。
女：用牙猪来祭，
　　用山羊来祭，
　　可是我的魂还在野外跑，
　　可是我的魂还在山里游。
男：你的魂不回来不要愁，
　　你的魂不转来不必怕，
　　我是个很神通的人，
　　我是个会显灵的人，
　　我会把魂喊回来，
　　我会把魂招回来，
　　用板栗树枝来喊魂，
　　用麻栗树枝来招魂。
　　板栗树枝摇一摇，
　　麻栗树枝晃一晃，
　　魂呀就转来啦！
　　魂呀就回来啦！

如果招魂者用牙猪、山羊、板栗树枝、麻栗树枝都没有把魂喊回来，把魂招回来，就又用下面的招魂工具和招魂法：

男：我要把布递给打卦的达西（卜卦人），
　　我要把线送给祭魂的伙罗（招魂人），
　　把布贴在金书上，
　　把线拴在银书上，……
　　我把剩下的线拴在板栗树上，
　　我把余下的线捆在麻栗树上，……
　　牙猪腿放在俅箩（独龙人用的篾箩）里，
　　山羊肉装在怒篮（怒族用的篮子）里。
　　白米饭倒在俅簸箕里，
　　糯米饭倒在怒簸箕里。……
　　我用拉白（妇女装饰用的料珠类饰品）来喊魂，
　　我用依玛（妇女饰物）来招魂。……
　　拉白放在木碗里，
　　依玛装在木碗里，
　　我站在松树门槛上祭，
　　我立在冬瓜树门上招。
　　达西来祭了，
　　伙罗来招了，
　　摇了板栗树枝以后，
　　晃了麻栗树枝以后，
　　妹的魂转来了！
　　哥的魂回来了！
男女：魂转回来后，
　　　魂招回来后，
　　　不会再乱跑了，
　　　不会再乱逃了，
　　　不会再分离了，
　　　永远安生了。

据招魂调的整理者阿南介绍，这种以男女问答形式对唱的招魂调，与实际招魂仪式上招魂者唱的招魂调的形式有所不同。在招魂仪式上，招魂词由招魂人独自吟唱。整理人介绍他所见到的一次招魂仪式时说，傈僳人认为久病不愈，便是魂魄被吓掉于野外所致。于是请卜卦人卜刀卦，以判定失魂的方向或地点，然后该地举行招魂仪式。仪式多选在一棵不太高的板栗树或麻栗树下举行。先将祭品摆于树根脚，再将一块小布（也有用五色纸条的）用麻线拴在树上，招魂人立于树下，一边摇动手中之栗树枝叶，一边唱招魂词。祭毕，将手中摇晃的树枝用麻线拴在树上，以示四方游荡之魂已招回，歇落在树枝上。①

居住在云南潞西、镇康的布朗族，为病人叫魂，使用烂土锅片（象征银钱）、笋叶（代表佛经）、笋叶剪成的人形（象征病人）和白线。把笋叶作为信物交给鬼带去，把病人的魂换回来。到山上叫魂后回家，把两根白线带回，拴于病人手腕上，表示魂已回来。居住在澜沧的拉祜族的招魂幡，很像一面旗子，上有日月、男女、蛙、鸟、鱼等图形，每年只许在月亮房前悬挂三次。（图5-12）

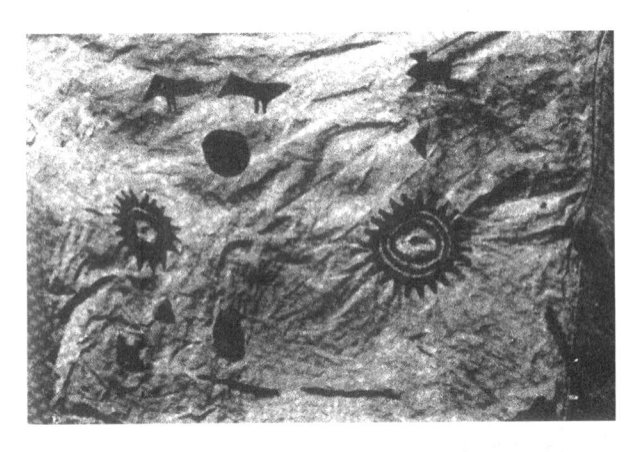

图5-12 云南澜沧拉祜族的招魂祭幡（邓启耀 摄）

在西藏，用缠着各种线的纺锤为女子招魂，用箭矢为男子招魂。② 线作为招魂工具，应用得也很普遍，体现着它所具有的生命之线的象征意义。

---

① 《招魂调》，阿南整理，《山茶》1987年第6期。
② ［意］图齐、［德］海西希：《西藏和蒙古的宗教》，耿昇译，天津古籍出版社1989年版，第225页。

第五节 招魂的文化史意义

一、招魂的起源

招魂起源于远古时代灵肉二元、魂魄离散的原始灵魂观念,把人类身心方面的病疫、灾祸,甚至农作物的歉收、家庭的衰败等,统统归结为灵魂散失所致,于是求神问鬼乞灵于招魂,以期把游走的魂魄招回。

这种愚昧而落后的招魂习俗,是人类认识低级阶段的产物,和现代文明自然是格格不入的。随着人类对自身和对自然界认识的飞速发展,种种形式的招魂陋习所赖以发生的基础已经彻底崩溃,现代人完全没有必要靠招魂来治病或主宰个人和家庭的命运了。但招魂这种延续了至少上万年的精神现象,作为原始文化史家的研究课题,仍然受到重视和关注。

然而,一种像招魂这样影响如此深广的习俗,要完全退出人类生活和历史舞台,并不是一朝一夕的事情。比如,巫医招魂治病曾经是缺医少药的古代唯一的医疗方式,然而,在我国许多偏远的少数民族地区,在当代,巫医招魂治病仍然存在,尽管不是唯一的医疗手段了,但在治疗精神方面的疾病,如受惊、小儿中风等,巫医的招魂仍然有市场。笔者20世纪90年代初在湘西一个偏远的土家族小村子里调查,曾经到村卫生所访问过。由于来就医者寥寥,药物又得不到经常更新,因而卫生所门庭冷落,很不景气。村里给人看病的卫生员说,看个病花上十块八块,对于没有收入的村民来说,不是一件容易的事。我的房东大嫂对我说,她的大女儿生下不久中风,就是请村里的巫师梯玛来驱白虎招魂治好的。我问她为什么不送医院,我知道孩子的父亲在农业站工作,不是没有收入。她笑了笑说,村里的人都这样,老辈子都这样。我明白了,传统的羁绊,因袭的重荷,有时候比精神的愚昧、物质的贫困更为沉重,更难于摆脱。的确,人类认识自身,跨越偏见,比认识客观世界更为困难,要挣脱愚昧的束缚,提高整个民族的文化素质,还有一个漫长的过程。

二、招魂习俗与文学作品的关系

屈原的《招魂》《大招》是中国文学史上的名篇,是作者根据楚地的招魂习俗和民间招魂巫词经过文学加工创作而成的(图5-13),因此,从民间的招魂习俗和大量的招魂歌、招魂经入手，去探讨《二招》，对进一步理解和把握作品的深层含义，有着不可忽视的重要意义。

图 5-13　"魂兮归来，东方不可托些。长人千仞，惟魂是索些。"
（采自萧云从、门应兆《钦定补绘离骚图》）

民间的招魂巫歌与《二招》有着许多共同的地方。从招魂的目的看，都是呼唤离散之魂返归躯体；从招魂的对象看，生魂与亡魂都在被招之列；从招魂所用的工具看，衣、箕、线等都是招魂所必备的；从招魂词的内容看，大都极言上下四方之险，魂不可去，历数家中的安乐，唤魂归家。也就是王逸在《招魂》序中所说的，"外陈四方之恶，内崇楚国之美"；从招魂歌的结构看，一般都由序歌、正文、尾歌三部分组成；而洋溢在招魂歌中的一个"情"字，更是民间巫歌和《二招》所共同的。

《二招》是文学作品，作者借以寄托自己的政治抱负和美学理想，其华丽的辞藻，对宫室、王者生活的描写，充满了夸张和想象的意境，无不饱含着作者澎湃而热烈的感情。相比之下，民间的招魂巫歌更富有生活气息，通俗简朴，所言四方之险与家中安乐都与现实生活息息相关。

以文学的眼光去读民间的招魂歌，我们为其中浓浓的亲情所感动："魂啊魂，你听着，楼梯叫哑了喉，门窗哭着想念你……魂啊魂，爹妈爱的魂，别去躲在山洞独自悲哀，别去躲在河边眼泪汪汪……天下道路很多，要走回家的路，过河要小心，过河要稳步……"[①] 在这情真意切的声声呼唤之中，仿佛感觉到慈母在苦苦等待远方游子归来的焦虑之情。从生命哲学的高度来看，招魂是寻找生命体的另一半，是对生命整体的渴望和对死亡的抗拒，在一定程度上反映了民间的生命观。因此，民间招魂歌的文学价值和美学意义应该得到重视。

三、招魂仪式的人文意涵

作为一种历史文化现象，一部分招魂歌、指路经保留了一些神话，某些招魂仪式具有一定的人义内容，为我们了解原始的灵魂信仰、神话与仪式的关系、巫师在招魂中的迷狂心理，提供了不可多得的资料。一些地区考古出土的作为招魂用的飞衣帛画、铭旌帛画、招魂幡、鸠柱灵屋（图5-14）等，为我们探讨各地区的招魂习俗、民族的迁徙史、美术史，同样具有文化史的借鉴意义。

---

① 《傣族招魂词》，《傣族古歌谣》，第229—233页。

图 5-14 山东沂南北寨山古画像石墓墓门支柱上的画像，带有招魂的含义。东门支柱上有东王父、伏羲、女娲之神像；西门柱上有西王母、怪兽和虎；中央引弩者之下，是神仙与怪神。

第 六 章

湘西土家族梯玛文化与灵魂信仰考察

第一节 巴文化遗存：灵图、魂舟、魂瓶

1990年秋，我和中国社会科学院研究生院的两位研究生彭荣德（土家族）和郭振华前往湘西，对土家族的巫文化进行田野调查。土家族是古代巴人之后，长期生活在湘、鄂、川、黔四省接壤的偏远山区，保留着荆楚沅湘一带"信鬼而好祀""信巫觋"的古风。土家的原始巫文化与巴文化、楚文化、氐羌古文化有着密切的关系，在一些偏远的地区至今仍有遗留。

我们此行的第一站是参观永顺溪州土家族民俗博物馆。这个位于永顺县不二门风景区的小型博物馆有三组与灵魂信仰有关的展品，引起我极大的兴趣，成为我探索民间信仰中的灵魂世界的一个起点。

第一组展品是一幅名为《灵图》的土家族神像图。神像共11层结构，分天、人、地三界，在人界与天界之间，以河为界。在土家举行巫祀时，梯玛巫师按照神像图一层一层的顺序，一路路演唱，护送人的生灵和亡魂上天落地，与鬼神沟通。土家族民间信仰中庞杂的灵魂世界，在巫师梯玛的带引下，展现在我们面前。在湖南省吉首博物馆，我们也见到过类似的土家族神像图。

第二组展品是一只永顺出土的虎钮镎于。镎于是一种青铜古乐器，形状像一只倒扣着的大门尊，始见于春秋时期，是古代军队于行军作战时使用的乐器，常与鼓配合使用。故《淮南子·兵略篇》中说："两军相当，

鼓錞相望。"① 錞于又是古代供祭祀用的巫器、礼器。錞于顶部的虎钮、马钮及顶盘上常见的人头纹、鱼纹、舟纹、云雷纹等纹饰，大都有某种巫文化的含义。最早制造并使用錞于的是吴越一带，后楚人普遍使用。战国时，经楚地传入巴地，虎钮錞于成为古代巴文化的标志之一。

20世纪80年代，在考古学者公布的湖南出土和收集的36只錞于②（未见永顺出土的这只虎钮錞于）中，以虎为钮的共32只（包括1只双虎和31只单虎），占了绝大多数。据考古学家徐中舒考证："晋、吴两国皆有錞于，但錞于具虎钮乃是巴人的遗物。"③ 古代巴人以虎为图腾，是神话传说中廪君之后。《后汉书·南蛮西南夷传》载："廪君死，魂魄世为白虎。巴氏以虎饮人血，遂以人祠（祀）焉。"④ 可以看出，古代巴人曾经有过人死魂魄化虎、以虎为祖，以及以人祀虎的血祭信仰和习俗。湖南出土和收集大量虎钮錞于便是古代巴人古老的魂魄化虎信仰的证明。

錞于顶盘上的纹饰带有巫文化灵魂信仰的意味，其中的舟纹尤其值得注意。我们见到的永顺出土的錞于顶盘上的舟纹（图6-1），与四川大学所藏錞于上的舟纹⑤在构图上相近。长期从事土家族巫文化研究的彭荣德在分析川大錞于上的舟纹时认为，这船形纹饰是一只魂舟，使人想起屈原在《九章·惜诵》中的名句："昔余梦登天兮，魂中道而无杭。君使厉神占之兮，……"他认为，魂舟上站立的两个人，可能是"厉神"和求厉神托梦的巫师。⑥

究竟这种船形纹饰与民间普遍存在的梦魂观念、魂舟与送魂巫师的信仰有什么关系？与土家族巫师"渡河上天"招魂的巫术，以及湘西土家地区普遍可见的舟形石墓饰又有什么关系？都有待进一步探讨。

---

① 《淮南鸿烈集解》，刘文典撰，中华书局1989年版，第495页。
② 熊传新：《湖南出土的古代錞于综述》，《考古与文物》1981年第4期。
③ 徐中舒：《四川涪陵小田溪出土的虎钮錞于》，《文物》1974年第5期。
④ 《二十五史》第2册《后汉书》，上海古籍出版社、上海书店1986年版，第290页。
⑤ 徐中舒：《论巴蜀文化》，四川人民出版社1982年版，第45页。
⑥ 参见彭荣德《屈原的"奇服"和土家族巫服》，《长沙水电师院学报》1990年第3期。

图 6-1 湘西永顺出土的錞于顶盘
上的舟纹（彭荣德 摄）

第三组展品是三只造型奇特的魂瓶（见图 6-2、图 6-3、图 6-4）。三只魂瓶均为釉陶质地，通高 30—35 公分，无盖、圆口、鼓腹，顶部和底部往里收，出土时瓶中无物。瓶顶与瓶体分别施酱色及灰色釉，釉不及底。图 6-2、图 6-3 两瓶以简洁的荷叶边（泥条状锯齿边）把体分为三层。肩顶层为一蟠龙，龙头似狗，向上扬起；龙身似蛇，有树皮状纹饰，鳞不明显。两瓶的主体部分均为人物堆塑所布满，分上、下两层，是由身穿长袍的哭丧孝子、家人，以及身穿衣裤的扛棺者、持物的送葬者约十多人组成的一支出殡队伍。人物虽是沿瓶体环形排列成上、下两层，但可以看出这支出殡队伍主次分明，先后有序，井井有条的格局。死者的灵柩——棺材，处于魂瓶最引人注目的部位。从画面上看，棺为长方形木质结构，无饰物，由两名正在行走的着衣裤者扛在肩上，走在出殡队伍的前面，正好处于顶层龙头的下方。送殡者戴帽或包头，不见面目，但动作逼真，栩栩如生。哭丧者双手掩面，右手略高。着衣裤的送葬者前腿略弯，后腿挺直，向同一方向行走，其动作各不同，给人以动态的感觉。两瓶均为写实内容，是丧葬场面的形象再现，生活气息浓郁，而且人物布局合理，线条流畅，整体丰满浑厚。两个魂瓶除釉色以及人物持物动作细部稍有差异以外，其余内容、结构和造型几近相同，很可能是宋代以后流行的成双烧制的陪葬明器。

图 6-2 湘西永顺出土的魂瓶（马昌仪 摄）

图 6-3 湘西永顺出土的魂瓶（彭荣德 摄）

图 6-4 魂瓶的造型和图 6-2、图 6-3 的魂瓶不同，在浅米色底子上，不规则地施以橘红色釉彩花纹，通体遍布鸟雀。约 40 只鸟雀分四层排列，错落有致，仿佛一齐从瓶体飞出，飞到一半的时候，突然停在瓶表，只露出半截身子，正在引颈呼唤，神态生动逼真。瓶体上下呈流线型，给人以和谐、清秀挺拔、浑然一体的感觉。

图 6-4 湘西永顺出土的魂瓶（彭荣德 摄）

据湘西永顺土家族民俗博物馆讲解员的介绍，这三只魂瓶于永顺杨公桥出土，是宋元时代的随葬物，出土时瓶内无物。

这三组展品为我们揭开了土家先民灵魂世界的一角，带领我们开始了这次艰难而有趣的灵魂世界之旅。

第二节　魂魄化虎——化归图腾祖先

关于"魂魄化虎"的观念，见于古代巴人的廪君传说：

> 廪君死，魂魄世为白虎。巴氏以虎饮人血，遂以人祀焉。（《后汉书·南蛮西南夷传》）

古代巴人曾经有过人死魂魄化虎、以虎为祖以及以人祀虎的血祭信仰和习俗。被认为是古巴人廪君蛮之后的土家族，至今仍然保存着以虎为祖，相信其先祖廪君死后魂魄化虎之说。他们称廪君为虎君，奉之为祖神。鄂西长阳、恩施、建始、巴东、五峰等地，均建有寺庙敬奉。由于廪君是巴氏之子（见《世本》："廪君之先故出巫诞。巴郡南郡蛮，本有五姓。巴氏……出于武落钟离山。其山有赤黑二穴，巴氏之子生于赤穴……"），名务相，故把廪君称向（相）王天子，是鄂西、湘西土家人共同敬奉的祖神，又是向姓家族的家神。湘鄂川地区酉阳、秀山等地的土家人在堂屋后墙中间安放一坐堂白虎神位，来凤土家人在祖先神龛上供一坐堂白虎。长阳、巴东等地土家人跳丧祭祖时必唱《怀胎歌》和《十梦》，追述祖先的历史，其中有"三唱白虎是家神""三梦白虎当堂坐，当堂坐的是家神"的唱词。他们在办丧事时，常在神龛上供一只木雕白虎，或于神桌中央供一虎皮，祭神跳摆手舞时，要供虎皮，或披虎皮跳舞。土家族梯玛巫师作法时，手舞五彩柳巾。据巫师说，这五彩柳巾象征虎纹，借神祖之威，驱灾除祸，避凶纳吉。凤凰、吉首土家人祭祖盟誓时，不喝鸡血酒，要喝猫血酒。他们说，猫是虎的讳称，猫虎是一个意思，喝猫血酒，表示自己是虎的后裔。土家人跳毛谷斯舞时，有一个内容叫"猫儿跳"，就是敬祖的虎舞。

土家族还信仰白帝天王。白帝天王，又称白虎天王或白虎夷王。如今湘西土家族民间所供奉的三尊天神，中间的一位白脸的就是白帝天王。传说白帝天王三兄弟，是蒙易神婆感井中白龙闪射的三道白光之孕而生。三兄弟死后化为三只白虎，其中的大哥被封为白帝天王，立庙祭祀。土家呼

"虎"为"利","利""帝"谐音,故白帝即白虎。① 这则可能是晚近产生的民间传说,仍然保存了人死魂魄化为白虎的信仰。

据调查,恩施县大集乡向、覃二姓家族,有一种叫"还相公愿"的祭仪,要举行三天三夜。其中有一堂仪式叫"奸头",由掌坛师用杀猪刀在自己头上划破皮肤,滴血于长串纸钱上,当众悬挂,然后烧掉。这种仪式一定要"见红"才能"落愿"。相传,"还相公愿"最早是人祀,后来发展为由巫师在额上开"血口",以滴血代替人祀,再往后,又发展到杀猪杀羊以代替人头祭祀。② 很可能,这是古时候"巴氏以虎饮人血,遂以人祀"的遗留。笔者于20世纪80年代末在湘西调查时,亲自见到梯玛巫师在作法事时,用手从作为祭牲的公鸡的脖子上拔下一把带血的鸡毛,黏在祖先神位上。据说这样做,是让祖先接受后人的祭品,而鸡毛上的血则表示对祖先仍像古规一样实行血祭。

上面所说的是廪君死其魂魄化虎的故事,下面所引晋干宝《搜神记》卷十二所载《貙人化虎》的传说,说的则是廪君之苗裔貙人可化为虎、貙虎亦可化为人的故事。人兽互变同样是一种相当古老的观念。

> 江汉之城有乡貙貙人。其先,廪君(即廪君)之苗裔也,能化为虎。长沙所属蛮县东高居民,曾作槛捕虎。槛发,明日众人共往格之,见一亭长,赤帻大冠,在槛中坐。因问:"君何以入此中?"亭长大怒曰:"昨忽被县召,夜避雨,遂误入此中。急出我!"曰:"君见召,不当有文书耶?"即出怀中召文书,于是即出之。寻视,乃化为虎,上山走。或云:"貙虎化为人,好着紫葛衣,其足无踵。虎有五指者,皆是貙。"

彝族也有人死魂魄化虎、以虎为祖的信仰和葬俗。

元代李京《云南方志略·诸夷风俗》云:"罗罗即乌蛮也。……酋长死,以虎皮裹尸而焚,其骨葬于山中。……年老(死)往往化为虎云。"

明代陈继儒《虎荟》云:"罗罗,云南蛮人,呼虎为罗罗,老(死)则化为虎。"

---

① 参见杨昌鑫《土家族风俗志》,中央民族学院出版社1989年版,第196、199页。
② 同上。

彝文古籍中记述了彝族曾经有过一个人兽同体共处的虎人时代。据《赊豆榷濮》（云南民族出版社 1987 年）一书所载：

> 夷僰成天地，天地育父母，父母育后裔，天地始有人，有人不会语……天上星星女，天遣来婚配，同育众儿郎。有的能飞翔……高空任其飞，人飞魂随飘。能飞的儿郎，繁衍向西方。三个不能飞，三个在山野……一个是猴人，一个是野人，一个是虎人，都是为兽人……迁徙向东方。

据云南学者杨继林 20 世纪 80 年代在云南楚雄州双柏县法脿乡麦地冲彝村对苗姓罗罗人葬俗所作的调查表明，罗罗人至今仍有渴望死后变为虎（猫）的信仰及相应的葬俗。

彝族信仰虎。在罗罗人的观念中，虎与猫是同类动物，样子相像，习性相同，猫即虎，因而同成为他们信仰的对象。麦地冲苗姓罗罗人视猫为一家之主，是人祖的化身，称之为太祖公。每年岁末腊月的最后两天和农历正月初一，一共三天称为"猫节"。正月初八至十五这八天，称作"虎节"。正月十五，罗罗人每家都敞开大门，在供祖先和天地神位的供桌上，点上灯，备好祭牲，恭候公母二猫人引着老虎到来，为全家扫邪祝吉。同时，罗罗村的猫人把从各家取来的用羊皮口袋装好的肉，扛到叫魂梁子山上，与虎及全村罗罗人共享对猫的供食。苗姓罗罗人过猫节，不论是否养猫的人家，都要用面粉捏一只猫，供在家堂正中，作为祖先的化身，而对它敬酒、肉、茶、饭。夜里恐其受冻，还要把它放到灶头上取暖。罗罗人还在灶头上用红布或黄布绣一猫头，以求祖先保佑。

猫是罗罗人的老祖公、老祖母，因此他们渴望死后灵魂能变成猫（虎）。据说，过去罗罗人实行火葬，次日捡骨入罐。死者的亲属最关心的是焚尸后的火灰上是否有猫的脚印。一旦发现猫的脚印，或认为火灰堆的样子像猫脚印，就认为死者的灵魂已经化成猫（虎）了。如果一家三代，死后都没有人化成猫，则认为是不吉祥的事。

据调查，居住在楚雄麦地冲的罗罗人，现在已改火葬为棺葬了。在他们的葬俗中，同样反映了他们希望死后灵魂变猫的愿望。罗罗人死后，棺殓升停于堂屋。发葬前夜，凌晨卯时，奠主的孝子用舂米木杵在大门口或院子中心处舂三下，舂出一个土坑，用脸盆反扣坑上。然后从停棺的堂屋门口直到大门口，用筛过的火灰铺成一条约一尺宽的灰色的灵魂路，人、畜都不得在上面践踏。再后，取下脸盆，在这块无灰空地正中，种上一棵多刺的棠棣树，作为死者灵魂来取钱的摇钱树。树上挂满钱纸，亲人呼唤死者姓名，念"快来领受钱纸"的祷告词。边念边烧纸钱，烧完一千张纸钱后，朵西（罗罗人的祭司）念指路经送魂。念经完毕，天已亮，大门外开始吹奏哀乐。这时，死者的全部亲属认真地在摇钱树周围及灵魂路上找寻脚印，如发现猫类动物脚印，说明灵魂已变成猫或虎，找到了最理想的归宿。如发现其他动物的脚印，只要不是猫，就视为不祥，认为死后会变成这种动物；如出现人的脚印，也认为不吉祥，说明此人寿数未尽，或预示本氏族还会有人相继死去，因而视为凶兆。①

上述古代巴人之后裔土家族和彝族所保留的猫虎并称、猫虎同义、猫虎共为祖先的信仰和习俗，特别引起我们的注意。古代典籍中常见虎猫并称。《诗经·大雅·韩奕》："有熊有罴，有猫有虎。"《毛传》："猫，似虎浅毛者也。"《逸周书·世俘解》："武王狩，禽虎二十有二，猫二。"清徐时栋《烟雨楼读书记》："（猫）纪之虎下，诸兽之上，似甚贵重不易得者。即《韩奕》之诗亦言'有虎有猫'，言之似足贵者。……盖（此猫）真是虎类，故皆与虎连言之，犹麋之与鹿耳。"《礼记·郊特牲》："迎猫，为其食田鼠也；迎虎，为其食田豕也。迎而祭之也。"又称："禽兽，仁之至，义之尽也。"陈澔注："禽兽，猫虎之属也。"可见古人之所以祭猫虎，是因为它们是仁义之兽，对古代的农业民族有所贡献，可食田鼠，田豕。

刘敦愿先生从文字学的角度推测"三苗""九黎"之名可能与"猫"有关。他说："可以推论，三苗的苗字，可能是猫字之省，而九黎的黎字，或是狸之借字（古代把家猫称狸）。"②他还引用李时珍《本草纲目·兽部》卷五十一"虎"条所列举的方言为根据，说明南人呼虎为猫的来由：

扬雄《方言》云：陈魏宋楚之间，或谓之"李父"；江淮南楚之间，谓之李耳。……珍按：李耳当作狸儿，盖方音转狸为李，儿为耳

---

① 参见杨继林、申甫廉《中国彝族虎文化》，云南人民出版社1992年版，第19—25页。
② 刘敦愿：《云梦泽与商周之际的民族迁徙》，《江汉论坛》1985年第2期。

也。今南人犹呼虎为猫，即此意也。郭璞谓虎食物，值耳为止，故呼为李耳，触其讳；应劭谓南郡李翁化虎，故呼为李耳，皆穿凿不经之言也。

土家族与彝族均为南方民族，均属刘敦愿所考证的古代虎方地域，他们呼虎为猫，从起源上说，可能也有方言音转的原因。

从以上的材料，我们可以看出，无论是廪君死魂魄化虎，还是云南楚雄麦地冲苗姓罗罗人的亡魂化猫（虎），都是灵魂返祖的一种古老的形态，反映了人以虎为图腾，人兽共处，人与兽有血缘关系这样一些古老的观念。人与虎的认同，是以虎为人祖、人虎同祖、人虎有血缘关系为前提的。廪君死后魂魄所变的虎，楚雄苗姓罗罗人死后亡魂所变的猫（虎），并非一般动物或生物意义上的虎（猫），而是有特定含义的，作为他们的祖先和他们的太祖公的虎（猫），是人祖的化身，祖先的象征。亡魂化虎变猫是希望人死后，灵魂能像祖先一样，被祖先所承认，并加入到祖先的队伍中去。亡魂化为图腾祖先这种灵魂返祖观念，尽管在形态上与广泛流行于许多少数民族地区以亡魂返归祖先起源地为特征的原始返祖观[①]有许多不同，但在实质上，仍然反映了以共同的图腾祖先为核心的血缘氏族或家族认同的强烈意识，活着的人时刻不忘认祖归宗，以求祖先保佑；死了也求灵魂化身祖先，其目的同样是要使个人有限的生命，加入氏族和家族生命的无限循环之中，从而使之永存。

魂魄化虎这种古老的灵魂返祖观，在我国商周时期的铜器纹样中也有所反映。例如，1939年河南安阳出土的司母戊鼎，鼎耳的外廓饰一对虎纹，虎口相向，中有一人头，好像被虎口所吞噬。1976年在安阳小屯妇好墓出土的铜钺，亦饰有虎噬人头的图案（图6-5）。1957年安徽阜南月儿河出土的龙虎尊，尊腹有"虎口衔人"纹样：虎身左右各向外展成一虎头双身，虎口下一裸体人形做屈蹲状，人头在虎口上颌下。与上述安阳出土司母戊鼎之像的不同点在于，虎口中（下）的人头代之以全人（图6-6）。此外，1986年四川广汉三星堆一座商代晚期祭祀坑内出土的铜尊上，也有虎口衔人之纹样。

---

① 详见马倡仪《原始返祖——亡魂回归的一种途径》，《民间文学论坛》1993年第3、4期。

图 6-5 安阳小屯妇好墓出土的铜钺，饰有虎噬人头的图案

图 6-6 安徽阜南出土"龙虎纹尊""虎口衔人"纹样

最引人注目的是湖南安化县与宁乡县边界出土、现已流落巴黎和日本（原有两件）的虎食人卣：人首置于虎口之中。（图 6-7）

图 6-7　湖南安化宁乡出土商代盛酒器"虎食人卣"纹样

从上述铜器的虎口衔人、虎吞人、虎食人、饕餮食人（过去把虎食人卣称为饕餮食人）等的命名中不难看出，考古学界过去对铜器上虎与人关系的理解，多认为虎所吞食的是人、是奴隶，是表示对奴隶的镇压和威吓，反映了阶级镇压的残酷形象。[1] 近年来，对这些造型的含义的认识已经有了改变。对这些青铜器上的虎与人构图的纹样，归纳起来不外下列

---

[1]　《国宝大观》，上海文化出版社1990年版，第242页。

三种解释：

（一）辟邪说，虎食人实际上是"食鬼"；

（二）图中之人是正在作法的巫师，他正在借助动物的力量沟通天地，因此，图上的虎是人神沟通的中介；①

（三）纹样象征人的自我与具有神性的动物的合一，因为虎代表权威和力量，人通过被其"吞食"（"神物"与人的合一）便可取得虎的保护。

刘敦愿对上述虎与人组合纹样的理解颇具新意。他的见解可概括为：（一）虎是虎方的祖先或保护神，虎又是威猛的象征，表示国运兴旺、威服百蛮；其中的人头或人形表示被他征服的部落。（二）人置于虎口之下，可能表示以人牲奉献虎神。"以虎饮人血，遂以人祀"的巴郡南郡蛮就是例子。铜器纹样中的人头是全人的代表，如同近代仍有流行的西南少数民族之猎头风俗，猎取敌人之首级，即表示整个鬼魂的被使役。（三）纹样中的人形，可能表示虎神的子孙，受虎的福佑。（四）"虎吞人卣"中之人断发文身，是古越族的特征，解释为虎攫人、吞人，但也可解释作哺乳或交媾。②

刘敦愿的解释可启发我们作进一步的思考。如果我们用上述古代巴人之后土家族和楚雄麦地冲苗姓罗罗人的魂魄化虎（猫）这种灵魂返祖观，来解释商周青铜器上人虎依存关系的纹样，那么，是否可以以此证明，人死魂魄化虎、以虎为祖以及以人祀虎这种血祭信仰和习俗，是有着十分古老的渊源的。

刘先生在论证以人牲奉献虎神时，还举了"为虎作伥"的传说作例子，并对之作了新解，很有意思。

> 后世有一种"为虎作伥"的传说，伥是被虎所食者，死后灵魂不敢他去，继续为虎服役，如引诱别的人为虎所食，遇有暗机伏阱之类，也导虎进行回避，伥可以说是鬼中的愚者。"为虎作伥"成为助

---

① 见张光直《商周神话与美术中所见的人与动物关系之演变》《商周青铜器上的动物纹样》，收入《中国青铜时代》，三联书店1983年版；《美术、神话与祭祀》，辽宁教育出版社1988年版；《中国青铜时代》（第二集），台北联经出版公司1990年版。

② 刘敦愿：《云梦泽与商周之际的民族迁徙》，《江汉论坛》1985年第2期。

人为虐的成语,这是后世的说法,古代人的宗教观却不是这样的。他们认为血液是灵魂、精力的贮藏所,以敌人、尤其是勇敢战士的血来衅涂兵器、战鼓、祭器,将使这些器物更富于灵性,为取得胜利创造条件。食人的野兽不限于虎这一类,而传说却只是虎才有伥,似乎也是一种古老传说的延续。①

上面的话里所指出的虎与伥(被虎食之人的灵魂)的关系,还有待于进一步探明。例如:虎食人是指虎从人的血液中吸取其灵魂之精髓,从而使自己更强大,并使人的灵魂不敢他去,继续为虎服役,那么,这里的虎仅仅是生物意义上的食人猛兽,还是别有含义?为什么只有虎才有伥,换句话说,为什么只有虎才能役使人的灵魂?刘先生认为成语称助桀为虐者为"为虎作伥",是一种后起的引申的观念,应该从古人的宗教观、灵魂观去认识"为虎作伥"这种现象,这是很有见地的。

我国古代典籍中有"伥鬼"之说,宋欧阳玄《睽车志》云:"虎所至,伥鬼为之先驱,辄坏猎人机械。"明张自烈《正字通》云:"世传虎噬人,人死,魂不敢他适,辄隶事虎,名伥鬼。虎行求食,伥必与俱,为虎前导。遇涂有暗机伏阱,则迁道往。呼虎曰将军,死则哭之。"《事物异名录·神鬼·虎伤鬼》:"山堂肆考,人或罹虎口,其神魂被虎所役,往往为之前导,俗谓之伥鬼。"《太平广记》卷428引唐戴孚《广异记·宣州儿》:"小儿谓父母曰:'鬼引虎来则必死。世人云:为虎所食,其鬼为伥。我死,为伥必矣。'"明都穆《听语纪谈·伥褫》云:"人或不幸凡毙于虎者,其神魂不散,必为虎所役,为之前导。今之人凡毙于虎者,其衣服巾履,皆别置于地,此伥之所为也。"②

古书所载伥鬼传说,尽管细节各有不同,但有三点是共同的:一,人为虎所食,人死,其魂离体,但随虎左右而不他往;二,虎具有役使人魂的威力;三,人的亡魂为虎服役,其工作有二,一是为虎求食,二是作虎之前导,保护虎,使之免遭危险。《正字通》所载"呼虎曰将军,死则哭之"尤其值得注意。从上述我们指出的我国古代某些民族人与虎的依存关系去推测并理解虎与伥的原型的来源,是否可以认为:

---

① 刘敦愿:《云梦泽与商周之际的民族迁徙》,《江汉论坛》1985年第2期。
② 又据台湾《中文大辞典》卷三,"伥鬼"条所载与之略有小异,第113页。

（一）人被虎食，是古老的人祭习俗，即以人作为牺牲祀虎的反映；

（二）人的亡魂为虎服役，是古老的人殉习俗的反映；

（三）人死其魂随虎左右而不他往，是人对虎祖的认同，是灵魂返祖观念的表现；

（四）这里的虎并非生物意义上的吃人的猛兽，而是人的祖先，只有作为图腾祖先的虎才有伥，并具有役使人魂的威力，人呼之为将军，死则哭之。

因而，欧阳玄《睽车志》所说"此鬼嗜酸"，"以乌梅、杨梅布地"，伥"则不顾虎，虎乃可擒"云云，就显然是后世流传中的增益了。成语把助桀为虐称之为"为虎作伥"，实际上已经失去其原始含义了。

第三节　土家梯玛"度生不度死"的生灵观

土家先民把生、死两个世界分得一清二楚，土家的巫师梯玛只充当神与生灵世界的沟通者，只为人间的活人和生灵办事，用他们的话说，叫作"度生不度死"。

"度生不度死"的观念是湘西古丈断龙乡李宗央梯玛对我们说的。他在回答"梯玛给不给人家办丧事"时说："不，我们梯玛只度生，不度死。"保靖马王乡向宏清、向国治梯玛和精通梯玛巫祀的田茂忠老人也一致回答说，道士度死，梯玛度生——超度亡灵是道士的事，梯玛只为活人和生灵办事。向宏清梯玛说：

> 人刚死，心还没死，你讲什么他全知道，只是不会说话，他还没到阎王爷那儿报到嘛！人落气的时候，也正是阴差把他的阴魂取走的时候，人的生魂正在路上往地府走哩，梯玛得帮助他跟家人告别嗳！

在梯玛看来，亡人刚死是生灵的最后一站，帮他向亲友告别，护送他去土地堂，把亡魂平安地交给阴差带走，是梯玛分内的事。土家人死时的"下柳床"巫祀仪式，要由梯玛主持，正是这样一种护送"生灵"的度生仪式。梯玛所唱"下柳床"巫辞，把死者的一生从娘胎中讲起，一月两月，一岁两岁，十岁二十岁，一直讲到结婚、生子、生病、死亡为止，一点也不涉及亡魂下地府之事。

湘西永顺溪州民俗博物馆所藏梯玛灵图的最下一层（第十一层）画的就是身穿神服的梯玛吹着牛角，沿梯而下，护送刚死的亡人到有索命小鬼守卫的地府入口处的情景。吉首博物馆保存的梯玛神像图为十层结构，最下一层也是穿神服、摇铜铃、吹牛角的梯玛护送刚死的女亡人到有牛头马面守护的地府入口处。梯玛神像图只画到地府入口处为止，未见地府内部的景象，很可能是梯玛"不度死"的观念行为的反映。

向宏清和向国治梯玛都向我们描述了他们的师父彭天禄梯玛病逝及殡葬时的情景。彭是得肺结核死的。他是梯玛，死了不必像常人那样下柳床。刚死的时候，由人把他的还没僵硬的尸体扶着，让他端坐在神龛下的椅子上。一名梯玛爬上屋顶，在外面架上梯子，并在屋脊处揭下三片瓦，叫作"开天门"。梯玛在上面吹牛角，一边问："彭天禄哪去了？"下面的弟子回答："上天去了！"这种护送梯玛最后的生魂从"天门"升天的仪式，由他的梯玛弟子主持。此后的入殓度亡，便与常人一样，交由道士操办。

梯玛认为，亡人的魂魄叫阴差带走，棺盖和棺体的接缝处叫人用纸和石灰油泥封严，魂出不来，这才叫死。办丧事就是"度死"，是道士的事。给土家人办丧事的道士都是土家人，叫道士破嘎，即道士先生的意思。在土家道士身上，体现了土家原始文化与道教文化、土家文化与汉文化在这片封闭的土地上相互渗透所孕育出来的混融性文化的特点。

"度生不度死"不仅说明了梯玛与本民族道士之间分工严格、职能不同。用向宏清的话说：

老司（梯玛）是红衣，道士黑衣；老司是武教，道士是文教；老司度生，道士度死。

他们是两个祖先，两套法术，两条路子，两路人马。而且，度生不度死构成了梯玛的行为模式，支配着他们的整个巫祀观念，形成了他们独特的鬼神观、灵魂观和生死观。从调查中，我们可以看出，梯玛的所有祭祀活动，总是伴随着人整个一生的生、老、病、灾的各个重要关口。梯玛祭祖、请神、求食、求嗣、招魂、驱邪、禳灾，目的都是要救生、扶生。从梯玛的巫辞中，我们看到梯玛有时也下地府，但目的只是把活人的生魂捉回、赎回、追回，并不与亡魂打交道。他们的兵马堂，养的是阴兵阴马，但并不为亡魂服务，只是作为梯玛的助手，为保护活人与生灵效力。

第四节 向祖灵祈福、祈求子孙兴旺的墓葬老鼠嫁女石刻

1990年10月，我和我的两位神话学与巫文化专业的研究生，根据计划到湘西调查土家族巫师和由他们传承的梯玛文化。一个偶然的机会，我们在湖南省古丈县断龙乡胡家坪村，见到一座造型奇特的大型石墓。令我们万分高兴的是，在这座罕见的大型石墓前方的墓亭门楣上方，发现了幅以"老鼠嫁女"为题材的大幅石刻画。现把此次发现的"老鼠嫁女"图报道如下。

一 墓碑上的老鼠嫁女图

该墓是一座石墓。石冢前面有一座前后双重、上下两层的石牌坊。牌坊的正中为墓碑。碑文如下："生于咸丰辛亥年冬月廿五日辰时建生阳光八十七岁民故吴公讳天顺老大人墓殁于中华民国甲戌年七月初南宫注定未时告终。"墓主吴天顺逝于1934年，他的重孙于1943年4月在此为他修墓立碑。牌坊两边的门阗上刻有楹联："树崇封以络地脉　合三气则接天地""想当年受尽挫折苦如之乎　入此室安且闲乐莫大焉"。

在牌坊前部的门楣上，有一幅阴刻的"老鼠嫁女"石刻画。图像清晰、完整。幅大为125×18厘米。画面为13只形态各异的老鼠和1只公猫组成的送亲队伍。模仿人间娶亲之事，极富喜庆情趣。画面的最右端是只大公猫。画面的正中部分，是老鼠送亲的队伍。一列送亲队伍均面向右前方之猫公直立作行进状，排列顺序为：为首的是两只大鼠（可能是执事一类），前面的一个手（爪）上拿鸡，向猫新郎恭敬地致献，而猫新郎则喜形于色地躬腰侧身，尾巴高翘，得意扬扬地伸出两手接受女方执事敬献的陪嫁礼物——鸡。第二个老鼠，体躯也较后面的硕大，两手（爪）拿着一条鱼。随后是四鼠抬轿，娇小的鼠新娘只从尖顶、装饰一新的轿子窗口中露出半个身子。轿子后面走着一只大鼠，体形为全画中之最大者。两手（爪）垂于胸前，昂首挺胸，仪表堂堂，一副雍容得意的神态。看

上去很像是鼠新娘的父亲。也许它正为女儿找到异类猫新郎这样一个乘龙快婿而暗自庆幸呢。依次往后，是三个直立的老鼠执喇叭，使劲地吹奏着喜庆的音乐。最后两个老鼠打着锣，扛着狗牙旗，旗上装饰着七角形的饰物，这饰物上画着类似太阳光芒的图案。整个画面的动感特别强烈，体现出了送亲迎亲这一特定场景的喜庆氛围。

老鼠嫁女图是民间剪纸、民间年画、织锦等种种工艺品上常见的民俗图画，但在墓碑上刻制这个题材的图画，却难得一见。因此引起了我的浓厚兴趣。我们决定把图拓印下来，以便进一步研究。由于湘西一带地处崇山峻岭，又长年多雨，气候湿润，致使石碑布满青苔，给拓制带来一定困难。我和彭荣德（当地土家族人）用石块垫高，先把青苔除去，然后用铅笔和纸张把老鼠嫁女图依次全部拓了下来。回湘西苗族土家族自治州首府吉首后，由彭荣德根据拓片将其描制出来。回到北京，又请老友宋兆麟复制加工而成为今图（图6-8）。

图6-8 湘西古丈县断龙乡胡家坪村石墓上的老鼠嫁女图

关于墓主的族属和身份，我们向当地的老农进行了调查采访。确认该墓墓主是土家族。回京后，再次请古丈县断龙乡人民政府的向德纯先生帮我调查。1993年初他来信告知，墓主是土家人无疑。信中说："你信中要了解的问题，我已一一查访。第一，田光南梯玛（巫师）已于1993年古历正月二十四病逝；第二，关于吴天顺墓的问题，他是古丈县茄通乡科布车村人，祖籍此地，并非断龙胡家坪村人。其所以死后葬于现在的地方，是因为家族相信这里风水好的原因。经我了解，他家世世代代都是土家族人。至于他墓碑上画的那幅《老鼠嫁女图》石刻，没有什么历史依据可查。传说早先有人给土司王画了幅图，即《老鼠嫁女图》，是个吉祥的象征。子，乃十二生肖之首，且子孙繁殖很快，特多。在墓碑上刻此图，意为子孙兴旺。在永顺县境内墓碑上刻此图的实属少见。但其墓碑比吴天顺更雄伟和豪华的，还有许多。历史上，断龙乡、茄通乡、河西镇都属永顺县管辖，解放后划归古丈县。"我们在现场的调查和上面的来信所述的情况，都证实了墓主和墓碑上的石刻，都是土家族的。据我所见，土家族妇女所织造的织锦西朗卡普上，常常采用"老鼠嫁女"的图案。所不同的是，土家织锦只用于婚娶寿庆等喜庆活动或日常装饰。这说明，"老鼠嫁女"这种题材和故事，在土家族中间不仅广为流传，而且深受土家人热爱。然而在墓碑上以"老鼠嫁女"图用于丧葬者，除了这一例外，无论在土家族其他地区，或者全国其他地方，目前还没有发现。

二 子孙繁衍的企望

"老鼠嫁女"是民俗艺术中喜闻乐见的题材之一。其结构有简式、复式和连环式三种。简式通常只有二鼠（或四鼠）抬轿送新娘一个场面，常见于窗花、剪纸、布玩具、糖塑等中。复式是把老鼠出嫁的队列容纳在一个画面中，长长的送亲队列或用线条分割，或以鼠辈之不同走向迂回成一个之字形的连续画面，巨猫在画面中占有主要的地位，常见于年画、织锦。连环式带有叙事性，把鼠嫁女的队列分成若干画面，像连环画一样，互有联系，构成一个整体，或根据"老鼠嫁女"的民间故事，插入太阳等其他形象，表现一个带有情节性的系列故事，这种结构常见于窗花和剪纸。

民俗艺术中所绘制的"老鼠嫁女"故事，具有多重象征意义。其一，根据我国古代十二肖的观念，鼠被尊为子神，是万物滋生、子孙繁盛的象征。十二肖又称十二生肖、十二兽、十二属、十二禽，指古代以十二种动物配十二支，即子鼠、丑牛、寅虎、卯兔、辰龙、巳蛇、午马、未羊、申猴、酉鸡、戌狗、亥猪（见王充《论衡·物势篇》）。据考古资料，十二生肖最早见于1975年发掘出土的湖北省云梦县睡虎地秦墓《日书》甲种《盗者》篇，已经有十分悠久的历史了。对十二生肖的取义，历来有许多解释。其中一说以动物爪舌之奇偶数与十二支之阴阳相配。《旸谷漫录》引《家璩公选》云："子、寅、辰、午、申、戌俱阳，故以相属之奇数为名；鼠、虎、龙、猴、狗俱五趾，马则单蹄也。丑、卯、巳、未、酉、亥俱阴，故取相属之偶数为名；牛四爪、兔四爪、蛇两舌、羊四爪、鸡四爪、猪四爪，其说极有理，必有所据。"子为十二支之首，以子配鼠。在我国传统的观念中，"子者，滋也，万物滋于下也"（《史记·律书》）。

"孳萌于子。"（《汉书·律历志》）"子，孳也，孳孳无已也。"（《白虎通·爵》）又据《说文》："子，十一月阳气动，万物滋，人以为偁，象形。"段注："子本阳气动，万物滋之偁，万物莫灵于人，故因假借以为人之偁。象物滋生之形，亦象人首与手足之形也。"徐灏则认为象人之形为本义，万物滋生为借义。可见子为万物滋生萌发的象征，而万物之中又以人为首，子又喻人之繁衍是不言而喻的。从这个意义上讲，"老鼠嫁女"或曰鼠纳妇，都是人丁兴旺、万物滋生的形象性象征。因此，这一题材的年画常用于婚典喜庆之中，也就是可以理解的了。

老鼠是地球上数目最多、生命力最强的哺乳动物。据生物学家从化石研究中测定，老鼠比人类早 2300 万年就出现在地球上了。老鼠生命力极强，有适应各种环境生存的特殊本领，什么都吃，什么地方都可以栖身，能在水中踩水三天不死，甚至连核辐射对其寿命及其生育都毫无影响。最使人惊讶的是，老鼠的惊人的繁殖率，据统计，一对家鼠一年至少可繁殖 4 窝，每窝下仔 7—18 只，小鼠生下后 3 个月即可繁殖后代，如果这对老鼠第一胎生下 10 只幼鼠，而这对夫妻可活十年的话，它们该有多少子孙后代？据李时珍说，在所有鼠类中，家鼠寿命最长，所以叫老鼠。老鼠与人类的关系，特别是与农业民族的关系十分密切。正是鼠的惊人的繁殖力，使渴望子孙兴旺、家族永存的中国农业民族，把子孙繁衍的企望，通过"老鼠嫁女"表达出来。刻画在墓碑上，是期望死去的祖先护佑其后代像老鼠一样子孙兴旺，这种愿望与喜庆节日中出现的"老鼠嫁女"，其本质是一样的。

其二，然而，我们不能忘记，那只处于画面中心地位，躯体比一般鼠大四五倍的巨猫（常见于年画），以及巨猫嘴里叼着、爪里攫着的老鼠；鼠新娘和鼠族的命运是显而易见的。"老鼠嫁女"，"嫁者……自家出而谓之嫁"（《白虎通》），把老鼠这种害人之物送出家门，揭示了"老鼠嫁女"民俗图画的另一层象征含义——送灾纳吉。年画、窗花、剪纸等民俗艺术通过"老鼠嫁女"这个幻想性的故事，把人们的除害灭鼠的现实愿望，用"嫁"（出也）这个象征手段表达出来了。有的年画还以文字的方式使上述象征含义得以加强。例如，山东平度的一幅《老鼠嫁女》年画上就刻着："老鼠本性强，家住在仓房；择定娶亲日，假伴装新郎。"山东潍县的一幅年画上印的是："一伙小老鼠，作怪成了亲；猫王心生气，连批一口吞。"陕西凤翔年画上写的是："佳期百日庆回门，胆大老鼠来迎婚；三遇狸猫山后立，一口吞去命归阴。"①

湘西古丈县断龙乡所见墓碑上的"老鼠嫁女"石刻图与全国各地同一题材的年画、剪纸等民间艺术的内容基本相同：送亲的家长、新娘、执事、轿夫、吹打扛旗者，一律都是尖腮细腿的鼠辈，赤身露体，虽然不像绍兴年画中的鼠队红衫绿裤，却都是昂首直立，行走如人，其喜庆气氛一如世间。最值得注意的是两位执事手中拿着的活鸡和鲜鱼。我曾请教过土家族的朋友，也翻阅过一些地区的地方志，无论是土家族或其他地区，都没有听说有以活鸡和鲜鱼作为陪嫁的。土家族以"老鼠嫁女"为题材的织锦，以及全国各地以此为内容的民俗艺术品也没有发现这方面的材料。据古丈县断龙乡政府向德纯向墓主吴天顺后代（有重孙七人，他们的子孙数十人，都是地道的土家人）了解，他家之所以在墓碑上刻"老鼠嫁女"图，是传说有人给以前的土司王画过此图作为吉祥的象征，因而他的重孙在给曾祖父修墓立碑时，仿照土司王，把"老鼠嫁女"图刻于墓碑上，以取吉祥之兆。当时的永顺县，地处边陲，交通不便，文化较为闭塞，民间艺人只知道老鼠把女儿嫁给猫公的传说，并无图像可供临摹。可能是根据南方许多地方走亲戚时以活鸡鲜鱼为礼物的风俗，将其注入到"老鼠嫁女"的图画之中，使这一图画富有生活气息和南方地域特色，从而有别于各地同类题材的图画。至于汉族和土家族在"老鼠嫁女"习俗和民俗艺术上是否有所交流，以及如何交流的，还是一个有待进一步探索的问题。

在墓碑上画"老鼠嫁女"，自然是取子孙兴旺的吉兆，这是没有疑问的。但是我们不能忽视处于画面中心位置的猫公，以鼠嫁猫，其结局是可想而知的。俗话说：哪个猫儿不沾腥！老鼠家族在嫁女时，把腥物送给猫儿，是题中应有之义，也不排除是用这礼物来讨好猫公。因此，"老鼠嫁女"所蕴含的双重象征意义，同样体现在现在湘西墓碑的石刻中，子孙兴旺与除鼠送灾，保证谷物丰收，对于农业民族来说，都是至关重要的大事。

三 老鼠嫁女的民俗信仰背景

《老鼠嫁女》年画、窗花和剪纸等民俗艺术所隐藏着的灭鼠送灾的象

---

① 张道一、廉晓春：《美在民间》，北京工艺美术出版社1987年版，第357—358页。

征意义，是以深厚的民俗信仰为其基础的。我国南北方广大农村，都有固定的"老鼠嫁女"的日子或老鼠节，从腊月二十三、除夕、初一、初三、初七、初十、十二、十四、十六、十七，一直到二月初四，这些日子在不同地区被分别定为祭奉老鼠的节日。浙江绍兴的老鼠节为正月十四。鲁迅先生在《朝花夕拾·狗猫鼠》一文中，对绍兴人过老鼠节的情景有一段生动的描写：

> 几百年的老屋中的豆油灯的微光下，是老鼠跳梁的世界，飘忽地走着，吱吱地叫着……我的床前就帖着两张花纸，一是《八戒招赘》，满纸长嘴大耳，我以为不甚雅观；别的一张《老鼠成亲》却可爱，自新郎、新妇以至傧相、宾客、执事，没有一个不是尖腮细腿，像煞读书人的，但穿的都是红衫绿裤。……那时的想看"老鼠成亲"的仪式，却极其神往，……正月十四的夜，是我不肯轻易便睡，等候它们的仪仗从床下出来的夜。然而仍然只看见几个光着身子的隐鼠在地面上游行，不像正在办着喜事。直到我熬不住了，快快睡去，一睁眼却已经天明，到了灯节了。也许鼠族的婚仪，不但不分请帖，来收罗贺礼，虽是真的"观礼"，也绝对不欢迎的吧，我想，这是它们向来的习惯，无法抗议的。

绍兴的老鼠节，周作人笔下也有精彩的描写。他在《苦茶随笔·画廊集序》中说："我个人总还是喜欢那旧式的花纸的，花纸之中我又喜欢'老鼠嫁女'，其次才是'八大槌'。"他在《书房一角·看书余记》第26则《记嫁鼠词》中，曾抄录了《蜕稿》里《嫁鼠词》的话："好合定知时在子，以履为车鼠子迓，鼠妇新来拜鼠姑，鼠姑却立拱而谢。"又抄王衍梅《鼠嫁词》如下："啾啾唧唧数聘钱，香车飞驾雕梁边，娇羞蟢镜一相照，不许灯花窥并肩。"周作人说："此与以履为车纯是童话意境，在诗文中殊不易见到。鼠嫁女也是有趣的民间俗信，小时候曾见有花纸画此情景，很受小儿女的欢迎，不知现今还有否也。"绍兴人把年画叫作"花纸"，是周作人兄弟都很喜欢的民间艺术品；而"老鼠嫁女"则是绍兴花纸常见的题材。丰子恺在新中国成立后的1950年2—5月间，曾为周作人1947年—1948年所作的儿童生活和儿童故事风俗诗作插图，其中就有《老鼠做亲》。这首儿童诗原文是："老鼠今朝也做亲，灯笼火把闹盈门，新娘照例红衣裤,翘起胡须十许根。"原注云:"老鼠成亲花纸,仪仗舆从悉如人间世。"① 读来其味无穷。

"老鼠嫁女"的题材不仅出现在婚丧仪典、民俗艺术和形形色色的民俗活动中,在民间故事和歌谣中也广为流传。据资料,中国、日本、朝鲜、越南、印度、印度尼西亚等国,都有"老鼠嫁女"故事流传。典籍中所载"老鼠嫁女"的几种模式和异体,如老鼠择婿式、鼠食仙草式等,以及其他有关鼠的俗信,曾吸引了中日众多学者,如江绍原、季羡林、钟敬文、高国藩、南方熊楠、松村武雄、百田弥荣子等的关注,写过不少值得注意的文章。在南方一些民族,鼠以祖先神、创世神的面目出现,是民众崇信的对象。鼠嫁女与四川的嫁毛虫,农业民族普遍都有的送灾的俗信,以及转嫁灾祸的心理,都是需要认真研究的课题。

【附录】 土家族巫师——梯玛(调查报告)

迄今为止,学术界对北方民族的萨满文化、南方民族的傩文化(其中包括土家族的傩堂戏)、沅湘楚巫文化、云南高原的巫文化等,已经有了不少研究,而对于土家族所特有的梯玛文化却几乎一无所知。这种溯源于古代巴文化,扎根于沅湘、酉水两岸湘鄂川黔四省接壤的山区,由土家族巫师——梯玛传承与保存,带有浓厚的原始巫文化色彩,与楚巫文化、氐羌文化以及道教文化都有着血肉关系的梯玛文化,是怎样的一种文化?有些什么特色?在20世纪90年代土家的现代生活中占有什么样的位置?这些有趣的问题,促成了我们的湘西之行。

要了解梯玛文化,首先要对巫师——梯玛有一个了解。因此,我们从访问湘西几个村土家族的巫师梯玛入手,开始我们的田野调查。我们于1990年10—11月间,先后到过湘西永顺、古丈、保靖三县,访问了田光南梯玛(古丈断龙乡报吾烈村人,99岁)、李宗央梯玛(古丈断龙乡信洪坪村人,70岁)、向宏清梯玛(保靖马王乡下来禾作村人,63岁)、向国治梯玛(保靖簸箕乡邓科村人,68岁)、田姓梯玛(保靖隆头择土村

---

① 钟叔河把丰画周诗编印成册,题为《丰子恺画周作人儿童杂事诗图笺释》,《中国文化》1989年12月创刊号。

人，63岁）、田四妹瞎子梯玛（马王乡夕东村人，65岁，未遇）、向仁良道士破嘎（马王乡且科村）等。在调查期间，永顺的彭勃、古丈断龙乡的田祖福和李荣富、保靖马王乡的田茂忠几位老人家给过我们许多帮助，他们本人就是土家族的著名歌手、故事家，是梯玛文化的保存者、传播者和研究专家。其中部分材料是由他们提供的。在此特向几位梯玛、道士以及帮助过我们的土家乡亲表示谢意。①

一、梯玛概况

土家族主要分布在湘鄂川黔四省接壤的武陵山区，人口300余万。古代巴人是土家先人的一脉。土家历代有不同称谓：先秦时称巴蛮、巴人、廪君蛮，汉时称宾人、巴郡蛮、南郡蛮、板楯蛮，魏晋南北朝时称酉溪蛮。到了宋代，为与其他族属相区别，改称土民、土蛮，清代称土家，1958年正式定名土家族。从《山海经·海内经》所载："西南有巴国。大暤生咸鸟，咸鸟生乘厘，乘厘生后照，后照是始为巴人。"以及秦末《世本·氏姓篇》中有关廪君五姓"未有君长，俱事神鬼"的记载来看，土家族有着古老的历史。

武陵山区是云贵高原的余脉，四面盘山阻隔，河流从山谷穿行，两岸多为狭长台地，交通十分闭塞。历代汉族统治者推行"汉不入洞，蛮不出境"的政策，使本来就极闭塞的土家先民长期生活在落后愚昧的文化封闭的环境之中。八百年的土司制度，一方面大量引进汉族文化，造就了土家族内部与汉文化关系密切、水平相当高的上层文化，另一方面却在下

---

① 1990年10月，中国社会科学院文学研究所民间文学室组成以我为领队、由我的两位研究生郭振华和彭荣德（土家族）组成的湘西巫文化调查组，在湘西一些地区进行了为期一个半月的实地调查。我们把此次调查的成果写成三份调查报告，本文是其中第一篇（马昌仪执笔）。其余两篇是《土家族巫师——梯玛的传承》（彭荣德执笔）和《土家族梯玛文化的巫祀活动》（郭振华执笔）。彭荣德担任本调查组的向导、翻译、原始素材录音与整理，并对我们三人分别执笔撰写的三篇调查报告进行材料核实工作。我们此次调查是在他多年的田野作业研究的基础上进行的。我们的调查报告是对由他主要执笔撰写的《梯玛歌》（岳麓书社1989年版）和《土家族仪式歌漫谈》（中国民间文艺出版社1989年版）等著作的一个补充。由于调查报告的篇幅有限，我们只能把重点放在马王乡，并侧重于对梯玛的行为方面，即各种仪式、传承内容及过程的描述，对梯玛请神驱邪的唱词（即梯玛歌），只好从简从略，有关部分亦可参阅上述各书。此外，郭振华参加了马王乡的调查，吉首民委叶立吉、永顺民委罗展翅、古丈民委王发兴、保靖民委田茂治等同志分别参加了我们部分访问活动。中国民间文艺家协会刘晔原与我们同行，参加了永顺、古丈的调查。

层土民百姓之中，极力维护与固守其落后的原始文化传统，无形中给巫文化的保存与延伸提供了便利。土家文化的两极分化现象长期以来并未引起学术界的注意，相反，由于对土家下层巫文化的漠视，既缺少调查，更没有研究，只看到土家文化上层文化的一个方面，容易造成土家文化已经汉化的错觉。

荆楚、沅湘一带是土家先民的活动地区，是孕育和培养过伟大诗人屈原的土壤和母体。历代学者曾经对这一地区的巫风淫祀给予充分的注意。东汉班固在《汉书·地理志》中说："楚地家信巫觋，重淫祀。"宋代朱熹在《楚辞集注》中指出："昔楚南郢之邑、沅湘之间，其俗信鬼而好祀，其祀必使巫觋作乐，歌舞以娱神。蛮荆陋俗，词既鄙俚，而其阴阳人鬼之间，又或不能无亵慢淫荒之杂。"这种"信鬼而好祀""信巫觋"之风一直绵延至今。

据《古丈县志》第五章《迷信活动·巫师》（1989 年）载："建国前，古丈巫师名目繁多，各族皆有其人。全县计有老司（土老司、苗老司、客老司）、仙娘、仙公、马脚、算命卜课、阴阳八卦等巫师 165 名。"土家巫师在用土家口语吟唱巫辞时自称梯玛，又叫土老司。苗老司是苗族巫师。客老司是汉族巫师，但大部分由操用汉语方言作巫辞的土家人充任。这种由土家人充任的"客老司"，也称端公或马脚。土家地区的道士大多由土家人担任，被尊称为道士破嘎，即道士先生。古丈、保靖一带称替人"下阴"、卜问吉祸凶福的通神女巫为"杠仙娘"。

梯玛在今天的鄂西、川东、黔东南的土家地区已不多见，但在以土家族为主体的龙山、永顺、保靖、古丈等县，至今仍不下百人。仅龙山一县掌坛梯玛就有 50 多位。梯玛一般是职业的，或半职业性的巫师，每年秋收以后到次年开春为梯玛活动的旺季，在巫祀不繁忙时，梯玛同样参加田间劳动。20 世纪 50 年代前，只有为数不多的掌坛梯玛可以以巫祀活动作为主要谋生手段。50 年代以后，梯玛的活动已大为减少，除了几次大型祭祀活动仍由梯玛掌坛外，家祭中的大法事如还服司（祭祖还愿），由于须杀牛宰羊，耗资甚巨，已无人操办。但赎魂、搭桥、度关、赶白虎之类的"小打扮"（小法事），以及求医问卜等，依然不断。

从我们所去过的一些村寨看来，梯玛仍然受到村民的敬重。尽管梯玛的活动被视为迷信，但一般老百姓仍然对之深信不疑。我们在马王乡田茂忠家门口庭院里，请向宏清、向国治两位梯玛吟唱巫辞，吸引了不少村民。一些老人还为我们回忆旧时梯玛做法事的实况，向我们讲述有关梯玛的传说故事。

马王乡所在的保靖县以及断龙乡所在的古丈县都是全国重点扶贫的贫困县。1989 年马王乡粮食人均 400 多斤，人均纯收入仅 120 元；1990 年粮食依旧，人均收入 150 元，仍然在全国贫困县水准之下。经济落后，远离县城，交通不便，生活贫困，文化闭塞，这一切都是梯玛与梯玛文化得以保存的原因。

二、梯玛及其社会职能

土家族没有文字，其语言属汉藏语系藏缅语族。"梯玛"是土家口语，未见于典籍。清以来的地方方志统称之为"巫"或"巫师"。梯玛一词仅出现于近年有关土家族宗教信仰及民俗的记述之中，在湘西土家村寨中普遍使用。

梯玛是什么意思？在调查中，我们曾请教过几位梯玛和熟悉梯玛文化的老人。大致有下面三种解释。

一是从词语解释。

永顺、古丈、保靖一带认为，梯玛就是土老司，是敬神的人，敬菩萨的人。"梯"是敬神的意思。但对"玛"的解释却略有不同。永顺彭勃认为"马"是"人"；古丈熟悉土家语的民委主任王兴发说，土家语管"读书人"叫"尺突尼卵"，"赶牛人"叫"务姐尼卵"，"猎人"叫"时姐尼卵"，所以"马"不是"人"的意思；保靖马王乡田茂忠说，梯玛就是敬神的，"马"是"的"的意思。

二是从梯玛的职能解释。

认为马是祭祀时的通神工具。古丈断龙 52 岁熟悉梯玛文化的李荣富说："为什么叫梯玛？因为巫师腿上绑上铜铃作马用，所以叫梯玛。"他还说："跳梯玛时，神附体叫'上马'，别人说什么梯玛都不知道。他骑的是宝马，宝马带他上天。梯玛作法时要骑马，上马叫'上车'。"彭荣德解释说："土家巫师自称'梯玛'，便是以马而名。梯玛，可汉译为马巫，即马族团之巫或以马作通神的坐骑之巫。龙山坡脚、保靖比耳一带的梯玛还别称'马扼'，即行马者。苗市、洗车一带的梯玛别称'马哈'，即驾马者。"①

三是从土语本义解释。

彭荣德还根据土家语把"男器"叫作"耶",把"女器"叫作"铁",与"梯"同音,提出"土语'梯'为女性生殖器,'马'同汉语,指动物马。'梯玛'的土语本义应为'马氏族之神女'"。②

土家人笃信神鬼,认为人的生老病死,自然界的风雷雨电,都由鬼神主宰。人不能和鬼神直接来往,要取得鬼神的信赖,祈福禳灾,必须倚仗于人神的使者——梯玛。梯玛的神圣职能主要有下列三个方面。

第一,主持家族范围内各种群众性的大型巫祀活动。如正月举行的祈福禳灾的舍巴日和跳马节,遇灾求雨的打龙洞,防避火灾的迁火焰等等。③像舍巴日、跳马节已经发展为土家族盛大的民族节日,50年代以后在龙山的龙车乡,保靖的迁陵镇、普戎乡,古丈的断龙乡、和平乡都曾举行过。舍巴日又名"摆手",清以来的地方方志和典籍都有记载:"每岁正月初三至十七日,男女齐集,鸣锣击鼓,跳舞唱歌。"(《永顺府志》)"歌时男女相携,蹁跹进退,故曰摆手。"(《龙山县志》)"摆手"指的是舍巴日中大型的群众性歌舞活动。舍巴日的主要部分是巫祀仪式;由掌坛的舍巴梯玛主持,除负责请神、安神、敬神、送神以外,还要领唱舍巴巫歌,带领群众举行娱神的摆手活动,主持表演原始巫戏茅谷斯。舍巴巫歌又名摆手歌,主要包括土家族的创世歌、迁徙歌、农事劳动歌和英雄歌。目前已经出版的《摆手歌》④,主要是根据古丈断龙乡报吾烈村的舍巴梯玛田光南的唱词记录整理的。这次我们特意前去拜访这位99岁的老梯玛,可惜由于老人年事太高而不能为我们演唱了。我们在古丈断龙乡看到了该乡于1990年春在田家峒举行舍巴日的实况录像。由于田光南百岁高龄,行走不便,无法主持此次活动,只能由熟悉巫祀的田祖福老人代理掌坛梯玛之职,使得这场舍巴日巫祀带有更多的民族歌舞文娱节日活动的世俗色彩。

第二,主持以家庭为单位,以求嗣、祈福、禳灾、赎魂为目的的各种

---

① 彭荣德:《土家族的跳马节》,《民俗》画刊1990年第2期。
② 彭荣德:《土家族仪式歌漫谈》,第36页。
③ 有关梯玛主持的各种规模的巫祀,详见《土家族梯玛文化的巫祀活动》。
④ 彭勃、彭继宽整理译释:《摆手歌》,岳麓书社1989年版。

巫祀活动。湘西土家族的家祭名目繁多。在马王乡的时候，向宏清、向国治两位梯玛和田茂忠老人曾经帮助我们对之加以整理，按其规模、耗资、费时以及法术之大小细分为大法事、中法事、小法事三种。还服司（即祭祖还神愿）即属大法事，汉语方言叫"做土菩萨"，要三天三夜。马王乡向宏清梯玛曾主持过的一堂还服司，有近50道程序。主要有报家先、安正堂、腊月堂、三月堂、请先师、起兵、备马、捉魂、七月堂、摘花地界、求子、度儿、交天钱等。彭荣德记录出版的《梯玛歌》就记下了这堂法事的全过程。

中法事指凭官解、上天刀、踩地刀等。最有意思的是凭官解，土家梯玛和神打交道也跟土家人一样，最讲究信用，说话算数。所谓凭官解，指的是某人向神许愿还服司，因财力不支，一时办不起，因此请梯玛来先办一茶一饭，向四官神保证以后真办还服司，托四官神办交接，故名凭官解。

梯玛的小法事又叫小打扮，直到如今在湘西土家村寨还能见到。最普通的是洗身、解钱、洗门槛、打胎、赎魂搭桥、下柳床等。一般只需一个梯玛，安一个堂（顶多两三个），法器只需司刀、卦子，也不必穿神服。给梯玛的报酬二元、三元、五元、十元不等，一般放在神台供神的装香米的米升上，有时也把敬神的公鸡送给梯玛。

第三，求神问卜与行巫医。梯玛的占卜工具不少（详下节），占卜问卦在各村寨很普遍，既可穿插在各场法事之中，亦可单独进行。至于巫医，在缺医少药、生活贫困、"信神而好祀"的僻远山区更是通行无阻。清乾隆《永顺县志·风土志》载："信鬼巫，病则无医，惟椎牛羊，师巫击鼓铃，卜竹筶以祀鬼。"椎牛羊这一类法事开支太大，但赶鬼、捉魂以治病（多是精神障碍一类病症）的事例屡见不鲜。尤其是请梯玛赶白虎这一类治疗小儿惊风症的小法事，更被各村群众所笃信。如1986年彭荣德在马王乡下禾作村就亲眼看到向宏清梯玛用巫医治疗的一幕。这天黄昏，彭正在梯玛家与他闲谈，只见一个中年妇女抱着一个三四岁大的男孩，急匆匆地闯进屋来，小男孩脸色铁青，双眼紧闭，满头黄豆大的汗珠，已处于休克状态。向宏清把病孩的前胸、肚子摸摸捏捏，闭着眼，嘴里念念有词，两三分钟后，睁开眼说："不要紧，你抱回去，对屋当头（指屋子侧面上方）射三箭（用桃木或竹片做小弓。用芭茅秆作箭，这射'巫箭'是一种驱鬼法术），然后洒点水饭（一种酬鬼仪式），就会好的。"妇女走了，第二天清早，彭见到她，问："你的小孩好了吗？"妇女回答："好了，照三叔（指向宏清）讲的这么一做，就好了！"古丈断龙乡35岁的妇女田宗香，也向我们讲述李宗央梯玛为她二女儿赶白虎治病的经过。8年前，她的二女儿李桂平刚出生七八天，突然口吐白沫，差点没气了，她赶快请来李宗央梯玛为女儿赶白虎。先捉来一只红冠红毛的大公鸡，梯玛咬破鸡冠，取血涂在患儿前额，然后一手拿鸡和桃树枝，一手把用水泡过的大米小米从屋里往门外撒，口中念咒语，边撒边用桃树枝驱赶。大约两小时后，梯玛说白虎已被赶走，患儿也逐渐恢复神智了。在他们的观念中，鸡血有魔力，桃树枝能镇压百鬼，是五行之精。

三、梯玛的服饰与神器

在土家族举行大型的公祀法事（例如举行舍巴日、主持摆手活动、跳马节、打龙洞求雨、还服司家祭，或者为出师的梯玛举行传法仪式）时，梯玛作为这类巫祀的掌坛巫师，必须穿戴神服，佩带神器。梯玛的服饰、神器是梯玛通神的标志，是巫祀仪式的有机组成部分。作为巫文化的一种符号，不仅有象征意义，而且有现实意义。

梯玛的服饰主要有神帽子、法衣和八幅罗裙三个部分。

梯玛的神帽子又称法冠、云冠和凤冠。正面呈参差扇形，彩绣五位祥光笼罩的天尊，左、右耳分别绣以红色汉字"日"字和黄色"月"字。白冠沿绣以银灰色云纹。保靖和龙山的梯玛在戴神帽时，额头垫一纸钱。梯玛的法衣又叫神皮子，为宽身大袖红袍（也有蓝色、白色），白领襟左绣金黄色"千千雄兵"，右绣"万万猛将"。肩背左右分别绣金色"日"字与银色"月"字。前胸后背皆绣金黄色八卦图，中心为黑白相交的太极图。八幅罗裙（也有十八幅罗裙）由八块宽一尺长三尺的青、蓝、红、白并不相连的布块做成的裙子。神帽子、法衣和八幅罗裙同时又是神的一种标志，具有通神的巫术功能。向宏清这样描写他通神时的情景：

先把人帽子脱了神帽子戴了沙。
人衣脱了神衣穿了，
人鞋脱了神鞋穿了。

这样，他就见到神了。他接着又唱：

我阳眼一双封了，阴眼一双开了，
　　我寅时听神，卯时嘚咿，听鬼啊，
　　我阳口封了啊，阴口开了啊，
　　寅时说神，卯时嘚咿，说鬼啊！

这时，他就成了神的代言人。

梯玛的神器主要有八宝铜铃、铜马、板凳马、司刀、长刀、五色片、牛角，以及种类繁多的占卜工具。现分述如下：

八宝铜铃（图6-9）

图6-9　八宝铜铃（巫具、神器）

梯玛通神的主要法具之一。在一根一尺左右的木棍上有序地绑上两组铜铃，数目七个、六个、五个不等。传说土家梯玛原有铜铃八个，故称八宝铜铃。在一次外出做法事途中，给了客老司和苗老司各一个，所以一般只有六个铜铃。传说认为，八宝铜铃象征梯玛通神乘坐的宝马，因此，铜铃的一头为一木雕马头，马颈部系有颜色鲜艳的五色片。五色片通常为蓝、红、绿、青、白五色布条，一般由举办巫祀的主家赠送。五色片象征马鬃，亦可作为驱邪之法器单独使用。八宝铜铃上系的五色片越多，宝马越雄健，梯玛的本事也越大。我们在断龙乡看到李宗央梯玛所使用的铜铃已非正宗，是后来拼凑的，但也很有特色。李宗央的八宝铜铃叫"宝铃"，没有马头，没系五色片，铜铃仅存五个，大的稍小于拳，小的略大于核桃。每一铃都有一边开口，象征狮子口。铜铃上铸有花纹和汉字，每个都不相同，有"天曹""地府"（通常反写）、"天、日、月""日、月""三门""包林"（"宝铃"的同音字）等汉字；有一个铜铃，两面铸有花纹图案，可能和梯玛关于花树的观念①有关。这些神器上的符号及其巫术含义有待进一步探究。

梯玛在主持"解钱"（给祖先送盘缠的仪式）时，常穿戴全套神服，手执八宝铜铃，边摇铃，边念咒边舞蹈，这种富有土家特色的舞蹈叫作"铜铃舞"。梯玛在跳铜铃舞时，常出现喂马、逗马、上马、跨马、奔马与下马的形象性动作，表明土家梯玛与马有着非同一般的关系。

铜马

梯玛必备的请神通神法器。一般为四寸左右的黄铜铸马，有单马、双马、有人骑坐与无人骑坐等各种形态。古丈断龙乡田光南梯玛的铜马是双骑，一大一小，无人骑坐，在"文革"时被搜走了。古丈断龙乡李宗央梯玛现存的铜马为一人一骑，人像头上有髻，裸体，有男性生殖器；直立、两腿稍曲，但不作骑马状，很可能人与马原来并非配套，是后来用铜丝把二者捆在一起的（图 6-10）。在作法事时，李宗央梯玛坐在板凳马（详后）上，双手各持八宝铜铃与司刀，摇动时嘟嘟有声，颇像宝马奔驰之状，铜马就放在板凳马的一端。在设神案举行"解钱"仪式时，铜马放在装香米利市（酬神的钱，法事以后作为给梯玛的酬金）的米升上。

---

① 土家梯玛认为，人生本是一树花，花树象征人的命运和生育情况，人死则树倒花谢。

图 6-10 湘西古丈断龙乡李宗央梯玛的神器铜马

板凳马

马在梯玛的巫术活动中占有极重要的位置。如果说,铜马是偶像型的马,八宝铜铃和板凳马就是象征型的马,都是具有巫术生命的梯玛的坐骑——神马,是梯玛上天入地、与神沟通的工具。(图 6-11)

图 6-11 板凳马(神器、巫具)

板凳马是一条普通的长凳，祭祀时用巫法赋予它巫术生命，把它"装"成能走能飞的巫马——飞天骠马、五色烈马、宝都海马。巫辞中有装马请神、备马、安马、配马、起马的唱段。请看向宏清梯玛是怎样把板凳马"变"成巫马——"龙马"的：

　　马儿无头啊，无头哩，
　　生个龙头朝四方；
　　马儿无眼啊，无眼哩，
　　生个龙眼望四方；
　　马儿无声啊，无声哩，
　　生个龙耳听四方；
　　…………

梯玛用巫法让这无头、无眼、无鼻、无口、无尾、无蹄、无脚、无毛、无卵的板凳马生出龙头、龙眼、龙耳、龙鼻、龙口、龙尾、龙脚、龙毛、龙卵，使之成为"龙马"。这匹具有巫术力量的龙马，反过来成为梯玛上天入地通行无阻的神力的象征。十分有意思的是，土家人对梯玛的坐骑——龙马（板凳马）简直爱护有加，极富人情味。大凡举行要动用龙马上天入地请神酬神的巫祀（如还服司、解钱等）时，主人家都要在神台的右下角放点马料，巫辞中说要放三斗三升，但实际做法事时，象征性地放上一把谷子玉米就可以了，表示土家人对马神的关心珍爱之情。土家人对马的信仰几乎无处不在，最有特色的是古丈和平乡的跳马节，是祈求马神赐福禳灾的大型巫祀活动。

司刀

司刀是在一长约尺余的带柄圆形铁环上，串着九、十一或十三个大小可以相套的铁圈。有些司刀柄上还饰有五色片。李宗央梯玛的司刀为四大五小九个铁圈，其柄为尖形片状。梯玛说，司刀是驱邪神器，刀柄为神剑，赶鬼时用。司刀又叫神铜万锁。从前求工匠打造时，得付工钱七两七钱银子。向国治梯玛说，司刀是九个灵钱，三大三中三小。司刀也是占卜工具，用司刀占卜叫打码子，晃动司刀后，以铁圈位置之不同决断吉凶。

长刀

驱邪赶鬼神器。我们在永顺溪州民俗博物馆见到的长刀呈细长形。

牛角

梯玛用来召集、调动他的阴兵的巫号。每个具有通神本领、可以独立主持巫祀仪式的掌坛梯玛各有一座兵马堂。兵马堂为一座三尺见方（或长方形）砖石结构的小屋，盖在村边山坡上，里面不供菩萨，是养阴兵阴马的地方。梯玛外出做法事，须调动阴兵阴将时，要到兵马堂烧香、吹牛角，还要让死去的师父知道。梯玛的牛角巫号，按其特殊音响、调式分"老君角"和"玉皇角"等多种。我们见到的两幅灵图（神像图）上，均有吹牛角的梯玛在主持各种巫祀活动。牛角吹奏的优劣直接影响着梯玛的声誉。

占卜工具

土家梯玛用以占卜的工具不少。主要有梳子卦：以梳子落地的齿向占卜决断。筷子卦：以筷子落地的交、隔式态占卜。生死岩：一块巴掌大的扁圆卵石，一面写"生"字，一面写"死"字，主要用于"踩天刀"时作"生死断"。小钱卦：镀以白银的两枚小钱，以落地时之正反形状占卜。梯玛最常用的是竹菟卦：以五寸或七寸的一截竹菟，中劈为二。李宗央梯玛说，竹卦又叫贵竹老虎，也有叫贵竹脑壳的。只有晚上会发出响声的竹子才能做竹卦。竹菟卦以其两块卦子的落地形状占卜，竹心朝上为翻，朝下为扑。两块卦子，一翻一扑为顺卦，两扑为阴卦。土家人认为，"男的头上不打阴，女的头上不打阳。"如为男求，或求男，出了阴卦，梯玛便说不吉，一定是哪路神鬼作祟，必须再敬再断，直到卜出所求之卦为止。向宏清梯玛说："三样卦子三样话，要出哪样卦，就封哪样话。"此外还有串钱卦、大比样（茅草卜）、比脚迹（茅草卜）等。

梯玛的神服、法器是梯玛与神鬼交通、获取并显示其神力时不可缺少的组成部分。向宏清梯玛向我们描述了他于1949年9月18日学梯玛出师时，由彭天禄师父为其举行取得通神资格的传法仪式，其中最后一个仪式——过33重门到天师堂向神报到（又称落神），梯玛的神服、法器全都发挥了巫术作用：

落神时，我把凤冠、八幅罗裙穿戴好，左手拿铜铃，右手拿司刀，开始在马（板凳马）上摇铃。掌坛师开始唱"一重门"的时候，板凳给往后拖开了，我站了起来，跟着师父的唱词，合着锣鼓点子，左脚不动，右脚不移（以左脚为中心，挪动右脚，所谓"右脚不移"是指右脚不得超出一定的范围）地打转转儿。这时候，我自己摇着铜铃、司刀，听着它们喊喊喳喳地响，火铺房里有人在那里咚咚扁、咚咚扁地敲锣打鼓，旁边有两个帮师拿着两杆红纸旗子在我头上忽拉忽拉地舞，神龛上两盏灯一闪一闪的。师父在那里"一重门尼／我打开着啊／二重门尼／我也打开是／着啊"慢慢地唱，我在这里一个劲地不断打转转。转到三十层的时候，给我引路（领着打转）的梯玛让开了，剩下我一个人转。转到三十三重门时，舞旗子的把神灯一遮，四周一下子黑漆漆的，我也咚地倒下了，当时只晓得有些热，以后就什么都不知道了……

　　向宏清梯玛的描述，对于我们理解各民族巫师（包括某些著名歌手）与神交往或"神授"时，经常出现的迷狂、昏厥现象有一定的参考价值。

四、封闭式的梯玛传承

　　梯玛是封闭式的以祖先崇拜为主体的原始信仰与个体经济本位相结合的产物。

　　梯玛在保存、传承和延续土家民间文化方面有着不可抹杀的贡献。土家人的许多知识，包括天文、历史、哲学、地理、科学、生育、巫术……都留下了梯玛的印证。20世纪50年代以前，梯玛又是村寨的精神领袖，处理村寨人员的人际关系（村规村约、婚姻丧葬、人事纠纷等）都必须有梯玛的参与。当然，我们应当看到，土家族地处西南边陲的后沿，处在汉苗民族文化的包围与影响之中，土家梯玛文化以及梯玛本身的传承，呈现出明显的封闭性。上文我们说过，八百年的土司制度，一方面大量引进汉文化，造就了土家内部被认为已经汉化的高水平的上层文化；另一方面，在偏远地区的下层土民百姓之中，又极力维护与固守其原始文化传统，把梯玛的传承以及依赖梯玛而传承的梯玛文化，局限在狭窄的家族范围之中。

　　梯玛是梯玛文化的主要保存者和体现者，为了生存，为了保持其延续的生命力，不仅形成了独特的传承网络、传承路线、传承方式以及自成体系的传法仪式；而且呈现出一种强烈的排他性，以对抗外来文化的挤压、干扰和入侵。这种排他性主要表现为两个方面。

第一，梯玛只在土家族同一家族的亲属内部传承，而且主要是直系亲属相传（如父子相传、兄弟相传、叔侄相传，或隔代相传），在非直系亲属（姻亲）中外传的情况非常少见（我们访问的向国治梯玛是仅有的一例），因而形成了一个被称为老堂老殿（即拥有自己的兵马堂，可以独立主持巫祀的掌坛梯玛）的、以血缘亲属为纽带的梯玛群体，共同担负起本民族梯玛及其文化延续的任务。梯玛传承中种种非明文的规定，都是用以保证和维护他们在梯玛群体中的神圣地位与权益的。例如，父兄辈梯玛可直接充当子侄辈的门内师，向他们传授巫业；小辈梯玛可以不经过传法仪式而自立门户，由其长辈梯玛直接宣布他具有掌坛梯玛的资格。而且，只有老堂老殿的梯玛后代才有资格宣布自己得到先祖梯玛托梦阴传，也可以不经传法仪式而成为掌坛梯玛。这种家族内部传承以对抗或排斥不同家族之间的交流、互补为特点，因而具有相当的神秘色彩。

第二，梯玛传承与梯玛文化的传承，对邻近其他民族（特别是汉、苗民族）表现出民族间的排拒性，在师承关系和巫祀仪式等方面都极少交流（据了解，在偏远地区，只有极少数的汉人请土家梯玛做法事），这种狭隘的近亲传承圈在一个方面导致了梯玛文化的衰亡趋势。

由于土家族没有文字，梯玛阶层绝大部分都是文盲，其巫技、巫业的传承全凭充当师父的助手与帮师时，师父的口头传授、耳濡目染和巫祀的实践操作，而梯玛的基本巫辞和仪式程序都是代代相传、模式化了的，极少创新。梯玛的个性和才华只在为数不多的非正式场合，如扯白、走夜路或讲"丑话"（讲笑话或淫秽性巫辞）之时才能发挥。梯玛的授业阶段基本上是世俗的，只在传法仪式上的"神授"才具有神圣性。因此，在土家族聚居地，由于地域和家族的不同，尽管形成了若干他们自称是路数不同的梯玛门派，但这些门派的差异仅仅在于巫辞的详略，所谓鬼神之多寡、名称叫法的不同，以及仪式程序之先后这种细节的出入，并无本质的不同。

梯玛的传承又是自发的，无论是民族还是家族内部，从来没有形成任何一种权威或一部经典作为本民族的典范，或梯玛传承的依据。最明显的一个例子是他们不重视系谱，三代以上的梯玛世系，一般的梯玛都不知道。但千百年来却有一种无形的力量维系着这个群体，自发地制约着土家民众的行为和观念，成为他们内聚力的源泉，这就是以梯玛为核心、以原始信仰为基础的梯玛文化。正是这种自发的家族范围的传承，使比较多的原始文化因素得以保存下来，与相邻民族文化相区别。而一旦这种原始信仰的基础发生动摇，梯玛文化的衰亡是必然的，不可阻挡的。

这种封闭型的传承方式和20世纪的文明是格格不入的。如今，即使在最偏远的山区，梯玛文化也受到了强烈的冲击，千百年来形成的梯玛传承早已被打破，作为一种原始文化现象，梯玛面临着崩溃的边缘。从我们所接触的几位梯玛来看，古丈断龙乡的田光南和李宗央梯玛都没有授徒，保靖向宏清打算在自己过世以后，以老堂老殿身份，把自己的本事以"托梦阴传"的方式传给儿子。向国治梯玛正在把自己的巫技传给十多岁的孙子。尽管一些梯玛还在授徒，但是，曾经在社会生活和精神生活中起过重大作用的梯玛群体已经不复存在，目前的授徒只是作为家庭一份子，世俗地给后代传授一种谋生手段罢了。

五、信仰中的鬼神世界

土家人"信巫觋、重淫祀"，相信现实世界以外还有一个神鬼世界，相信他们的巫师——梯玛借巫祀之力，能与神鬼交通。土家神鬼不分，用向宏清的话说，土家的"耶"就是客话（指汉语）的神、鬼。

梯玛信仰属多神的泛灵信仰，没有主宰众神万物的至上神和众神之父，没有固定的信仰组织，没有地域性或全民族公认的梯玛，未见大型的神话史诗作品流传，也没有形成完整系统的哲学与观念体系。这种以祖先崇拜为特征的原始信仰，决定了在这种信仰基础上构建的神鬼世界具有如下特色：

第一，神鬼无时不在，无处不有。上至日月星辰、山川万物，下至蛇虫鼠蚁、瓜菜藤豆都有鬼神主宰；神鬼伴随着人的生老病死、婚娶丧葬，直至生命的尽头。

第二，神鬼活在人的信仰之中，制约着人的观念、规范着人的行为。神鬼的出现常伴随着仪式，对神鬼的信仰渗透到人类生活的各个层面，左右着人的一举一动、一言一行。

土家梯玛信仰中的神鬼主要有：一，梯玛各种形式大小巫祀中的神鬼。像舍巴神歌（摆手歌）中的创世诸神（天神麦特巴、造天之神张古老、造地之神李古老、造人之神依窝阿巴、雷神麦翁巴、射日之神卵羿、兄妹始祖神雍尼补所、媒神士义图介、蒙易神婆、火窑女神、春巴嬷妈以及形形色色的动物神、植物神、自然神等）。梯玛神歌（家祭巫辞）中的祖先神、先师神、家先神、天地公公、天地婆婆、头王太公、红毛天子爷爷、巴沙老母、择土拔布、三月堂上的上堂菩萨和下堂菩萨、百说灵官土地神、鬼头大王、二十五路五猖神等。二，灵图（神像图）中的三尊大天神、日、月、风、雨、电神、七姐妹送子娘娘神、骑龙哥哥、骑风哥哥送子神、一十二堂土地神、三元土主神、青龙白虎神、掌桡鬼、划挠神、索命小鬼等。三，各地祠庙中供奉的向王天子和德济娘娘（盐水女神）、八部大神、白脸神、红脸神、黑脸神、彭公爵主、向老官人、田好汉、科洞毛人、鲁力呷巴、梅山神，四官庙供的四官神，土地堂供的土地公、土地婆，兵马堂供的阴兵阴将阴马，湖北五落钟离矶子岩头庙供的卵石神（生育神），永顺不二门供的石穴生育神。四，辟邪的吞口神。五，傩堂戏中的傩公傩母、白旗先锋、开山、小鬼、算命破嘎（即先生）、安安、老尼、青衣，等等。六，典籍中的土家先祖廪君和盐水女神（见《后汉书·南蛮传》引《世本》所载有关赤黑二穴、投剑石穴、土船浮水、神虫蔽日、射杀女神、人祀廪君的神话），在漫长的岁月中，从民间走向典籍，又从典籍走向民间，成为土家信仰中的向王天子和德济娘娘了。

  第三，形成了一个阵营强大而庞杂的神鬼体系。在这个体系中，祖先崇拜与自然崇拜并存，原始信仰与民间信仰交融，本土神与道教、佛教诸神混杂，天神、地祇、人鬼共处。从这个神鬼体系中，可以看出梯玛文化在历史上递嬗演变的过程；可以看出土家梯玛文化与沅湘楚巫文化、南方傩文化、原始巴文化、氐羌古文化、云贵高原巫文化的渊源关系；可以看出土家巫文化与周边民族，主要是汉、苗、彝各族的相互影响和相互渗透的关系。一方面，在梯玛文化中，道教的观念、神祇、仪式，直到咒语，可说是比比皆是。例如，在一幅我们没有见到的神像图上出现"三清"神，"灵宝天师居中，其左为原始天尊，其右为老君。稍下中间始为玉皇大帝，天、地、水、阴四常，王母、神将、雷公、电母，其左为六星男神，其右为北斗七星女神，此组均多道教形象。"[①] 我们问过梯玛，他们

[①] 刘孝瑜：《土家族宗教》，宋恩常编《中国少数民族宗教初编》，云南人民出版社1985年版，第406页。

最大的神是谁，向宏清说是太上老君、张天师。这两个道教天神经常出现在梯玛的巫辞之中。此外，像"三魂七魄"的观念，梯玛法衣上的八卦图与太极图，以及巫辞中经常出现的"急急如律令"的咒语，均来源于道教。另一方面，土家梯玛文化的封闭性和排他性，在与道教文化的接触中有明显的表现。如梯玛吟唱巫辞有两种情况：一是全用土家口语（如龙山县岩冲、龙头一带）；二是土家口语与汉语并用（如我们访问过的田光南、李宗央、向宏清和向国治）。我们注意到，凡是用土家口语吟唱的，所请的神几乎全是本土神（自然神、祖先神、家先神、梯玛师父神、村落土酋神等），而只有用客语（汉语）吟唱时，才出现像道教诸神一类的外来神。又比方说，梯玛有着独特的灵魂观，有拖魂、背魂、拖磨子（招魂）、叫魂、捉魂、赶魂、围魂、喊魂……等各种与灵魂打交道的巫祀活动，但当我们问人有几个灵魂的时候，李宗央梯玛回答说："说是三魂七魄，究竟是哪三魂，哪七魄，说不好！"巫辞中虽然也出现三魂七魄的说法，但从未见到有什么说明。这种现象说明梯玛文化有善于吸收外族文化，尤其是道教文化的一面，也有极顽强地固守本民族原始文化传统的另一面，两者相互交融、渗透并非都是水乳式的，常常会出现水油式的现象，是一个漫长而复杂的过程。

第四，在神鬼世界中，梯玛的角色是上天入地，充当神鬼与人间的使者。在我们所见到的永顺、吉首两幅灵图中，梯玛的位置十分清楚。

第五，白虎神信仰的两重性。据史籍记载，古代巴人的一支是土家人的一脉，土家是廪君之后（见《世本》、《后汉书·南蛮传》、《晋书·李特载记》等）。廪君就是虎君，被奉为祖神。土家信仰的白虎有两种，坐堂白虎是家神、祖神，对它要敬要祭；行堂白虎是凶神、邪神，对它要赶要收要避。对白虎的两种截然不同的信仰，从一个侧面反映了土家先民的多元构成。

第七章

原始返祖：哈尼族亡魂返祖观透视

人死以后到哪里去？不同的民族、不同的信仰，有不同的答案。基督教、犹太教的魂升天堂，佛教、印度教的轮回转生，道教的长生不死，儒教的返祖归宗，无一不体现了该民族的生死观和宇宙观。

返祖归宗的观念，在我国（以及一些东方民族、环太平洋地区民族）流传了数千年之久，已经不仅仅是一个灵魂回归的宗教信仰问题了。因为作为一种宗教，其基本特征是出世性：虚构出一个神幻的世界，使人从中得到精神与肉体的解脱。而返祖归宗的观念则具有入世的性质，说到底，是要使个人有限的生命，加入到家族生命的无限延续之中，从而使家族永存。

我国许多还保留着原始信仰的民族，同样有亡灵返祖的观念，与儒家的返祖归宗在观念上有某些相通的地方：重宗族（氏族、家族）而轻个人、重现世而轻彼岸。然而，以天神崇拜与祖先崇拜为核心的儒家的返祖，是以孝道和道德伦理作为前提的。《礼记·郊特牲》说："万物本乎天，人本乎祖。"即所谓"敬天法祖"。法祖就是要重丧葬，行孝道，并由此形成了一整套以孝为核心的严格的礼俗制度。返祖归宗是中国宗法性传统宗教的重要内容。而原始的返祖观，是以多神（甚至鬼神不分）与祖灵信仰为基础的，属于祖先崇拜的原始阶段与低级阶段。拉法格在《灵魂观念的起源和发展》中说："一切原始民族都发明了死后的天堂，在这里灵魂重新令人神往地过着自己的地上生活。"[①] 笔者1989年曾在德国波恩奥古斯丁人类学研究所和民

---

① ［法］拉法格：《灵魂观念的起源和发展》，王子野译，《思想起源论》，三联书店1963年版，第132页。

族与文化博物馆里看到世界各大洲原始部落的许多珍贵文物和原始信仰资料,其中有关于各原始部族皈依基督教的资料,展示了有关人死后升天堂的情景和信仰。由此产生了一个问题:一切原始民族,或者至今还保留着某些原始信仰的当代民族,都有死后升天堂的观念吗?

我国保留着原始返祖观的民族同样渴望死后"过着自己的地上生活",然而,他们所构筑的归宿地是天堂吗?本章试图以哈尼族为例,运用比较研究的方法,对原始返祖观的性质、特点和民族特色,作一初步的剖析。

第一节　人死到哪里去——回到祖先的地方

从山顶洞人时代起,原始人便懂得把生人与死人分开,而穴葬、土葬之俗又标志着人类产生了第二世界的观念。地下世界不一定是鬼的世界,早期的灵魂观与地狱、恶魔并无联系,也无所谓惩罚、报应之说。英文"地狱"(hell)一词原来是穴洞的意思,是不论善恶之亡人都要去的地方,是离体的灵魂的地下住所。亡人有时候也变成鸟往天上飞,这天上也只是第二世界的一个部分,和较后出现的神的居所天堂是不同的。野蛮人相信,人死后要回到祖先居住的地方,定居民族则常常返归地下,经过迁徙的民族,必须沿着迁徙的路线,跋山涉水,返回他们祖先居住的地方。

古人称死为归,把亡者叫"归人"。他们认为,人由精神和骨肉两部分组成,人死,精神与骨肉分离,各有所归。民间传说的灵魂回归地,各有不同。古时候,中原传说人死魂归泰山(顾炎武《日知录》),虚构出地狱(图7-1)、孟婆娘娘殿(图7-2)等去处,以及五殿阎罗王、六殿卞城王一类的冥界君王;巴蜀传说魂魄归于彭门(《蜀王本纪》);东北一带又说魂魄归赤山(《后汉书·无恒传》)。其说不一,真可谓五花八门。

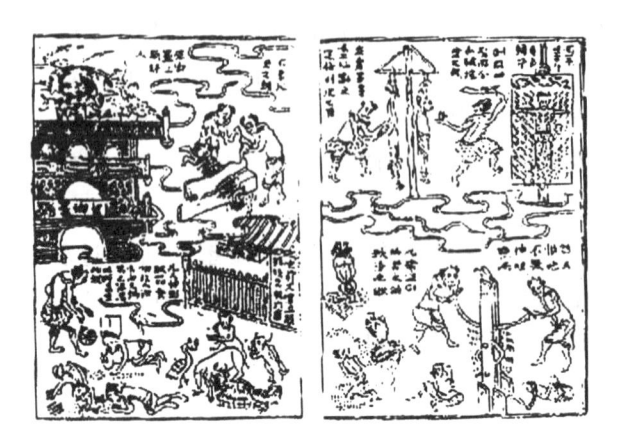

图 7-1 地狱（古代民间版画）（采自《世界各民族的神话》俄文版）

图 7-2 孟婆娘娘殿（古代民间版画）（采自《世界各民族的神话》俄文版）

概括起来说，我国各民族的灵魂回归途径大致有下列几种：

一、原始返祖。流传于相当一部分少数民族，指人死返归祖地，经过迁徙的民族则返归祖先发源地。

二、返祖归宗。流传于大部分汉族地区，以祖先崇拜为核心，以孝道和道德伦理为前提，形成了一整套以孝为核心的礼俗制度，是我国宗法性传统文化的一个重要内容。

三、化身图腾祖先。流传于少部分图腾信仰比较发达的民族，许多地区只保留了某些遗迹，是一种比较古老的灵魂回归形态。

四、轮回与投生。流传于信仰佛教的地区和民族，信奉藏传佛教的藏族至今仍保留着十分典型的轮回与投生的灵魂回归观念。

五、不死与仙界。道家不关心人死后的去处，他们寻求的是不死和永生，他们所构筑的仙界，实际上是人类世俗生活的虚幻延伸。

六、天堂乐土。这是信奉基督教者的极乐世界，这种信仰带有世界性。

七、回归自然。是纳西族所特有的殉情者所向往的最高境界。他们以生命为代价所追求的，是一个高山中的理想国——玉龙第三国。"那里有斑虎会耕田呵，那里的马鹿可驮骑呵，那里的山驴会做工呵，那里的风可以使唤呵，那里的云可做衣裳呵，那里没有蚊子苍蝇呵，那里没有疾病痛苦呵，那里没有恶语毒话呵！"①

八、混合型回归。这里指的是某些外来宗教，如佛教、基督教、天主教传入我国的一些巫风盛行的民族和地区，从而使他们的信仰发生了变化，这种变化是复杂的。是取代？是水乳交融？还是水油混合而又分离？这是一个需要进一步探讨的问题。

在这里我们只举一个汉民族的例子。基督教、天主教认为，人死后灵魂升天堂，到神的身边。在我国农村，在一些信奉基督教、天主教的农民心目中，魂升天堂的观念，带有浓厚的中国式的务实世俗色彩。和一般信仰道佛或没有信仰的村民不同，他们只信仰耶稣天主，安葬死者时，一般不烧香、焚纸，仪式比较简单，葬后也不举行上坟、挂钱、送寒衣等仪式。他们也相信，人死后，魂升天堂，回到天主身边；但对天堂的理解却是入世的，不同于西方基督教、天主教以出世为特征的魂升天堂的观念。

---

① 杨福泉：《神奇的殉情》，香港三联书店1993年版，第129页。

社会学家郭于华告诉笔者，她曾于 20 世纪 90 年代初在河北一些信仰天主教的村子作调查，和信教的农民有过一次谈话：

问：能否说说信仰天主教的人死后是怎样的？
答：死后就让天主收了去，到天主身边，也就是到天堂去了。
问：你们害怕火葬吗？
答：不怕。烧掉的是世俗的人，灵魂已经离开他到天主那儿去了。
问：天堂是怎么样的呢？
答：在天堂可以享受无穷的幸福生活。
问：请说得具体一点。
答：就是想吃啥有啥，要穿什么好的也有，还不用劳动受辛苦。
问：灵魂也需要吃、穿吗？
答：……

这种想吃啥有啥，想穿啥有啥，还不用干活的"来生"，不正是许多并不信教的老百姓所向往的吗？

我国的灵魂回归途径尽管多式多样，但主导的仍然是返祖回归观。概括来说，我国的灵魂返祖观有如下一些特点：

第一，返祖是人死后返归祖灵世界。在中国人的心目中，祖灵世界只不过是他们自己社会的另一半，是现实世界的虚幻延伸，祖灵与人的世界，事实上只是不同空间的同一社会。

第二，农业民族视祖灵与谷灵一体，他们认为，谷种具有生命延续与孕育新生命的双重功能，人死如同谷种一样，植株虽死，生命却保存在谷种之中。谷灵赋予谷物以新的生命。返祖不仅意味着个体生命的再生，同时，也标志着家族生命链的延续和永恒。

第三，与佛教、基督教以出世为特点的亡魂回归观念不同，我国的返祖观具有入世的性质：重宗族（氏族、家族）、轻个人；重现世、轻彼岸。死亡从来就不是个人的事情，而是关系到家族能否得以延续发展的大事。人死，其亡魂只有被家族祖先接受，有资格加入祖灵的行列，成为家族生命链中的一环，才有意义。换句话说，个人的有限生命，只有加入到家族的无限的延续之中，才是灵魂回归的最高境界。

第四，返祖是祖先信仰的一个组成部分，反映了我国传统文化的某些重要特征。我国的亡魂返祖观，具有鲜明的民族性与血缘认同性，对其他血缘文化持排斥态度，是民族凝聚力的表现形式之一。同时，我国的返祖观又具有鲜明的地域特色，以家族、姓氏为核心，形成了一个纵横交错、相依又相抗的地域信仰网络，带有封闭性的特点。随着民族文化的沟通和观念的更新，这种封闭性的返祖观，在时代的强烈冲击下已经日趋淡薄。

第五，道佛观念对我国的亡魂返祖观有巨大的影响。佛家的极乐世界、酆都的幽冥地府、道家的不死仙界，同样是许多人向往的回归之途。然而，最终的目的，仍然是返祖归宗，与祖宗认同。在民间，我们看到佛道神像与祖宗牌位摆在同一个神龛上，享受着同样的祭祀，可以看出，包容性正是民间信仰的一个重要特色。

第六，我国的返祖回归分原始返祖与返祖归宗两大类。儒家的返祖归宗以天人合一为特征，以孝道和道德伦理为前提，提倡族类不朽，即种族的永恒延续，以及个人精神不朽，即立德、立功、立言，追求光宗耀祖的最高境界。而原始的返祖观，是以多神或鬼神不分与祖灵信仰为基础，返祖只是回到祖先那里，过活人一样的生活而已。

亡灵返祖是云南一些保留着原始信仰残余的民族普遍存在的灵魂观念。举例来说：

（一）阿昌族认为人有三个灵魂，人死魂不死，一个魂被送到坟上，要于清明节祭扫；一个魂（祖先魂）供在家里；还有一个魂要送到"鬼王"那里。[①]

（二）普米族认为人有三个魂。人死后，一个魂去到埋葬骨灰的公共墓地"罐罐山"，巫师韩规从骨灰上的痕迹，可以看出亡魂是否已返"本"转世同生于某家；一个魂在家里的锅庄附近，一个魂远去到木里以北的大雪山上祖先们所在的地方。[②]

（三）滇西北丽江、永胜两县交界地区的苗族认为，人有三个灵魂。人死后，一个灵魂守尸；一个灵魂由指路师指路，到天上"假勒假尤"

[①] 刘扬武、邓启耀：《阿昌族的原始宗教残余》，宋恩常编《中国少数民族宗教初编》，云南人民出版社1985年版，第175页。

[②] 佘仁濬：《丧葬与灵魂》，云南省民间文艺家协会和云南省民间文学集成办公室编《云南民俗》第7期，第142，141页；杨学政《普米族的韩规教》，宋恩常编《初编》，第283页。

地方和祖宗住在一起；一个灵魂去投胎，把给死者洗脸的布用火烧，从布灰上的纹路即可看出投胎转生的是男还是女。①

（四）云南兰坪县河西区白族支系拉玛人认为，人有三个魂："攀买"、"机齿"、"依欧"。攀买是主魂，附着于人的精神，对人的精神起作用；其他两个是次魂，附着于人体，对人的肉体起作用。拉玛人认为，三个魂中的一两个暂时离开人体，人不会死，三个都离开人体人才会死亡。魂不会死，离体后成鬼，到另一个鬼世界木容丁去，通过木容丁，再到历代祖先亡灵居住地——傲宗丁，与已故亲人的亡灵团聚。②

（五）邦腊佤族的灵魂观为我们提供了原始信仰与外来宗教融合的可贵实例。据调查，他们认为人的灵魂有四个：（1）"宽"——人人都有的、活着时的生魂；（2）"宽西阿"——基督徒经耶稣拯救后，死后可以升天堂的灵魂；（3）"姆玉安"——人死后可以进入"死人城"的灵魂。老人说，"死人城"在大理的三月街。送葬时，必须以白棉布盖棺，使死亡者取得进入"死人城"的"证明"，否则，"姆玉安"无法入城，找到自己的归宿；（4）"嘉"——指未被耶稣接入天堂，又未能进入"死人城"的游魂，常常发怒，并怪罪于活人。③

（六）彝族的三魂观普遍见于各地的彝文文献及现存的丧葬习俗之中。各种彝文经典以及各地"毕摩"（巫师）对三魂的名称及其归宿有不同的记载和解释。例如，云南哀牢山彝族村寨殡葬祭词《查诗拉书》第14章《指路篇》载："人死有三魂，一魂守灵牌，一魂守坟墓，一魂见祖先。"④ 云南禄劝彝文经典《供牲献药经》载："阴间人死有三魂，快魂要去阴间地，善魂守着祖灵牌，恶魂在那坟脚居。"⑤ 去阴间地的魂去找祖先。云南彝文经典《叙祖白》载："死去的人，活着的时候，都有三个影子。死了的时候，还有三个魂。有影就有魂，影魂有地方。在哪个地

---

① 古文凤：《滇西北苗族丧葬礼仪调查》，《民族学》1990年第1期，第80页，云南省社会科学院民族研究所主办。

② 李松发：《拉玛人的灵魂观念与原始宗教》，《怒江文史资料选辑》第6辑，第114—115页，怒江政协文史资料研究组。

③ 魏德明：《邦腊佤族葬俗中的宗教特点》，《民族调查研究》1986年第2期，第41—46页，云南省社会科学院民族研究所编。

④ 《查诗拉书》，普学旺、梁红、罗希吾戈译注，云南少数民族古籍整理出版规划办公室编《云南少数民族古籍译丛》第12辑，云南民族出版社1987年版，第94页。

⑤ 《供牲献药经》，张仲仁、普卫华译，云南民族出版社1988年版，第24—25页。

方？魂上哪里去？一个在神牌，一个在坟地，一个去阴间。"① 云南罗平县《指路经》说："如今你过世，人死魂三个，一个去投胎，一个守灵台，一个到阴世。"云南宣威县《指路经》说："人死有三魂，一魂守斋场，斋场始平安，一魂守葬场，一魂去阴间，阴间不多住，只能住三夜，……不能长久居，亡后快放生，灵魂到人间。"② 彝族学者巴莫·阿依认为："此处为去阴间（归祖）之魂投生转世"③，说明去阴间归祖并非最终的目的地，而投胎转世才是亡灵最后的归宿。凉山世传彝族祭司吉克·则伙在他的自传《我在神鬼之间》中对彝族的三魂观念的解释，带有某种理性色彩："彝族的'毕摩教'认为，每个世人都有三个躯体之外的精神的东西。叫'依''娜'和'娜格'，意近似汉语的'魂、魄、灵'。……人死后，灵仍附尸体，直到遗体焚烧后也仍守焚葬地；当人死时魄急离遗体去先祖那里'报到'；而魂在人死前的一段时间就已离了躯体在远方，多在祖先那里生活或在妖鬼间活动（'妖鬼'也是属祖先的一部分）。"④ 云南、贵州、四川广大地区的彝族，其三魂观念尽管在名称和解释上略有差异，但其基本模式却是相近的。即人死有三魂，一个归祖，一个附祖灵牌，一个留守焚场坟地。此外，还有回归图腾祖先（归竹、归虎、归鹰、归葫芦等）、转生动物或投胎转世⑤等说法。

（七）云南还有些民族认为，人的灵魂不止三个。如基诺族认为，男人有九个魂，女人有七个魂。⑥ 景颇族认为，男人有六个魂，女人有七个魂，前三个魂是"好魂"，后三个魂是"坏魂"，人死是好魂被鬼掠走或

---

① 《叙祖白》，朱踞元等译，云南民族出版社1987年版。
② 《指路经》第一集，张尤发译，云南民族出版社1989年版。
③ 巴莫·阿依：《彝族祖灵信仰研究——彝文古籍探讨与彝族宗教仪式考察》，中央民族大学博士论文，1991年，第8页。感谢马学良教授把他的博士生巴莫·阿依的博士论文打印稿送给我，文中大量作者亲自采集的第一手田野调查资料尤为珍贵。
④ 《我在神鬼之间——一个彝族祭司的自述》，吉克·尔达·则伙口述，吉克·则伙·史伙记录，刘尧汉整理，云南人民出版社1990年版，第7—79页。
⑤ 据《祖神源流》（又名《裴妥梅尼》，罗希吾戈等译注，云南民族出版社1988年版）载，人死后亡魂随鹰祖而去，又说亡魂由贝耄指引回归祖宗居地。《祭龙经》（《增订爨文丛刻·祭龙经》，马学良主编，四川民族出版社1986年版）中认为人死后亡魂随龙祖而居。巴莫·阿依搜集翻译的凉山彝文《占卜经》中有祖先转生为各种动物的记载。上文所引云南罗平、宣威一带的经书有人死投胎转世之说。
⑥ 陈平：《生育禁忌》，刘怡：《玛黑玛妞》，《中国各民族宗教与神话大词典》，学苑出版社1990年版，第352、353页。

咬死了，要请董萨（巫师）唱送魂歌，按各姓氏族的南迁路线，把死者送到祖先居住过的北方安息。①

在我国，相当一部分民族认为，人死要回到祖先的地方去。经过迁徙的民族，其亡魂也要沿着他们迁徙的路线，返归祖地。原始返祖，又可分为单向返祖与多向返祖两种。

多向返祖又有两种情况。其一，认为人有几个魂的民族，人死以后，几个魂各有归宿，但总有一个魂返回祖地；其二，由于受到外来宗教的影响，一些民族认为亡魂先返祖，然后经过轮回，再升天。例如傈僳族认为，人死，儿童之灵魂到兰坪的车司啦加德去，成人的灵魂则到兰坪的大森林中。他们认为，人死后的世界与生前一样，始死，其灵魂可以重新投生为人，或者变为牛、羊、猪、鸡等牲畜，男魂经过九次，女魂经过七次上述的循环轮回后，最后才能化为天空中的云雾升天。②

据民族学家陈国钧20世纪40年代在贵州苗族地区的调查称，当地的生苗（指边远地区极少与汉族交往、文化比较落后的苗族群落）认为，人死三天，家人要到墓前供上牛肝、猪肝、鱼、酒、糯米饭等，让亡灵吃饱，好到祖先所在的地方去住。这个地方生苗叫senu（生有），在一片大坡之上，亡人在这里和人世一样生活，天天吹芦笙、踩歌堂作乐。两三个月后，亡魂离开"生有"投生，再到世间为人。③据说，苗族是从天水相连的东方向西迁徙而来的，年长者逝世后，即将卧病用的衣巾焚烧，抬往坟地的路口上，以表示死者的幽灵沿着西迁的路，回到祖先的发祥地，然后再从那里升天，去和先灵一起，享受极乐的鼓笙世界。④

哈尼族的亡魂返祖观大致属于单向返祖，即亡魂直接返归祖地。据哈尼族学者毛佑全对哈尼支系叶车人的调查，人生下之日，就有12个魂，哈尼语称为"约拉"。在他们的观念里，这些灵魂的作用是不一样的。第一个是主魂，紧紧依附于人体。其余11个魂由大到小，依次而减，分布于人体全身，对人体的安康起着不同的作用。只有12个魂都恪尽职守，

---

① 尚正兴：《芒拾办》，《中国各民族宗教与神话大词典》，第359页。
② 《云南怒江傈僳族社会调查》之六，《云南少数民族社会思想资料选辑》（二），1982年，第114页。
③ 陈国钧：《生苗的葬俗》，《贵州苗夷社会研究》，贵阳：文通书局1942年版，第320页。
④ 潘光华：《焚巾》，刘锡诚、王文宝主编《中国象征词典》，天津教育出版社1991年版，第82页。

一个不少地依附于人的躯体时，人才能健康无虞。倘若有魂离开人体，人就要生病，小魂离开生小病，大魂离开生大病。主魂离开了躯体人就会死亡。① 与上述几个具有多魂信仰、人死后各魂自奔东西、多向回归观念的民族不同，哈尼族认为，正常死亡者的12个魂离体以后，变成鬼，而且只有一个去处，即回到祖先居住的大寨子，或者像一些哈尼支系在《指路歌》中所说的，回到"打俄"地方（祖先阴灵居住的地方）去：

　　嗯哼——
　　白发苍苍的奶奶呵
　　明亮的太阳落山了……
　　你像干枯了的树木一样
　　要回到祖先那里去了
　　回去的大路有三条……
　　要走中间那条宽敞的正路
　　正路的尽头就是"打俄"地方
　　哈尼祖先正在那里等着②

　　祖先的大寨子是怎么样的，勐海县格朗和区曼迈板寨爱尼人举行驱鬼送魂仪式时唱的祭词里描绘说：

　　天是有九层的，
　　地是有九层的，
　　人死不是到别处，
　　人死是到祖先在的那里去了。
　　祖先的在处，像活人的在处一样，
　　那里也是一家一户地在，
　　那里也是一村一寨地在，

---

① 毛佑全：《叶车人的"灵魂"观念与原始宗教调查》，中国民间文艺研究会云南分会、云南省民间文学集成编辑办公室编《云南民俗集刊》第1集，1984（原书木署）年，第39页；又见毛佑全《哈尼族文化初探》，云南民族出版社1991年版，第166页。
② 毛佑全：《哈尼族文化初探》，云南民族出版社1991年版，第89—90页。

>那里也要栽秧种地,
>那里也会得吃得喝,
>那里也会有欢有喜。
>去,
>回到祖先的大寨子去!①

把哈尼族的亡灵返祖观与上述几个民族加以比较,我们可以得出下面几点认识。

(一)多魂信仰在云南各民族中是一种较为普遍的现象。

(二)人死分正常死亡和非正常死亡两种,正常死亡者的灵魂的归宿又有两种情况:其一,几个魂各自独立,互不干扰,各有自己的去处,或送到坟地、供在家里、回祖先住地,或到阴间、"死人城",或升天堂、轮回投胎转生,或回归图腾祖先、转生动物等;其二,几个魂离体以后,只有一个去处,即返祖。从目前所能看到的有关哈尼族丧葬习俗和原始信仰方面的调查材料看,未发现哈尼族有灵魂升天堂、轮回转生、投胎等后起的宗教观念。②

(三)亡灵回归的方式也有两种:一是一次性回归,即亡灵一次到位,到了坟地,供在家中即不再游动;二是二次性回归,如普米族的一个魂被送至坟上,亦可由此投胎转生,白族拉玛支的亡灵先到鬼世界"木容丁",然后才到亡灵祖居——"傲宗丁",与已故亲人祖灵团聚。至于哈尼族,有的学者说:"人死便认为其魂'沙拉'离开了肉体,那是'内'回到祖先居住的地方,即鬼的世界去了。"③这里所说的祖居地,也就是鬼的世界,尽管亡魂(鬼)返祖道路崎岖,困难重重,但似乎并非

---

① 史军超、阿罗:《勐海县格朗和区曼迈板寨哈尼族丧葬习俗调查》,《云南民俗》第7期,第135—136页。

② 许多调查报告和论著中,未见到关于哈尼族人死后灵魂转生和投胎这种后起的宗教观念,只在杨万智所著《祈生与御死》一书(云南大学出版社1991年版)看到这样一段话:"在他们的心中,死亡不过是生命的暂时终结:人魂'沙拉'离开躯体,途经冥地,返归神祖栖歇的天界,随后,又托体转返人间。"哈尼人死后其灵魂是否"又托体转返人间"的问题,证据似嫌不足,因此还有待于研究哈尼族文化的专家们继续通过调查而不是通过论证加以解决,第230页。

③ 宋恩常、董绍禹整理:《勐海县西定山坝丙哈尼族宗教调查》,《哈尼族社会历史调查》,云南民族出版社1982年版,第139页。

像有的学者所说的先到鬼的世界,然后再到祖居地。因此,可以认为,仍然属于一次回归这种模式。

(四)返祖是一种比较常见的回归模式。这里出现了一个问题:祖地在何方?换句话说,在那些保留着原始信仰遗迹的民族当中,他们心中所构建的彼岸世界是什么样子的?滇西北苗族认为,一个魂到天上"假勃假尤"地方,与祖先住在一起。[1] 彝族经典所载,说是到阴间地去找祖、寻祖、归祖。[2] 他们心目中的祖先住地,无论是在天上,还是在阴间,都是模糊的、抽象的。哈尼族却不同,他们心目中的彼岸世界是清晰的、实在的,与人间别无二致:一村一寨,一家一户,在那里生活的祖先也有喜怒哀乐,也要吃要喝,也要栽秧种地,以维持自己的生活。这种情景毫无幻想色彩,与哈尼族的现实生活一模一样。确如有的学者所指出的,这种"灵魂观念更为原始和执着于具体事物和现实的直观属性"[3],他们"对于世界的认知方法也是依靠人体所及的直觉感知,而在自己直接未能涉及的彼岸世界,便无法加以细致或准确的描绘"。[4] 这正是哈尼族亡灵返祖观的特点所在。

第二节 什么人有资格返祖?

哈尼族把死亡分为正常死亡和非正常死亡,而亡魂能否返回祖先居住的地方,是区分这两种死亡的主要标志。年长者在家里老死或病死均属正常死亡,要为死者举行葬礼,送其亡魂返归祖地,使之成为祖灵;凡在野外得急病死亡、被毒蛇猛兽咬死、雷击而死、摔死,被大树或石头砸死、被水淹死、被烧死或自杀而死亡者,均属非正常死亡,不举行任何葬仪、祭祀,就地埋葬,禁入公共墓地,其魂成为野鬼,没有回归的资格,永远

---

[1] 古文凤:《滇西北苗族丧葬礼仪调查》,《民族学》1990年第1期,第80页。

[2] 《供牲献药经》,张仲仁、普卫华译,云南民族出版社1988年版,第24—25页;《叙祖白》,朱聪元等译,云南民族出版社1987年版;《指路经》第一集,张久发译,云南民族出版社1989年版。

[3] 佘仁澍:《丧葬与灵魂》,《云南民俗》第7期,1990年12月。

[4] 杨万智:《从象形符号看哈尼族巫意识的特点》,云南民间文艺家协会、云南民间文学集成编辑办公室编《边疆文化论丛》第3辑,1991年,第47页。

不得返回祖先身边。①

在哈尼族为营垒分明的两类死亡者所举行的葬俗中，有一种观念——子嗣和财产的影响，很值得研究者注意。据调查材料显示，在西双版纳，未婚者或已婚但未生育儿女者，死后之魂称为"密哈"，遗体简单装殓，草草掩埋。死者虽属已婚，但只生女孩而未生男孩，其魂称为"密沙"，其葬仪一般也较为简单。凡是有儿有女、多子多孙的人，死后其葬仪一般都较为隆重。②勐海县爱尼人则把正常死亡者的葬仪分为六等。其中死者年龄在40岁以上、有儿子、财富较多者，得为第一等（爱尼语称"洛仙"）。儿女情况大体如上，但财产较少者，得为第二等（称"吉果"）。其余依次而减。③

上述例证，一方面说明一些地区的哈尼族葬俗，已经因死者财富多寡而分成了不同的等级。另一方面也表明了有无子嗣对能否返祖所行葬礼的隆重与否，对灵魂观的形成和特征，有着至关重要的影响。无子女者、有女无子者，被排除在祖宗家族的系谱之外，其亡魂无法取得返回祖地的资格。由此可以看出，哈尼族的亡魂返祖观是以父系家族的延续为基础的。

第三节　送魂返祖的丧葬仪式

哈尼族的丧葬仪式是使亡灵成为祖灵的桥梁。近代以来，哈尼族改火葬为木棺土葬，并已成惯例。其葬仪十分隆重。尽管各地、各支系葬仪简繁不一，但每一项内容（如剽牛杀猪设祭、祭司贝玛念经指路等），无一不是为了抚慰死者的灵魂，沟通人祖（鬼）世界，使亡灵顺利到达祖先的居地。

---

①　宋恩常、董绍禹整理：《勐海县西定山坝丙哈尼族宗教调查》；毛佑全：《叶车人的"灵魂"观念与原始宗教的调查》；史军超、阿罗：《勐海县格朗和区曼迈板寨哈尼族丧葬习俗调查》。

②　宋恩常：《哈尼族宗教信仰的几个侧面》，宋恩常编《中国少数民族宗教初编》，云南人民出版社1985年版，第246页。

③　史军超、阿罗：《勐海县格朗和区曼迈板寨哈尼族丧葬习俗调查》，《云南民俗》第7期，1990年12月，第132页。

哈尼族认为，正常死亡的长者，在举行过葬礼之后，遗体被送往氏族公共坟山埋葬，其阴魂即转化为祖先神灵（哈尼语称"阿培阿波"，意即男女祖神）。不难发现，人们为死者举行葬仪的过程，就是阴魂转化为祖灵的过程。[①] 这个过程中，处处体现着生者与祖先亡灵世界的某种虚幻的沟通的愿望。据邓启耀在金平县沙依坡乡比窝迷村对哈尼族糯米人一次丧仪的调查，死者生前要制作寿衣。尽管平时穿衣并不讲究，但死时却一定要换装，以免祖先认不出自己。女子穿靛染斜襟衫，齐膝短裤，打绑腿，头缠青，要穿七件衣服（单数）。老人穿寿衣时，除平日之民族服装外，还要在外面套一件反过来穿的新衣。前者为了亡魂认得自己的躯体，祖先认识死者；后者让死者知道自己已死，生死有别，不要滞留人间。而近年已很少穿传统服装的叶车人，在老年人死亡时，却仍要换上传统服装：白尖头帕，开襟短衣，紧身短裤，赤足。这也是免得祖先认不出死者的观念所使然。[②]

如果更深一些开掘一下换装的深层含义，便会发现，换装与人们的灵魂观念不无关系。金平糯米人的葬俗中，送葬者中的四代舅也要举行换装仪式。邓启耀认为，生者换装的象征意义，与"接气"习俗的象征意义是相同的，即让生者继承死者之"福气"。西双版纳的哈尼族，在为老人送葬时，女子要穿好看的节日盛装，胸前缀满银器饰品，长媳还要穿出嫁时的礼服。据说为的是让祖宗能认得出来，从而保佑后代的福祉。[③] 世界上许多国家都有"天鹅处女型"故事的流传，其中天女的衣服是理解这种类型的故事的关键。天女的衣服被凡人男子收藏起来，得以把天女留在人间做人妻，当她一旦重新获得她的衣服时，她便立即重新化为仙女，飞升回天际。我认为，在这个故事中，衣服与其说是人世意义上的服装，毋宁说是原人灵魂观中灵魂的一个代码更为贴切。对哈尼族葬仪中生者和死者着装的含义，是否可以从这样的角度来理解呢？

研究者指出，景颇族的送魂，其意在于对死者灵魂的安置（图7—3）。亡魂送往的方向与地点，因亡者的年龄及死因而异。对寿终正寝的

[①] 毛佑全：《哈尼族文化初探》，云南民族出版社1991年版，第164页。
[②] 邓启耀：《金平哈尼族葬礼换装的象征意义》（作者提供给笔者的手稿）。
[③] 毛佑全：《哈尼族文化初探》，云南民族出版社1991年版，第83—84页。

老者，要象征性地把魂送归祖先发源地；对年轻的病亡者，则象征性地沿着景颇族南迁的路线往北送，比送老者的要短；对凶死者或妇女妊娠分娩时的亡者，只能送到远离山寨的山箐里。在埋葬死者后举行"送魂"仪式上，巫师念鬼，杀牛、猪、鸡作祭品，扎制"尸架"，象征抬死者的魂。他逐一念诵亡魂至归宿地所要经过的地方，引导亡魂游走。仪式后，还要鉴别死者之魂是否真正送走了。其方法是：一，死者全家排列于家中的鬼门（与正门相对之后门）前，为首者头顶一竹篮，内装用青叶包裹的糯米饭和两只熟鸡作祭品，巫师卜选一老妪与他同拉一条长约三公尺许的白线。巫师用刀将线砍断，老妪所执一端线头如向鬼门外，表示魂已送走。二，巫师卜选一老妪，由她将祭祀所用鬼刀以背身之势，投向鬼门外。刀落地后，如刀刃向外，则表示魂已送走。[①] 而有的景颇族为死者送魂时，要制作一个"还魂桩"，景颇语叫"龚布桩"（图7-4）。人形的龚布桩便是死者灵魂的化身。享受龚布桩的死者，必须是活到五十岁以上的老人，根据其地位、财产、性别等，决定制作龚布桩的大小、精细程度，以及送魂仪式上绘身驱鬼舞蹈的规模等。龚布桩的造型象征死者。德宏景颇族举行的"目脑节"就是一个大型的象征溯回祖地的民族节日。广场巨型的目脑柱上的回旋图案则代表着祖先迁徙的路线，也是灵魂回归的路标。笔者在湘西调查时见到土家族的墓碑是船形的，象征着以魂舟送魂返归祖地。（图7-5）

　　此外，还有其他许多种送魂方式。如水族的放小纸船。老人过世，水族家人便编折小纸船，以菜油浸抹，将亡人的一点衣服布屑、几粒大米及灵牌置于船中，带至溪边，任其自流，使亡魂沿着祖先由南迁来的路线回老家安息。又如四川德昌的傈僳族的传说，送魂返祖时由大雁作陪。人、鬼、雁最早都出自同一个南瓜，有血缘关系。以前，人死三天回魂，在一块白布和一块青布上各画一只大雁，分插两处，由诗底扒（道士）念经，念到两面旗子转向一方，表示两只雁一起飞走。[②] 显然，这雁象征着死者的亡魂，或者是引魂之物，共同返回祖先所在的地方。

[①] 赵捷、东方既晓：《送魂》，《中国象征词典》，天津教育出版社1991年版，第226页。
[②] 《人类起源的传说》，《中国民间故事集成·四川少数民族卷》，1991年内部发行，第935—936页。

第七章 原始返祖:哈尼族亡魂返祖观透视 253

图7-3 景颇族"埋魂"仪式上绘身驱鬼的舞者
（采自邓启耀《宗教·美术·意象》）

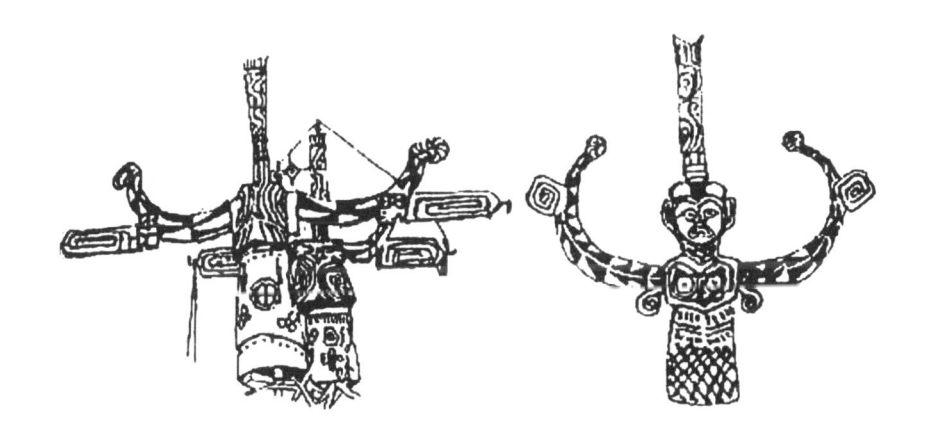

图7-4 景颇族招魂祭鬼桩——袭布桩
（采自邓启耀《宗教·美术·意象》）

图7-5　湘西古丈土家族的船形墓碑，象征以魂舟送魂返祖（马倡仪　摄）

第四节　亡灵返祖路线是民族历史迁徙的一种再现

　　哈尼族灵魂信仰观念中亡灵的返祖路线，是民族历史迁徙的一种再现。作为一个学术问题，哈尼族的族源是有争议的。[①] 但哈尼族大量的古歌、民族历史迁徙史诗以及在葬仪上所念的开路祭词表明，亡灵返祖所去的地方，就是哈尼民族的历史发源地；其返祖路线，就是在追念中对民族历史迁徙路线的一种重演。葬仪上必不可少的一项内容，乃是由祭司（或长子）念诵家谱，讲说民族历史迁徙古歌，为亡魂返祖引路，使之回归祖地。

---

① 学术界关于哈尼族的族源问题，主要有三种不同的观点。（1）北来说。认为"哈尼族同今云南省境内十几个彝语支民族一道，其主流均同源于古代羌部落族群。"经过南迁，进居滇南、滇东南各地。（见毛佑全《哈尼族文化初探》，第7页。）史学界倾向于北来说。（2）土著说。认为哈尼族是红河流域的土著居民。（孙官生《古老、神奇、博大——哈尼族文化探源》，云南人民出版社1991年版。）（3）二元文化融合说。认为哈尼族是"南方夷越民族的滨海文化与北方游牧部落的高原文化的化合体"。（史军超《滨海文化与高原文化的嫡裔》，《边疆文化论丛》第3辑，第124页。）上述三说对哈尼族的历史大迁徙及其民族迁徙古歌各有自己的解释，但对于亡灵返祖回到祖先发源地却未见不同的看法。

第七章　原始返祖：哈尼族亡魂返祖观透视　255

　　有一个例子是非常典型的。据调查，元阳县哈尼族女歌手搓厄厄玛为人送葬时，要佩戴一种名叫"吴芭"的头饰。据当地著名大贝玛兼歌手朱小和解释，"吴芭"是为亡魂引路用的。没有"吴芭"引路的魂是野魂，是不能返归祖地的。"吴芭"头饰上装饰着的五个大小不一的三角形图案，每个三角都是哈尼族所经历的某一个历史阶段的表象，象征着哈尼族祖先从远古到现在的全部历史。亡魂在"吴芭"的引导下，从现在居住的红河南岸哀牢山地区，渡红河，经石七（石屏），到谷哈密查，又到诺马阿美，最后返回第五个蓝色三角形所代表的"惹萝普楚"地方（指大渡河以北、四川盆地与川西高原交缘山区）。这里是哈尼人首次安营扎寨的地方，所以人死后，要回到这里，与祖先们团聚。[①]　"吴芭"头饰（图7-6）作为文化象征符号所标示的民族历史，与哈尼祖先迁徙古歌《哈尼阿培聪坡坡》[②]以及神话《先祖的脚印》《豪尼人的祖先》[③]等所述的民族迁徙情形是相似的。

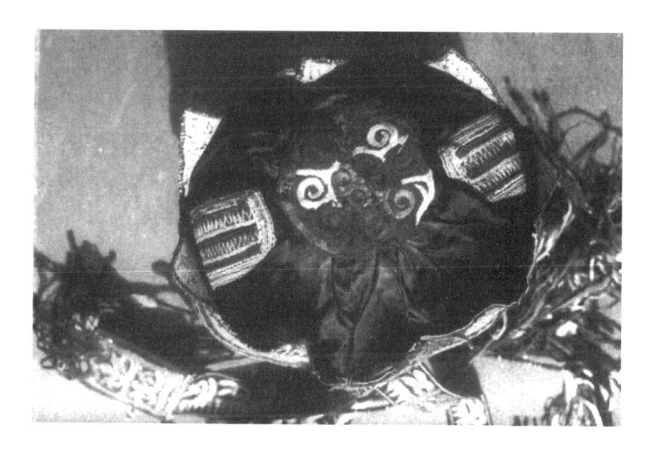

图7-6　哈尼族送葬时佩戴的头饰吴芭（杨咪双　摄）

[①] 长石：《历史的迹化——哈尼族送葬头饰"吴芭"初考》，《山茶》1988年第2期。关于"吴芭"的释义，又见邓启耀《民族服饰——一种文化符号》（云南人民出版社1991年版，）以及杨万智《祈生与御死》第126—127、285—288页。

[②] 《哈尼阿培聪坡坡》（《云南省少数民族古籍译丛》第6辑），朱小和演唱、史军超等搜集整理，云南省少数民族古籍整理出版规划办公室编，云南民族出版社1986年版。

[③] 分别见《哈尼族神话传说集成》，云南省民间文学集成编辑办公室编，中国民间文艺出版社1990年版，第267、290页。

第五节　二分世界——生死有别、人鬼异域

哈尼族神话说，从前，地上没有人，后来才慢慢有了人。从人类第一代"奥玛"，到第二十一代"初末吁"，是人、鬼、神不分的洪荒时代。[①]另一则神话说，人和鬼都是从金葫芦里飞出来的女始祖"阿嘎拉优"的儿子。人和鬼是亲兄弟，背上长翅，能在天上飞。"阿嘎拉优"身上有十一只奶，背上九只，胸前两只，人和鬼都靠她的奶水喂养长大。鬼好吃懒做，人鬼只好分家。鬼怕干活，不要土地，要了母亲背上的九只奶，人分得土地和母亲胸前的两只奶。[②] 在《人鬼分家》[③] 这则传说中，人鬼分家的时候，鬼分得树木、石头、荆棘丛生的山坡，人分得水草肥美的平地；鬼抢走了奔跑在荒坡野岭上的虎豹蛇鸦，人得到了圈在屋里的马鸡鸭猪狗羊和黄牛。

哈尼人最重视家谱，据各地、各支的哈尼族家谱记载，从"奥玛"到"浩然初"，是天地混沌、人鬼不分的洪荒时代；从"初末吁"开始，才是人鬼分开的人的时代。"初末吁"是哈尼族各支共同的祖先。[④]

哈尼族认为，人的时代是从人鬼分家开始的。但人的历史必须追溯到人鬼同母、人鬼合体、人鬼不分的时代。在人的世界以外，还有一个鬼的世界。人鬼同源、人鬼同宗、人鬼是兄弟、人鬼是对头，彼此相依、相斗、相克、相斥，永无休止。这种相当古老的二分世界的观念，直到如今，仍然或多或少地保留在哈尼族的亡魂观念、丧葬仪式、人生礼仪、招魂仪式和建村寨、祭寨门等的习俗之中。

[①] 《兄妹传人》，流传于元阳县，卢木罗讲述，刘庆元、阿罗搜集整理，《哈尼族神话传说集成》，第57页。

[②] 《天、地、人和万物的起源》，流传于西双版纳、思茅一带的爱尼地区，孟连县李格讲述，墨江县王富帮补充，李灿伟、莫非整理，《哈尼族神话传说集成》，第36页。

[③] 《人鬼分家》，流传于元江县，毛里仰讲述，毛佑全、傅光宇搜集整理，《哈尼族神话传说集成》，第317页。

[④] 参见王清华《哈尼族文化传承方式初探》，《边疆文化论丛》第3辑，第230页；阿罗《哈尼族神话传说集成·前言》。上述两个材料，其译名和系谱的代数与流传的神话略有不同。

一、丧葬习俗中的二分观念

我们在上文中说过，在哈尼人的观念中，人死，其魂"沙拉"离开躯体，变成鬼。鬼有善恶之分。正常死亡者，在举行葬仪时，其魂由贝玛指路返归祖地，加入祖灵的行列，成为子孙后代的护佑者。祖灵的世界，是善鬼的世界。非正常死亡者变成的鬼是凶鬼、恶鬼、野鬼，不得返回祖地，到处游荡，危害人间。死亡是人与鬼的分水岭，任何人无法逾越。

亡灵返祖，返归的就是鬼的世界。亲人举行隆重的葬仪，送魂归祖，自然反映了人对亡人（主要是长辈）的敬重，祈望亡灵尽快成为祖灵，为子孙后代造福，保佑全家平安、子孙繁盛。然而，举行葬仪同时又反映了人对鬼的恐惧，以丰盛的祭品献给亡人，为其准备好一切日用品陪葬，除了使亡人在另一世界不愁吃穿外，更重要的目的，是要亡人安心上路，快快离开活人，让活人的灵魂尽快从亡魂的纠缠中摆脱出来。对亡魂的既敬且畏的心理，以及生死有别、人鬼异域的观念，反映在整个丧葬过程中。

有材料说，西双版纳的哈尼族，一旦家中有人死亡，全寨男女停止一切生产娱乐，人人都要在帽子或衣服上面系一块姜，以防止死者的阴魂来缠身。丧家要请贝玛念咒送鬼，剽杀丧牛祭奠。在剽牛以前，贝玛在丧牛身上撒一把米和抛掷一个生鸡蛋，口中念道：

> 你去了！
> 我们剽杀大牛敬献你，
> 把你送到温暖的坟山上，
> 把你送到我家祖先的身边；
> 你走吧！
> 不要挂念你居住的地方，
> 你不是我们的人了。①

勐海县定西山坝丙寨的调查材料中，在剽牛送魂的祭词中还有一句，

---

① 毛佑全：《哈尼族文化初探》，云南民族出版社1991年版，第83—84页。

清楚表明人要把亡魂送走的愿望：

> 你要到鬼住的地方去住！①

勐海县格朗和区曼迈板寨爱尼人的巫师贝玛，在剽牛前，选三种祭祀用的草摆在面前，开始念诵家谱，一代代叙述，一直叙述到亡者本人，然后把其中的两棵草向丧家房屋扳倒，表示活人与死人从这里永远分开。②

勐海县定西山坝丙寨的哈尼人在送葬返回时，每人要拖一截抬棺材的绳子，到岔路口还要用红毛树叶、野姜叶和竹叶各三片掩盖自己的脚印，防止死者鬼魂跟着自己的脚印回家。葬后第十二天，由贝玛为全家老小举行叫魂仪式（哈尼语叫"恶拉空"）。贝玛的叫魂词说："死者的鬼魂走掉了，但活着的人的魂不要跟着去，我们用鸡、猪、米、茶来叫你们，跟我们一起回家去，走！回去，回去！"叫魂以后，贝玛用事先准备好的线为其家人手上拴一截，以表示已经把各人的魂叫回来，拴在各人身上，不必害怕再被亡魂纠缠了。③ 这里所叫的魂，是生魂，以线拴魂之俗，广泛见于南方各地、荆楚各民族以及屈原的《招魂》之中。

拉法格在《灵魂观念的起源和发展》一文中说："原始人对死人远比对活人害怕得多；他们对于看不见的，但是常常存在的灵魂总是处于经常的恐怖之中。""虽然采取了一切预防的措施，原始人还是不能解脱死者的灵魂所引起的恐怖的奇异的想象：他们相信死者的灵魂是在他们周围和给他们带来无穷的灾难。于是他们便产生了给灵魂指定一块领土的思想。"拉法格引用印度波多人在给死者献米饭和饮料时的祭词："你吃喝吧；以前你和我们一起吃喝，现在你已经不能这样做了；你曾经是我们的一员，你如今不是我们的了；我们将不再来到你的面前，而你也不再到我

---

① 宋恩常、董绍禹整理：《勐海县定山坝丙哈尼族宗教历史调查》，《哈尼社会历史调查》，第139页。

② 史军超、阿罗：《勐海县格朗和区板寨哈尼族丧葬习俗调查》，《云南民俗》第7期，第136页。

③ 宋恩常、董绍禹整理：《勐海县定山坝丙哈尼族宗教历史调查》，《哈尼社会历史调查》，第140页。

们这儿来了。"① 拉法格的分析使我们了解到，人对亡灵的恐惧由来已久，而印度波多人的祭词使我们深信，生死有别、人鬼异域的观念，是在许多民族中普遍存在的。

二、村寨聚落布局中的二分世界

人鬼异域、各居一方的观念，不但见于哈尼族的丧葬习俗，而且在日常生活中，在村寨聚落的布局、建村寨和祭寨门的习俗中，处处可见这种相互依存与相互对立的两分观念。

人鬼异域的观念，早在山顶洞人的时代，就已经初露端倪了。山顶洞人把死去的伙伴的尸体置于下室，并在尸体的四周撒上红色的赤铁矿粉末。② 从仰韶文化半坡遗址的聚落结构中，也可以清楚地看出其二分世界的格局：居住区在中心部位，墓葬区在北方，其间有一道宽6—8米、深5—6米的大壕沟相隔开，把活人和死人严格分开。③ 生与死，人与鬼，楚河汉界，区分得一清二楚。

同样，哈尼族的村寨聚落在布局上，显然带有上述原始聚落的结构特色。据调查，哈尼族在建寨时，往往要选择一处距离村寨不算很远但又看不见村寨的向阳山坡，作为同宗的公共坟山。由于坟山是鬼居住的地方，所以禁止扩大墓地，扩大墓地就意味着扩大鬼魂的住地，于人不利。人鬼各居一方的村寨聚落布局，正与哈尼族的"人居平地，鬼占坡头"的古老观念相合。而且在选择公共墓地的时候，要选择向阳的山坡而又看不见村寨的地方，既反映了人鬼若即若离的微妙关系，又反映了人对鬼既关怀又恐惧的双重心理。

三、建寨驱邪逐鬼祭词中的二分世界

建寨是哈尼族生活中的一件大事。大凡人口过分拥挤，因瘟疫或其他原因致使人畜庄稼衰败，或遭天灾人祸者，便认为是鬼魂作祟，必须迁寨而另建新寨。选定寨址后，建立新寨时，要驱邪逐鬼，招寨魂，宴请寨

---

① ［法］拉法格：《思想起源论》，王子野译，三联书店1978年版，第129、131、132页。拉法格所说的"给灵魂指定一块领土"，指的是天堂。

② 吕遵谔：《山顶洞人》，《中国大百科全书·考古学》，中国大百科全书出版社1986年版，第433页。

③ 石兴邦：《仰韶文化》，同上引书，第597页。

神。举行这些仪式,要请有威望的老贝玛来主持。红河县老贝玛念诵祭词《占柯莱》:

> 撒过鸡毛的地方是属于我们的土地,让水牛打滚的地方稳稳当当。……撒过粗糠的地方是我们的家园,撒过火塘灰的地方都是我们的土地。狗吠的地方是我们的寨子,鸡鸣的地方是我们的家屋。
>
> 把人与鬼撑分开,把鬼与人撑分开。把鬼的阿妈撑在外,让人的阿妈留家中。……地下鬼儿在的九块地方要打扫干净,地上人在的地方要打扫干净。……鬼啊,你的在处是在阿抗阿奎,你不能到人在的地方来。这里没有你在的地方,你的在处是长满了黑芨芨草的丛林子。你的寨子没有屋梁,你的房子没有椽子,你在的地方河水倒流冒着一个个的涌泉。花花绿绿的野鬼阿妈哟,你别在道路上找做窝的草,你别在路中央搭窝睡觉,快回到你长满黑芨芨草的林子里去吧。①

在这篇祭词里,人鬼的世界是如此地界限分明!老贝玛用祭词的巫术力量画地为牢,把鬼魂驱赶到它们应该去的地方,不要来干涉人们建立一个新的、没有邪恶力量来扰乱的、平平安安的村寨。

四、人生礼仪中的二分世界

在哈尼族人的观念中,鬼有善恶之分。善鬼返祖后成为祖灵(哈尼语称"阿培阿波",意即男女祖神)。恶鬼(哈尼语称"乃哈")又有两类:非正常死亡、禁止埋葬于公共坟山、因而也无法返回祖地的亡魂、游魂变成的鬼,它们时刻为害于人;35 岁以前未婚男女早逝的亡魂以及喜怒无常的自然神灵(如山神、石岩神、水神,哈尼语称"常"者),如果人对之祭祀礼敬不周,可以捉拿人的生灵,置人于死地。因此可以说,在人们的观念中,鬼魂无处不在,无处不有。处在认识低级阶段上的人们时刻都以或积极或消极的办法来对付鬼魂,调整人和鬼的关系。人生礼俗中的各种招魂仪式及其招魂术,作为一种企图影响异己力量的巫术,就是人们想象出来的用以调整人与鬼之间不协调的关系的一种消极手段。

---

① 《哈尼族建寨驱邪・招寨魂・宴请寨神》,李章法演唱,毛佑全、孙敏搜集,李章法、毛佑全、钱勇、孙敏翻译整理,《云南民俗》1989 年第 6 期,第 214—227 页。

这里所说的招魂，是指的所谓"招生魂"，即为活着的人招魂。许多民族一般只在人生病、遭遇意外、外出不归或其他异常情况时，才为其招魂。而哈尼族的招魂则带有经常性和普遍性的特点，往往会因了种种名目而为患者招魂：如人人都要举行一次"接祖宗根"招魂仪式，为之举行过这种仪式的人才被认为取得了人生资格，死后其魂可以返归祖地；如接家庭祖根招魂仪式；如"包连全家人的魂"，不让它们分离的招魂仪式；如父母亲生日时举行的招领家庭之魂仪式；如专门为40岁以上男女个人举行的招魂仪式；如为40岁男子举行的"接命根子"招魂仪式；如为不同年龄段的男女、儿童、孕妇、"不落夫家"的媳妇举行的各种专门的招魂仪式；等等，不一而足。[①]

第六节　多神与祖灵信仰

哈尼族的亡灵返祖观是以多神与祖灵信仰为基础的，属于祖先崇拜的低级阶段。

哈尼族信仰多神。如果把他们信仰的种种神灵加以归拢，大致可以分为三大类：（1）天上诸神。如"欧户"和"摩咪"（天神，人的保护神）、"卓玛"和"拉玛"（日月神）、"威嘴"和"石匹"（小天神、农业保护神）、"搓"和"里"（雷神和风神）、"奥"和"夺"（离神和怪神，可使人的灵魂离体，人世间出现的不可理解的事均是怪神作祟的结果）、战神和纠纷神等。（2）地神。分地上神和地下神两种。地上诸神有护寨神、土地神、自然神"常"（或称之为"丛"，是一些自然力量的化身，可捉拿人魂）、火神、煞神等多种；地下神有卑傲神（相当于汉族的龙神）、欧龙神（具有财神性质）等。（3）祖先神。分两类：一是自家的祖先神；二是姻亲关系中的外家祖先神。[②]

新中国成立前夕尚处于原始公社末期的怒、佤、景颇等民族，神的观念还没有从鬼的观念中分离出来，其信仰尚停留在神鬼不分的原始阶段。而哈尼族的神鬼观念已经分化。尽管哈尼族家谱中的记载（从"奥玛"到"浩然

[①] 毛佑全：《哈尼族文化初探》，云南民族出版社1991年版，第178—184页。
[②] 李期博：《哈尼族民间神祇浅析》，《边疆文化论丛》第3辑，1991年，第122—130页。

初"这21代是人、神、鬼不分的时代,从"初末吁"开始进入神鬼分开的时代)① 带有浓厚的神话色彩,但至少可以说明,在他们的观念中神鬼是有区别的。

然而,哈尼族原始信仰中所构想的神的世界,还只处于发展的低级阶段。这一点,从最大的天神"摩咪"的形体、神格、祭祀,以及与其他神的关系等方面可以看得出来。下面,我想根据已有的调查材料和学者们的研究成果,对天神"摩咪"作一粗略的分析。

第一,"摩咪"无具体形体,无确切性别。据哈尼学者考察,"摩咪""无具体形象,不可视,不可触,也无明确的具体住地,更不会下降于地面"。② "摩咪"的神位在住房中柱上端,置一块篾笆,上面摆着酒、肉、青草等献物,但没有表示天神形体的实物。③ 它既是阴性又是阳性,似乎又可能是阴阳同体,④ 或天地同体。⑤

第二,有鲜明的世俗色彩。换句话说,"摩咪"的神圣性是抽象的,而世俗性则是具体的。有学者曾经访问过哈尼族老祭司朱三银,问他心目中的"摩咪"天神像什么样,他说:"我想他像人一样说话,头比人大,手、脚、力气比人大。在老辈人那里,也没有听过'摩咪'像什么样。"⑥ 在日常生活中,哈尼族人把天神叫作"阿皮(阿奶)摩咪"或"阿波(阿爷)摩咪"。⑦ "摩咪"像生活在人们中间的阿奶或阿爷一样亲切而实在。以"摩咪"的名义制订的限制人类罪恶的所谓"天规",和人类社会发展的低级阶段上产生的那些道德规范是并无二致的。其中最主要的无非是下面的三点:一,不偷窃,不行骗;二,尊长敬老,严守古规;三,严禁异性血亲交媾通奸。⑧ 这个看不见摸不着的"摩咪",却掌握着哈尼族人的生死大权,既能赐福给人间,又能降祸于人间,是善恶、好坏的裁判者。

---

① 王清华:《哈尼族文化传承方式初探》,《边疆文化论丛》第3辑。
② 毛佑全:《哈尼族文化初探》,云南民族出版社1991年版,第157页。
③ 杨万智:《祈生与御死》,云南大学出版社1991年版,第63页。
④ 李期博:《哈尼族民间神祇浅析》,《边疆文化论丛》第3辑,1991年,第122—130页。
⑤ 杨万智:《祈生与御死》,云南大学出版社1991年版,第62页。
⑥ 同上。
⑦ 李期博:《哈尼族民间神祇浅析》,《边疆文化论丛》第3辑,1991年,第123页。
⑧ 毛佑全:《哈尼族文化初探》,云南民族出版社1991年版,第158页。

第三，哈尼族的大多数支系都没有祭祀"摩咪"的固定仪式，也没有专门的祭品和牺牲，只是在民族节日和其他祭典时，顺带对他进行祭祀活动。某些地区的哈尼族，于每年冬夏两季属羊日有举行祭献"摩咪"的仪式，有专门地点，称为"摩咪罗"，即宴请天神。

第四，"摩咪"与其他天神、地神、祖神，均无统辖关系，互不相干，不具备至上神的神格。

哈尼族的祖灵信仰，同样处于祖先崇拜的低级阶段。和云南地区一些未曾出现祖先信仰的民族（如佤、傈僳、独龙等①）不同，哈尼族对祖先十分崇敬，他们把死去的祖先称为"阿培"，把善的祖先魂奉为神，把恶的魂贬为鬼。②祖灵被擢升至神界。然而我们从哈尼族祖灵的非偶像形态、无专门祭祀仪式等现象中，仍然可以看出它的低级阶段的特征。

勐海县西定山坝丙寨哈尼族祭祖的灵台叫"阿培朱格"（红河一带称"阿培黑勾"），是一个竹篾编制的长约一尺半、宽约一尺的竹篮，（图7-7）里面放一张碗大的竹桌和一把剪刀。③祖先灵台安置在住房中柱"朱任"上端，位于内室家庭主妇床头上方，平时禁止任何人接近或触摸，以免触怒祖魂而祸及全家。灵台就是祖先的象征。人的祖先没有形体，只有象征物。有趣的是，贝玛的祖师爷"德摩斯批"的像也并非人形，像一个大的"之"字形。④许多民族的氏族祖先神都没有形体。如布朗族的氏族祖先神就是一例，没有名字，而以"哼而嘎滚"作为标志。"哼而嘎滚"是一个布袋，内装祖先遗留的生活用品和生产工具；有的内装一把小刀，一串珠子；有的内装一把木刀和几颗谷米；也有的装几颗象牙、几

---

① 分别见魏德明《邦腊佤族葬俗中的宗教特点》，《民族调查研究》1986年第2期，第2页；《中国少数民族宗教概览·傈僳族》，《怒江文史资料选辑》第4辑，第3页；《中国少数民族宗教概览·独龙族》，同上书，第14页。

② 李克忠：《哈尼族的丧葬仪式、祖先崇拜及摩匹》，《红河民族研究》1989年第1期。

③ 宋恩常、董绍禹整理：《勐海县西定山坝丙哈尼族宗教调查》，《哈尼族社会历史调查》，第135页；李克忠《哈尼族的丧葬仪式、祖先崇拜及摩匹》，《红河民族研究》1989年第1期，第137页。

④ 卢朝贵：《哈尼族社会原始宗教祭师与巫师》，《边疆文化论丛》第3辑，第94页。作者介绍贝玛用于葬礼的道具颇有意思：招魂幡的下面挂着一串用木板刻的太阳、月亮、雄鹰、苍蝇等。另用水车瓜树砍削一灵台和一间小木屋。死者棺材上画卜图画，其中的一幅是贝玛祖爷德摩斯批像，此像非人形，而像一个大的"之"字状。据说把人间的一切画给死者，可使亡魂到了另一个世界不会寂寞。

个贝壳等。这个布袋由氏族长保管。通常，布朗族的家族祖神是挂在屋内中柱上的、象征父母灵魂的芭蕉叶和甘蔗叶。①

图7-7 云南澜沧哈尼族祖灵箩（祖先灵魂居所，只能放于"女房"床头，不许外人触摸）（邓启耀 摄）

哈尼族祭祖一般没有固定日期。贯穿于每年的农业祭典、立寨门祭、播种祭、剽牛祭、火把节、收获祭以及各种狩猎祭祀之中。有的以村寨或家庭为单位举行。坝丙寨每年夏历8月有一个接祖送祖的"阿吉吉节"，

---

① 颜思久：《布朗族宗教信仰梗概》，宋恩常编《中国少数民族宗教初编》，云南人民出版社1985年版，第194页。

请祖先回来，保护家中人畜平安、庄稼丰收。①

这种情况说明，哈尼族的祖灵信仰大致还是处于低级阶段上的一种祖先信仰。

哈尼族的亡灵返祖观充分地反映了与父系血亲家族认同的强烈意识，活着的人为取得死后返归祖地的资格，处处小心谨慎，举行各种名目的"接祖宗根""接家庭祖根""包连全家人的魂"使之不易分离的招魂仪式；死去的人，更是以返归祖地作为最好的归宿，其目的无非是要使个人的有限的生命，加入家族生命延续的无限运动之中，并使家族的生命链永不间断而已。

---

① 宋恩常、董绍禹：《勐海县西定山坝丙哈尼族宗教调查》，《哈尼族社会历史调查》，第130—139页。

第八章

柯尔克孜族史诗《玛纳斯》与灵魂信仰

> 我要唱雄狮般的玛纳斯
> 但愿玛纳斯的灵魂保佑
> ——居素普·玛玛依《玛纳斯·序诗》

举世闻名的《玛纳斯》是一部成熟的英雄史诗,处处闪烁着现实主义的艺术光辉。史诗从孕育、具形到成熟,经历了漫长的岁月,仍然保留着许多古老的文化因素,对灵魂的信仰便是其中最古老的成分。

人类学家把相信人、生物或非生物有一个可与其形体分开的"第二个我"(即灵魂体)存在的观念,称之为灵魂信仰。灵魂信仰的一些基本观念,诸如万物有灵、灵肉相依与相离、两个世界的观念、灵魂变形与寄魂信仰、梦授传承等,都可以在史诗《玛纳斯》中找到反映。可以说,《玛纳斯》中的灵魂信仰,不仅构成了这部伟大史诗的信仰基础,是作品中相当稳定的、核心的组成部分,而且也是史诗具有民族特色的魅力之所在。

第一节 可离的灵魂与两个世界的观念

灵魂观念认为,每个生命体都由肉体和灵魂两部分组成。灵魂赋予肉体以生命、感觉、思想和活动的能力,"灵魂为生命之源"[1],灵肉相依,

---

[1] [英]泰勒:《原始文化》,连树声译,上海文艺出版社1992年版,第423页。

生命便存在。但是，灵魂"跟肉体是可以分离的：生命可以离开它出走，而使它失去感觉或死亡；幽灵则向人表明远离肉体"。① 活着的灵魂便是生命，死去的灵魂便成了幽灵。灵魂的运动、相依与相离构成了人的生与死。灵肉分离又有暂时分离（梦、失神、生病）和永久分离（死亡）之别。

在《玛纳斯》中，这种灵肉相依与相离的古老的生命观，一方面既有信仰的成分，即相信灵魂是可以游走的，灵魂的运动状态主宰着人的生与死；另一方面，又有史诗所独具的民族特色，即对生命的依恋和珍惜，对死亡的毫不畏惧和勇敢抗拒。

睡眠、影子、梦中的幻象便是灵魂暂时离开肉体。暂时离体的灵魂如受伤、受损、受惊，人便会生病、失神、昏迷。史诗中的名篇《玛纳斯的梦》记述的便是勇士阿里曼别特的灵魂变形为宝剑、猛虎、雄鹰，与玛纳斯在梦中相见。作品借智慧的阿吉巴依释梦之口，说明玛纳斯梦中所见的宝剑、猛虎和雄鹰是阿里曼别特的化身。② 史诗第二部《赛麦台依》中的阿依曲莱克姑娘曾化为天鹅，前去寻找赛麦台依。在玛纳斯举兵远征的时候，玛纳斯的敌人恰布拉依遇到了玛纳斯的勇士色尔阿克，史诗描写说：

> 听到色尔阿克的呼叫，
> 恰布拉依的智慧，
> 被吓得从头脑里飞了出去。③

这里所说的从头脑里飞出去的"智慧"，便是灵魂。古代哲学家认为人的灵魂是有阶梯、有层次的。④ 例如柏拉图指出人的灵魂由三个部分组成，即位于头脑中的理性灵魂，位于胸腔的精神灵魂和位于腹部的欲望灵

---

① ［英］泰勒：《原始文化》，连树声译，上海文艺出版社1992年版，第416页。
② 居素普·玛玛依唱本：《玛纳斯》，刘发俊等译，新疆人民出版社1991年版，第436、437页。（下称新疆91年版《玛纳斯》）
③ 居素普·玛玛依：《玛纳斯》唱本，汉文资料本，新疆文联1961年铅印本，第一部第二册，第309页。（下称新疆61年版《玛纳斯》铅印本）
④ 见拙著《中国灵魂信仰》，上海文艺出版社2000年第1版，第25—30页。

魂。① 恰布拉依的智慧之魂从头脑中飞出，便是俗话所说的吓得灵魂出了窍。从灵魂信仰来看，是灵魂的暂时离体。

灵魂永远离开肉体，人便会死亡。但死亡的只是肉体，离体的灵魂会到另一个世界中去。这种灵魂不死的两个世界的观念，在《玛纳斯》中并不是个别的。史诗前半部记述的白骆驼带阿依考加的灵魂升天的情节，保留了一些相当古老的观念。阿依考加是阿依托班地方的一位神人，他为玛纳斯送来一把神剑。老人的来历不凡：

> 我的名字叫阿依考加，
> 我从月亮的身边来，
> 我要把保藏的宝物，
> 交给闻名的英雄，
> 然后我就回去。……
> 我把宝剑已经交给了你，
> 现在我就要离开人世了。……
> 我虔诚地愿意离开人世，
> 我要死了。……
> 我把用作祈祷的垫褥包起来，
> 把我的骨头驮在天仙派来的白骆驼身上，
> 埋葬我的地方只有骆驼知道。……
> 他浑身像铅一样的熔化了，
> 他已经升天了。②

这位来自月亮、又返回天穹的神人阿依考加很值得注意。我们知道，在许多民族的古老神话中，与太阳相对的月亮，常常象征阴间，是另一个世界；又由于月亮的有圆有缺、周而复始的自然现象，常被作为不死的象征。因此，这位从月亮中来、又升天而去的阿依考加，可以说是来自另一个世界，到人间完成了授剑的神的使命后，又离开人间，返回另一个世界。死亡对于他来说，是肉体的消失，"像铅一样熔化"，而灵魂却升天

---

① 柏拉图：《蒂迈篇》。
② 新疆1961年版《玛纳斯》铅印本第一部第一册，第65—68页。

而去。在这里，白骆驼带灵魂升天的观念，同样是相当古老的。阿依考加给玛纳斯授剑的情节，尽管带有浓厚的后期宗教信仰的色彩（例如史诗中说，阿依考加所保存的这把神剑是穆罕默德赐给玛纳斯的），但其中仍然保存了相当多的古老观念。

《玛纳斯》中英雄的死亡，只是生命从胸膛、从躯壳中飞出去。举例来说，在远征时，玛纳斯遭毒斧砍伤，伤势危重，阿里曼别特为掩护玛纳斯撤离，喉头上中弹死亡。史诗是这样描写英雄的死亡的：

> 他瞪了一下眼睛，呼出了一口气，
> 他喷出了一口大气，
> 好像风箱煽起的火焰，
> 阿里曼别特咽气了，
> 生命从胸膛里飞了出去！①

同样，阿里曼别特与勇士楚瓦克把巨人马坎里杀死，玛玛依唱道：

> 卡甫尔呼噜呼噜地出了一口气，
> 死了，
> 生命从躯壳中飞了出去。②

灵魂是气这种观念，普遍存在于许多民族之中。我国古代的魂魄学说认为，魂魄是气。阳气为魂，阴气为魄（《说文》）；天气为魂，地气为魄（《淮南子》）；暖气为魂，冷气为魄（《朱子语类·鬼神》）；口鼻之嘘吸为魂，耳目之聪明为魄（《朱子语类·鬼神》）。天地间充满了气，气不外两种：人之气与天地之气。气之运动，屈伸往来，便是魂魄、鬼神与人之生死。民间把人之死亡称作"气绝""气断""气散"，指的便是作为魂魄的气的一种运动。《玛纳斯》中的英雄和巨人"咽气"和"出气"，便是生命从肉体离走的表现。然而，在英雄的心目中，从胸膛、躯壳中飞出去的生命并未死亡，只是到另一个世界中去。阿里曼别特在中弹弥留之

---

① 新疆1961年版《玛纳斯》铅印本第一部第一册，第422页。
② 同上书，第一部第二册，第300页。

际,有一段动人的遗言,表明了他的生命观:"当我有了生命留下,我便对付敌人,当我遇到敌人,我便进行战斗,使敌人受到灾难。……在这个世界上,一个有生命的东西,不能永远存在,在去向另一世界以前,……会受到很多苦难。"① 阿里曼别特的遗言,不仅反映了一息尚存、战斗不止的英雄的生命观,而且道出了他把死亡看作到另一世界去的古老的观念。因此,他临死前嘱咐玛纳斯:"愿你不要把我的尸体抛掉",也不要把和他一样战死沙场的楚瓦克和色尔阿克的尸体抛弃。把尸体埋在故乡,其灵魂便可返归故里。

这种两个世界的观念,在阿里曼别特埋葬母亲的故事中,得到了充分的表现。克塔依的英雄阿里曼别特由于故乡被卡勒玛克人占领,离家外出四处流浪。当他再次返回家园的时候,发现母亲已经亡故。他在成堆的尸体中找到了母亲,"他母亲虽死却未烂掉,躺在一个地方,像只白色大羚羊一样"。他把母亲的遗体驮到神驹上,在一个山冈上埋葬了自己的母亲:

> 他用月牙斧劈开了大地,
> 又用宝剑挖出了坟墓。
> 把母亲交给了大地,
> 他把身边的小刀,
> 放在了母亲的头边,
> 把刀插在了坟顶,
> 把那像小房子一样的黑石头,
> 拿来堆在了上边。②

英雄埋葬母亲,把母亲交给大地,还把自己随身带的小刀插在母亲的坟头,垒上石头,让母亲在另一个世界依然得到儿子的保护。

俄国Ч·瓦里汉诺夫的本子在《阔克托依之死及其祭典》中,记述了阔克托依临终的一段话,同样反映了这种两个世界的观念:

---

① 新疆1961年版《玛纳斯》铅印本第一部第二册,第420页。
② 同上书,第一部第一册,第149—150页。

> 我的人民！
> 当我闭上双眼的时候，
> 请用马奶给我洗浴，
> 用利刀把我刮洗干净，
> 给我穿上铠甲，
> 再用皮子包裹。
> 头下铺上白色尸衣，
> 让我的头朝着东方！①

上述送葬仪式无一不是为了使亡魂能够顺利到达另一世界，在那里过着人间汗王一样的生活。

《玛纳斯》中的勇士尽管个个英勇善战，视死如归。然而，生死有别，人鬼殊途，两个世界之间毕竟有着不可逾越的鸿沟。因此，柯尔克孜族先民一旦发现灵魂离开肉体，或者危及生命的时候，总是千方百计祈求神或巫术的力量，把游走的灵魂召回。史诗中常见的"死而复生"的母题，从灵魂信仰来看，便是借助外力把长久离体的灵魂召回肉体，使生命得以继续。《玛纳斯》中最明显的例子便是玛纳斯被叔叔阔孜卡曼与堂弟阔克奇阔孜杀害的情节。在居素普·玛玛依先后两个唱本中，玛纳斯被害却均未致死，②而在古老的唱本③中，阔克奇阔孜给玛纳斯的酒中下毒，玛纳斯逃走后，又被他的枪射中，摔下山崖死过去。我国新疆乌恰县歌手艾什玛特本中也有类似的情节。如果我们从灵魂信仰的角度来考察这种阿尔泰突厥史诗中常见的题材的话，就会发现它所保留的一些观念是相当古

---

① 参见《瓦里汉诺夫选集》第1卷，第290页。转自O.肯迪尔把巴耶娃《史诗〈玛纳斯〉的起源》，伏龙芝1980年俄文版，第36页。

② 在1961年唱本第一部第一册（第247—249页）中，玛纳斯被阔克奇阔孜的长矛刺伤肋骨，经巴哈依可汗用药物治疗，卡尼凯悉心照料而康复；在1991年唱本（第366页）中，玛纳斯被阔克奇阔孜的子弹穿过肺侧，经卡尼凯用灵药救护而痊愈。

③ 指的是俄国学者拉德洛夫1962年搜集的《玛纳斯》唱本。我国新疆乌恰县歌手艾什玛特的《玛纳斯》唱本（郎樱、玉山阿吉译，汉译本未出版）同样有父子杀害把玛纳斯及其勇士害死的情节。参见英国亚瑟·哈托《十九世纪中叶吉尔吉斯史诗的情节和人物》（《民族文学译丛》第一集，中国社会科学院少数民族文学研究所编印1983年版）；郎樱《〈玛纳斯〉论析》（内蒙古大学出版社1991年版）、《玛纳斯形象的古老文化内涵——英雄嗜血、好色、酗酒、死而复生母题研究》（《民族文学研究》1993年第2期）。

老的：其一，灵魂受重伤离体，只有借助于非人间的神力或巫术的力量，才能使之返回肉体。在玛纳斯遇难这一情节中，使玛纳斯复生的三种途径（仙女潜入墓中将玛纳斯之母乳灌入他口中，使之复生；玛纳斯之妻卡妮凯用神药使之复生；玛纳斯在圣河——阔克河——中沐浴后复生。①）——无论是母乳、神药或圣河水，都具有神力或巫术力量。母乳崇拜和圣水崇拜在柯族文化中是十分古老的。换句话说，人间的药物可以医治肉体，只有神力和巫术力量才能召唤灵魂返归肉体。其二，施用这种神力和巫术力量的，通常是女性，是与英雄有某种血缘关系的母亲、姐妹或妻子，或是幻化作白天鹅的仙女。女性招魂同样是一种带有萨满因素的古老观念。②

原始观念认为，不仅可以神力和巫术力量召唤久离的灵魂返归肉体，从而得以再生，还可以运用巫术的力量召唤婴儿的灵魂进入母体，这便是至今仍然存在着的形形色色求子巫术的深层含义。俄国拉德洛夫1869年从萨利·巴吉希部族搜集的一篇名为《玛纳斯的降生》的作品中记述说：一个不知名的部族的可汗雅吉普没有子女，整整十四年了，他和妻子奇依里乞祈求神赐给他们一个儿子来消灭来犯的外族人。雅吉普把一张弓和箭拴在他妻子的臀上，终于使她生下了一个勇士儿子。辅佐雅吉普的四位先知为他取名玛纳斯，并预言他将成为一名勇猛的征服者。③ 在这里，以弓和箭的巫术力量召唤玛纳斯之魂进入母体，其含义是十分清楚的。

第二节　握血降生与寄魂信仰

握血降生是玛纳斯作为史诗盖世英雄的标志，普遍存在于许多马背民族的英雄史诗之中。蒙古英雄成吉思汗、成吉思汗以前的马哈森那国王、亚美尼亚英雄沙逊的大卫、《赛麦台依》中一位名叫坎佐罗的勇士④，都

---

① 郎樱：《〈玛纳斯〉论析》，内蒙古大学出版社1991年版，第301页。
② 郎樱：《玛纳斯形象的古老文化内涵》，《民族文学研究》1993年第2期，第17页。
③ ［英］亚瑟·哈托：《十九世纪中叶吉尔吉斯史诗的情节和人物》，《民族文学译丛》第1集，第179页。
④ ［英］亚瑟·哈托：《十九世纪中叶吉尔吉斯史诗的情节和人物》；郎樱：《玛纳斯形象的古老文化内涵》。

有握血降生的事迹。研究者认为,握血降生"寓示英雄的一生,将经历'血'的洗礼",① "预言婴儿将成为征服者的象征"。②

在征战中,玛纳斯和其他勇士常喝敌将之血,被认为是勇猛善战的象征。十二岁的玛纳斯单枪匹马战胜了卡勒玛克的肖茹克汗,砍下了他的头,挖出了他的胆。接着:

> 他喝了肖茹克汗心里的血,
> 像是喝奶酒一样,
> 他心里更加振作起来了。③

玛纳斯把芒额特人的首领、英雄马德库尔用大斧砍死,史诗这样描写玛纳斯:

> 他杀死了马德库尔,
> 大斧上流着血浆,玛纳斯心里想:
> "英雄喝了英雄的血,
> 才被称为一个赫赫的英雄,
> 马德库尔是个英雄,
> 让我痛饮他的血吧!"
> 他纵身跳下了库拉骏马,
> 跨在了马德库尔身上
> 把心脏里的鲜血,
> 都倒在一个子弹袋里,
> 里面盛得满满的。
> 把鲜血拿来解渴,
> 比喝水喝得还欢。④

---

① 刘发俊:《玛纳斯,一个理想英雄的形象》,《中国史诗研究》(1),新疆人民出版社1991年版,第63页。
② [英]亚瑟·哈托:《十九世纪中叶吉尔吉斯史诗的情节和人物》,第179页。
③ 新疆1961年版《玛纳斯》铅印本第一部第一册,第97页。
④ 同上书,第一部第一册,第111—112页。

史诗中把玛纳斯称为"喝血的疯子"①,把卡勒玛克的交劳依可汗形容为"是吃过六十个勇士的鲜血,身上发出血腥味的武士"。② 在史诗中,喝敌人的血成了杀敌的同义词。③ 史诗是这样形容玛纳斯具有巨大威慑力量的:"被他看见的人会流出血水。"④

血誓同样是《玛纳斯》中常见的情节。在著名的阔克托依的祭典上,玉尔必和包克木龙结盟反叛玛纳斯。他们杀死了一匹灰色牝马,剖开马腹,众人把手伸进马腹,双手涂满鲜血,歃血盟誓:"谁若背叛自己的誓言,让他像这匹牝马不得好死!"⑤ 1961年居素普·玛玛依的唱本在这次血誓中,直接道出了血的惩罚:

> 所有的可汗们,
> 把手臂插进了热血里面。
> "谁如果违背了这种事情,
> 就让他毁灭,
> 让他流出血水!"
> 他们发出了誓言:
> "如果有人背叛逃脱,
> 一定让他流血!"⑥

史诗《玛纳斯》中的握血降生、痛饮敌血以及歃血盟誓等与鲜血有关的情节,反映的是一种起源十分原始的寄魂信仰观念。

上文我们说过,在初民看来,灵魂是可以离体的。灵魂离体有三种情况:一是暂时离体,会出现梦境、影子、疾病等;二是永久离体,人便会死亡;三是灵魂寄存于身体的某一部位,或离体寄存于他物之中,这便是

---

① 新疆1961年版《玛纳斯》铅印本第一部第一册,第98页。
② 同上书,第192页。
③ 例如,玛纳斯的敌人恰布croix拉依来攻打玛纳斯,英雄朗古多克对阿里曼别特说:"杀死他,喝掉他的血吧!砍掉他的头!"见新疆61年版《玛纳斯》铅印本第一部第二册,第308页。这样的例子还很多。
④ 新疆1961年版《玛纳斯》铅印本第一部第一册,第225页。
⑤ 1991年《玛纳斯》唱本,第322页。
⑥ 新疆1961年版《玛纳斯》铅印本第一部第一册,第214页。

我们要说的寄魂信仰。

寄魂信仰普遍存在于许多民族的幼年时期，至今仍有遗留。寄魂信仰可分体内寄魂与体外寄魂（即他物寄魂）两种。所谓体内寄魂，即灵魂寄居于体内的各器官（如头、骨、血、指甲……）之中。道教的典籍《云笈七签》卷五十五《魂神》中甚至说人体之中有三万六千神，这些神均受三魂七魄所管辖。彝族的天菩萨反映的便是灵魂寄存于体内头发的观念。所谓体外寄魂，是指灵魂寄居于动植物或无生物体内。如西藏有一种灵魂石，便是人的灵魂寄居之处，若偷走此石，人便会昏迷，变成哑巴，毁坏此石，人便会死亡。寄魂信仰的基本观念在于：一，灵魂可以游走；二，其寄居处便是灵魂之所在，生命之所在；三，寄居于体内或体外之灵魂，如受损、受惊、受伤，人便会失神、生病，甚至死亡。人为了保护自己的灵魂，便形成了各种禁忌；为了召唤各类受损受惊受伤之灵魂，出现了形形色色的招魂之俗。而对付敌人的最好办法，莫过于对付其"致命之处"，使寄居于体内和体外之灵魂受伤致死。

在寄魂信仰中最常见最古老的便是血液寄魂。早在旧石器时代晚期，在山顶洞人的洞穴中，在死人四周撒上赤铁矿粉末，可以看作血液寄魂观念的萌芽。血是生命之源的观念，在我国古代典籍中很早就有论述。王充在《论衡·论死篇》中说：

> 人之所以生者，精气也，死而精气灭。能为精气者，血脉也，人死血脉竭，竭而精气灭，灭而形体朽。

《淮南子·精神训》曰："血气者，人之华也。"《关尹子·四符篇》中还提出血气乃受之于父母，是人生命之要素的观点。①《旧约·利末记》第17章："一切活物的生命，就在血中，……一切活物的血，就是他的生命。"在人类学家的眼中，这生命便是灵魂。因此，英国人类学家詹·弗雷泽在《金枝》里说："人们认为灵魂在血液之中"，"动物的血……含

---

① 《关尹子·四符篇》："一为父，故受气于父，气为水；二为母，故受血于母，血为火。"见《百子全书》第八卷。

有该动物的生命和灵魂。"①

玛纳斯降生时手握之血块，便是玛纳斯的生命和灵魂。血液本是体内血脉流动之物，是生命的象征。玛纳斯降生时，其寄存于血液中之灵魂，以一种奇异的方式凝聚成块，握于手中，象征着生命之非同一般和无比强大，也象征着生命力之特别旺盛，充满神奇色彩。这种视血液为灵魂与生命的观念，在《玛纳斯》的其他篇章中也有所表现。在远征的战斗中，阿里曼别特为掩护玛纳斯撤退，身受重伤，机智的巴哈依，"把白布（哈达）围在脖项下面，让流下的血注入其中"②，以免灵魂过早地流失。玛纳斯的叔父加木额尔齐梦见鲜血涌出自己的胸膛，便预感到自己的最后时刻将到，终于光荣地牺牲在战场上。③

同样，在战场上痛饮敌将之血，不仅要把敌将之灵魂置于死地，使之无法复生，而且，也要把敌将的灵魂之力和勇敢吸收到自己身上。因此，玛纳斯在喝芒额特英雄马德库尔的血时，才会说出这样的话："英雄喝了英雄的血，才被称为一个赫赫的英雄。"

血誓的习俗也是许多民族所共有的。我国古籍中历来就有"杀牲歃血誓于神"的说法。红军长征途中，刘伯承将军与彝族头领小叶丹喝鸡血酒结为兄弟的故事，一直被传为佳话。《玛纳斯》中描写的血誓之俗，显然起源于血有神圣性这一古老的观念。《旧约·利未记》第8章说："摩西用指头蘸血，抹在坛上四角的周围，使坛洁净。把血倒在坛的脚那里，使坛成圣，坛就洁净了。……摩西取……坛上的血，弹在亚伦和他的衣服上，……使他和他的衣服，一同成圣。"歃血盟誓，实质就是对神的灵魂立誓，如果违背誓言，必将受到神的惩罚。

史诗中的一些情节和观念，例如反复出现的反映柯尔克孜族先民对母乳，对动物的心、血、肉的崇拜观念；玛纳斯降生前在丛林中出现的一个红脸膛的孩子和四十个牵着四十只马鹿的儿童；以及玛纳斯征战时，其灵魂及灵魂的保护神，常以红孩儿、公鹿、猛虎、蛇等形象出现，一起助战的情节……凡此种种，都与古老的灵魂观念及寄魂信仰有关。

---

① ［英］詹·弗雷泽：《金枝》上册，徐育新等译，中国民间文艺出版社1987年版，第341、339页。
② 新疆61年版《玛纳斯》铅印本第一部第二册，第416页。
③ 郎樱：《〈玛纳斯〉论析》，第314页。

第三节 从灵魂信仰的视角看梦授传承

史诗《玛纳斯》的传承有两个传统：传授说与梦授（神授）说。在谈到这个话题时，一个有趣的现象是，研究者大都倾向于传授说，认为玛纳斯奇主要是经过家传和师承两种传授方式，从前辈歌手那里传承而来。[1] 但玛纳斯奇本人却往往回避传授说，而强调自己曾经有过的梦授的经历。我国新疆维吾尔自治区和吉尔吉斯斯坦共和国的玛纳斯奇莫不如此。"每个歌手好像都在有意地不讲出自己学唱《玛纳斯》的因缘"[2]，"这个民族的每一个歌手，似乎有意把从前参与创作与演唱叙事歌曲的歌者的名字隐讳不提"[3]，仿佛演唱《玛纳斯》的一切才华和本领，都来源于梦，直接来源于玛纳斯本人。这的确是个耐人思考的问题。

对于梦授传承，《玛纳斯》研究者进行过许多有益的探索，从史诗传承的民族传统文化层面，从演唱者本人的潜意识活动和心理因素层面，从演唱者所处的史诗流传环境、他们所独具的超群的记忆才华，以及在与听众交流中充分发挥时所起的社会作用等诸多层面，[4] 进行剖析，无疑对阐发这一问题很有启发。

在这里，我们想通过梦授传承中的几个关键性现象，如歌手的梦，玛纳斯显圣，歌手是玛纳斯选中的人、是人神中介等，来探讨梦授传承中灵魂信仰的古老根源。

每个玛纳斯奇都说有过梦授的经历。居素普·玛玛依的三个梦，很有代表性。第一个梦：小时候与几个牧民在毡房里睡觉，梦见一个骑白马的人，让他唱《玛纳斯》，醒来便会唱了。第二个梦：八岁时梦见玛纳斯、巴卡依、阿里曼别特等人，英雄告诉他，四十岁以前不要唱《玛纳斯》，

---

[1] 参见陶阳《史诗〈玛纳斯〉歌手"神授"之谜》，《民间文学论坛》1986年第1期，第85—88页。

[2] 参见刘发俊《试论〈玛纳斯〉》，《玛纳斯》（1991年《玛纳斯》唱本）《代前言》，新疆人民出版社1991年版，第15页。

[3] ［俄］M. 阿乌艾佐夫：《吉尔吉斯民间英雄诗篇〈玛纳斯〉》，马昌仪译，《中国史诗研究》第一辑，新疆人民出版社1991年版，第204—205页。

[4] 参见郎樱《〈玛纳斯〉论析》第四章；上引阿乌艾佐夫文章。

四十岁以后一定会成为大玛纳斯奇。第三个梦：十三岁时，一天早晨，在父母身边睡着，梦见玛纳斯、巴卡依、阿里曼别特、楚瓦克、阿吉巴依五位骑马的勇士。此后，玛玛依看一遍《玛纳斯》的手抄本便记住了。①

苏联大玛纳斯奇铁尼拜克的梦，充满了传奇色彩。传说铁尼拜克七岁时给财主放羊打草，累得睡着了。梦见自己来到玛纳斯妻子卡尼凯的毡房，见到了玛纳斯。玛纳斯的一名勇士额尔奇乌勒将一把小米放到铁尼拜克嘴里，第二天，铁尼拜克鼻孔里流出了奶汁。此后，额尔奇乌勒反复教他唱诵《玛纳斯》。这个神奇的梦一做便是7年。从此，铁尼拜克便成了玛纳斯歌手。②

阿乌艾佐夫文章中也提到了一位名叫狄内别克的玛纳斯奇。我们不知道这两位发音相近的玛纳斯奇是不是同一个人，但不同来源的资料却说他们的梦中的奇遇有所不同。据说狄内别克年轻的时候，有一次因旅途疲劳，在一处荒郊睡着了。梦中见到骑着阿克库拉神马的玛纳斯和他的众多勇士向他奔驰而来，到了他的身边下马休息。在用餐的时候，玛纳斯吩咐给狄内别克一份食物。当狄内别克得知他们便是玛纳斯和四十勇士时，赶紧向他们走去，可是他们很快便策马离去，再也追不上他们了。醒来以后，他心中充满了激情，一种歌唱玛纳斯的才华便从此降临到了他的头上。③

尽管上述玛纳斯奇的梦奇异而神秘，又各具特色，但有几点却是共同的。其一，玛纳斯在梦中显灵；其二，歌手作为人与神的中介，在梦中与玛纳斯相见；其三，玛纳斯亲自挑选歌手，把演唱《玛纳斯》的使命交付给他。

我们在上文里说过，灵魂观念认为，梦是灵魂的暂时离体，人死是灵魂的永远离体。但是，死亡的只是肉体，灵魂是不会死亡的。离体的亡魂常常滞留人间，在亲人有难之时鼎力相助。史诗中在玛纳斯死后大量出现的玛纳斯显灵的情节，便是这种灵魂不死观念的反映。

史诗中所见的玛纳斯显灵，有两种情况。第一，作为柯尔克孜族的祖

---

① 郎樱：《〈玛纳斯〉论析》，第92—93页。上述三个梦是作者郎樱亲自调查直接或间接采录而来的。

② 这则梦的故事，是居素普·玛玛依于20世纪60年代对玛纳斯调查组成员讲述，由沙坎口译、陶阳记录的。见陶阳前引文章。

③ 参见［俄］M.阿乌艾佐夫：《吉尔吉斯民间英雄诗篇〈玛纳斯〉》，《中国史诗研究》第1辑，第211—212页。

先，玛纳斯在子孙后代遇难时常以护佑神的面貌出现，在他们抗击外敌的战斗中，又常以统帅的身份率四十勇士前来参战，仿佛他永远活在他们中间。

第二，玛纳斯是柯尔克孜民族的化身，是民族精神、民族凝聚力的体现。玛纳斯亲自挑选歌手，以他作为人神的中介，借灵魂信仰的力量，以梦授的传统方式，把演唱《玛纳斯》的使命交给歌手，正是为了把柯尔克孜族的这种民族精神和民族凝聚力代代相传下去，直至永远。

在柯尔克孜族人民心目中，玛纳斯已经被神化。例如，妇女生了孩子，忌讳起名叫玛纳斯。一是因为玛纳斯是柯尔克孜族崇敬的英雄和救星，他的名字是威严的，孩子承受不起，会夭折；二是因为如果给孩子起了玛纳斯的名字，大人骂孩子，等于骂了玛纳斯；倘若孩子长大后不成器，就会被人耻笑。"玛纳斯成了神。"[①] 这种起源于对语言威力崇拜的观念——起名的禁忌，在许多古老的民族中都很流行。可以看出，玛纳斯及其灵魂，都是人们崇拜的对象。

玛纳斯被神化是有其历史的、时代的和民族的原因的。如同历尽苦难的以色列人在走出埃及时出现了摩西和耶和华；生活在水深火热中的中国下层老百姓在孤立无援之中，塑造了关公显圣的故事一样；在柯尔克孜族人民为民族生存与异族搏斗的浴血奋战中，玛纳斯的灵魂以祖先神的身份频频显现，拯救民族于危亡之中。

玛纳斯的灵魂在歌手的梦中显圣，委之以传播《玛纳斯》的重任，这是神的选择，同时又是民族的选择，带有神秘性和神圣性。阿乌艾佐夫这样描写玛纳斯奇盖里吉别克被神选中的情景："据说，当盖里吉别克歌唱的时候，他在里面坐着的帐篷都为之颤动；他的歌声力量惊天动地，暴风雪出其不意地向山村袭来，一伙神秘的骑士出现了，他们的马蹄声使大地颤动。……这些骑士正是玛纳斯和他的四十卫士；这里暗示着玛纳斯本人的最高奖赏，根据所有的若莫克楚（大歌手——引者）的想法，玛纳斯总是亲自挑选歌手，他托梦给歌手，要他们向后代颂扬他的功勋。根据我们所听到的传说，盖里吉别克与其他歌手的不同之处，在于他掌握了真正的'语言的魔术'，这魔术的神力自然受自然力和祖先精灵的支配，每

[①] 刘发俊：《玛纳斯，一个理想英雄的形象》，《中国史诗研究》第1辑，新疆人民出版社1991年版，第61页。

次他们总是亲自光临,把这种魔术赐给他们所选中的非凡的人。"①

玛纳斯亲自挑选歌手作为神与人的交通者,并赋予他歌唱的才华和本领。而歌手本人不仅把玛纳斯看作神,而且把歌唱《玛纳斯》视为神圣。因此,尽管歌手经过家传和师承的方式,学会了演唱史诗的全部本领,而他仍然认为自己是玛纳斯教会的,是神选中的人。居素普·玛玛依在20世纪80年代末说过的一段话,说出了歌手的真实思想:

> 我……从头至尾背诵全部八代英雄的史诗。尽管我背会了整部史诗,但当时父亲教导我不要轻易在众人面前演唱,因为玛纳斯是一个神灵,我从没有在公开场合演唱过。②

居素普·玛玛依之所以在40岁以前不在公开场合演唱《玛纳斯》,显然与古老的灵魂信仰和灵魂崇拜有关。

玛纳斯亲自挑选歌手作为神与人的使者,这种观念可以追溯到古老的萨满灵魂信仰的根源。有学者指出,"从语言学来看,玛纳斯这个名字的意思应该是萨满教神祇中的一个神的称号,……这位备受颂扬的昔日的英雄的真名,很可能是另外一个名字,但在后来,由于他具有英雄气概,改用了神的名字——玛纳斯。"③

西方的灵魂信仰以神人合一的出世观为其特点,汉民族的灵魂信仰以天人合一的入世观为其特点,《玛纳斯》中反映的灵魂观念,尽管掺杂有后期传入的宗教思想,但其根基仍属于萨满灵魂信仰的范畴。

---

① [俄] M. 阿乌艾佐夫:《吉尔吉斯民间英雄诗篇〈玛纳斯〉》,《中国史诗研究》第 1 辑,第 207 页。
② 居素普·玛玛依:《我是怎样开始演唱〈玛纳斯〉史诗的》,阿地力·朱玛吐尔地译,《中国史诗研究》第 1 辑,第 281 页。
③ [俄] M. 阿乌艾佐夫:《吉尔吉斯民间英雄诗篇〈玛纳斯〉》,《中国史诗研究》第 1 辑,第 246—247 页。

第九章

西藏：一个当代的灵魂王国

亲爱的读者，请你随着本书的叙述，与我们一道到当代的一个灵魂王国——西藏，作一次探索灵魂之旅。感受一下活佛转世、为活人灵魂开窍、为死人亡魂出窍的盛大仪典；探寻人是怎样在法师的指引下从尘世进入灵界的；藏族群众信奉的灵魂回归的极乐世界在哪里？灵魂怎样才能到极乐世界去？与我们一道聆听在那儿还保留着的神秘的天葬、神鹰崇拜、天葬台的传奇和天葬师的故事；见识一下西藏的土葬、塔葬、火葬、水葬、崖葬等形形色色的葬俗，奇特的活人为亡魂服役的守墓人制度，以及苯教的萨满式的灵魂观等。

第一节 迎请转世灵童

在藏传佛教中，盛行活佛转世制度。这种制度是在西藏农奴制社会基础上，寺庙僧侣集团为解决其宗教首领的继承问题，以灵魂不灭学说为思想基础而建立起来的一种宗教传承制度。

藏传佛教所特有的活佛转世制度，系由噶玛噶举派的祖师玛拔希（1204—1283年）活佛于13世纪创立的。相传他精于密法之功，可以将自己的灵魂移于刚死的人或动物体内，使之复活。所谓活佛转世，指的就是神佛化为肉身，世代相传。这种制度充分反映了藏传佛教的灵魂转世、生死轮回的观念。在西藏地区的政治和宗教发展过程中，逐渐形成了达赖、班禅两大转世活佛系统。

1992年6月15日，在西藏首府拉萨以西70公里处著名的楚布寺，举行了迎请十八世噶玛巴活佛转世灵童，即第十七世噶玛巴活佛的盛大仪式。

八岁灵童阿布嘎嘎是藏东巴果山沟牧民嘎玛顿珠和洛嘎的儿子。他是根据前世活佛第十六世嘎玛巴于1981年底在美国圆寂时立下的遗嘱而被确认的。这份遗嘱的大意是说，雪山之北的东边，在天雷的地方，一个白光之游牧地，遍布翠绿的青草，在巴果宝地，于享乐年出世，父亲是善巧顿珠，母亲是智慧洛嘎，即是众生的护佑者。据灵童之父回忆，灵童出世时有各种吉兆，当天清晨，宁静的草原上响起了法螺和号角之声，天空中出现了彩虹，正在这时灵童出生了。这个灵童，就是十六世嘎玛巴活佛的灵魂所化的肉身。

这个举世瞩目的活佛转世，亦即灵魂转世事件，蒙上了一层令人难解的神秘色彩。命中注定的这位新的活佛，由于他应验了前世活佛第十六世嘎玛巴的遗嘱中的那些吉兆和条件，因此，他毋庸置疑地成为藏传佛教的新领袖。

第二节　为活人灵魂开窍的盛典

既然在藏传佛教的观念体系中，活佛圆寂时他的灵魂可以转世再生，那么，普通人的灵魂当然也就同样可以转移了。西藏藏传佛教直贡嘎举派每隔12年举行一次的"抛哇"仪式——为活人的灵魂开窍，就是确保人死后灵魂往西方乐土转移的一种大型的群众性宗教活动。

1992年藏历猴年六月，在西藏墨竹工卡德中山谷仲吾如坝子上，为生者灵魂举行了一次为期八天的"抛哇"盛典。由当代女作家马丽华任总策划和总撰稿的《灵魂何往》的大型文化纪录片，[①] 真实地记录下了这一盛典的全貌，为我们了解当代藏族群众的灵魂观念和为灵魂转移而举行的仪式，提供了生动形象的资料。

"抛哇"又称"破瓦"，是藏传佛教经文的译音。指的是由法力高强的高僧活佛运用藏密气功，对活人的灵魂加以导引，使之向西方净土之路转移的一种仪式。据说经过"抛哇"仪式的活人，天灵盖正中会出现一道可以插进一根加玛草的细缝，谓之"抛哇促加玛"。直贡堤寺的学问僧

[①] 《灵魂何往》，《西藏文化系列》电视片（西藏影视公司摄制，共12集）中的一集。

格龙贡觉桑旦认为，此说是可以验证的：经过"抛哇"的人死后，头盖骨上确有已开启的缝隙。

据记载，这种群众性的大型"抛哇"仪典，是十六世纪直贡堤寺嘎举派第十七任住持仁钦平措活佛首创的，此后每隔12年，即藏历猴年六月在西藏墨竹工卡德中山谷仲吾如坝子上举行，从不间断。只是1992年这一次，距离上次（1956年）已经36年了，因而信徒们热切盼望的心情是可想而知的。

这次为期8天的"抛哇"盛典，从西藏各地前来参加的人有八万之众。有孝子背着老父的，有携老扶幼举家而至的，有躺在担架上被抬着来的垂危病人……每个人只有一个心愿，即让自己的灵魂得以开窍，并被导引至西方乐土。参加这次宗教盛典的人中，有来自墨竹工卡县10座寺院和藏北六座寺院的约600名僧尼。由七八位活佛轮流讲经，并为信徒举行摸顶仪式。这次神圣庄严的"抛哇"仪式，被安排在藏历六月初八、初十、十三共3次。

藏传佛教认为，人身上下有9窍（女人12窍）。人死，灵魂若从上部孔窍出去，即可进入六道轮回（图9-1）中的三善趣，即天上、人间、阿修罗，转生为人或神；"抛哇"仪式所能达到的就是这个目的。否则，灵魂从人身下部孔窍出去，就只能沦入六道轮回中的三恶趣，也就是堕入地狱、饿鬼或畜生道，那是十分可怕的事。因此，"抛哇"——为灵魂开窍的仪式，对于西藏每一个信徒来说，都是人一生中至关重要的头等大事。接受了"抛哇"的灵魂，不仅可以洗清罪孽，免受地狱之苦，而且从此结束生死轮回，直接进入极乐世界"德哇坚"，由无量光佛乌巴梅接引。

据在西藏工作近30年足迹遍及雪域南北的民俗学家廖东凡的描绘，在举行"抛哇"仪式时，于仪式接受者头顶覆一纸，由主持活佛诵经文，逐一关闭仪式接受者的全身孔窍，打开头顶之灵魂通道。诵经毕，以"呸呸"之声发气7次，那纸于刹那间便被冲得翻飞——天灵盖正中几片骨接缝处（汉语称"囟门"、藏语称"仓古"、道家称"百会"的地方），刹那间豁然开启。据说，自此便确保人死后灵魂必往西方乐土。①

---

① 参见马丽华《灵魂像风》文中所引，《人民文学》1993年第6期。

西藏僧俗对"抛哇"的神圣功效虔信不疑。据马丽华在西藏的调查，德中寺尼姑贡桑的哥哥、当地牧民平措罗边说，格外敏感的人，当场昏厥，或流鼻血不止。"抛哇"当天，马走18天路程、鹰飞18天路程方圆之内的人，均可受益。

图9-1　六道轮回图（西藏）（采自吕胜中《中国民间木刻版画》）

第三节　为亡魂出窍的仪式

活人可借"抛哇"仪式使自己的灵魂开窍，人死之后，也要为其举行"抛哇"仪式，使其灵魂出窍，尽快离开其躯体。人死，立即请巫师或修过密宗的活佛喇嘛，做"抛哇"仪式：在天灵盖上开一个小孔。有些咒师自称法术高强，从住地作法，可以击倒在死者卧榻旁边的砖石，并达到使死者灵魂出窍的效果。拉萨东北部的直贡寺活佛，以"抛哇"法术闻名于整个西藏区。每年6月羊尔岗寺的"噶珠节",活佛专门举行"抛哇青波"典礼。据说,当他击掌并呼唤三声"呸"之后,成千上万来膜拜的信徒,头盖骨上都将同时出现一个小孔。他们死后,不必再请咒师或喇嘛作仪式,他们的灵魂便可以通过头上的小孔出去,进入极乐世界,或转入善趣轮回之道。①

英国旅行家查理士·比尔在《西藏人民的生活》(民智书局1929年版)和另一位作者写的《西藏志》(1936年铅印本)中,记述了内容大致相同的为灵魂出窍举行的仪式:"人将死,立即延召一僧侣,在死者家内行仪式半小时,又默坐静思半小时。其责任乃以祷告俾死者头能生一洞穴,使死者之心灵(即灵魂——引者)或识神得由此逸出。"②又据《西藏》(民国间铅印本)一书所载:人初死时,必要求喇嘛拔取灵魂。当喇嘛未至以前,决不能稍有所移动,若稍动,则灵魂逃出,被妖鬼捕获。故用白布把死者的面孔盖上,等待做法事的喇嘛到来。喇嘛来到后,倚着死者的枕头端坐静思,把窗户严闭起来。然后便指示西方极乐世界,开始诵唱经文。最后,用拇指拔取死者的头发三四根,使死者的灵魂从这头骨的孔洞中逃逸而去。③《西康综览》(正中书局1941年版)记述了四川甘孜地区的这种风俗,较之上面的描绘,还有所增益:"当人初死,必请喇嘛诵经,由其决示一切。死后,拔去死者头顶之发,俾其灵魂由此离窍,俗曰'通天窍'。入殓则以竹竿穿破屋顶射而出之,示死者灵魂升天。当拔发时门户皆闭,独喇嘛留尸侧,必待喇嘛宣告死者魂出,人乃入室。"④死者灵魂从头盖骨的孔洞中逸出,还要把屋顶戳穿一个洞,使其从此而出。

第四节　一个老僧在法师指引下从尘世进入灵界的过程

长期在西藏生活并对天葬深有研究的学者阎振中,在他的一篇题为

---

① 参见廖东凡《雪域西藏风情录》,北京燕山出版社1991年版,第370页。
② 转自《中国地方志·民俗资料汇编》(西南卷),书目文献出版社1989年版,第880页。
③ 同上书,第920页。
④ 同上书,第397页。

《光荣随鹰背苍茫而远去——天葬及其起源》[①] 中提供了一则弥足珍贵的资料，讲述了一个老僧是怎样在法师的导引之下，从尘世进入灵界的轮回之道的。

一位老僧已经走到了生命的尽头，灵气逐渐消失殆尽。另一位德高望重的荐亡法师，正在导引他走上解脱之道。法师轻轻握着老僧的手说："老人啊，你要摆脱肉体的束缚了，你要轻松从容，抛开生命进入实相之境，不必紧张慌乱。解放你的精神，享受来世快乐的时刻近了！"

法师一边说着，一边敲打那垂死的老僧，从锁骨敲到头顶，这样可以让灵魂毫无痛苦地从肉体解脱出来。法师在他身边指点着沿途的陷阱和避开这些陷阱的道路。

老僧的灵气终于完全消失了，只见法师突然一声大吼，好让老僧挣扎着的灵魂获得完全的解脱。这时，老僧的生命力在他已沉寂的尸体上方凝聚成一块云雾状的东西。这东西扭转着，随后化作一缕青烟，其大小与肉身相仿佛，由一根银带相连着。银带渐渐变细，正像婴儿的脐带被割断而降生一样，老僧也将在银带断裂之时，进入另一个世界。现在，银带已越来越细，变成游丝一般，终于断离。那团与肉体相仿的青烟，也慢慢飘离而去。

法师引导亡灵走上他的第一阶段旅程。法师说：老人啊，你已经死了，你与人间没有瓜葛了。你和肉体的束缚已经割断。你已经进入"中阴身"了。你走你的路，我们走我们的路。就这样，老僧在法师的指引下，走上了漫长的轮回之道。

所谓"中阴身"，指的是前身已弃，后身未得的一种中间状态，灵魂已离开肉体，但尚未踏入转生之途的过渡"境相"。显密经典指出，人的中阴期为七七四十九天，也就是说，生死两岸之间有49天的路程。处于"中阴身"阶段的灵魂，仍然会遇到各种艰难险阻，不具备特异功能之亡魂，必须靠神力指引，才能摆脱地狱和魔鬼的诱惑，步入藏民所向往的三善趣轮回之道。上文所说的"抛哇"仪式以及西藏名目繁多的葬俗葬仪，都是为了使踏入"中阴身"的死者的灵魂得以顺利进入轮回而举行的。

意大利学者图齐在其所著《西藏的宗教》一书中指出，在人的灵魂

[①] 阎振中：《光荣随鹰背苍茫而远去——天葬及其起源》，《雪域文化》1993年春季号，拉萨。

回归过程中，法师的指引十分重要：

在中阴救度解脱之中，这种由喇嘛修习的觉极力激发死者的生命本原，其目的是实现一种净。（在）死者的耳边轻轻地念诵经文中的语言（死者身上还存在有他自己的生命本原的气息）的喇嘛实在是一名引导亡灵去阴间的人，他在死亡和转生之间的过渡阶段（中阴）的49天期间在艰难的道路上步步紧随死者。①

大密宗师、高级藏医洛桑·伦巴曾经仔细观察过人的濒死现象。他指出，肉体一死，一切肌体的活动就停止了。灵魂完全脱离肉体大概需要三天左右的时间。人有一种"醚"一样的东西，形成于肉身生存期间，人死，这"醚"状物会化作一道强光，徘徊在死者周围。② 按照西藏宗教的说法，人有内气和外气，如外气一断，内气仍在延续，表明必死无疑，由于对人生还有种种眷恋和纠缠，故灵魂迟迟不肯离去，这对死者极为不利。因此病人在弥留之际，必须给他服用一种名叫"津丹"的丸药（此丸药以名贵的藏药掺拌活佛的"圣物"，如衣服、头发、指甲或大小便制成）。这种经过活佛加持，具有极大神力的药丸，据说能使濒死者的内气断绝，③ 从而割断与肉身的千丝万缕的关系，进入"中阴"境界之中。这种药物的作用，与上文所说的法师指点老僧的灵魂挣脱肉身的束缚，其目的大概是一样的。

阎振中所描述的老僧从尘世进入灵界的过程，以及他所引述的大密宗师洛桑·伦巴对人的濒死现象的观察，正是当代西方身心学说、死亡哲学、死亡心理学最感兴趣的问题之一。④ 诸如人的濒死情状、灵魂的样子、灵肉分离过程、灵魂脱体向另一生存境况的转换方式，等等，为我们进一步探讨灵魂之谜，提供了有趣的资料。

---

① ［意］图齐、海西西：《西藏和蒙古的宗教》，天津古籍出版社1989年版，第242页。
② 阎振中：《光荣随鹰背苍茫而远去——天葬及其起源》，《雪域文化》1993年春季号，拉萨。
③ 参见廖东凡《雪域西藏风情录》，北京燕山出版社1991年版，第370页。
④ 参见［美］雷蒙德·穆迪《死后见闻》，黑龙江教育出版社1989年版；［美］格罗夫《死亡探秘》，中国人民大学出版社1991年版；高新民编著《人身的宇宙之谜——西方身心学说发展概论》，华中师范大学出版社1989年版；等。

第五节 极乐世界在何方？

藏传佛教信徒们所向往的灵魂回归的极乐世界在哪里？这个极乐世界是什么样子的？"抛哇"仪式要把灵魂送往的那个"德瓦坚"又在何方？

佛经中有所谓净土之说。（图9-2）如《无量佛经》中描绘了阿弥陀佛的西方净土，或称极乐世界、安乐、妙乐、乐邦等。据称，众生信仰阿弥陀佛并念此佛之名，死后即可往生该处。《阿弥陀经》说，极乐世界距离人们居住的"娑婆世界"有"十万亿佛土"之遥。在这个世界中，无量功德庄严，菩萨无数，讲堂、精舍、宫殿、楼观、宝树、宝池等均以七宝庄严，微妙严净。百味饮食，随味而至，自然演出万种伎乐。其国人智慧高明，颜貌端严。但受诸乐，无有痛苦。《药师如来本愿功德经》所描述的琉璃世界，也是一片乐土。那里没有男女性别上的差异，没有五欲的过患；琉璃为地，金绳界道；城垣、宫殿都是七宝所成。

在西藏，民间却流传着"北方极乐世界香拔拉"和"西方极乐世界德瓦坚"两种说法。两者都是藏民们梦寐以求的灵魂回归的幸福宝地。

"香拔拉"又称"绛香拔拉"。《藏汉大词典》说，系指分南瞻部州为五分的最北理想国。史家对香拔拉向来有两种解释。一种认为纯属子虚乌有，只是一种理想的所在。另一种认为，实有此国。还有人写过《前往香拔拉道路指南》，证实并非虚渺之谈。而在西藏民间，香拔拉无处不在，经书上有香拔拉，壁画上画着香拔拉，人人心中都向往着香拔拉，渴望死后灵魂进入香拔拉。香拔拉是怎样的一个处所呢？传说香拔拉在冈底斯山主峰附近，由金刚手掌管着九百六十万个城邦组成的幸福王国。那里没有穷困，疾病，死亡，人与人相亲相爱。那里花常开，水常绿，遍地黄金，满山宝石。人的一切愿望都可以得到满足。拉萨的罗布林卡里，有十三世达赖喇嘛土登嘉措圆寂之著名宫殿，叫秦美措吉颇章。宫殿的卧榻北侧有一幅巨大的题为《香拔拉大战图》的壁画，描绘人神之间的一场大战。据佛经预言，若干千年后，人神之间会有一场大战，战后人类将进入香拔拉一样的理想世界。

图 9-2　莲花生大师像（西藏）（采自吕胜中《中国民间木刻版面》）

据传说，通往香拔拉的一处神门，就在西藏日喀则扎什仑布寺后面的晒经墙下。想去香拔拉的人，必须在该寺领取"路引"（即通常所说的通行证）。据说，求取"路引"的人不少，而真正到过香拔拉的人，却未曾听说过。据曾在拉萨哲蚌寺学经多年的西北民族学院教授段克兴先生（已故）说，香拔拉似乎在西藏西南方，印度北方某地，是一个雪山环绕的神秘世界。从前理圹有一个小喇嘛，在扎什仑布寺领取了"路引"以后，走了三个月，最后来到一处红莲白莲盛开的地方，他在莲花中睡了一夜，全身沾满香气。他决定回家把80岁的老阿妈接来香拔拉，谁知回到家时,老母已逝,儿时的小伙伴均已成扶拐的老人,方知到香拔拉要走整整一辈子。这类使人感慨"山中方七日,世上已千年"的传说,与河南省汉民族的烂柯山故事,以及许多民族都有的同型神仙传说十分相近,所反映的不过是寻找仙境以及人仙沟通、人仙异域的理想而已。

上文所说的"抛哇"仪式中活佛所指引的另一个极乐世界——德瓦坚,对于寻找灵魂归宿地的藏民来说,同样是一个十分理想的天国。但由于它距离人们所居住的"婆婆世界"有"十万亿佛土"之遥,要轮回好多辈子,经过长时间的修炼,才能进入。而且据说把灵魂送至德瓦坚,也只是到达了天国五极乐界中最低的一个层次,从那里真正进入极乐世界的最高层次,还有十分遥远的路程。因此也是一般人可望而不可即的一个理想。对于西藏广大僧俗来说,香拔拉似乎要比西方极乐世界的德瓦坚更现实、更亲切,也更具魅力,吸引着西藏佛教徒从童年到老年,不分昼夜地苦苦修炼和终生追求。这神秘而迷人的香拔拉,还吸引了西方世界众多的传教士和探险家,从17世纪开始,翻山越岭,来到这片神奇的土地上探寻。如今,藏语"香拔拉"这个词儿,被译为西方语言"香格里拉",当作极乐世界和幸福乐土的同义词而传遍了全世界。

许多古老的民族,都有自己民族的极乐世界,都为人死以后灵魂的归宿,构想出形形色色的乐土。信仰佛教的藏民,他们的灵魂回归观念离不开佛经的指引。佛经中的极乐世界,是一个无限美好、远离人寰、可望而不可即的神圣所在。它永远是虔信佛祖的藏民的终极目标和神圣理想。然而,我们从广大藏民对西方极乐世界德瓦坚和北方乐土香拔拉的向往、追求和选择中,可以隐约看出,他们把某些世俗的、人间的、现实的、现世的愿望与色彩,注入他们的灵魂回归观念之中,而且如此巧妙地把终极目标与阶段追求、把神圣理想与世俗欲念、把来世与现世、把佛界仙宫与人间现实结合在一起。佛教认为,生死轮回是永恒的,没有止境的,而每一个人的灵魂回归观念则受着个人社会的、经济的、宗教的以及个人因素的制约。因此作为一个佛教徒,人人都把佛经指引的极乐世界,看作是灵魂回归的终极目标和理想境界。而作为个人,能进入轮回转生之道,也就是向极乐世界迈出了第一步。他们对香拔拉的向往和追求,带有浓厚的现世的世俗色彩。

第六节　护送灵魂往极乐世界的天葬

在藏民看来，天葬是护送灵魂前往极乐世界的最好途径。

天葬在人死以后的第三天，或经咒师选定的吉祥日黎明时举行。天葬仪式的第一步，是把经过"抛哇"仪式而灵魂已经离开肉体之尸体，作胎儿状用白氆氇包裹起来，使之以新生儿的姿态进入生死轮回历程。天蒙蒙亮便准备起灵。起灵前，家人用糌粑粉画一条从尸体到家门口的白线，作为导引。这时死者由四人或两人抬着，或由天葬师背着走出家门。住在拉萨的，一般则由喇嘛引路，绕八角街一圈，在大昭寺门前祈祷，然后送天葬台。与此同时，由一死者的同龄人把家中的白线扫掉，以免灵魂认识回家的路径，骚扰活人。送葬的亲友手擎一炷香，要在通往天葬场的第一个十字路口处，全部返回。不管是送葬者还是抬尸、背尸者，均不得回头张望，以免把亡灵招回家中，从而使其迷失了轮回之道。

到达天葬台后，把尸体放在一块巨石上，由喇嘛念诵经文，并在附近燃上松柏枝叶，上洒糌粑，名为"桑烟"，以召唤鹰鹫前来参加天葬的盛典。

这时候，天葬师打开尸包，动手肢解尸体。他熟练地把肉骨分开，把骨头用石头砸碎，拌上糌粑，捏成团状，撒在四周。切割结束，天葬师发出"晓——晓——"的呼唤声，无数神鹰闻声群集，把尸体啄食一光。这场特殊的天葬礼，前后大约要经历一个小时。

据墨竹贡卡直贡梯寺的天葬师赤列曲桑说，西藏共有 300 多座天葬场。[①] 其中墨竹贡卡的直贡梯寺天葬台，据说是世界三大天葬台之一（与印度的斯白天葬台、西藏的桑耶寺天葬台并称）。据马丽华在电视片《西藏文化系列·魂归何处》里所提供的资料，直贡梯寺天葬台所在的整座山，其造型是仰卧着的多杰帕莫（即金刚亥母，藏传佛教密宗一本尊神，是噶举派修习密乘时的主要本尊）。又据天葬师益西赤烈说，山上共有三座天葬台。最底下的一座天葬台，从清朝开始专送刀枪致死的人尸，位于

[①] 参见阎振中《光荣随鹰背苍茫而远去——天葬及其起源》，《雪域文化》1993 年春季号，拉萨。

多杰帕莫脚下；中间的专送八岁以下儿童尸体，位于多杰帕莫阴处；再往上才是享有盛名的梯寺天葬台，位于多杰帕莫的肚脐处。西藏达木寺天葬台同样只允许送因病而死亡的尸体；凶器致死的人和儿童尸体，只能送到下面的天葬台。

为什么天葬也要对正常死亡者与非正常死亡者、儿童加以区别呢？这显然和西藏的灵魂回归观念有关，认为只有正常死亡的灵魂，才有资格进入极乐世界。

关于直贡梯寺天葬台，流传着许多美丽的传说。相传这座天葬台的创始人杰瓦·齐田贡布（又名仁钦巴，1143—1217 年），同时又是藏传佛教直贡噶举派的开山祖师。传说他是苍穹中一只母鹰所生，25 岁时曾在帕木竹巴学习密法，1179 年于直贡在原有小寺的基础上建成直贡梯寺。他的徒众称他为直贡巴。传说他在一次聚会中，召集了五万五千五百二十五名僧众；在一次安居中，曾给十万喇嘛受全戒。故有"不管是山区，还是平原，都属直贡巴"之谓，可见他的影响之巨。[1] 传说他在圆寂前，曾得到神佛的启示，选定了直贡山梯寺修筑天葬台，认定人的灵魂可由此直接进入极乐世界或进入轮回。为什么直贡山具有如此巨大的神力呢？在他看来，直贡山是密宗一位法力高强的魔女的化身（或者如天葬师益西赤烈所说的，直贡山是仰卧着的女神金刚亥母），山的四面有四座山峰，就像观音菩萨、毗卢遮那佛、金刚佛、妙音女神比肩而立。四座山峰的周围是八个林子：东方暴虐林、北方密丛林、西方红焰林、南方锁骨林、东北狂笑林、东南吉祥林、西南幽暗林、西北啾啾林；林中住着刹生女、食肉罗刹、鸳鸯、骷髅鬼等八位神刹。八个林子发出极强的光芒，有一块五彩圣石竖立在那儿，象征着无量佛的慈、悲、喜、舍。圣石四方有四种不同的缘境：一是圆形的差极石，二是长方形的成佛石，三是半月形的惩罚地，四是又黑又粗的险恶地。杰瓦·齐田贡布凭他的天目看到此山上的六道轮回和三恶趣门都关着，因此，在这儿修天葬台对灵魂的回归是十分适宜的。[2]

传说直贡梯天葬台是由四位空行仙女从印度的斯白天葬场搬来的。四只神鹫也跟着飞到这里，停落在天葬台四周。直到今天，两个天葬台之

---

[1] 参见李安宅《藏族宗教史之实地研究》，中国藏学出版社1989年版，第88页。
[2] 阎振中：《光荣随鹰背苍茫而远去——天葬及其起源》，《雪域文化》1993年春季号。

间，还有一根马尾巴粗的光或者说是金线联结着，有法力的虔诚的信徒，都可以看得见。还有，几乎每座天葬台的人都会指着该地的某块石头，说这是很早以前，从印度的斯白天葬台飞来的神石。直贡梯寺天葬台附近有一块形似男性生殖器的石头，据说就是来自印度。无论是联结着印度斯白天葬台与西藏直贡梯寺天葬台的金线，还是从印度飞来的圣石，无不表明西藏的信仰和葬俗，与印度的信仰和葬俗有着千丝万缕的关系。

在众多的有关天葬的传说中，最引人注目的是关于灵魂与石头信仰的传说。如仙女化身为石柱的传说中说，天葬台修好之后，四位仙女从印度斯白天葬台给直贡梯寺运来了四根石柱，经杰巴·齐田贡布的灵魂挽留，四位仙女不再返回印度，化身入四根石柱之中，站在直贡梯寺天葬台四周，以保护尸体的洁净。关于108块刻有神鬼灵魂的石板的传说，也是饶有兴味的。内容是说天葬台修好后，一位名叫热巴看的智慧神前来看守，并吸引了千万神鬼云集此处，他们的形象常常在石崖上出现。杰瓦为了让凡人也能看到这些神奇的景观，曾命石匠按他所见到的样子，把神鬼的形象刻画出来。据说现在的直贡梯寺天葬台还保存着108块这样的石头。有学者和画家曾亲眼目睹并带回智慧神、天鹰的拓片。[①] 民间有一个传说，说有一块石头上留有清晰的天狗脚印。据说最初的天葬是由天狗把灵魂带往天国的，因路途遥远，天狗进入天国要很长的时间，所以杰瓦又派了天鹰来，把人的灵魂带往天国。

1949年前出版的一些书刊中，常见以人尸饲狗或称之为"地葬"的记载，恐怕是与这种天狗的信仰和传说有关。西藏日喀则保存有石板浅浮雕"狗头明王"（图9-3）。如：《西藏见闻录》（清抄本）："数日后，送尸到剐人场上，去衣缚于柱，细碎其肉，骨杵末和糌粑以饲犬。"《西域遗闻》（1936年铅印本）："司剐者缚尸于柱，割其肉，复杵其骨令碎，和以糌粑饲犬。"干节《西番记》："康国域外别有二百余户，专诸丧事，别筑一院，院内饲狗，人死即取尸置此院内，令狗食之，肉尽收骸骨埋殡。"[②]

---

① 参见阎振中《光荣随鹰背苍茫而远去——天葬及其起源》，《雪域文化》1993年春季号，拉萨。

② 《中国地方志民俗资料汇编》（西南卷）下册，书目文献出版社1989年版，第872、902、908页。

图 9-3 狗头明王（石板浅浮雕造像，西藏日喀则）
(采自《中国西藏》1993年冬季号)

在西藏有关于以石头象征天国和滴血代替天葬的传说，反映了一种相当原始的灵魂观念。据说，由于路途遥远，运尸困难，因而并非所有尸体都送到直贡梯寺天葬台去施行天葬。杰瓦为了普度众生，在天葬台附近选择了一块地方，只要生前在此石头上滴上一滴血，就等于提前天葬了。人死以后，尽管尸体没有运送到天葬场，同样也可以进天国。这种认为灵魂寄存于血，因而生前滴血可以代替灵魂的观念，是十分古老的。与此同时，滴血之地就是天国的象征。有人在这里垒上几块石头，死后到了天国，它们就是一座宫殿。广泛见之于西藏、青海、甘肃、云南等地的藏族聚居地的玛尼堆，同样包含着灵魂寄居地和天国的象征意义。

关于天葬的起源，历来聚讼纷纭。法国著名藏学家 R. A. 石泰安在《西藏的文明》里说，这种把尸体交给鸟类吞啄的习俗，可以肯定是从伊朗传入的。唐代一部汉文典籍把当时吐蕃处理尸体的三种方式（即火葬、鸟葬和水葬）的起源归于印度，但尚未得到证实。有的学者认为，天葬源于苯教，其根据是在一些典籍中记载，佛教未传入西藏以前，历代藏王已有不留尸体、不立陵墓、逝归天界的葬俗。例如索昂绛粲在《西藏王统记》中记载:"天尺七王之陵,建于虚空界,天神之身,如虹散去,无有尸骸。"《敦煌古藏文历史文书》:"天尺七王死后,人们目睹他们直接返回天空,……逝归天界。"《贤者喜宴》云:"(诸王)不受山岩阻碍,而能飞往天空,白昼降临在地,夜晚归天,当诸子长大能骑马之时,他们即握天绳升天而逝。"霍夫曼在《西藏的宗教》中说:"七代藏王都是天神的儿子,从天帝上下来,完成了世间的事业后,照原路回去。"[1]

天葬从一个方面反映了苯教时代的人神关系、天绳与天梯的观念、灵肉分离、灵魂升天等古老的灵魂观念,以及后起的藏王与天神一体化的宗教观念,对研究民间信仰中的灵魂世界有参考的意义。

第七节 灵魂升天与神鹰崇拜

学者们研究,天葬于11世纪传入西藏,成为藏区的主要葬式。天葬最为充分地体现了藏传佛教的重灵魂、贱肉体的信仰特色。他们认为,躯体只是灵魂暂时的居所,人死,必须尽快引导灵魂离开躯体,而把躯体饲喂鹰鹫,是使灵魂义无反顾地走向轮回转生的最迅速、最彻底的途径。以尸饲鹰的天葬可能受到佛祖释迦牟尼前世曾舍身喂虎、割肉饲鸽观念的影响。他们视天葬台吞噬尸骨的鹰鹫为神鸟,是"格龙"(比丘)的化身。天葬时点燃"桑"烟,是铺上五彩路,邀请神佛前来享用凡人以尸身敬献给众神的祭品,以此赎去生前的罪孽,并祈求神佛把自己的灵魂带往天界或轮回之途。因此,有人称天葬是人间最超脱、最神圣的葬俗。它把灵魂带到了超凡脱俗的境界。有材料称天葬为茶托鲁——鸟散,鸟散就是风葬,乃使肉体还原于风。[2]

天葬又名鹰葬或鸟葬,与藏民由来已久的鹰鹫崇拜有关。在藏民心目中,鹰不仅是一种威武、高贵、有力量的猛禽,更重要的是一种神鸟,来自天国的使者。据藏民说,平时几乎看不见自然死亡的鹰的尸体,当它将

---

[1] 参见阎振中《光荣随鹰背苍茫而远去——天葬及其起源》,《雪域文化》1993年春季号,拉萨。

[2] 《中国地方志民俗资料汇编》(西南卷)下册,书目文献出版社1989年版,第925页。

死之际，它就拼命向高空翱翔，朝着太阳向上飞冲，直到太阳把它的尸体熔化，然后进入天国。在日喀则地区，流传着一个关于天葬台神鹰的故事。在扎什仑布寺的西山有一座天葬台，每天黎明时分有许多鹰飞来吃尸。吃尸的鹰，在嘴巴上、胸腿部沾上斑斑血迹。奇怪的是，第二天清晨再次飞来时，每只鹰都是干干净净的。这种现象引起了当地天葬师的注意。一天，西山上的天葬师与东山上的牧羊人谈到这种怪异现象。牧羊人也觉得不解。他说，每天天不亮他赶着羊群上山，正好是日出时分，鹰群从西山天葬台飞往东山晒太阳。他发现在年楚河西边时，可以看到鹰身上的血迹，但飞过年楚河，到了东山，就是干干净净的了。牧羊人说，鹰鹫是不可能在河里洗澡的，为什么飞过年楚河的鹰鹫，竟看不到一点点血污呢？这个故事使人们更加深信，神秘的鹰是一种神鸟。[①]

鹰的形象在西藏物质文化和精神文化中处处可见，玛尼石、风马旗、建筑物、服饰、绘画……在藏族神话中，神鹰创世、鹰生人，神鹰作为战神、护法神，被人们广泛传颂。

第八节　葬式与灵魂观

在西藏的历史上，曾经有过土葬、林葬、塔葬、火葬、水葬、崖葬、天葬等多种葬式。采用不同的葬式，取决于不同时期的宗教信仰、死者的经济和社会地位、死亡的原因等。不同的地理环境和自然条件，以及长期形成的某些民族禁忌，也往往会对葬式的选择产生一定的影响。

李安宅在《藏族宗教史之实地研究》一书中指出，苯教有"九乘"之说，其中第一乘是占运派，为两女神杰卜巴和大露吉名结所传，有三百六十法的禳除和八万四千种的观察；第四乘是世间派，传自杜塞巴伯说教，即三百六十丧仪，四葬仪，八十一降妖术。[②] 可见采用何种葬式，要由占卜根据苯教的教规来定。

考古发掘的资料证明，在佛教传入之前，西藏的主要葬式是土葬。在

---

① 参见阎振中《光荣随鹰背苍茫而远去——天葬及其起源》，《雪域文化》1993年春季号，拉萨。

② 李安宅：《藏族宗教史之实地研究》，中国藏学出版社1989年版，第32—33页。

朗县、乃东、扎中、琼结、洛扎、林周、贡觉等县，有较多的墓葬群，特别是在雅鲁藏布江中游，在西藏文明发源地的雅隆河谷一带，墓葬群尤其普遍。据考古调查，仅乃东、扎中、琼结三县就发现墓群四十多处墓葬四千多座。其中琼结县发现的藏王墓群特别引人注目。松赞干布墓保存有大量陪葬品。

据调查，在实行天葬之前，西藏保存着茂密丛林的地区曾经实行过林葬。林葬就是把尸体置于丛林，让禽兽（主要是鹰鹫、虎豹、野狗等）吞噬。例如天葬的发源地直贡地区，八百年前丛林茂密，在天葬之前大多流行火葬与林葬。当地群众说，当时吃尸体的兽类以狗居多，被称为天狗。[①] 前文所提及的史籍上有关天狗与地葬的记载，似与林葬有关。但二者有所不同，林葬近似野葬，弃尸于野，不论何种禽兽均可吞噬；而地葬则近似天葬，只是饲鹰与饲狗不同而已。在灵魂观念上，则是相同的。

塔葬为上述葬式中之最尊贵者，一般只有大活佛和个别贵族才能享用。据马丽华调查，在藏东和藏南部分地区，也有少量俗人实行塔葬。塔葬分肉身塔葬与舍利塔葬两种。肉身（干尸）塔保存的是经过香料处理过的完好的法体。舍利塔供奉火化后的佛舍利。灵塔（图9-4）有金塔、银塔，也有铜质和木质的灵塔，视死者的宗教地位与财力而定。历代达赖、班禅、藏传佛教各派系活佛，都以灵塔保存遗体。只有六世达赖仓央嘉措，西藏没有他的肉身灵塔。藏传佛教认为，有资格享用塔葬者，与佛陀转生之早期诸王有血统关系，或本身即为佛陀转生，其灵魂已进入西藏的万神殿，可以接受圣火及信徒们的敬拜。

火葬也是一种级别较高的葬式。新中国成立前只有活佛及达官贵人才能享用。据调查材料，藏北信仰苯教的地区，也实行火葬。亲人亡故，请僧人念四十九天的经，在焚尸的同时，为灵魂搭一祭坛，举行火葬仪式，超度灵魂升天。[②]

新中国成立前，一部分贫困人家实行水葬。其葬法，有肢解尸体投入江中，或以布包裹之整尸投入江中。据记载，藏南深谷因无鹰鹫飞来，大部分实行水葬。在藏人的观念中，以尸喂鱼，同样也是以肉体敬献佛祖，

---

① 参见阎振中《光荣随鹰背苍茫而远去——天葬及其起源》，《雪域文化》1993年春季号，拉萨。

② 马丽华：《西藏文化系列·灵魂何往》解说词。

以求洗清罪孽，使灵魂得以升天并进入轮回之道。所以，从前实行水葬的地区，把鱼奉为"河神"，教徒们是不吃鱼的。①

图9-4　佛塔（西藏）（采自《中国西藏》1993年冬季号）

新中国成立后，沿江地区因地制宜，实行水葬。其裹尸法，与天葬同。把尸体手足相抵，作婴儿状，然后把包裹好的尸体绑上石头，沉于河底。马丽华告诉笔者，雅鲁藏布江一带，特别是山南地区，大约在七、八、九这三个月，夏季庄稼生长期间，一般不举行天葬，传说是怕动了刀子，会下冰雹，对庄稼生长不利。此俗与西藏僧人自古就有的"雅勒"（即夏日安居）例规有关。每年藏历六月十五到七月三十，僧人进入寺院静修，以免外出踏死刚孵化的幼虫雏鸟。因为在佛教的三百多戒律中，杀生是最大的罪孽。此俗一直延续下来，并发展成为西藏一个著名的民族节

---

① 参见《西藏风土志》，西藏人民出版社1982年版。

日——雪顿节。① 某些地区在此期间不举行天葬，只好实行水葬。西藏的葬式常常因地理环境或其他条件的变化而变异，有些地区原来实行天葬，后来由于鹰群稀少，只好变换其他葬式。

据调查，在喜马拉雅山一带，还盛行崖葬。以白布裹尸，置于高山崖洞中，外面垒上石块。据考古学者李永宪告诉笔者，西藏吉隆地区一带实行崖葬。当地藏民认为，之所以选择高高的山崖为葬地，是由于葬得越高，灵魂离天国越近。据他调查，藏民把尸体送上山崖时，通常挖一条小路，但送葬归来时，必须把这条小路毁掉，以免灵魂返回人间，作祟于活人，同时也使亡魂别无选择地走向天国及轮回之路。

第九节　守墓人制度与人魂中介

据《西藏文化系列·灵魂何往》中采访对象西藏山南地区文管会强巴次仁介绍，西藏有一种奇特的守墓人制度。所谓守墓人，是苯教人殉习俗的一种遗留。让本该杀死用以殉葬的人留一条活命，使之守在墓旁，不得与外界活人接触，靠供品维持生命。人虽活着，却要为死者的灵魂服役。守墓人生活在两个世界之间，是个活着的死人。据强巴次仁说，松赞干布墓过去有三层围墙，最高一层在墓顶，第二层在墓基，第三层就在守墓人住的地方。那里盖了一间房子，供守墓人居住，形成了取代人殉制的守墓人制度。

考古资料表明，我国古代曾经有过人牲与人殉的葬俗。人牲又称人祭，用活人作牺牲，或投入江水，或置于柴火燔焚，俱系向自然神、天神、祖神敬献的祭牲。人殉则是用活人去为死去的氏族首领、家长、奴隶主、封建主或帝王殉葬。人牲与人殉普遍存在于世界各古代民族，二者都是为了某种信仰的目的，以人为的方法置人于死，强调了人的灵魂在第二世界中角色的作用和功能，都是以一定的灵魂观念为基础的。但二者产生的时代、原因以及信仰的目的却是不同的。

人牲起源于古代的食人之风。无论是古代的血祭地母、猎头祭谷、祈雨，或是奠基献牲，其目的多是供神（灵魂）以食，求神护佑，厌胜，

---

① 参见廖东凡《雪域西藏风情录》，北京燕山出版社1991年版，第370页。

求福消灾。牲人的主要来源，既有本氏族的成员甚至首领（如成汤祷雨），多数则是外氏族的俘虏。只有奠基献牲，均用婴儿、幼儿，甚至自己的初生子女或长子。而人殉比人牲出现较晚，肇始于父系制的萌芽及确立时期。为了使死去的首领、家长、奴隶主、帝王的灵魂，能够像生前那样有人侍候，常常以死者的奴仆、妻妾、子女、大臣、侍卫等活人殉葬。

在我国，人殉之俗不仅普遍见于汉族地区，在少数民族地区也屡见不鲜。[1] 战国秦汉之际，匈奴单于死，据《史记·匈奴传》，"其送死，有棺椁金银衣裳，而无封树、丧服，近幸臣妾从死者，多至数千百人。"又据《旧唐书·西南蛮传》："（东女国）国王将葬，其大臣亲属殉死者数十人。"《大金国志》卷39《初兴风土》条也有记载："（女真）贵者生焚所宠奴婢、所乘鞍马以殉之。"

隋唐时期西藏高原的吐蕃，也实行生殉奴马的葬式。据《旧唐书·吐蕃传》：

> 父母丧，截发青黛涂面，衣服皆黑，既葬即吉。其赞普死，以人殉葬，衣服珍玩及尝所乘马弓剑之类，皆悉埋之。仍于墓上起大室，立土堆，插杂木，为祠祭之所。

西藏的守墓人制度，显然在《吐蕃传》所记的生殉奴马的时代以后。目前我们没有更多的材料说明西藏的守墓人制度究竟起源于何时，为什么要把殉人改为守墓人，这种生活在阴阳两界、来往于生死两域的守墓人，是以什么方式与亡魂沟通的，什么人充当守墓人，这种专门和死者灵魂打交道的活人与南方某些地区流行的阴差有什么异同？笔者在湘西调查时，得知当地有活人充当的专门代阴司管拘亡魂的差役。据说，村中有人将死，此人便昏厥于地，人事不省，白天也是如此。待人亡故，此人才醒来，醒后茫然不知所往。平日与常人无异，只是由于他有时不小心说出某某将死，其言必中，且在他昏睡于地不久，村中必有人死，故老百姓才传言他是阴差。这些有趣的问题，想必会引起民间信仰研究者们的兴趣。

如果说守墓人是西藏奇特的人魂的沟通者，那么，天葬师同样也是西

---

[1] 参见黄展岳《中国古代的人牲人殉》，文物出版社1990年版；徐吉军等《中国丧葬礼俗》，浙江人民出版社1991年版，第452页。

藏（以及青藏高原、云贵高原天葬流行地区）所独有的人魂中介。

天葬师在西藏叫"多不丹"。一些著名的天葬场由活佛管理，天葬师由活佛从喇嘛中选派，其他的则由俗人或曾经当过喇嘛的人担任。天葬师的社会地位并不高，而且生活清苦，因此，一部分人为了谋生，不得已干上了这个宗教职业，也有一些人是为了追求来世的幸福，希望死后进入极乐世界而自觉地充当上"多不丹"的。

天葬师的工作主要是处理尸体，使之能顺利地被鹰鹫吃掉，然而，这却是一件常人无法取代的神圣的工作。天葬师站立在生与死的门槛上，每天来往于肉体与灵魂、天国与地狱两个世界之间，迎送着形形色色的灵魂，带着死者和亲人的嘱咐，把灵魂送上天国和轮回之路。达木天葬台阿旺丹增就是一位充分意识到自己工作的神圣性的天葬师，他手卜有一串念珠，那是从无数死人头骨上各凿一个圆洞，然后用那一小片头骨穿串而成的。以头骨作念珠，说来有些令人恐惧，但从文化人类学和灵魂学说来看，这个圆孔是有特殊含义的，许多古老的民族都有生前或死后在头骨上凿孔，以便灵魂由此进出的信仰和习俗。

达木寺天葬台，也叫"哈哈鬼巴"（狂笑寒林）天葬台，是著名的八大尸林之一。这座天葬台素有保存死人头骨的习俗，据说这是从前某位活佛授意的。目前这里的骷髅墙就是由天葬师达木·德庆顿珠维修的。（图9-5）

图9-5 天葬台里的骷髅墙（采自《雪域文化》1993年春季号）

藏传佛教向来重灵魂而贱肉体，为什么要把肉体的一部分——人头骨保存下来呢？据曾经在达木寺向天葬师阿旺丹增调查过的马丽华在《西藏文化系列·灵魂何往》解说词中介绍，保存死人的头骨，建造骷髅墙，是对亡灵的一种超度，从佛教的教义来说，是提醒活着的人多做善事。我想，从灵魂信仰的角度来看，藏族有灵魂寄存于骨头的信仰，人死后，其灵魂已通过天葬返归天国或进入轮回，被保存的头盖骨是凿有圆孔的，表明生前寄存于头骨中的灵魂，已通过灵魂通道离体，头盖骨已非灵魂寄存之所，因此，被保存的死人头骨，同样说明魂归天国或进入轮回，是天葬者的最好的归宿。天葬师手持头骨制作的念珠，正好说明他是灵魂的使者。

第十节　一个当代灵魂的王国

藏传佛教灵魂观的特色是重灵魂而贱肉体，主张灵肉分离、灵魂转体和对来世的信仰。无论是灵魂转世，轮回转生，为生魂开窍，为亡魂出窍，还是为了使灵魂尽快彻底地摆脱肉体，走上天国和轮回之道而采取的以肉饲鹰的天葬，无不体现着灵肉分离的二元观和对来生的信仰。这种奠基于信仰来生的灵肉分离与统一的无限循环的唯灵观念，不仅支配着人的一生，规范着人的行为，而且构成整个民族的哲学观、宗教观、宇宙观和人生观的核心。

然而，藏传佛教是外来宗教与西藏本土的苯教以及民间信仰结合的产物。佛教传入吐蕃，是七世纪以后的事，在这以前，当地人信仰的是万物有灵的苯教。《新唐书·吐蕃传》："其俗，重鬼佑巫。"苯教的神分天神与魔鬼两大部分，沟通人与神鬼之路的巫人，被称为"苯"。[①] 苯教的灵魂观念十分古老，有天界善魂 BLA 和中界游魂 BTSAN 之分。前者与活人同在，可离体寄存于他物，人并不因此死亡；后者指人肉体死亡之后的精魂，藏族称"人死而赞生"，所谓"赞"，就是指的这种精魂。苯教观念认为，人身上有若干灵魂，如《格萨尔王传》中的格萨尔，头顶、右肩、

[①] 参见丁汉儒《喇嘛教的特点》，宋恩常编《中国少数民族宗教初编》，云南人民出版社1985年版。

左肩、腰中、脚跟，均寄存着他的不同的灵魂。有学者把藏族原始苯教称为萨满教，认为"萨满教最基本的特征是灵魂不灭与灵魂飞升的观念，萨满本身也是灵魂观念的产物，是人与灵魂之间的中介；灵魂的漂移、飞升导致了空间观念的发展，可以说信仰萨满民族的空间观是灵魂观念的展开……其神话、宗教体系，乃至由此衍生的政治体系，都可以从灵魂观念中找出踪迹，藏族的神话、宗教及政治历史的发展也说明了这样一个规律"。[①] 原始苯教和藏传佛教的灵魂观念有许多不同的地方，是一个需要进一步探讨的问题。

我们选择西藏——当代的灵魂王国这个个例，作为我们探讨和考察中国灵魂信仰这种独特的文化现象的一个重点和参照，是由于在这片神奇的雪域高原上，灵魂信仰这种起源十分古老的观念，在今天仍然保留得如此完整，如此丰富，如此别具特色，仍然具有神圣性。在这里，原始与文明，自然与文化，神圣与世俗，人为宗教与原始宗教，如此紧密地交织在一起。灵魂学说中的许多现象，都可以在这片土地上，在人的观念、仪规、神灵体系、神话、口头传说、史诗、苯教和藏传佛教的典籍中，找到反映，对我们理解这种并非"迷信"二字所能概括的文化现象，会产生有益的启示。

[①] 谢继胜：《藏族萨满教的三界宇宙结构与灵魂观念的发展》，《中国藏学》1988年第4期。

第十章

魂瓶——灵魂世界的象征

第一节 魂瓶的名称

魂瓶是我国古代农耕民族所特有的为亡魂准备食物而设的陶瓷随葬明器，常见于汉代至宋元年间长江下游一带稻作文化区的墓葬中，以三国、两晋、宋元时期江苏、浙江、江西等地出土的堆塑装饰型魂瓶数量最多，也最富特色。

灵魂观念认为，人死是长眠，肉体可以死亡，但灵魂还在，在另一个世界中和人一样生活。魂瓶是为亡魂准备食物的器皿，是灵魂栖息之所，是人与亡灵沟通的桥梁，又是亡魂返祖升天的通道。魂瓶是灵魂世界的象征。

魂瓶的名称很多，从考古出土和文献记载来看，大都根据其外形、造型、质地、用途、信仰和宗教观念来取名。现举例如下：

以外形取名的有：五联罐、五口瓶、五管瓶、玉管瓶、五罐瓶、罐形瓶、五孔瓶、盘口壶（瓶）、多管瓶、多角瓶、盖瓶、牛角坛、多角小坛；

以堆塑造型取名的有：堆塑瓶、堆塑陶罐、堆纹瓶、人物瓶、蟠龙瓶、龙虎瓶、日月瓶、立鸟瓶等。有些名称（如龙虎瓶、蟠龙瓶）已带有信仰色彩；

以瓶（罐）上的文字取名的有：朱书罐、墨书罐、朱书陶瓶（罐）等；

以质地取名的有：陶罐（瓶）、青瓷谷仓、陶瓷魂瓶、多角瓷罐、影青瓷瓶、清花釉里红谷仓、青釉塔式多嘴谷仓等；

以存放谷物祭魂的用途取名的有：食瓶、熟食瓶、五谷袋、五谷囊、五谷具、五谷悉具、五谷重具、陶仓、粮罂、食罂、粮罂瓶、谷仓罐（瓶）、谷仓坛、五谷仓、五谷宝瓶等；

以信仰和宗教观念取名的有：罂、神瓶、神亭壶、解殃瓶、解祛瓶、皈依瓶、魂魄瓶、魂瓶等。近年来，魂瓶之名在各地使用较为广泛。

自元明以降，上述特制的陶瓷明器已日渐稀少，但以瓶罐等器皿存放食物或谷物，置于墓中供亡魂食用的魂瓶遗俗，仍然保留在全国相当一部分实行土葬的汉族和少数民族地区的农业民族之中。（关于近现代的魂瓶遗俗，详见本章第三节）现把近现代以食（谷）物祭魂所用器皿的名称列举如下：

近现代以食（谷）物陪葬所用器皿名称

地区	省县	名称
东北地区汉族	辽宁铁岭	食罐
	辽宁奉天	饭盂
	辽宁海城	贮谷瓷器
	吉林	（撒五谷供魂食）
	黑龙江	（纳五谷于柩前）
	黑龙江呼兰	五谷囤及下水罐
	黑龙江绥化	五谷囤
	黑龙江望奎	五谷囤及下水罐
	黑龙江安达	五谷囤
华北地区汉族	北平	宝瓶、罐儿、焰食罐子
	北平	夹罐儿、柳条夹罐
	天津	罐
	塞北农村	遗饭罐子
	河北束鹿	盛饭瓷瓶
	河北遵化	食罐
	河北滦县	食罐
	河北定州	盛饭瓷瓶
	河北定县	下食罐

续表

地区	省县	名称
	河北沧县	米罐
	河北邯郸	衣饭碗
	山西大同	瓦罐
	山西榆杜	苞笞罂
	山西解州	苞笞罂
	内蒙古归绥	饭盂
华东地区汉族	山东	五谷囤
	山东费县	粮仓
	山东青城	五谷囤
	山东莱阳	献瑞罐、五谷囤
	山东东平	饭罐
	江苏	行粮罐
	江苏苏州	万年粮
	江苏镇江西石城	宝瓶
	江苏镇江丹阳	五谷仓、粮碗瓶
	江苏宜兴	夹罐儿
	江苏常州武进阳湖	五谷仓、粮盎瓶
	江浙一带	招魂袋
	江浙剡县	宝瓶
	浙江富阳	宝瓶
华南地区汉族	广州	粮食袋、装寿饭之瓷器罂
	广西恭城	粮坛饭
西北地区汉族	陕西高陵	苞笞罂
	陕西米脂	五谷格仓、祭食罐
	陕西洛川	酵罐
	甘肃灵合	粢盛
	青海河湟地区	五谷仓、食品罐、饱食罐
西南地区汉族	四川成都	衣禄罐
	四川大竹	苞笞罂
	贵州开阳	粮窖罐

续表

地区	省县	名称
	贵州平坝	粮食罐
	贵州地区	禳阴罐
	云南会泽县岩洞村	财罐
	云南地区	五谷罐
	云南镇雄	糯米饭罐、盐茶米豆罐
少数民族地区	云南曲靖白水乡彝族	万年瓶
	云南怒江傈僳族	口袋装饭
	云南布朗族	布袋装饭
	云南独龙族	竹筒盛饭
	云南怒族	口袋放米和肉
	云南保山芒宽乡苗族	葫芦瓜放蛋炒饭
	川南鸦雀苗	大碗
	贵州黑苗	谷笋、饭包
	广西融县苗族	鱼篓放饭
	贵州荔波青瑶	布包、陶制饭碗、竹编饭包
	贵州仲家人	麻袋装饭耙

第二节　考古出土的魂瓶

一、魂瓶的早期形态：汉代的陶谷仓与五联罐

据《古今事物考》载：

> 今丧家棺柩中必置粮罂者。昔鲁哀公曰，夷齐不食周粟而饿死，恐其魂之饥也，故设五谷囊。[①]

由此可知，在墓中设粮罂（魂瓶）以谷供魂食用的葬俗，源于春秋

---

① 王三聘辑：《古今事物考》，商务印书馆1937年版，第21页。现据上海书店1987年影印本。

时代的五谷囊。五谷囊是用以盛放五谷的布袋。其名称尽管在此后墓葬出土的衣物券和有关丧葬的典籍中时有出现，但五谷囊的实物却未能保存下来。

考古学者发现，我国绝大部分的汉墓里，都有谷仓随葬。① 陶谷仓是谷仓罐魂瓶的早期形态，具有以下特点：

第一，陶谷仓的造型上主要模仿实用的粮谷仓，一般比较简单：圆形、方形、长方形；有盖，其中的圆形有盖陶仓成为以后五谷仓的基本形态。有的陶谷仓制作比较讲究。如湖北江陵凤凰山西汉墓出土的陶仓制作精细，仓腹开有方窗，仓基有排水沟，盖为尖顶，上有展翅欲飞的立鸟。②（图10-1）河南灵宝张湾东汉墓出土的陶仓楼为多层结构，四阿式的楼顶正脊和角脊端部均有装饰，正脊立一昂首展翅的朱雀③，形态优美。这类陶谷仓不仅显示了我国汉代陶器制作的水平，也为后期的谷仓瓶和堆塑装饰型魂瓶的造型（如立鸟盖钮、鸟兽及多层建筑堆塑等）提供了依据。

图10-1 陶仓（湖北江陵凤凰山西汉墓出土，采自《文物》1976年第10期）

---

① 禚振西、杜宝仁：《论秦汉时期的仓》，《考古与文物》1982年第6期，第84页。
② 《江陵凤凰山一六七号汉墓发掘简报》，《文物》1976年第10期。
③ 《文物考古工作三十年（1949—1979）》，文物出版社1979年版，第284—285页。

第二，考古出土的陶仓上常有文字。如西安东郊汉墓出土的带字陶仓①，盖上写着"小麦囷"②"白米囷""黍粟囷"字样。

河南洛阳金谷园村汉墓出土的陶仓上的文字，写着小麦（墓号3002，器号9）、大麦屑万石（墓号3032，器号50）、糜万石（墓号3001，器号41）、豆万石（墓号3001，器号45）（图10—2）等。③ 考古发现，陶仓内有谷物，"实物和题字表明当时粮食品种有小麦、稻、粟、高粱、大豆、薏米、麻子等"。④

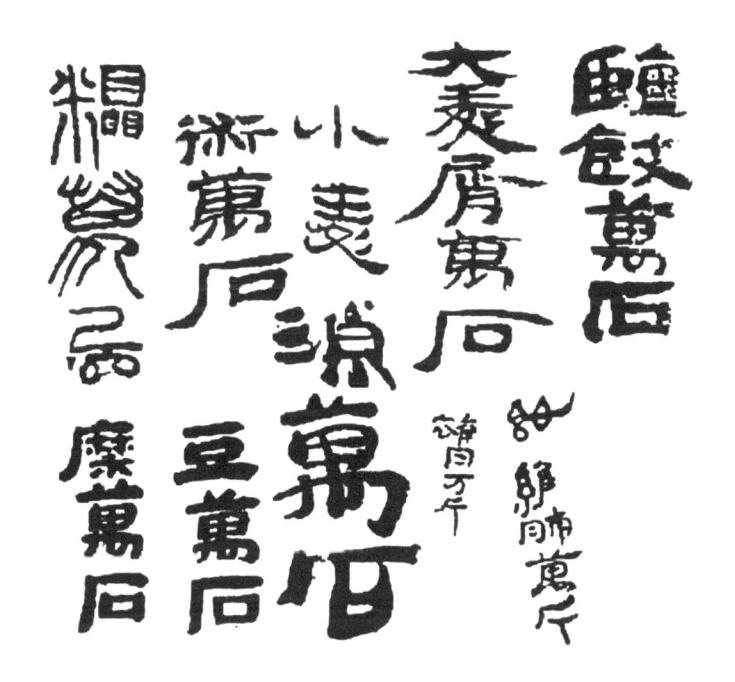

图10-2 汉墓陶仓上的文字（河南洛阳金谷园村汉墓出土，采自《考古通讯》1958年第1期）

---

① 禚振西、杜宝仁：《论秦汉时期的仓》，《考古与文物》1982年第6期。
② 《礼记·月令》："修囷仓"，高诱注："圆曰囷，方曰仓。"
③ 黄士斌：《洛阳金谷园村汉墓中出土有文字的陶器》，《考古通讯》1958年第1期，第37页。
④ 禚振西、杜宝仁：《论秦汉时期的仓》，《考古与文物》1982年第6期。

第三，墓中设置陶仓是做什么用的？考古所见的陶仓，"文字皆竖写于仓身，字数自一字至五字不等，皆为说明内盛何物及数量（偶尔也有不标明数量的），因这些仓都是明器，所写的数量并不是实数"。① 如广东韶关西河汉墓的长方形陶仓通高20公分、长17公分、宽12公分，② 而陶仓上的文字却是"百石""五百石"，一石是一百斤，说明陶仓上的文字只具有象征意义，表示供亡魂使用的陶仓所藏谷物十分丰富，取之不尽的意思，正好表明作为明器的陶仓的非实用性。至于墓中设置陶仓的目的，考古学家卫聚贤说得很清楚：

> 殷周时代的贵族，墓中有殉葬的"铜器"（鼎、鬲等），在这些铜器中放些食物，以备死者食用。汉代既不殉葬奴隶，以为在器皿中放一些食物，不够长久吃，于是殉葬仿食用的"仓"制成小型的陶仓。③

由此可以看出，这种专门制作的放食物供亡魂用的非实用的陶仓，是以后的五谷仓魂瓶的早期形态。

汉代出现的五联罐，同样是魂瓶的早期形态。所谓五联罐，是在一个大陶罐的口沿和肩部另塑四个壶形小罐，小罐比主罐矮小，与器腹不相贯通。④ 西汉墓中出土的五联罐比较古老，如广州横枝岗西汉木椁墓出土的五联罐，五个罐于罐体处相连，中间一个略小，⑤ 与东汉常见的一大四小的五联罐造型略有不同。

东汉时期五联罐上的人物和鸟兽堆塑比较古朴。例如东汉中期上虞县的原始瓷窑生产的五联罐，在椭圆形的深腹上部做五个盘口壶形的小罐，其中中罐较大且高，颈肩部由素面到堆塑，少量的捏塑朴拙的人物和禽兽。东汉晚期出现瓷五联罐。⑥ 浙江温州瓯窑在汉代时生产的五联罐，整

---

① 黄士斌：《洛阳金谷园村汉墓中出土有文字的陶器》，《考古通讯》1958年第1期。
② 杨豪：《广东韶关西河汉墓发掘》，《考古学报》1981年第1期，第156页。
③ 卫聚贤：《中国人发现美洲》，台湾说文书店1982年版，第438页。
④ 中国硅酸盐学会编：《中国陶瓷史》，文物出版社1982年版，第125页。
⑤ 中国硅酸盐学会编：《广州东北郊西汉木椁墓发掘报告》，《考古通讯》1955年第4期，第41页。
⑥ 中国硅酸盐学会编：《中国陶瓷史》，第161页。

体呈葫芦形。上部做五个小罐，束腰处堆塑三熊。① 这种五联罐在东吴、西晋时发展成谷仓，成为魂瓶的一种基本形态。

三国时，五联罐的中罐逐渐增大，四小罐日渐变小，或者一改昔日千篇一律的罐形、壶形结构，变得生动而独具风采。如浙江武义县桐琴果园墓葬中出土的三国玉管瓶，上部的五个小罐塑成的凹脸高鼻、圆眼正视的男性头像，神态颇有几分滑稽，中间的人物稳身端坐，左肩上驮一幼儿作抚面贴耳的戏耍状。周围四人略低一头，均左手托腮、右手取肩之搭巾作恭候状，十分生动有趣。② 绍兴曾出土三猿三蛇五口瓶，五口呈葫芦形，上有猿、蛇堆塑，具有南方风格。③

到了西晋，五联罐形态的谷仓罐中的四小罐，如江苏吴县狮子山三座晋墓出土的四个谷仓罐，④ 两只口沿周围对称的塑有四个小罐，两只塑有四间小屋（四座小亭），说明西晋谷仓的四小罐开始从"罐形"过渡到"屋形"，并且逐渐消失在各种建筑堆塑之中。

在中国，五是一个神秘数字，五联罐的造型与五谷、五行、五方、五灵、五福的观念有关。墓中设五联罐是沿春秋时设五谷囊的葬俗而来。可见以五谷供魂食用，以五谷祭魂之俗由来已久。人死，渴望其亡魂按五行、五方之位找到好归宿，得到五灵（麒麟、凤凰、龟、龙、白虎）五种瑞兽福禽的庇护，从而使其子孙获得五福。⑤

二、汉代的尸主型魂瓶

巴黎塞努奇博物馆（Cernuchi Museum, Paris）藏有两件造型奇特的中国汉代抱婴跪俑明器。比利时根特大学当时的讲师、考古学家衡子（C. Hentze）在1928年出版的英文本《中国明器——古中国之信仰及民

---

① 金柏乐：《瓯窑探略》，《中国古陶器研究》第3辑（1990年），第12页。
② 《文物考古工作三十年（1949—1979）》，文物出版社1979年版，第222页。
③ 蒋玄佁等：《中国陶瓷的发明》（1956年），转自陈定荣《论堆塑瓶》，《中国古陶瓷研究》1987年创刊号，第73页。
④ 张志新：《江苏吴县狮子山西晋墓清理简报》，《文物资料丛刊》1980年第3期，第130—137页。
⑤ 《尚书·洪范》："五福，一曰寿，二曰富，三曰康宁，四曰攸好德，五曰考终命。"（据《辞海》上海辞书社1980年版："攸好德，谓所好者德；考终命，谓善终不横夭。"）《通俗编·祝诵·五福》："桓谭所论云，五福：寿、富、贵、安乐、子孙众多。"民间所说之"五福"为富贵、长寿、平安、美德、无病。

俗的研究》① 一书图版三十刊登了这两个造型大致相同的明器。（图10—3A）图由巴黎 M. L. Wannicck 提供（见该书著者前言），B 图为巴黎赛努奇博物馆所藏。其图片说明见图10—3B。

图 10 - 3a　汉代供亡魂食物之抱婴跪俑明器（彭荣德据1928年版 C. Hentze：Chinese Tomb Figures 摹绘）

---

① C. Hentze：Chinese Tomb Figures——A Study in Beliefs and Folklore of Ancient China, London Edward Goldston, 1928。全书共分六章：一、灵魂的依存及明器的起源；二、火鸟；三、土俑；四、兽俑；五、巫师、镇墓者与精灵，明器的守护者；六、风格。还附有国外博物馆所藏一部分中国明器的图片。

图 10 - 3b　汉代供亡魂食物之抱婴跪俑明器

a 图双膝拥一幼儿之博山炉跪俑。跪像左臂挟一柱，柱顶为一炉；左手拉着幼儿的手。汉代产品。高 30 公分。

b 类似 A 图之粗瓷土俑。俑头顶为一烛台形炉。高 26.5 公分。

衡子在原书第三章《土俑》中说：

这类土偶起于汉代，可以双膝拥一幼儿的跪俑为代表。此俑的右手放于右膝之上，左手拉着幼儿的左手。最常见的是在土俑头上设一烛台。A 图的土俑头上无烛台，左臂挟一柱。柱上有一瓶，瓶盖为山形……。这类带炉或瓶的土俑都是为亡者的灵魂盛放食物而设的。我认为，土俑所代表的是亡者本人，或是他的一个侍从，幼儿就是所谓"尸"，是亡者的代表。在古代的丧仪中，亡者常以一幼儿，通常是他的孙子作为他的代表。①

我国古代有以人为"尸"的习俗。"尸"指的是古代祭祀中代表死者受祭的活人。

《礼记·曾子问》：

> 曾子问曰，祭必有尸乎，若厌祭亦可乎？孔子曰，祭成丧者必有尸。尸必以孙。孙幼则使人抱之。无孙则取于同姓可也。祭殇必厌，盖弗成也。祭成丧而无尸，是殇之也。陈澔注：孔子言成人威仪具备，必有尸以像神之威仪，所以祭成人之丧者，必有尸也。尸必以孙，以昭穆之位同也。取于同姓，亦谓孙之等列也。

祭成人之丧必有尸，否则被认为是殇（古时把未成年人之死或非正常死亡称为殇），是对死者的不敬。为什么要设"尸"以代死者受祭呢？《仪礼·士虞礼》说："祝迎尸。注：尸，主也。孝子之祭，不见亲之形象，心无所系，立尸以主意焉。"可见"尸"便是亲人、祖先的代表。②

古时候，有资格代表死者受祭的有三种人，一是死者的臣下，二是死者的晚辈，三是在祭祀时专门充当"尸"并沟通鬼神的称为"尸祝"的巫师。为什么要"以孙为尸"呢？《礼记》注中说"尸必以孙，以昭穆之位同也。"所谓"昭穆"，是古代宗法制度所制定的一套宗庙次序，即始祖庙居中，以下父子递为昭穆。坟地葬位以及祭祀时子孙之位置均按此次

---

① C. Hentze：Chinese Tomb Figures——A Study in Beliefs and Folklore of Ancient China, London Edward Goldston, 1928, 第 51 页。

② 以尸为代表发展为后来的神主。我国古代的结茅、束帛、石主、木主四种形态的神主，以及更为古老的尸主，都是祖先崇拜的反映。有关四种形态的神主，参见凌纯声《中国古代神主与阴阳性器崇拜》，收入《中国边疆民族与环太平洋文化》（台北：联经出版事业有限公司 1979 年版）一书中。

序。祖死，由孙代之受祭，是合乎古代的仪礼规范的。

如果我们从古代盛行的灵魂信仰，去分析"以孙为尸"的葬俗，就可以看出，人的肉体虽死，他的灵魂还可以寄存于子孙身上，以期获得再生。这就是古代"以孙为尸"观念和葬俗的原始内涵。上面所介绍的两个汉代的抱婴跪俑明器，正是这种观念和葬俗的形象再现。

据史籍记载，尸主制在汉代已经不流行，为什么还会出现反映尸主观念和葬俗的明器呢？衡子曾对此做过分析：

> 由于以幼儿代表死者享祭的丧俗在秦始皇时便遭禁止，到汉代时并没有恢复，而这个古老而流行的习俗又未能彻底泯灭，因此，一些其他的礼俗在汉代复苏之时，这种丧俗在小小的明器上残留了下来。据我所知，类似的现象在汉代以后也没有出现了。①

衡子认为上述两个土俑是汉俑明器的代表作。郑德坤在分析汉代土俑时也说："汉代泥像不用模型，其手法极古拙，只足以表征人形而已，可说是古代刍灵②的遗风，不像是由像人的木偶演化出来的。……汉俑普通高数寸……颜面的写实有一种柔和的表现，滨田氏称之为古拙的微笑，颇妥。"又说："这俩土偶均带绿色釉彩……手工优质，亦带有古拙的微笑。"③ 在我看来，这两个抱婴汉俑面上明显可见的"古拙的微笑"，一方面体现了汉俑的写实风格，另一方面，也反映了我国古代的生命观——肉体死亡并非生命的中介，由于灵魂由晚辈传承，从而获得再生，因而流露出的愉悦之情。

衡子说："这类带炉或瓶的土俑都是为亡者的灵魂盛放食物而设的"，郑德坤也指出，"这种明器可称为炉，亦可称为瓶，专为死者之灵承食物"④，与历代墓葬中出土的"恐灵之饥"而设置的魂瓶的功能一样，这

---

① C. Hentze: Chinese Tomb Figures__A Stuady in Beliefs and Folklore of Ancient China, London Edward Goldston 1928.

② 《礼记·檀弓下》："明器，神明之也。涂车刍灵，自古有之。注：束草为人，以为死者之从卫，谓之刍灵，略似人形而已。"

③ 郑德坤、沈维钧：《中国明器》，哈佛燕京社1933年版，第33—34页。文中所引滨田的话，见［日］滨田耕作《支那古明器泥像图说》，东京1927年版，第10页。

④ 郑德坤、沈维钧：《中国明器》，第34页。

两个造型奇特的抱婴汉俑，可以认为是一种特殊形态的魂瓶。

这类带有魂瓶性质的博山炉，在东晋仍有遗存。据考古学者报道，1987年江西丰城县博物馆征集到当地荣圹乡前坊村农民挖出的一件大型长鼓舞人饰青瓷博山炉，通高34.3公分，炉身塑有三个身背长鼓的舞人，炉盖由23个片状山峰环绕而成，上有展翅欲飞之小鸟。炉门两侧有侍男侍女，炉顶有亭，有人有鸟。据考古学者分析，此炉之造型，沿用了东汉末至西晋流行于东南地区谷仓堆塑罐遗风，并推定为东晋之物，是洪州窑的早期产品。[1]

三、三国两晋的堆塑装饰型魂瓶

以堆塑装饰为特征的魂瓶（罐）是魂瓶的典型形态，主要出现在三国、西晋以后我国长江下游广大的稻作文化区，尤其以江苏、浙江、江西出土的堆塑魂瓶最有特色。

三国、西晋时期是魂瓶发展的鼎盛时期，不仅出土的魂瓶数量多，堆贴塑丰富，造型优美，而且这一阶段的魂瓶在造型结构和观念上所形成的格局，在以后数百年之中，并没有根本性的变化。魂瓶的形状一般为罐形或瓶形，常见的主体罐鼓腹、平底、侈口。其形状有下列几个特点：一、一主体罐外带四个小罐，也有不带四小罐，直接在主体罐堆贴纹饰的；二、主体罐上部的堆贴纹饰常呈多层结构；三、主体罐除罐瓶形外，尚有直筒形、椭圆形、葫芦形、牌楼形等，造型优美；四、分有盖与无盖两种；五、内装各种谷物，个别装钱币，也有空无一物的；六、魂瓶的质地，大多为釉陶、青瓷或影青瓷。

堆塑装饰型魂瓶在主体罐上堆贴塑的大量纹饰，主要有人物、佛道神像、亭台楼阁、飞禽走兽、丧葬场面、魂神升天等。一部分魂瓶还有墓志铭、龟趺驮碑，上有纪年、铭文等。

例如，1972年江苏金坛县唐王公社吴墓出土的堆塑百戏飞鸟谷仓罐是东吴晚期的制品。[2] 器物通高47.5公分，器的下部为罐形，鼓腹、平

---

[1] 吕遇春、熊友陵：《一件大型长鼓舞人饰青瓷博山炉》，《文博》（陕西）1989年第3期，第83页。

[2] 镇江市博物馆、金坛县文化馆：《江苏金坛出土的青瓷》，《文物》1977年第5期，第60—63页。

底、盘口。盘口上堆一葫芦形，葫芦形体上堆塑有人物、百戏、飞鸟等。正面是三层庑殿式楼台，两旁有阙。楼台上有弄丸的、拿顶的、吹打乐器的、舞蹈的人物共十人。葫芦体上四角各有一只小盂，上有一只小鸟。罐腹上贴塑彩衣人像七个。此外，罐体上塑有各种形态的动物，有狮子、猴子、龟、飞鼠、犬、蜥蜴、异兽等，有蹲有伏，有的在奔跑追逐。最引人注意的是到处飞翔的小鸟，计有 66 只之多。1973 年同在金坛县白塔吴墓出土的堆塑楼台谷仓罐，[①] 通高 48 公分，其纹饰同样由人物、动物和建筑三个部分构成。此罐与"天玺元年"（276 年）纪年砖同时出土，证实这两组魂瓶是东吴晚期的产品。

1976 年江苏吴县狮子山三座西晋墓出土的四个谷仓罐是研究魂瓶的重要资料。[②] 首先，M3 墓出土的青瓷楼台人物鸟兽谷仓罐，龟趺驮碑上有三行铭文，分别为："出始盆，用此□""宜子孙，作吏高"和"其乐无极"，为我们了解魂瓶的制作地和时代、魂瓶的原始名称和用途提供了实物依据。据考古工作者张志新分析：一、铭文中"出始盆的盆"，可能是"宁"的异体字，"始宁"是地名，位于今浙江省上虞县西南，始宁可能就是魂瓶的产地；二、铭文中"用此□"，第三个模糊的字，据推测是䍲字，作"瓦器也，从缶需声"解。《广韵》："郎丁切，音灵"，说明其读音。又据《玉篇》："似瓶，有耳或作䍦"指出其造型。西晋时把这种似瓶的瓦器称作"䍲"（音灵），突出了魂瓶的特点；三、"出始宁，用此䍲，宜子孙，作吏高，其乐无极"的铭文是吉祥用语，与绍兴官山岙出土的一只西晋时代的魂瓶，上面的碑铭"会稽出始宁用此丧葬宜子孙作吏高迁众无极"[③] 一样，说明䍲用于丧葬，表达祈求亡魂护佑子孙的期望。

其次，M1 墓出土的黄釉人物飞鸟谷仓罐上有八尊身披袈裟、坐在莲花蒲团上的佛像，这种佛像普遍出现于三国、晋代的魂瓶上，说明我国的丧葬文化、青瓷烧造工业已经受到佛教的影响。

1985 年浙江瑞安杨桥乡龙翔寺出土的三国百戏堆塑谷仓罐是浙江著

---

① 镇江市博物馆、金坛县文化馆：《江苏金坛出土的青瓷》，《文物》1977 年第 5 期，第 60—63 页。
② 张志新：《江苏吴县狮子山西晋墓清理简报》，第 130—137 页。
③ 梁志明：《浙江绍兴关山岙西晋墓》，《文物》1991 年第 6 期，第 55 页。

名窑厂瓯窑的优秀产品，代表了三国瓯窑的制瓷水平和陶瓷装饰艺术。这个谷仓罐通高30公分，鼓口、筒腹、平底。罐口四周，对称塑有四小罐，在肩腹部四小罐的分隔处堆塑百戏舞乐人像32人，其中三组为百戏表演场面，有倒立、叠罗汉、弄丸、击拳、舞蹈、滑稽戏、吹笙、操琴、弹琵琶的，也有鼓掌欣赏者的各种姿态。第四组为表演者休息场面，中塑凉亭，亭内外有抱笙、抱竽者四人在打瞌睡。罐口沿处塑飞鸟。整体造型优美，人物生动活泼。

四、唐宋时期的魂瓶

唐宋时期的魂瓶，除了在整体结构上仍然沿袭三国两晋的格局，即在瓶体上堆贴塑人物、动物、建筑纹饰，借以沟通人与亡魂世界的联系，此外还可以看出与三国时期的若干不同点。

其一，出现了一些以前未见的形体。例如江南出现了一种形似麦穗的多角瓶。福建安溪唐墓的土坑墓中出土了一只青釉塔式多嘴谷仓，据福建省博物馆介绍，这种谷仓"为南朝所没有，为唐代新出现的器物"。[①] 美国芝加哥自然博物馆藏的形状如麦穗的宋代越窑（属浙江绍兴、上虞、余姚之青瓷体系）青瓷多嘴壶[②]，形象逼真，也是一件精品。

唐末到宋元期间湖南出土的牛角坛，经历了四个发展阶段：一、唐末五代出土，器形作宝塔形，附加装饰作牛角状或花叶状，器身一般为五层，每层牛角呈直线排列，整齐有序。如1955年长沙丝茅冲营地37号墓出土的器物。（图10-4A）二、北宋出土，器形较粗笨，牛角排列无序、倒顺不一。（图10-4B）三、宋代中晚期出土，器身除多层带角外，出现了人物、蟠龙、犬、鸟等。如湘乡桃林坪水库出土的器物，带盖，器形中粗两头小，通体分五层，牛角作直线排列成行，蟠龙、犬鸟、人等分布其间。（图10-4C）四、元明出土的牛角坛已变为陶仓，以弘治二年（1489年）湘乡罗氏墓出土的牛角形陶仓为代表。（图10-4D）[③]

[①] 福建省博物馆：《建国以来考古工作的主要收获》，《文物考古工作三十年》，第257—258页。

[②] 杨静荣、杨水善：《宋代八大瓷系》，《文物天地》1991年第1期。

[③] 周世荣：《湖南陶瓷》，紫禁城出版社1988年版，第332—335页。

图 10-4　湖南牛角坛（采自周世荣《湖南陶瓷》）

A 唐末五代	B 北宋长沙	C 宋代中晚期	D 元明湘乡
长沙丝茅冲出土	杨家湾出土	湘乡桃林坪出土	罗氏墓出土

此外，如宋代出现的蟠龙瓶，又称龙虎瓶、影青皈依瓶等，都是前所未见的。

其二，魂瓶的地域特色比较明显，这和各地陶瓷业的发展，以及道佛观念对丧葬的影响都有密切的关系。1965年江西清江县南宋墓出土了两对瓷皈依瓶，男墓出土的一对通高达82公分。[①] 这类装饰华丽、堆塑繁杂、做工考究的皈依瓶，与下面我们要谈到的湖南地区的盘口瓶、罐形瓶从素而无纹到简单堆塑的矮胖造型，形成鲜明对照。江西瓷皈依瓶反映出江西陶瓷业的高度发达，著名景德镇窑系以影青瓷、青花釉红瓷的高超技术，烧制出有地方色彩的堆塑魂瓶，在我国陶瓷史上留下了不可再现的珍品。

与江西魂瓶的风格完全不同，在湖南地区出土的唐末到宋代盘口瓶，经历了从素胎无釉到略加堆塑的由简到繁的过程。例如：一、唐末五代的盘口瓶盘口细颈，巨腹素面无纹，器高37公分左右。如1955年长沙黄泥坑斗笠坡44号墓出土的盘口瓶（图10-5A）；二、宋代前期的盘口瓶，其装饰比较复杂，如1952年长沙广场第30号墓的出土器物，肩部围栏作镂空式，下腹部重幔式荷叶边（图10-5B）；三、宋代中晚期出土的盘口瓶，出现了龙形或人物的附加堆纹，如1955年长沙树木岭1号墓出土的、

[①] 薛尧：《江西南城、清江和永修的宋墓》，《考古》1965年第11期。

盘口已残、肩部有镂空式围栏，围栏有一蟠龙。①（图10-5C）

其三，从宋代开始，魂瓶常常成对出土，似乎每墓必出两件，而且两件的造型与花纹堆塑还有一定区别，特别是盖与顶常常不同，有时一为楼亭式，一为宝塔式。②如江西1965年永修南宋墓出土两对瓷皈依瓶，盖顶蹲鸳鸯鸟，一作平视，一作仰视。③江西历史博物馆指出，江西"这种成对出土的影青瓷皈依瓶，也称'日月瓶'，因为一只有'日'，一只有'月'。或称'龙虎瓶'，因为一只有'龙'，一只有'虎'。"④

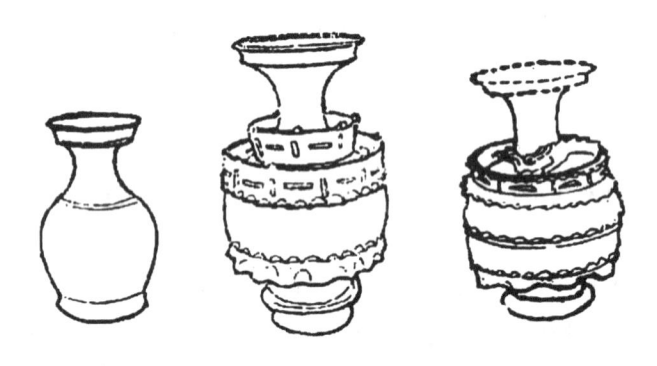

图10-5　湖南盘口瓶（采自周世荣《湖南陶瓷》）

A 唐末五代　　　　　B 宋代前期　　　　　C 宋代中晚期
长沙黄泥坑出土　　长沙广场出土　　　长沙树木岭出土

其四，与三国、两晋的魂瓶相比，宋代以后一些地区的魂瓶为适应薄葬的时尚，向小型化、多样化发展，其纹饰日趋简化，倾向于写实，生活气息浓厚。如笔者在湘西永顺民俗博物馆所见到的三只宋元时代的魂瓶，其中两只便是民间丧葬场面的生动再现。（参见本书第六章）1984年，福建顺昌出土宋代釉下彩瓷器中有一只谷仓坛，腹部堆塑一农夫、雄鸡，农民着短衣裤，赤足，手握锄头。⑤这幅画面与其他魂瓶上的天上人间、神

---

① 周世荣：《湖南陶瓷》，紫禁城出版社1988年版，第332—335页。
② 向新民：《漫谈魂瓶》，《中国文物报》1989年6月2日（第21期）第3版。
③ 薛尧：《江西南城、清江和永修的宋墓》，《考古》1965年第11期。
④ 《文物考古工作三十年》，第247页。
⑤ 《福建顺昌出土宋代釉下彩瓷器》，《考古》1991年第2期。

佛异兽的情景大异其趣，对了解这一地区的灵魂观念有参考意义。

五、《大汉原陵秘葬经》记载的五谷仓

《大汉原陵秘葬经》是唐宋以后堪舆家编著的一部非官修的地理葬书。书中详细记载了唐宋年间山西一带的葬俗，其中《明器神煞篇》列举了自天子至庶人墓中所设明器神煞，对了解唐宋时代这一地区的灵魂信仰有一定的帮助。

《明器神煞篇》中所记载的明器神煞，重要的有方相、武士俑当圹当野、四神祖司祖明、天关地轴、观风鸟、仰视伏听（俑）、女俑（包括嫔妃、贵妇人、宫娥、舞姬）、男俑（包括各级官员、伶人、舞人、侍者等）、蒿里老公、镇殿将军、仪鱼（人首鱼身俑）、金鸡、金牛铁猪、墓龙（人首龙身俑）、凶神王人、五谷仓与三浆水、五方五精石等。可见在墓中设五谷仓及三浆水，以谷物及醴酒随葬，供亡魂饮食，此俗在唐宋年间十分流行。

《秘葬经》详细记载了天子、亲王、公侯卿相以及大夫以下庶人墓葬中各种明器的名称、尺寸和位置，并附有明器排列方位的示意图。值得注意的是，在天子皇堂和亲王坟堂中不设五谷仓及三浆水，只在公侯卿相坟墓堂和大夫以下庶人坟墓中安设，而且二者的大小、位置都不同。

> 公侯卿相盟（明）器神煞法：……正南偏西安五谷仓，高二尺二寸。……三浆水安棺后。太阳太阴圆一尺二寸，安东南西南。
> 大夫以下至庶人盟器神煞法：十二元辰长一尺二寸，安十二方位。五呼将长一尺二寸。镇墓五方五精石镇五方。祖司祖明，长一尺二寸，安棺后。仰视伏听一尺二寸，安埏道中。当圹当野，长一尺二寸。五谷仓一尺二寸。三浆水高九寸，安棺头。金鸡高一尺二寸，安西地。玉犬长二尺九寸，高一尺，安戌地。蒿里老公长一尺五寸，安堂西北角。天关二个，长一尺二寸，安堂南（原作西，误）北界上。地轴二个长一尺二寸，安堂东南界上。天丧刑祸一对，长二尺，安墓。墓龙长三尺，高一尺二寸，安辰地。金牛长二尺，高一尺二寸，安丑地。玉马高一尺，安午地。铁猪重三十斤，安亥地。四廉路神，

长一尺九寸，安四（原作西，误）角。以上皆大夫庶人用之吉。①

由此我们可以看出，第一，我国古代葬俗中设置明器神煞有严格的等级制度，任何人不得逾越。按规定，五谷仓为公侯卿相大夫以下至庶人死后所享用，考古出土的历代五谷仓魂瓶，正好大多出自贵族显贵阶层之墓，既未见于天子亲王之墓，庶民墓中出土的也不多。② 第二，《秘葬经》把墓内设五谷仓等明器的目的说得很清楚：

> 凡大葬后，墓内不立盟（明）器神煞，亡灵不安，天曹不管，地府不收，恍惚不定，生人不吉，大殃咎也。③

无非是安慰亡灵，为他们寻找一个好的归宿，以免亡灵不安，生人不吉而已。而这个好的归宿，又是按照阴阳五行、风水地理的观念安排的，可见唐宋时期迷信风水之风甚盛。

六、魂瓶是汉民族的随葬明器

目前所见考古出土的魂瓶，绝大多数是作为汉民族随葬品发掘的。

在少数民族聚居地考古出土的魂瓶，据笔者所知，只有两处共七只。一是湘西永顺土家族聚居地出土的三只宋元时代的堆塑魂瓶，另一处是考古学家席克定给笔者提供的贵州玉屏的侗族自治县出土的四只魂瓶。

据《玉屏侗族自治县概况》一书报道，1980年，在贵州玉屏紫气山南面出土一对魂瓶。其中一件，外有四组对称"犄角"（即上文所介绍的麦穗多角形）（图10-6A）；另一只外有三层水波边沿，上层为击鼓、击钵、奏乐、端盘及壶之堆塑人俑，中层有孝子跪地哭棺人俑，下层为龙虎

---

① 《宋史·礼志》同样详细记载了自天子至庶人的丧俗，在天子及皇室成员的丧仪中，未见有五谷仓的记载，而在"诸臣丧葬等仪"中则记载了设置"五谷舆"（一种放五谷的车形明器）的情况。《明史·礼志》在公侯丧仪中也记载了使用明器筲和粮浆瓶的情况。至于非官宦贵族人家丧葬使用魂瓶的情况，目前所见并不多，如浙江余姚上林湖东岙南山脚出土一件瓷器，是为胡珍妻朱氏四娘设的。此器造型简单，上刻铭文。(见金祖明《浙江余姚青瓷窑地调查报告》，《考古学报》1959年第3期。)

② 同上。

③ 参见《秘葬经》中"大夫以下庶人明器神煞法"。

相斗俑，形态生动，栩栩如生。（图10-6B）两只魂瓶通高为34公分，均有盖，盖的上面有古式亭阁堆塑，出土时损坏。有角魂瓶出土时内有浊水半罐，堆塑俑瓶内有古铜钱，从保存较好的两枚上面的"治平元宝"和"元祐通宝"可以判定，这两只魂瓶是北宋时期的随葬器物。1982年，在玉屏县同一方位又出土另一对魂瓶。据介绍，这对魂瓶通高36公分，瓶身高，造型美观，釉质光滑，呈米黄色，形如古代花瓶，瓶身以淡墨描绘鱼类图案，形态多姿。其中一瓶内有近百枚铜钱，币文清晰的有八枚，年代早的为"太平通宝"（三国吴会稽王孙亮时之货币），还有"开元通宝"（唐玄宗李隆基时之货币），由此可推知这后一对魂瓶也是唐宋时期的随葬品。

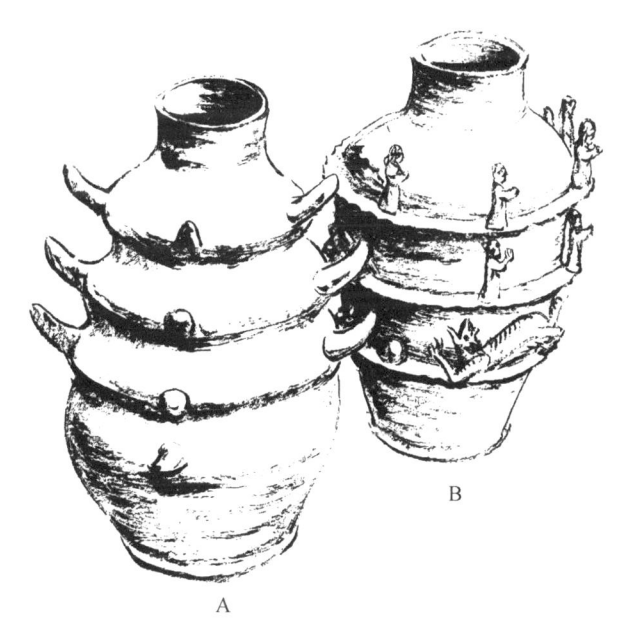

图10-6 贵州玉屏紫气山出土之魂瓶（席克定供图）

据长期在贵州考察当地丧葬习俗的考古学家席克定分析，贵州玉屏过去属于湖南，到清雍正五年（1727）才划归贵州省思州府管辖，玉屏地处偏远的少数民族地区，经济文化落后，出土的魂瓶不及其他地区精美。他认为："在贵州少数民族的丧葬活动中，至今没有发现使用此种随葬品的习俗，或影响，所以它们应是汉族使用的随葬品，出土的墓葬，应是汉族的墓葬。"① 同样，笔者在湘西永顺看到的三只在土家族聚居地出土的魂瓶，也应是汉族的随葬明器，土家族的丧葬习俗中未发现有使用这类明器的。

为什么少数民族墓葬没有发现出土的明器魂瓶呢？究其原因：一、魂瓶是我国实行土葬的古代农耕民族的一种随葬明器。魂瓶的制作要以相当发达的陶瓷业为基础，而古代的许多少数民族经济和物质生产的发展尚未达到这一步；二、许多民族地区的陪葬品尚停留在日常实用器皿的阶段，未见非实用的明器制作，因而不具备魂瓶制作的信仰基础；三、从近代一些民族的葬俗来看，供魂以食，在棺内、葬穴内撒粮食，以谷祭魂，以谷养魂之俗也普遍见于许多少数民族地区，但他们为亡魂贮放食物、谷物的器皿，只是日用的碗、布袋，甚至直接撒于墓穴，因而无法保存。考古学家早已注意到这种现象，指出汉民族地区的考古遗物，以无机物为主，如石器、陶器、铜器等，少数民族则以竹、木、皮、毛等有机物为主，后者易于发霉、虫蛀，难以长久保存。据1984年考古学家对少数民族文物的考察，鄂伦春族的文物中，无机物占百分之十二，有机物占百分之八十八。云南佤族的文物中，无机物占百分之二十，有机物占百分之八十。②

第三节　近现代的魂瓶遗俗

自明代盛行纸明器以后，传统的制作考究的装饰堆塑型陶魂瓶便日渐衰落。但以瓶罐坛等器皿存放食物（或谷类）置于墓中，供亡魂食用并祭魂安魂的魂瓶遗风，仍然广泛保留在一些实行土葬的汉族和少数民族之中。从近现代全国各地的民俗调查和考古出土的资料来看，这种葬俗尽管保留了用器皿供亡魂食物的遗俗，但所使用的器皿，无论在质地、制作方面都与魂瓶有了很大的不同。与传统的魂瓶相比，近现代的魂瓶遗俗显示出下面三个特点。

---

① 见席克定1993年11月18日给笔者的信。席克定有关贵州丧葬习俗之研究，参见《灵魂安栖的地方——贵州民族墓葬文化》，贵州人民出版社1990年版。感谢席克定先生为我提供贵州玉屏四只魂瓶的资料以及一张照片，图10-7是彭荣德先生据照片临摹的。

② 宋兆麟：《民族博物馆学》讲义（未刊稿），1984年。

第一，从考古资料看，随着丧葬习俗的变迁，专门制作的堆塑型魂瓶已不复存在。由于陶瓷明器被纸质明器所取代，随葬的供魂食用的器皿也由专门制作的魂瓶逐渐过渡为制作简陋的陶器、瓦器、秫秸编织之小囤、竹器、布袋、大碗等。这类器皿在墓中不易保存，因而考古出土的近现代这类遗物并不多见。著名考古学家郑德坤称之为"明器的末流"是很恰当的。他在《中国明器》一书中引用了两位西方考古学家和顾颉刚提供的资料，用以说明：（1）以明器储存食物陪葬之俗在清朝一部分地区依然存在；（2）北平称这类明器为"夹罐儿"，江苏称之为"行粮罐"，其作用和传统的魂瓶是一样的。

郑德坤引用罗福氏（B. Laufer）在《汉陶》（*Chinese Pottery of the Han Dynasty Leyden*，1909）一书（第321页）中的材料说：

> 在北京山东博山及江苏宜兴等处的陶窑，现在尚有明器之制造，用以贮食物陪葬，可见这个风俗在北部东部还存在的。

郑德坤接着说，"罗福氏举鄂鲁普（Grube）教授所调查的为证。其器叫作'夹罐儿'。罐口盖以烙饼，饼比罐口稍大。当葬礼之时，长子将罐打开，先女儿后男儿媳妇，依次用筷子把牺牲祭物往罐里装置。筷子由一人传与一人，不得放置，放置必有凶灾。如果各人装置后，罐犹未满，则长子装满了，然后仍将烙饼盖上，罩上红丝布，用绳子结好，置之祭桌上。祭毕则与棺木同葬圹中，而没有别的明器。顾颉刚教授告诉我说，江苏称此器为'行粮罐'，人死后供饭，每天放一些菜下去，到葬时埋在坟里，这可以说是明器的末流了。罗福《汉陶》载有'夹罐儿'五事（图10-7），其形状与汉宋明器不同。其中一为柳条制的，为北京附近的产物，高16.5公分，口周围36.8公分。此器有两种用法：一为井，一为明器。北京附近乡人用的明器实带有乡村色彩。"①

---

① 郑德坤、沈维钧：《中国明器》，哈佛燕京社1933年版，第82页。现据上海文艺出版社1992年影印本。原书中所提到的巫歌"夹罐儿"，其造型如下：一、图10-7A，高14公寸，口径7.6公寸。土质浅红色，着透亮黄白薄釉，带黄绿点、北平出品。二、图10-7B，高12公寸，口径与上器同。北平出品。三、图10-7C，宜兴出品。土质粗，灰色，带蓝绿釉，下有旋纹装饰。四、图10-7D，不着釉，肩上有叶圈装饰。形式与B器同，北平出品。五、图10-7E，柳条夹罐，北平乡下出品。注：原书之公寸，笔者疑有误，故改为"公分"。

第二，笔者从近现代全国各地地方志和民俗资料中，搜集到 60 多个用器皿盛食（谷）物陪葬的例子（详见下文），从中可以看出：（1）此俗分布的范围相当广，几乎遍及全国实行土葬的稻作文化区，连未见魂瓶出土的南方少数民族地区也有此俗流行；（2）陪葬的盛食物器皿除一般的罐瓶坛囤等瓦器陶器外，还有谷草秫秸树条编的（如山东费县的五谷囤、粮仓），布制的（如山东青城的五谷囤、江南地区的招魂袋等），纸制的（如甘肃灵台的粢盛）。少数民族地区更有用大碗、布袋、谷箩、竹器的，反映了近现代的丧葬习俗；（3）为亡魂准备的食物带有明显的地域特色，北方多备烙饼、馒头等面食，而南方多备米饭，还有酒菜，广州人还要放一只鸡腿，可以看出南北方饮食习俗的差异；（4）不同地区有不同的"装罐"仪式，习俗虽不同，但灵魂观念是一致的，同样要为亡者准备食物，使之在另一个世界不愁吃喝，护佑子孙招财纳福。

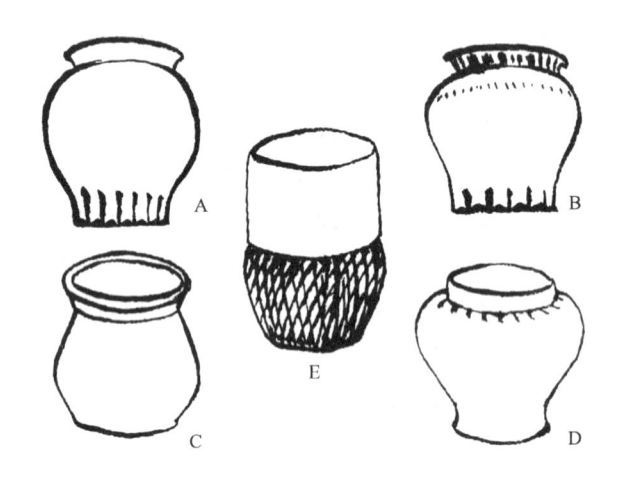

图 10-7 现代魂瓶遗俗——夹罐儿（采自郑德坤、沈维钧《中国明器》，哈佛燕京社 1933 年，彭荣德摹绘）

A 夹罐儿（北平出土）　　　　B 夹罐儿（北平出土）
C 夹罐儿（宜兴出土）　　　　D 夹罐儿（北平出土）
E 柳条夹罐儿（北平乡下出土）

第三，传统的堆塑装饰型魂瓶以瓶上之堆塑突出其人魂沟通，送魂上天、护佑子孙的象征意义，而近现代的魂瓶遗俗，在"装罐"仪式和器皿的名称上，强调了这类明器的祈福禳灾功能，如起名宝瓶、衣禄罐、财罐、万年瓶、襄阴瓶等便是。

现把近现代各地区为亡魂准备食物的器皿及有关葬俗分别列举如下

一、东北地区汉族

（1）食罐（辽宁铁岭县）

《铁岭县志》载："置饭菜于罐，长妇捧之，曰食罐，入圹埋于柩前。"①

（2）设盂一（无专有名，辽宁奉天）

《奉天通志》载："柩前设盂一，每祭贮饭少许，即《仪礼》设熬之义，……凡灵前所用陶器……悉纳圹中。"②

（3）贮谷瓷器（无专有名，辽宁海城）

《海城县志》载："以瓷器贮谷少许置胸间。……灵前置一盂，每食贮饭少许，……置灯、罐于柩前。"③

（4）撒五谷以食（无器皿，吉林）

《吉林新志》载："棺前圹壁，挖穴置灯，置五谷，草囤及盛水罐于棺前底座上，谓备死者过鸡山时，撒五谷以食之，泼水以饮之，免其箝跟而阻路也。"④

（5）纳五谷于柩前（无器皿，黑龙江）

《黑龙江志稿》载："圹中燃灯，谓之'万年灯'，并纳五谷及升水瓶于柩前。"⑤

（6）五谷囤及下水罐（黑龙江呼兰县）

《呼兰县志》载："圹内贮万年灯，五谷囤及贮倒头饭之下水罐，诵经之所供之水瓶。"（《呼兰县志》按《仪礼》："陈于圹者有苞筲甕甒等明器。"⑥）

（7）五谷囤（黑龙江绥化县）

《绥化县志》载："圹内砖砌，燃万年灯，用瓦器贮油，经岁不灭，

---

① 《中国地方志民俗资料汇编》东北卷，书目文献出版社1989年版，第106页。
② 同上书，辽宁锦县、锦西亦有此俗，第10—11页。
③ 同上书，第68、69、71页。
④ 同上书，第264页。
⑤ 同上书，第372页。龙城县亦有此俗，见《龙城旧闻》，第389页。
⑥ 同上书，第404页。

柩前置五谷囤、升水瓶。"①

（8）五谷囤及下水罐（黑龙江望奎县，未记是否放入墓中）

《望奎县志》载："灵前有五谷囤，内盛五谷粮；有下水罐一个，内盛倒（头）饭，以馒头盖之，筷子一双立插其中。"②

（9）五谷囤（黑龙江安达县）

《安达县志》载："柩入圹后，旁燃一灯，前置五谷囤，盛水瓶（又名下水罐），然后举土埋之。"③

二、华北地区汉族

（1）宝瓶、罐儿、焰食罐子（北平）

北平旧时出葬，有出丧五大件之说。所谓五大件：幡儿、牌儿、棍儿、盆儿、罐儿是也。幡儿即引魂幡，牌儿即灵牌，棍儿实际是"棒儿"，即俗话说的"哭丧棒"，盆儿又名吉祥盆、阴阳盆，民间俗称"丧盆子"，是捧盆儿时所用。最后的一件便是我们称之为魂瓶的遗绪——罐儿。

罐儿又叫"焰食"罐子，正名"宝瓶"。是个带釉的小瓦罐，上下略窄，中间稍粗，直径二寸许，全高半尺许。伴宿之夜，辞灵时，例由死者的儿子、儿妇、女儿以及外姓亲友用一双新筷子或秫秸秆轮流撺祭食于罐，以红绸扎之。发引时，由大儿媳抱着，谓之"抱罐儿"。如长子不在，又无长子之妻的，凡由承重孙打幡的，例由承重孙媳妇抱罐儿。据传说，1916年6月袁世凯死后，发引时，便是由他的大老婆给抱的罐儿。

下葬时，把罐放于棺柩前座上（男左女右），作为给亡人的永久给养。传说多年出土后，罐中食物会化成水，用来治疗噎嗝反胃的病，据说有特殊疗效。④

（2）夹罐儿、柳条夹罐（共四例，北平）

见上文引郑德坤《中国明器》第103页、本书第325页所引资料。

---

① 《中国地方志民俗资料汇编》东北卷，书目文献出版社1989年版，第439页。
② 同上书，第451页。
③ 同上书，第462页。
④ 常人春：《红白喜事——旧京婚丧礼俗》，北京燕山出版社1993年版，第405—406页。

(3) 罐（天津）

《天津志略》载："出殡前一日，丧家与戚友各以箸挟灵前置之菜蔬，纳入罐中，封以红布。次日出殡时，孝妇以手抱之，翁死以左手，姑死以右手，葬时埋于棺前，谓死者来生可不乏食也。"[①]

(4) 遗饭罐子（塞北农村）

北方农家成年人死后，在停尸或入棺前，在死者头前供一满碗黄米粘饭，饭半生不熟，堆填碗中成漫尖，拍实，上插一双筷子，称"倒头饭"，是供死者吃饱上路到另一个世界去的。

塞北农村死者入殓前，要在棺底放一木板，用七枚铜钱摆成"北斗七星"的形状，上撒五谷：麻、麦、谷、黍、豆。死者入棺后，香炉（现在用碗）里要放半炉小米作插香用。棺外要以麻纸糊褙数层，用墨刷黑，再用黄色白色画上大上三光（日、月、星），以及元宝、蝙蝠等吉祥物。供五谷、撒五谷、画五谷的目的，是希望死者在另一个世界种地丰收，有吃有喝。

塞北农村还有给死人装"遗饭罐子"之俗。死人入葬前一天夜里，女眷要为死者装填"遗饭罐子"，女眷一边哭泣，一边往一个小小瓷罐中装白面馍馍，讲究的是装得越严实越好。据说，这样做可使死者在另一个世界不会挨饿。[②]

(5) 盛饭瓷瓶（河北省束鹿县）

《束鹿县志》载："蒸干饭一盂，揉麦面数条如棒，置案上。将大殓，以面条纳死者袖中；盛饭以瓷瓶，俟葬纳诸圹中，或亦葬仪苞筲甖瓶之义也。"[③]

(6) 食罐（河北唐山遵化）

《遵化县志》载："始死，置食罐，每饭必祭，添肴馔其中。至葬之前夕，食品至满，纳葱其中，罩以红布，系以五色线，授家如抱之。至葬所至棺前埋之。凡死者有子无妇，则置罐于怀，或并无子，则并棺舁之。"[④]

[①] 《中国地方志民俗资料汇编》华北卷，书目文献出版社1989年版，第51页。
[②] 刘蜍、张余、李维加编：《麦黍文化研究论文集》，甘肃人民出版社1993年版，第9、130页。
[③] 《中国地方志民俗资料汇编》华北卷，书目文献出版社1989年版，第86页。
[④] 同上书，第248页。

（7）食罐（河北唐山滦县）

《滦县志》载："主者投冠杖、衰麻于圹，铺铭旌于棺上，置食罐于棺前，乃窆焉。"①

（8）盛饭瓷瓶（河北保定地区定州）

《定州志》载："蒸干饭一盂，揉麦面七条如棒，置案上。将大殓，以面棒纳死者袖中，左三右四。盛饭以瓷瓶，俟葬纳诸圹中。"②

（9）下食罐（河北保定地区定县）

河北定县一带，葬埋时要在棺材头部挖一个小洞，把一个小食罐放到里面，叫作"下食罐"，意思是让死者在阴间还有饭吃，不致饿着。③

（10）米罐（河北沧州地区沧县）

《沧县志》载："灵前置米罐，朝夕上食于灵前。……发引，……家妇白布蒙首，束麻带，抱米罐，嘤嘤哭。……旌铭铺柩上，米罐置柩前，焚纸扎。"④

（11）衣饭碗（河北邯郸县，未记放入墓中）

《邯郸县志》载："丧侧点灯，曰'照命灯'；碗放饭置于棺上，曰'衣饭碗'。"⑤

（12）瓦罐（山西省大同）

《大同府志》载："既敛，设灵几，燃闷灯；旁置瓦罐一，每祭入酒食少许，葬则纳诸墓。"⑥

（13）苞筲罂（山西省榆社县）

《榆社县志》载："刻志石，造明器，下账苞筲罂。"⑦

（14）苞筲罂（山西省解州）

《解县志》载："主人赠玄纁于柩侧，乃藏明器，下账苞筲罂，乃实土埋志铭石，又实土以筑。"⑧

---

① 《中国地方志民俗资料汇编》华北卷，书目文献出版社1989年版，第268页。
② 同上书，第322页。
③ 任骋：《中国民间禁忌》，作家出版社1990年版，第400页。
④ 《中国地方志民俗资料汇编》华北卷，书目文献出版社1989年版，第366页。
⑤ 同上书，第438页。
⑥ 同上书，第545页。
⑦ 同上书，第575页。
⑧ 同上书，第687页。

(15) 饭盂（内蒙古归绥）

《归绥县志》载："葬日，至墓田祀后土，成主，焚冥器，以饭二盂置圹内。……葬三日，丧主赴墓哭奠，焚纸制炊具，以食物埋土中。"①

三、华东地区汉族

(1) 五谷囤（山东地区）

据《山东民俗》介绍，山东地区人死时，灵床前放一碗生米，上盖一张烙饼，放一双筷子，叫倒头饭。入殓时，要向棺盖上撒五色粮。下葬前，由死者之子把用谷草或树条编的五谷囤放到墓壁一侧的龛内，五谷囤内装五谷杂粮，囤口盖一张小烙饼。在另一侧龛内放一个陶瓷罐，罐上放一盏豆油灯，叫作长明灯。有的还在墓石盖上嵌一面铜镜，代表太阳。临朐等地，在下葬时，长子把烙饼拿出，亲属要吃一点。莱西等地，要把嵌着红枣的小馒头，作为陪葬品下葬，馒头数量与死者年龄相同。②

(2) 粮仓（山东费县）

费县位于鲁东南沂蒙山区腹地，其山区丧葬礼俗十分复杂，整个过程共二十项，其中保留了设"粮仓"供魂以食的葬俗。"人死了以后，头顶的上方要放一盏'照世灯'在板凳或椅子上。送殡时放筐里，下葬时，搁在墓穴棺材大头的上方事先挖好的小穴里。同时在靠脚头的墓壁上挖个小窗户，搁进用秫秸穗秆皮编的小囤，里面放上五谷杂粮。下葬前，由死者的长子先下到墓穴里搁好'照世灯'，放好'粮仓'，然后领棺下葬。……死者入殓时，寿器（棺材）底要先放上一层麸子、松枝。棺材的大头放一小瓦盆，里装五谷杂粮。"③

(3) 五谷囤（山东青城）

《青城县志》载："其冥器有洋铁制成之桌椅、几案及浆水罐、五谷囤（用白布缝成，装各样谷米）、笊篱、浆水勺、冥灯等。"④

(4) 献瑞罐与五谷囤（山东莱阳）

《莱阳县志》载："殉葬，嵌铜镜圹壁，壁又作穴，燃灯其中，并置

---

① 《中国地方志民俗资料汇编》华北卷，书目文献出版社1989年版，第754页。
② 山曼等：《山东民俗》，山东友谊出版社1988年版，第205、208、215、216页。
③ 刘宝训、王金宝：《费县北部山区丧葬习俗》，《民俗研究》1991年第4期，第66页。
④ 《中国地方志民俗资料汇编》华东卷（上册），书目文献出版社1995年版，第179页。

瓷罐贮以食物，谓之'献瑞罐'。圹四隅更置铜钱、枣栗，复以白布做囊，实以杂粮，谓之'五谷囤'。"①

（5）饭罐（山东东平县）

《东平县志》载："柩前端置油灯、饭罐，亦有埋置墓志者。"②

（6）万年粮（江苏苏州）

周振鹤《苏州风俗》："每午餐时，盛饭一小盅，插柴蕊二枝，置桌侧，名曰差饭，意为差役所餐者也。餐毕，焚化冥镪，并以米粒三五，置悬于桌旁之小罐中，曰万年粮。"③

（7）宝瓶（江苏镇江西石城）

高国藩在《敦煌民俗学》中引清陈庆年《西石城风俗志》一书，说镇江西石城有讨五谷以装宝瓶陪葬之俗。出柩之日，使老妇持灯笼，引主妇求谷于邻，谓之"讨五谷"。然后把五谷"藏归而置之瓶，红纸封之，谓之宝瓶，并取馒头一，杏花一，携往兆内（随葬）。"④

（8）五谷囤与粮碗瓶（江苏镇江丹阳）

《丹阳县续志》："是日延有乡望者题主，讨五谷仓，实粮碗瓶。"⑤

（9）夹罐儿（江苏宜兴）

上引郑德坤《中国明器》第103页本书第325页所记"夹罐儿"资料。

（10）五谷仓与粮盎瓶（江苏常州武进阳湖两县）

《武进阳湖县志》载："始死，自户至大门置灯，曰'点灯钟'。子若孙以衣复于土地祠，曰'招魂'。麻布盛糠曰'五谷仓'；锡盒盛饭菜曰'粮盎瓶'。"⑥

（11）招魂袋（江浙一带）

死者入殓时，除握元宝及金银器外，还须挂招魂袋。招魂袋由绸缎或棉布制作，一尺见方，都为红色，袋内存放白米、茶叶、度牒等物。⑦

---

① 《中国地方志民俗资料汇编》华东卷（上册），书目文献出版社1995年版，第237页。
② 同上书，第283页。
③ 周振鹤：《苏州风俗》，国立中山大学语言历史学研究所1928年版，第26页。
④ 高国藩：《敦煌民俗学》，上海文艺出版社1989年版，第264页。
⑤ 《中国地方志民俗资料汇编》华东卷（上册），第481页。原书为"梁碗瓶"，"梁"字似"粮"字之误。
⑥ 同上书，第469页。原书为"梁盎瓶"，"梁"字似"粮"字之误。
⑦ 叶大兵、乌丙安主编：《中国风俗辞典》，上海辞书出版社1990年版，第266页。

(12) 招魂袋（浙江斯宅乡）

1989年，中日越系文化联合考察团在浙江一个名叫斯宅的农村对当地的丧葬礼俗进行民俗考察，发现当地葬俗中有使用招魂袋的习俗。死者脖子上挂着一只称作"招魂袋"的方形口袋。此袋红底黑边，内装"五谷"（米、茶叶、麦、豆等五种作物）、"路经"（指路文书烧成的灰）、走向来世路上所需的钱，以及其他死者生前喜爱的食物、香烟等。①

(13) 宝瓶（浙江剡县）

刘伯森《剡县的葬礼》一文说："棺材到了目的地，大家停棺在喜廊前。喜廊尽处置一宝瓶，内置饭菜（作死人之粮）。推棺入廊，……散五谷（包括谷子、棉花籽、豆子……），跪着的孝子用衣兜包住，带回家中藏起，颇为宝贵。"②

(14) 宝瓶（浙江富阳）

叶镜明《富阳怪诞的丧俗》一文说：出殡时，把棺抬至墓穴，"四角填四个馒头，取其发的意思。并在棺材后放宝瓶，瓶内盛饭菜，是备给死者吃的。放毕，由地理仙'唱龙'，说吉利话，抛五谷、铜钱、钉等给死者的儿女。他们则拿去藏在家里，颇为重视。"③

四、华南地区汉族

(1) 粮食袋与装寿饭的瓷器罂（广东广州）

据刘万章在《广州的旧丧俗》中记述："（人死）口要含珠，叫'口宝'。其余有粮食袋、过腰袋、手巾、面巾、扇子、杨柳枝等。（已娶妻生子之男子死后，要为之煮寿饭。）饭煮好，把饭摆在灵前，一奉祖宗，一奉死者，一碗安米缸，其余用瓷器贮起，贮饭时，由各子孙分着入的，叫'煮寿饭'。那个装寿饭的罂子，将来添了酒，和一只鸡腿，用丝线把罂子外面缠得稳固了，等安葬时，放下冢里去。"④

---

① ［日］安达义弘：《中国浙江省一村落——斯宅的丧葬仪式》，《浙江民俗研究》，中日越系文化联合考察团撰，铃木满男主编，浙江人民出版社1992年版，第163页。
② 刘伯森：《剡县的葬礼》，杭州《民众教育月刊》1937年第5卷第9/10期，第13页。
③ 叶镜明：《富阳怪诞的丧俗》，《中国民俗搜奇》（四），台北金文图书有限公司1983年版，第149页。
④ 刘万章：《广州的旧丧俗》，收入顾颉刚、刘万章《苏粤的婚丧》（民俗学会小丛书），中山大学语言历史学研究所发行，1928年，第63、69页。

（2）粮坛饭（广西恭城）

广西恭城汉族用陶罐盛糯米饭和猪肉，密封，埋入墓穴，供亡魂食用。①

五、西北地区汉族

（1）苞筲罂（陕西高陵）

《高陵县志》载："主人赠玄纁于柩侧，乃藏明器、下帐苞筲罂，乃实土埋志石，又实土以筑。"②

（2）五谷格仓、祭食罐（陕西米脂）

《米脂县志》载："刻志石，造明器（纸宅及童男女等）及下帐筲罂（即墓桌、灯、碗、五谷格仓、祭食罐等件）。"③

（3）醅罐（陕西洛川）

《洛川县志》载："出殡时，明器用灯盏，面食用醅罐。"④

（4）粢盛（甘肃灵台）

《重修灵台县志》载："丧主以纸做幡幢、明器、粢盛及刍灵殉葬等事，亦即于预日陈列柩前，至本日收携墓上焚之。"⑤

（5）五谷仓（青海河湟地区）

五谷仓用红布一尺，由护丧之主持人缝成有五个角、中间有空隙之圆形袋子。选洁净、颗粒饱满之五种粮食，分别装入内角中。再用四方白纸折叠成多折伞状，中置柄，插入中间空隙，象征仓盖。做好后，献于灵前。埋葬时，置于棺材底座板上。⑥

六、西南地区汉族

（1）衣禄罐（四川成都）

周芷颖《新成都》载："（棺脚）陈列衣禄罐两个，一个用来每日供饭时盛饭，一个盛菜，但每日均放少许菜饭于罐内。待出丧时，此罐亦同

---

① 叶大兵、乌丙安主编：《中国风俗辞典》，上海辞书出版社1990年版，第292页。
② 《中国地方志民俗资料汇编》西北卷，书目文献出版社1997年版，第18页。
③ 同上书，第100页。
④ 同上书，第127页。
⑤ 同上书，第180页。
⑥ 叶大兵、乌丙安主编：《中国风俗辞典》，上海辞书出版社1990年版，第249页。

棺材殉葬。"①

（2）苞筲罂（四川大竹）

清代，丧葬时于圹中置苞筲罂之俗有了变化。据清道光二年刻本四川《大竹县志》治丧一项，详细列出要备用的明器，其中便有"苞（竹器一，以盛遣奠余脯）、筲（竹器五，以盛五谷）、罂（瓷器三，以盛酒、醯、醢）。"在这里，县志中有一条按语很值得注意："按，此虽古人不忍死其亲之意，然实非有用之物，且脯肉腐败，生虫聚蚁，尤为非便，虽不用，可也。"②

（3）粮窨坛（贵州开阳）

《开阳县志稿》载："有坛（罐），将以殉葬者，高尺余，硕其腹，腹上部如径四五寸大竹筒，曰粮窨坛（罐）。夜半，煮糯米拌以发酵药而实之，以五色布裹五谷如金瓜状，压坛口，覆之以碗，曰'装粮'。逝者或享大年而具福德，邻里或慕之，愿己身亦如是也，装粮时争往抢其饭而食之，曰'抢粮窨饭'。故丧主做饭，每十数倍于坛中所实之量。"③

（4）粮食罐（贵州平坝）

《平坝县志》载："下圹……习俗用一罐盛糯米饭、酒、药，以红布封口，分男左女右纳入柩旁。此本古人试地有气与否之物，世人昧此，呼曰'粮食罐'，谓为亡者贮备粮食而设。"④

（5）禳阴罐（贵州汉族）

据资料介绍，贵州汉族旧时在埋葬死人时，须以一个装满糯米的瓶子或罐子同葬，名'禳阴罐'。往禳阴罐装糯米的仪式叫作'装粮'。'装粮'多在出殡前夜，在装粮前，要通知左邻右舍：'上三家，下七户，请留心呀，我家要装粮了哪！'各家的母亲也要频频唤着孩子的名字，以免孩子的魂魄被装到禳阴罐里。也有用净水一碗，以剪刀一把横架其上，放在案头，防止孩子魂魄外游。⑤

---

① 叶大兵、乌丙安主编：《中国风俗辞典》，上海辞书出版社1990年版，第274页。
② 《中国地方志民俗资料汇编》西南卷（上册），书目文献出版社1991年版，第329页。
③ 同上书，第518页。
④ 同上书，第550页。
⑤ 柳顾：《贵州的小孩》，《中国民俗搜奇》（二），台北金文图书有限公司1977年版，第79页。

（6）财罐（云南会泽县岩洞村）

云南会泽县娜姑镇岩洞村是个汉族聚居村子，当地汉族村民丧葬时保存有"装财罐"之俗。送葬前一晚的鸡叫时分，丧家煮一罐糯米饭，罐内丢几文钱。孝子每人用筷子挑起一点，若挑到钱表明他的运气好。然后每人挟三拄饭放到一个土罐中，这小土罐叫财罐，又叫凉浆罐。出殡时，长子或长孙一人领头，手持柳红幡，另一孝子手捧财罐随其后，其他孝子跟在财罐后面。下葬时，第一个程序就是安财罐。在棺材的大头前面坟坑边上挖个小洞，把财罐放进去。①

（7）五谷罐（云南汉族）

云南一些汉族地区用五谷罐。民间在瓦罐内装稻、黍、麦、粱、菽五谷，以红布封口，供于灵柩前。出殡时，由嫡长孙捧之，排在孝子队列之前送葬。下葬时，把五谷罐置于坟内。②

（8）糯米饭罐与盐茶米豆罐（云南镇雄）

《镇雄县志》载："依时落圹，拨正字向，棺头置二罐，一盛糯米饭居左，一盛盐茶米豆居右，斗纸灰置中。孝子拊泥三把于棺上，用土掩埋。"③

七、少数民族地区

（1）万年瓶（云南曲靖白水乡老母格彝族）

云南曲靖市白水乡老母格彝族送葬时，陪葬的"万年瓶"具有魂瓶的性质。据马世雯1988年9月参加村中一位李姓彝族老人的葬礼的调查报告中说，死者是李姓彝族家老祖母，终年八十三岁，其葬礼按"白喜事"操办。

当地称老人过世为"回复"。入殓时，先在棺木底垫牛皮，再放棉褥、枕头，置入遗体，盖上棉被压上。放入锡人三个，黑豆九粒，铜钱一枚，五谷、甘草、菊花少许。棺下放泥人一个，黑豆九粒，铜钱一枚，五谷若干。棺前置一小供桌，上铺红布，供红烛一对，香炉一个，内插土香

---

① 李开贤：《岩洞村风俗习惯》，《民族调查研究》（云南省民族研究所）1991年第1期，第125页。
② 叶大兵、乌丙安主编：《中国风俗辞典》，上海辞书出版社1990年版，第249页。
③ 《中国地方志民俗资料汇编》西南卷（下册），书目文献出版社1991年版，第745—746页。

若干，鸡蛋、八宝饭、肉块、盐、茶各一碗。红烛长明，称为"长明灯"。出殡前日，将灵柩移至场院，棺头对准东方，斋供如前，但红烛换成"寿"字灯笼，且加供"万年瓶"（一种颈略细鼓腹土陶罐，高约25公分）和红漆木质牌位。出殡以前，全家同吃万年饭。在灵前放上大甑热糯米饭，先由"首孝"（死者的长子）以左手执筷，挑一箸到口边略嚼少许，余下装入"万年瓶"中，反复三次退下。随后次子、幼子和"女孝"（死者的女儿、儿媳、侄女、侄媳等）依次跪步向前，边哭边吃、边装。有的妇女离开时，随手抓一饭团分给自己的孩子，据说可沾老人长寿之福。"吃万年饭"约一小时，结束后，在"万年瓶"中放入少许曲酒，用红布封口，扎上五色丝线，留待落葬时用。

出殡时，长子身背招魂幡，手持"哭丧棒"，左手抱紧"万年瓶"，屈膝弯腰，面朝地背朝天，三步一叩，五步一跪，一路嚎哭，谓之走"孝步"，直至墓地。棺木进入墓地后，置于事先挖好的墓坑旁，在坑中焚化"冥币"（冥器为纸扎的"金山""银山""大山"约十来对，花圈一个，领头的是一顶精巧的纸花轿，前后各有两个轿夫）。然后扒平纸灰，由风水先生（亦称"地师"）入坑用雄黄粉画出"八卦"图像于坑底，并把"万年瓶"放入坑头一小方洞内，接着祭龙树。落葬时，地师边抓五谷撒入长子撩起的长衫衣兜内，边大声念道："撒东方，降吉祥；撒南方，丙丁香；撒西方，保安康；撒北方，乌鸡退；撒中央，照毕堂；李氏门中，要金银，撒下金银，要五谷，撒五谷，要子孙，撒子孙。"这时众人收拾下山，由乐师吹竹笛"引魂"归家，三天后再来"扶三"，培土垒坟。[①]

（2）口袋装饭（云南怒江傈僳族）

据调查资料，云南怒江傈僳人在人死时，要请人为死者煮饭，死者是女的抓七把米，男的抓九把，要正抓反抓。煮时要肉米混合，放点猪内脏。饭熟后，盛一布口袋放在死者头前，供死者灵魂食用。[②]

（3）布袋装饭（云南布朗族、佤族）

布朗族为死者入殓，棺内要铺盖白布，装一小袋饭，并把死者生前首

[①] 马世雯：《曲靖老母格彝族葬俗的观察与思考》，《民族调查研究》（云南省民族研究所）1988年第4期。

[②] 覃光广：《中国少数民族宗教概览》，《怒江文史资料选辑》第4期，第3页。

饰、心爱物放于棺中。佤族也如此。①

（4）竹筒盛饭（云南独龙族）

据和志祥1982年参加独龙河公社炊事员马国荣儿子阿普病死仪式的调查，记述了为死者供食的习俗。在埋葬前，由巫师为死者做"送别饭"，先把一只公鸡砸死，切成小块，再煮一锅饭，把鸡和饭分别倒入一个竹筒中，准备给死者带到另一个世界去的，活人不能吃。

棺材埋入坑内、填平，坟头插一木桩，上挂死者生前衣物器具。把竹筒中的饭菜倒一部分在坟上。新坟旁要烧三天三夜的火，还要往坟上掷事先准备好的鹅卵石，表示把鬼赶走。独龙族的葬仪，大人小孩一样，不垒坟、不立碑，只在新坟四周加一圈竹笆，以后不再祭扫。②

（5）口袋放米和肉（云南怒族）

过去怒族保留古羌人遗俗，实行火葬。近代普遍实行土葬。一些地方尸体不用棺木装殓，停放在火塘边死者原来的睡处，停尸两三天，每天祭三次，每次一碗米、三块肉，祭品收在一个口袋里，葬时放入墓穴。③

（6）葫芦瓢放蛋炒饭（云南保山芒宽乡苗族）

在死去的老人头部两侧，分别放一只憋死的大红公鸡，另一侧放一只葫芦瓢。鸡是后辈的祭物，葫芦瓢用来接待亲朋带来的祭物。亲朋的祭物，一般是三炷香，三张纸钱，一小包鸡蛋炒饭。点香烧纸钱后，打卦得顺卦，即表示死者的灵魂愿意接受祭物，便把鸡蛋炒饭装入死者头旁的葫芦瓢中。

次日要杀牛送葬，把牛拴在广场一角，用长麻绳拴住牛鼻，一头握在死者手中，要死者把牛带到阴间。他们认为，有了牛，才不被别人欺负，才可以犁田耙地，才有粮食吃。

葬后第三天，孝子带三只竹筒，一只装水，水中放燃着的火炭，一只装饭，再一只装菜到坟前祭奠死者。自此，每天吃饭时，都在家堂上祭一碗饭，上插一双筷子，请亡者与家人共餐。每餐必有酒，直至对死者进行超度后此俗才停止。④

---

① 乌丙安：《中国民俗学》，辽宁大学出版社1985年版，第198页。
② 和志祥：《独龙族丧葬习俗》，《民族调查研究》（云南省民族研究所）1986年第3期。
③ 宋恩常编：《中国少数民族宗教初编》，云南人民出版社1985年版，第166页。
④ 段一平：《云南保山芒宽苗族葬俗调查》，《山茶》1992年第3期。

（7）大碗（川南鸦雀苗）

据芮逸夫、管东贵20世纪40年代在川南对鸦雀苗丧葬习俗的实地调查：出殡时，最前一人撒纸钱，第二是法师，背一弩，弩上拴公鸡，要挂一刀，手端一大碗盛满饭，沿路撒饭。到了安葬地点，挖穴，将棺横埋，头东脚西。法师拿的大碗必须埋在棺头。公鸡与碗埋在一起。①

（8）一箩谷子和一包糯米饭（贵州黑苗）

据吴泽霖20世纪40年代在贵州对短裙黑苗的实地调查：出殡叫扶山。死者女婿在前引路，死者媳妇背一箩三升重谷子，亲友亦送一包糯米饭，请死者带给阴间亲友。②

（9）以鱼篓放饭祭魂（广西融县苗族）

据20世纪40年代的调查资料："丧家门前挂一雄鸡、一鱼篓，放饭少许，及猪蹄两对，是治丧标记。送葬时，由长子背上上述物品，出门时打碎日用饭盆于门外，表示亡魂不再返家。尸体入葬，长子把背来之物投入穴中，作殉葬之用。"③

（10）布包装饭、陶制饭碗和竹编饭包（贵州荔波青瑶）

据长期在贵州从事墓葬调查研究的考古学家席克定告知笔者："贵州荔波的青瑶，在入殓时要用一个布包装饭（不用其他器皿），放在死者头下，供逝者去祖先的路上食用，同时，也要为死者准备斗笠和叶子烟（男性死者）。在贵州中部的岩洞葬中，普遍使用陶制的饭碗和竹编的饭包随葬。"④

（11）麻袋装饭粑（贵州仲家人）

据民族学家陈国钧20世纪40年代在贵州的调查，贵州仲家人的丧俗受汉人影响较深。发丧是在"打牛"之后，众人抬起上面放着大公鸡的棺木出寨上山。这时，死者之媳妇背一麻袋，中盛饭粑，撑伞在寨门口跪迎。棺过时，随棺而行。陈国钧调查认为，此地仲家人的丧俗与汉人之俗有下列相同点：死人气绝接口水，为死人沐浴换服，尸停堂屋，择日发

---

① 芮逸夫、管东贵：《川南鸦雀苗的婚丧礼俗》，台北商务印书馆1962年版，第289页。
② 吴泽霖：《贵州短裙黑苗的概况》，收入吴泽霖、陈国钧《贵州苗夷社会研究》，贵阳文通书局1942年版，第25页。
③ 阮竟青：《广西融县苗人的文化》，收入《中国民俗搜奇》（二），台北金文图书有限公司1977年版，第221页。
④ 席克定1992年1月4日给笔者的来信。

丧，殓时穿孝服，用棺木，发丧时棺木装扎，孝子跪拜，引路者发"路票"，亲友执香上山，坟地由风水先生择定，埋时念咒等，均与汉俗同。只有上述儿妇背盛饭粑之麻袋，是汉俗没有的。①

第四节 魂瓶探源

魂瓶源于我国古代为亡魂准备食物和设依神之物的古老葬俗，反映了农业民族的以谷祭魂、以谷引魂安魂的原始灵魂观念。

一、恐魂饥而设五谷囊

宋代高承撰《事物纪原》卷九"粮罂"条中考证粮罂的起源时说：

> 今丧家棺殓，柩中必置粮罂者。王肃《丧服要记》曰：昔鲁哀公祖载其父，孔子问宁设五谷囊者，公曰："否也。五谷囊者，起自伯夷叔齐不食周粟而饿死，恐其魂之饥也，故设五谷囊。吾父食味含脯而死，何用此为？②

敦煌发现的晚唐写本《杂钞》又云：

> 食瓶五谷罋谁作？昔伯夷叔齐兄弟，相让位于周公，见武王伐纣为不义，陷首阳山，耻食周粟，岂不我草乎？夷齐并草不食，遂饿死于首阳山。载尸还乡时，恐魂灵饥，即设熟食瓶、五谷袋引魂。今葬用之礼。③

---

① 陈国钧：《仲家的丧俗》，吴泽霖、陈国钧《贵州苗夷社会研究》，第325页。
② （宋）高承：《事物纪原》，中华书局1979年版，第478页。
③ 《杂钞》原件现存法国巴黎图书馆，编号为伯二七二一，国家图书馆有照片。《杂钞》一名《珠玉钞》，二名《益智文》，三名《随身宝》，卷尾又题名《珠玉新钞》。《杂钞》内容可参见周一良《敦煌写本杂钞考》（《燕京学报》第35期）、王重民《敦煌古籍叙录》（商务印书馆1958年版），现据徐苹芳《唐宋墓葬中的"明器神煞"与"墓仪"制度》，《考古》1963年第2期，第95、105页。

把墓中设粮罂、五谷袋的丧俗，追溯至伯夷叔齐耻食周粟饿死首阳山的故事，和端午之于屈原、寒食之于介子推相类似，带有浓厚的民间传说色彩，和儒家为树立其理想人格（情义至上）而加以附会渲染也不无关系，看来似乎没有太多的事实根据。但恐魂饥而设五谷囊的说法，对我们破解魂瓶的起源却有着重要的意义。

其一，原始的灵魂观念认为，人虽死，其魂不死，到另一个世界过人一样的生活。人有饱饥，要吃喝、要饮食。"神之口腹，与人等也"（王充《论衡·问时篇》）。[1] 五谷囊便是专门为亡魂准备食物用的。祭祀亡魂是要为亡魂准备食物。王充认为：

> 夫祭者，供食鬼也；鬼者，死人之精也。若非死人之精，人未尝见鬼之饮食也。推生事死，推人事鬼，见生人有饮食，死为鬼，当能复饮食，感悟思亲，故祭祀也。
>
> ——王充《论衡·讥日篇》[2]

考古资料表明，早在新石器时代，原始人便有以食物陪葬的习俗。据调查，仰韶文化半坡类型主要墓地的随葬品，主要是陶器，其次是工具、装饰品和食物。陪葬的食物主要是小米、鸡、猪、鱼等。[3]

《楚辞·招魂》中记述了招魂时，给魂准备丰盛的美食，其中第一种就是谷类食品，十分考究：

> 室家遂宗，食多方些。稻粢穱麦，挐黄粱些。大苦咸酸，辛甘行些。肥牛之腱，臑若芳些。……朱熹注曰：言君既归来，则室家之众，皆来宗尊，当为设食，其方法多端也。稻，今糯、粳二米也。粢，稷也，亦名穄。穱，择也。穱麦，稻处种麦，而择取其先熟者也。挐，糅也。黄粱，出蜀、汉、商、浙间亦种植，香美逾于诸粱，号为竹根黄。言此数种之米，相杂为饭也。[4]

---

[1] 王充：《论衡》，上海人民出版社1974年版，第362页。
[2] 同上书，第366页。
[3] 严文明：《仰韶文化研究》，文物出版社1989年版，第291页。
[4] 朱熹：《楚辞集注》，上海古籍出版社1979年版，第140页。

《楚辞·大招》中也有给魂设食的记述，第一种也是五谷："五谷六仞，设菰粱只。"朱熹作注说：五谷指的是稻稷麦豆麻。"仞，伸臂一寻，八尺也，言积谷之多也。"①

其二，上述资料表明，在墓中设五谷囊的葬俗，至迟至春秋时代便已流行，并一直沿用至唐宋时代，成为一种习俗。

其三，五谷囊的设置出于生人对亡者的崇敬之情，是生者与死者、人间与冥界的沟通渠道。因此，五谷囊同时也具有引魂的功能。

其四，为伯夷叔齐的亡魂供食的明器叫五谷囊、熟食瓶、五谷袋，这些都是魂瓶的早期形态名称，反映了以五谷祭魂、五谷引魂的观念和习俗由来已久。

二、为亡魂设依神之物

上引宋代高承在《事物纪原·粮罂》中引用《三礼图》的话，进一步指出，设粮罂之俗是古代丧礼中设依神之物"重"的遗意：

> 《三礼图》曰：重起于商代，以饭含余粥，以鬲盛之，名曰重，设之于庭，恐神依之以食。今之粮罂，即古重之遗意也。②

《三礼图》旧有郑玄等撰六本，皆不传。今本有二，一为宋代聂崇义集注之《新定三礼图》二十卷，二为明代刘绩集注四卷。《新定三礼图》卷十七对"重"的解释如下：

> 重起于殷代，以含饭余鬻，以鬲盛之，名曰重。今之粮罂，即古重之遗象也。所以须设重者，鬼神或依饮食，孝子龛（冀）亲之精（情）有所凭依也。③

礼俗学家邓子琴在20世纪40年代出版的《中国礼俗学纲要》一书中对"重"的解释比较清楚："设重。将饭余之米为粥，置两废鬲中。中

---

① 朱熹：《楚辞集注》，上海古籍出版社1979年版，第147页。
② （宋）高承：《事物纪原》，第478页。
③ （宋）聂崇义：《新定三礼图》，第十七卷，上海古籍出版社1985年影印本。

庭树木，横一木以悬之，意示室内为神所凭依，且有丧也。"邓子琴接着说："今世丧礼有净罐两个，中置饭，上盖以白布，犹古俗之遗也。"① 这里所说的放饭的净罐，和我们在本章第三节《近现代的魂瓶遗俗》中所列举的六十多个例子，性质是一样的，都可说是"古俗之遗"。

可以看出，重是亡魂的象征，是亡魂依附之物。重起源于殷商时代，"始死作重以依神"（礼注），用鬲（古代丧礼用的瓦罐）盛饭含余粥，置于庭院，供神（亡魂）食用。饭含也是古代的一种丧仪，人初死，实米与贝于死者口中，称为饭含。盛放用饭含余米做粥供魂食用的瓦瓶有专门的名称，叫重鬲。后来出现的粮罂与重鬲，在性质上是一样的，都是盛谷（或生或熟）供魂享用的瓦瓶，都是依神之物。所不同的是，重是人始死时所作，置于庭；粮罂则置于墓中陪葬。《三礼图》说得很清楚，设重的目的，一是供魂饮食，二是使孝子思亲的感情有所凭依，与墓中设粮罂之目的相同。因此，说粮罂（魂瓶）是古重的意象，就是这个意思。

三、以谷祭魂引魂安魂的信仰

魂瓶以五谷命名，取五谷之形，上书五谷之字，内置五谷，反映了中国农业民族的生命观和以谷祭魂安魂的信仰习俗。

魂瓶以五谷命名：五谷囊、五谷袋、五谷具、五谷仓、五谷囤、五谷悉具、五谷重具、五谷宝瓶等。魂瓶的早期形态五联罐、五口瓶也和五谷有关。五谷是谷物的泛称，一般指黍、稷、菽、麦、稻（《周礼·天官·职方氏》郑玄注），或指麻、黍、稷、麦、豆（《周礼·天官·疾医》郑玄注）等。

魂瓶取谷穗为形。唐宋年间江西、浙江、福建出现了一批形似麦穗的多角魂瓶。例如1963年江西永新北宋刘沆墓出土一个通高67公分的大型多角瓷瓶，卜大上小成九层，每层四面均有尖角。② 整体造型很像一串尖头向上的麦穗，层层尖角一如排列整齐的麦粒。我们在本章第二节中所介绍的福建安溪出土的青釉塔式多嘴谷仓和浙江越窑的青瓷多嘴壶，其形状都像丰腴的谷穗。这类魂瓶大多以"多角"为名，《中国陶瓷史》的作者

---

① 邓子琴：《中国礼俗学纲要》，中国文化社（南京）1947年版，第64页。
② 《江西永新北宋刘沆墓发掘报告》，《考古》1964年第11期。

认为，"当地方音'角''觳'音近，多角即'多谷'"①，是谷物丰盛的意思。

　　一部分魂瓶身上有"五种""东仓西库""仓廪实"等文字，表明魂瓶与五谷的关系，以及魂瓶所具有的以谷祭魂、引魂的象征功能。20世纪30年代绍兴出土一个艾青色堆塑罐，上部五口相连，口边有引颈觅食的鸟雀。颈周堆塑三层楼阁及双阙，四周有乐伎俑及各类动物。瓶体上有"五种"字样。②"五种"指五种谷物，《汉书·食货志》称："种谷必杂五种"。1985年南昌县博物馆发现一只细颈堆塑瓶，瓶身两侧分别刻有"东仓西库"字样。③ 长沙分别出土的三只人物堆塑瓶，上刻"仓廪实东仓四库府库充"三组文字④（图10-9），这些文字，和上文我们所介绍的魂瓶的早期形态陶仓上的文字"白米万石豆万石"一样，⑤ 都是象征性的，表明魂瓶是粮仓谷库的象征，有充足丰富的谷物在另一个世界享用。

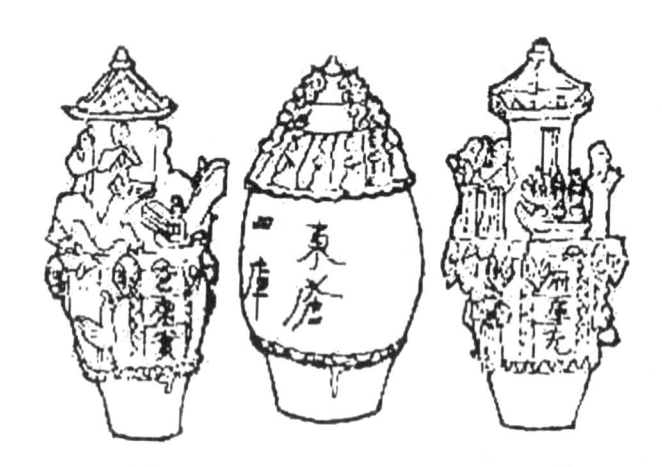

图10-8　长沙出土带铭文谷仓（采自周世荣《湖南陶瓷》）
A　仓廪实人物瓶　　　　B　东仓四库人物瓶　　　　C　库府充人物瓶

---

① 中国硅酸盐学会编《中国陶瓷史》，文物出版社1982年版，第198页。
② 朱家溍主编：《国宝·瓷器》，商务印书馆香港分馆1983年版。转自陈定荣《论堆塑瓶》，《中国古陶瓷研究》创刊号，1989年，第72页。
③ 南昌县博物馆藏品，见陈定荣《论堆塑瓶》，第77页。
④ 周世荣：《湖南陶瓷》，紫禁城出版社1988年版，第336页。
⑤ 参见本章第二节《魂瓶的早期形态》。

魂瓶内置五谷。从目前的考古材料看，出土的魂瓶中有盛放货币、布帛、纸钱的，有空无一物的，但比较多见的，是瓶内存放谷物，这样的例子很不少。例如江西丰城梅岭檀城宋咸淳八年墓的一对影青堆塑瓷，出土时瓶内满盛着褐色瘦长的稻谷，由于封盖严密，内部谷物保存完好。[①] 甘肃陇西县夫妻二人合葬宋墓出土的两个带莲花座的陶魂瓶，内盛糜、谷、荞麦三种谷物。[②] 山西稷山元代初年墓中出土的陶罐，内有黍子、板豆、谷子等粮食。[③]

在墓中设魂瓶，以谷供魂食用、以谷祭魂引魂安魂的葬俗，反映了我国的农业民族对谷物的崇信，这种信仰可能追溯到遥远的原始时代。

第一，谷物是维系人类物质生活与精神生活需要的主要食粮。考古学家发现我国新石器时代的稻谷遗存就有七十二处之多，其中五十七处属长江流域，几处属黄河流域，此外广东、福建、台湾各二处，说明稻谷从新石器时代开始便是我国农业地区人类赖以生存的主要食粮。谷物不仅满足农业民族的物质生活，同时又是他们精神生活的必需品。在他们心目中，谷物的丰歉表明神对人的态度，丰收表示神满意，与人的关系融洽；歉收则是神愤怒的表示，是神对人的惩罚，这是种田人所难以承受的精神负担。因此，他们千方百计取悦谷神，渴望丰收，以便满足自己物质与精神生活的需要。

第二，谷物是祭神之物。《风俗通义·稷神》引《孝经》曰："稷者，五谷之长，五谷众多，不可偏祭，故立稷而祭之。"又曰："米之神为稷，故以癸未日祠稷于西南。"[④]《山海经·中山经》记载了用糈（祭神用的精米）稌（音途，指糯稻）祭神的习俗：

凡首阳山之首，……其神状皆龙身而人面。其祠之：毛用一雄鸡瘗，糈用五种之糈。[⑤] 荆山……糈用五种之精。（汪绂释："用五谷舂为精米也。"）郭璞注云："备五谷之美者。"袁珂案："谓用五种精米

---

① 万良田：《江西丰城县出土宋代稻谷》，《农业考古》1981年第2期。
② 陈贤儒：《甘肃陇西县的宋墓》，《文物参考资料》1955年第9期。
③ 畅文斋：《山西稷山县五女坟发掘简报》，《考古通讯》1958年第7期。
④ （汉）应劭撰、王利器校注：《风俗通义校注》卷八《稷神》，中华书局1981年版，第356页。
⑤ （清）汪绂释：《山海经存》，杭州古籍书店据清光绪二一年立雪斋印本影印，1984年。

以祀神。"①)

《山海经·中次十经》所记，祭祀首阳山之神，要用五谷或五种精米，而我们在上文探讨魂瓶起源时引用王肃在《丧服要记》中所说，春秋时代伯夷叔齐因不食周粟，饿死首阳山，民间恐魂灵饥，故设五谷囊以供魂食。首阳山一名雷首山，在今山西永济县南。这两则先秦时代首阳山的传说，说明以五谷祭神和以五谷引魂供魂食用之俗同样古老，而且，"推生事死，推神事鬼"的观念，在当时十分普遍。

第三，谷类具有驱鬼避煞的功能。古时候，有撒谷豆的婚俗，新媳妇过门时，为防止邪神恶煞随之而至，"但以谷豆与草禳之，则三煞自避，新人可入也。"② 丧俗中，在墓穴和棺中撒五谷，也同样具有驱鬼功能，此俗到了近代仍然保留在一些地区和少数民族的丧俗中。据河北邢台地区《隆平县志》（清乾隆年刻本）记载："延术士用丝麻五谷等物入于棺，作镇。"③ 土家族梯玛巫师在驱赶邪神野鬼时，常一手拿司刀或桃枝，一手抛"五谷"，口中念巫词，把"五谷"叫作铜弹铁弹，专打邪神野鬼。目前我国南方一些偏远的少数民族地区为谷物叫魂、招魂，以五谷供神祭神，用五谷治病禳灾，都是由来已久的对谷物崇信的遗俗。

第四，魂可附于食物之上，谷物为招魂必备之物。据民族学家宋恩常在云南的调查，佤族认为，人生病，是人的"宽"（灵魂）暂时离体，要为病人叫魂。"叫魂仪式是由一人提个篮子，篮内放着饭菜食物，到寨子四周或林中走串，边走边念咒语。他们认为，这样做，失去的魂便可附于食物中归来，病人只要吃些食物，'宽'便可重新附体。"④ 谷米又是南方民族招魂的必备之物，认为谷魂与人魂相通，谷魂会把人走失的灵魂带回来。

第五，谷物是生命的象征。谷子具有生命延续和孕育新生命的功能，种子发芽是由于其中蕴含着再生的生命力。因此，把亡魂的归宿地、祖灵

---

① 袁珂校注：《山海经校注》，上海古籍出版社1980年版，第174页。
② （宋）高承：《事物纪原》，第473页。
③ 《中国地方志民俗资料汇编》华北卷，第480页。
④ 宋恩常：《佤族原始宗教窥探》，收入所编《中国少数民族宗教初编》，云南人民出版社1985年版，第179页。

的象征物魂瓶制作成谷物的样子，里面放入谷物，是希望死去的人，也像每日一落一升的太阳，每月又圆又缺的月亮，像每年一枯一荣的谷物一样，死而复生，获得新的生命。

第五节　壶形世界——寻找生命家园

作为一种文化现象，魂瓶的出现、演变、盛衰，和我国农业民族的灵魂观、道佛与原始信仰一体的宗教观、重现世轻彼岸的人生观生命观，和谷米之乡盛行的以谷祭魂以谷引魂的葬俗，和中国陶瓷文化的发展，都有着密切的关系。魂瓶虽小，它所象征的却是一个广阔而虚幻的、非现实的世界，人与魂、生与死、人间与天地、过去与未来、洪荒与现世，统统容纳于其中。魂瓶是一种超越时空的瞬间与永恒的艺术，又是生命的象征，瞬间的生命出入于其间，便可获得永恒。这瓶形宇宙所包含的丰富的象征意义，值得作进一步的探讨。

一、魂瓶的象征性

魂瓶是我国古代农耕民族特有的随葬明器。考古学家郑德坤对明器是这样解释的："器物陪葬入圹，用以安慰死者之灵，名为明器。……明器之为用，仅属鬼神，非人所需。既仅供鬼神之用，宜其物体小而不切实用矣。"[1]

明器起源于人的灵魂观念，认为人死是灵魂到另一世界去。灵魂世界与人间一般无异，因而要以人间之俗、人间之礼待之。生者以神明之道对待死者，以生者的器物供死者使用，亦表示生者对亡魂的亲情与敬意。明器是一种藏器，是陪葬入圹专为安魂而设置的器物。明器为"神明之器"（《释名·释丧制》），仅供鬼神之用，非人所需。非实用性与象征性是明器的主要特征。故尚秉和在《历代社会风俗事物考》中说："明器者，冥中所用之器也。皆象其形而不必盛以物。故曰人器实，鬼器虚。……自夏以来，凡生人所用之物，皆一一制为冥器，送之墓中，以备死者之用，而

---

[1] 郑德坤：《中国明器》，第4页。

只有其形,实不能用,聊以尽心焉而已。"①

历代考古出土的明器主要有下列两大类:仿日用器皿类,包括衣、食、住行所需各物;神煞陶俑等各类非实用的镇墓安魂器物。魂瓶从仿谷仓及盛食物之器发展为堆塑装饰型,把上述两类明器在造型、功能方面的某些特征集于一身,其象征意义和单体明器不同,它所展示的,是一个更为完整的灵魂世界。

二、堆塑构建的祖灵世界

典型形态的堆塑装饰型魂瓶的最显著特征,是在瓶体上堆贴塑大量纹饰,主要有人物道佛神煞堆塑、建筑堆塑和动物堆塑三大类,为亡灵的归宿构建了一个理想的灵魂世界。

建筑堆塑

人死到哪里去?我国古老的灵魂观念认为,人死的理想归宿便是亡灵返归祖地,加入祖灵的行列。魂瓶便是亡灵返祖归宗的桥梁,是神灵世界的象征。魂瓶上形形色色的堆贴塑形象地展示了祖灵世界的建筑环境、护送亡灵进入祖灵殿堂、祖灵的日常生活、与祖灵共在的神佛灵兽,以及魂神升天的情景。和虚无缥缈的天堂乐土或者阴森恐惧的地狱冥界不同,魂瓶堆塑所展示的祖灵世界是一个世俗的世界,其建筑、其日常生活与人间别无二致。可以说,魂瓶上的祖灵世界是人间世俗生活的虚幻延伸。

就拿魂瓶上的建筑堆塑来说,三国两晋时代魂瓶上的建筑堆塑大致有下列四种样式:多层楼阁塔式建筑、庄院式建筑、悬山顶门楼建筑、庑殿顶楼阁下设壁龛建筑。② 这些建筑既保留了汉代的风格,又受到当时传入中国的佛教的影响。其基本式样既有士族庄院的特点,又带有祠庙建筑的宗教色彩,是三国两晋时代建筑物的艺术再现。魂瓶上的建筑堆塑就是把当时贵族和士大夫阶层理想的居所想象为祖灵生活的地方。

---

① 尚秉和:《历代社会风俗事物考》,长沙商务印书馆1938年版,第266—267页。现据上海文艺出版社1989年影印本。

② 参见许忆先《魂瓶琐谈》,《南京博物院集刊》第8辑,1985年。

人物堆塑

魂瓶上的人物堆塑主要有三类。第一是日常生活类：包括百戏舞乐杂技者、侍仆者；拱手作揖之应酬者、彩衣人；还有开仓取谷者、手握锄头的农人，等等。第二是祭祀生活类：包括孝子送葬者、为亡灵举哀者；道僧及其他祭祀人等。三国两晋魂瓶上有一些深目高鼻多胡髭的胡人，考古学家认为他们可能是模仿来自印度等地的僧侣形象而作的，在魂瓶中充当为亡灵祷告的角色。第三是道佛神煞类：包括跌坐合掌、身后有背光的佛像，持节羽人、骑神兽之仙人、四神、十二时神、地神，等等。

动物堆塑

魂瓶上的动物堆塑可说应有尽有，属于日常生活中常见的，如牛、犬、羊、狮、马、熊、猿、虎、鹿、鸟、鼠、蛇、鱼、蜥蜴，等等；属于神怪幻想的，如龙、麒麟、仙鹤、神兽天禄、辟邪，等等。魂瓶上的这些动物既是祖灵世界的成员，又充当祖灵世界的守护者、保护者和引魂者的角色。许多瑞兽祥禽都具有降福纳吉、镇邪驱灾的功能，和古老的"四灵""四鸟""四蛇"的信仰与传说有关。"四灵"指四种神兽，"麟凤龟龙，谓之四灵"（《礼记·礼运》）。"四鸟"指豹虎熊罴四兽。《山海经·大荒东经》："有䲴国，黍食，使四鸟：虎豹熊罴。"郝懿行云："经言皆兽，而云使四兽者，鸟兽通名耳。使者，谓能驯扰役使之也。"[①]"四蛇"的传说见于《山海经·海内东经》："汉水山鲋鱼之山，帝颛顼葬于阳，九嫔葬于阴，四蛇卫之。"郭璞注："言有四蛇卫守山下。"[②] 这些神兽异禽都具有供役使、能守卫的功能。

古老的灵魂观念认为，人死，亡魂会沿着一定的路线返归祖地或进入天界，为了不迷路，要有引魂者带领。《大汉原陵秘葬经》中记载了这一路线和引魂之兽：

……麒麟引道乘天梁从蒿里……向生门而出。故曰，麒麟司道，凤凰跃途，章光启路，玉堂回车，从朱入仓，富贵吉昌。……开门临

---

① 袁珂：《山海经校注》，上海古籍出版社1980年版，第343页。
② 同上书，第332页。

穴，亡者生天界也。出生入开门，子孙常近金塔，依次大吉利。①

可见，魂瓶上的动物所扮演的是引魂者的角色。

鸟与龙虎造型

魂瓶上最常见的动物是鸟。考古学家许忆先曾经对三国两晋时代江苏、浙江、江西、安徽吴晋墓中出土的27只魂瓶上的各类堆塑作过研究，发现动物堆塑中，鸟的数量占首位，27只魂瓶中，有23只有飞鸟造型。②或环飞于罐口，或盘旋于人物、建筑堆塑之间，或翔集于屋面。笔者1990年在湘西永顺土家族民俗博物馆所见的通体布满鸟雀的魂瓶最充分、生动地体现了魂瓶与鸟信仰的密切关系。古老的灵魂观念认为，人死，其魂化身为鸟的观念和信仰，普遍存在于许多古老的民族之中。因此，魂瓶上的鸟既是祖魂的化身，又是引魂、护魂、安魂的使者。这些祖魂鸟、引魂鸟自由自在地翱翔在祖魂世界之中。

魂瓶上另一种较常见的动物是龙。龙的堆塑比鸟出现要晚，大约在西晋时代。在浙江诸暨的西晋墓中出土一只青瓷魂瓶，腹部贴有人、龙、凤各三。南京板桥石闸湖西晋墓出土的青瓷魂瓶，罐腹有四龙与四铺首相间。③浙江绍兴出土一件刻有"升平"（东晋三五七年）年号的堆塑瓶，器壁上贴塑朵朵上升的云气，瓶身缠盘着一条长龙，龙脊上有人群成队而上，有执华盖的，有戴高帽的，有持乐器的，似为亡者举哀。④魂瓶上的龙最初是作为吉祥的象征，与其他祥禽瑞兽同时出现；后来，道佛的色彩越来越浓厚，到了宋元时代，影青堆塑瓶上龙虎盘踞，名之为龙虎瓶，具有特定的含义，成为道教丧葬文化的表征之一。魂瓶上的龙虎既是祖魂的护卫者，又是道家所向往的亡魂回归仙境的象征。

三、道佛向往的仙境天界

魂瓶堆塑所构筑的祖灵世界，同时又是道佛向往的仙境天界，是亡魂

---

① 《大汉原陵秘葬经·辨八卦四折曲路篇》，《永乐大典》卷八一九九，台北：世界书局1977年。
② 许忆先：《魂瓶琐谈》，江苏省考古学会1984年年会论文，南京博物院1984年5月。
③ 同上。
④ 陈定荣：《论堆塑瓶》，《中国陶瓷研究》1987年创刊号，第75页。

回归的理想所在。

道佛巫共构的世界

魂瓶上所展现的道佛向往的仙境天界，有两个明显的特点：第一，人世性，仙境天界同样是祖灵生活的地方，是人间世俗生活的虚幻延伸；第二，包容性，道佛与原始巫信仰共存，仙佛与神兽异禽出现在同一魂瓶之上。

佛教自东汉由印度传入我国，在三国、两晋的魂瓶上出现了佛像堆贴塑造型。如江苏南京甘家巷高场吴墓出土的一只釉陶魂瓶，器身共分三层，楼阁上下布满佛像堆塑，主罐腹部也贴印佛像。江苏吴县狮子山西晋M1墓出土的青瓷楼台堆塑谷仓罐，肩部有佛像八尊，头戴高耸的帕结，身披袈裟，双手合抱，下坐莲花蒲团。佛像模印而成，分列罐左右各四。[①] 这类坐在莲座上的佛像，可清楚看出头后的圆光。

日本学者吉村怜把魂瓶上的这类早期佛像称之为"天人"[②]。"天人"为佛教用语，原指天上之人，《神仙传·张道陵传》中说："忽有天人下，千乘万骑，金车羽盖"，说的就是神仙。佛教借用这个原指"在天上居住的仙人"一词，用以指佛家天界的神。魂瓶上堆贴趺坐的佛像，是人死后灵魂奔赴佛家天界的象征。

宋元时期，以江西为中心，东起浙江江山，西到湖南醴陵，北至湖北黄石，南达福建邵武，出土一种影青堆塑瓶，称为皈依瓶。皈依为佛教用语，亦作归依，身心归向而依附之，谓之皈依。魂瓶以皈依名之，表示魂归佛家的天界；魂瓶上的菩萨佛像，日月云龙、花鸟奔鹿正是佛家天界的幻想写照。

我们在上文谈述魂瓶上的动物堆塑时，曾谈到江西宋元墓中成双出土一种带有道教特色的影青皈依瓶，因其一只有龙，另一只有虎，或龙虎同时出现，故又名"龙虎瓶"。如江西清江县南宋墓中曾出土两对瓷皈依瓶。女墓出土的一对扁圆口、肩饰S状纹饰，上有13个立俑，颈部饰青龙、白虎、蛇、犬、太阳与螺状云纹。盖作喇叭形，顶立一飞鸟。通高

[①] 张志新：《江苏吴县狮子山西晋墓清理简报》，《文物资料丛刊》第3期（1980年）。

[②] [日]吉村怜：《所谓"天人"及中国早期天人像》，《中国历史博物馆馆刊》1993年第1期。

67公分。男墓出土的另一对，为莲蓬状口，肩部有12个双手握铜的武士立俑和一个戴幞头的跪拜俑，颈部饰有青龙、白虎、龟、蛇、凤、鹤、鸡、犬、鹿、马、太阳、祥云，以及女立俑和手执铜的男武士坐俑，盖顶一鸟。通高82公分。这类影青魂瓶有几个特点：其一，大多成双出土，上有日月星辰、仙佛人像、云龙堆贴，装饰繁缛，将以前众多单体明器的造型集于一身。宋代前期皈依瓶造型丰富而显粗壮，带唐代遗风；中后期造型高耸秀美，瓷塑技艺日趋精湛。如北京故宫藏影青釉皈依瓶，盖呈尖塔形，顶上一飞雁为钮。长颈，弧腹。颈部浮雕盘龙、云月及团花飞鸟奔鹿纹，肩部出沿正中雕一菩萨像，下边堆塑一周十二时神像。通体罩青白釉，釉面匀净光滑，通高85公分。① 考古学家发现，"凡是有这种皈依瓶的墓葬，均未见有其他质地的俑，可见它已成为南宋以后代替了俑的一种新的随葬明器。"② 其二，它们沿用佛教的皈依瓶之名，上有菩萨佛像，又以道教的龙虎为标志，各类来源于原始巫信仰的日月星云、吉禽祥兽密布其上，充分显示了我国古代道佛巫三者包容并存的信仰特色。其三，在亡魂回归的仙境天界里，与仙佛神兽为伴的，还有大量男女坐俑、立俑、武士俑、跪拜俑，是人间世俗生活的写照。

魂神升天的形象再现

魂神升天是魂瓶的一个重要功能，南京出土的六朝早期青瓷釉下彩盘口壶，形象而生动地展现了道家所向往的魂神升天的情景（图10-9）。盘口壶釉下彩绘纹饰自上而下可分盖、颈、腹三个部分，分别绘饰瑞鸟神兽、持节仙人、灵芝仙草，把这幅"魂神升天图"描绘得活灵活现。现举几种有代表性的纹饰简析如下：

第一种：盖钮所塑之鸟形，似《山海经·西次二经》中所说的"其状如翟五采（彩）纹"的鸾鸟。鸾鸟属凤凰类。"鸾者神灵之精也。"（《说文》）盖钮塑鸾鸟，以吉祥之鸟充当引魂鸟的角色；鸾鸟又是亡魂的化身，"魂行若蜚（通飞）鸟，……魂神蜚驰何疾也！"③ 象征亡魂化身为鸟，飞往天界仙境。

---

① 王健华：《从故宫藏瓷谈宋代瓷雕艺术》，《文物》1992年第1期。
② 薛尧：《江西南城、清江和永修的宋墓》，《考古》1965年第11期。
③ 王充：《论衡·纪妖篇》，第337页。

图 10-9 青釉绘羽人纹瓷盘口壶（东吴，南京雨花区长岗村出土，南京博物馆藏）

第二种：盖面所绘之人面鸟身之神，也多处见于《山海经》。如《中山经》载："凡济山之首，……其神皆人面鸟身。"① 《抱朴子·对俗篇》曰："千岁之鸟，万岁之禽，皆人面而鸟身，寿亦如其名。"② 道家认为人身是小宇宙，各个器官均有神主宰，其中主宰元气的"神人头鸟身，状如雄鸡，凤凰五色，珠衣玄黄"③。此鸟不仅具有仙界生灵长寿的特性，又是祖灵的化身。

第三种：器颈部（图 10-10）绘一组异兽，头身似虎，颈后有毛飘拂，似《山海经·海内北经》所记之驺吾："林氏国有珍兽，大若虎，五彩毕具，尾长于身，名曰驺吾，乘之日行千里。"④ 日行千里的神兽，是送魂神上天的最佳伙伴。

---

① 袁珂：《山海经校注》，第 124 页。
② 王明：《抱朴子内篇校释》，中华书局 1985 年版，第 47 页。
③ 《云笈七签·老子中经》，书目文献出版社 1992 年版，第 138 页。
④ 袁珂：《山海经校注》，第 315 页。

图 10 – 10　盘口壶颈腹部纹饰及贴塑摹本（采自《文物》1988 年第 6 期）

第四种：器腹上部有三组图像，一是四个铺首，二是两个佛像，佛祖表情严肃，有两撇八字胡，背有项光，端坐在双兽花座上。另外一组是双首连体鸟。此鸟各有一足一目。《山海经·西次三经》载曰："崇吾之山……有鸟焉，其状如凫，而一翼一目，相得乃飞，名曰蛮蛮。"① 袁珂在解释《海外南经》的比翼鸟一词时，引用了吴任臣注，认为比翼鸟"即蛮蛮也"，又引用了元代伊士珍在《嫏嬛记》所记："南方有比翼鸟，……此鸟能通宿命，死而复生。"② 选择具有死而复生功能的比翼鸟充当护灵使者，想是非常合适的。

第五种：器腹下部有 21 个身长羽毛、头生双角的持节（指神仙方士所持之信符）神人。这可能是王充所说的"道身生毛羽"的仙人。王充在《论衡·无形篇》中说："图仙人之形，体生毛，臂变为翼，行于云则年增矣，千岁不死。"③ 作为送魂使者，21 个身生毛羽的仙人，在众多的仙禽神兽的陪伴下，分列两排，上十一，下十，整齐有序地站立在仙草丛中，使魂神升天回归的仙宫天界充满了神秘气氛。

前面提到的南京出土的盘口壶上的彩绘纹饰和贴塑，再现了道家所向往的魂神升天的情景。研究者认为，这情景和"汉代墓葬中常见的'墓主升天图'中墓主乘龙、虎、凤、神禽等遨游紫极的情景迥然不同"，三国两晋的"道教结合神仙术、五行阴阳及谶纬之学，本身还模仿佛教，

---

① 袁珂：《山海经校注》，第 38 页。
② 同上书，第 186 页。
③ 王充：《论衡·无形篇》，第 24 页。

杂糅众家"①，构筑他们的灵魂回归世界。他们所向往的，已经不是肉身不死，即身成仙，而是"魂神澄正，得升天堂"的境界。盘口壶上同时出现佛祖、仙人，以及《山海经》中浸透着巫信仰的大量怪异，同样反映了我国古代魂瓶文化道佛巫三者包容共存的信仰特色。

魂归神山仙境

《列子·汤问》：

> 渤海之东不知几亿万里，有大壑焉，实惟无底之谷，其下无底，名曰归墟。八纮九野之水，天汉之流，莫不注之，而无增无减焉。其中有五山焉：一曰岱舆，二曰员峤，三曰方壶，四曰瀛洲，五曰蓬莱。其山高下周旋三万里，其顶平处九千里。山之中间相去七万里，以为邻居焉。其上台观皆金玉，其上禽兽皆纯缟。珠玕之树皆丛生，华实皆有滋味，食之皆不老不死。所居之人皆仙圣之种，一日一夕相往来者，不可数焉。②

这不老不死的归墟神山，是道家向往的天界仙境。民俗学家陶思炎认为："魂瓶的构图正是对五山神话的仿效：其罐身是大海的象征，故多以水族堆塑；而顶盖则为神山的模拟，故以亭台楼阁、飞禽走兽、佛僧乐伎等表现一个金玉满屋、吉鸟翔集、歌吹喧阗、人神交混的长乐未央的世界……魂瓶的前身是五口罐……具有五山的刍义。其口圆平，为'天'之指代。五口与罐相通，表神山相邻……罐口成了绝地通天的天门象征，拟指亡灵进入天界的门户。"③ 他从神话思维的角度去探讨魂瓶堆塑的象征意义，指出魂瓶的造型与原始神话中对山岳的信仰以及道家的观念有关。这神山仙境同样是道家向往灵魂回归的处所。他举了南京博物院收藏的一只东吴陶魂瓶为例，指出其顶盖留有五罐遗制，而且主罐口有平滑的口盖，与《列子·汤问》的五山"顶平"之说相合。

---

① 易家胜：《南京出土的六朝早期青瓷釉下彩盘口壶》，《文物》1988 年第 6 期。
② 杨伯峻：《列子集释》，中华书局 1979 年版，第 151—152 页。
③ 陶思炎：《风俗探幽》，东南大学出版社 1995 年版，第 153—154 页。

道家还有三神山之说，名为三壶。东晋王嘉《拾遗记》卷一：

> 朔（东方朔）乃作《宝瓮铭》曰："宝云生于露坛，祥风起于月馆，望三壶如盈尺，视八鸿如萦带。"三壶，则海中三山也。一曰方壶，则方丈也；二曰蓬壶，则蓬莱也；三曰瀛壶，则瀛洲也。形如壶器。

三神山在渤海之中，传说为仙人所居。最值得注意的是三神山名为三壶，形如壶器。到汉代流传的悬壶、壶公的传说，道家常以壶天、壶中天地、壶中日月比喻仙界；而壶作为生命体的象征，其信仰相当普遍。因此，有理由认为，魂瓶的造型与神山的观念及信仰有关。

四、魂瓶、悬壶、葫芦、古陶壶——生命母体的象征

种田人把谷种撒到地里，期望的是种子发芽抽穗成熟，收获更多的谷子，来年又可再种，使谷物得以永生。同样，古人把魂瓶随亡者入葬，埋到土里，希望人也像谷种一样，植株虽死，生命却保存在种子之中，获得繁殖和再生，从而使家族的生命之链得以延续，永不中断。

魂瓶鼓腹、敛口、中空，形似葫芦。葫芦又称瓠，与壶通。魂瓶也有以壶命名的。如上文提到的青瓷釉下彩盘口壶、神亭壶等。把壶形器作为生命母体的信仰，在全国各地和一些少数民族中间很普遍。下面，我们将以道家的悬壶和壶天信仰、彝族的魂归葫芦信仰、台湾排湾鲁凯和平埔族的西拉雅人对古陶壶的信仰为例，与魂瓶信仰进行比较研究，借以阐释中国古代的生命观及其特点。

道家的悬壶与壶天信仰

悬壶的传说，最早见于《后汉书》卷一一二（下）《方术·费长房》：

> 费长房者，汝南人也，曾为市掾。市中有老翁卖药，悬一壶于肆头，及市罢，辄跳于壶中。市人莫之见，唯长房于楼上睹之，异焉，因往再拜奉酒脯。翁知长房之意其神也，谓之曰：子明日可更来。长房旦日复诣翁，翁乃与俱入壶中。唯见玉堂严丽，旨酒甘肴，盈衍其

中，……①

费长房见壶公入悬壶的故事，又见晋代葛洪撰《神仙传》卷九《壶公》。其情节，比《后汉书》所记更为具体，如记壶公卖药济贫、壶公入瓮，以及费长房随壶公入悬壶几段，看起来更为生动：

……其卖药口不二价，治百病皆愈。语卖药者曰，服此药必吐出某物，某日当愈，皆如其言。得钱日收数万，而随施与市道贫乏饥冻者，所留者甚少。常悬一空壶于座上，日入之后，公辄转足跳入壶中。人莫知所在，唯长房于楼上见之，知其非常人也。……公知长房笃信，语长房曰：至暮无人时更来。长房如其言而往。公语长房曰：卿见我跳入壶中时，卿便随我跳，自当得入。长房承公言为试，展足不觉已入，既入之后，不复见壶。但见楼观五色，重门阁道，见公左右侍者数十人。公语长房曰：我仙人也。……②

悬壶传说给我们展示的，是一个虚幻的神仙世界。人与仙在悬壶的内外交往，人界与仙界可交通。其中，悬壶行医卖药是我国自古就有的风俗，直至如今，在一些城镇和农村的中药铺门口，常见招牌上画一葫芦，或悬挂一葫芦，或在门楣上书"悬壶济世"的横幅。"悬壶"已成为中医的标记。凡行医卖药者，自称悬壶济世。医家也皆以"悬壶"的仙气比喻自家的医术高明，卖的是灵丹妙药，手到病除。而在许多少数民族地区，身背药葫芦，走村串寨，为人畜治病的民间医生，更是处处可见。悬壶行医卖药之俗，显然和道家崇壶、保护生命的信仰有关。

另一则悬壶传说见于《云笈七签》卷二八《云台治中录》：

施存鲁人，夫子弟子学大丹之道三百年，十炼不成，唯得变化之术。后遇张申为云台治官。常悬一壶，如五升器大，变化为天地，中

---

① 《后汉书·方术·费长房传》，《二十五史》第2册，上海古籍出版社、上海书店1986年版，第28页。

② （晋）葛洪：《神仙传》，上海古籍出版社1990年版，第49—50页。

有日月如世间，夜宿其内。自号壶天，人谓曰壶公，因之得道在治中。①

道家视壶天为小宇宙，常以"壶天壶中天壶中天地壶中日月"指神仙境界。我国古诗文中常常见到这样的诗句："坐知千里外，跳向一壶中。"（王维《赠焦道士诗》）"壶中别有日月天"（李白《下途归石门旧居》）。"天地一壶中"（刘禹锡《寻汪道士不遇》），把人带到梦幻般的壶中天地之中。唐代段成式《酉阳杂俎》中，把云游仙境的故事单列一章，取名《壶史》。

道家的壶天信仰认为壶中别有天地，中有日月，楼观五色，重门阁道，杂役侍童，一如世间。这个形似世间、又非人间的第二世界，和我们上文所论魂瓶的世界是一样的。

日本学者小南一郎在《壶形的宇宙》一文中指出："神仙故事中与现实世界隔绝的神仙世界，亦即起源于亡灵云集的祖灵世界。"他认为，"中国祖灵观的一个最大特点是神仙思想"，祖灵常常化身为鸟，飞往神仙世界。"从宗教学观点考察仙人的存在看，仙人是不经过死（或经过尸解成仙等拟死形式）的祖灵。"② 我以为是很有道理的。悬壶传说所展示的壶中天地，是道家心目中的祖灵世界，从这一点来看，其性质是和魂瓶相通的。

彝族破壶成亲与魂归葫芦的信仰

彝族破壶成亲的婚俗直到20世纪90年代还在云南彝族流行。据彝族女学者普珍1990年在她的故乡云南新平县老厂、新化两乡的调查，这种古老的婚礼遗俗仍然保存在民间。她采录了两个例子。第一例：1990年1月9日，在老厂乡竹园村，彝族女青年普学英招婿入门。成亲之日，新娘的叔叔手持一个盛满灶灰（草木灰）的葫芦，预先站在门楣上方的土掌平台上，当新娘夫妇快要跨进屋之时，其叔叔将葫芦用力摔破于地，顿时烟灰四散，新郎新娘在灰雾弥漫中步入堂屋。第二例：1990年1月17

---

① 《云笈七签》，书目文献出版社1992年版，第21页。
② ［日］小南一郎：《壶形的世界》，朱丹阳、尹成奎译，《北京师范大学学报》1991年第2期。

日，新化县大耳租彝村白云成与普云仙成亲。在新娘进村之前，男家已指派一位身披蓑衣、头戴篾帽、手持土陶壶的壮汉守候在村口。这土陶壶形似葫芦，内装灶灰。待新郎新娘进村时，壮汉速将土陶壶摔破于新人面前，新郎新娘在灰雾中前行。这种特殊的婚俗，彝族称之为"摔葫芦"或"砸葫芦"。婚礼中为什么摔葫芦呢？据普珍的调查，"彝巫解释说：摔葫芦是为了纪念人类的祖先出自葫芦。葫芦象征着孕育胎儿的母腹。故婚礼中的葫芦必须砸破，婚育才有好兆头。现在的人家，唯恐葫芦不易摔破，而改用土陶壶代替。"故而在民间俗称"破壶成亲"。[①]

破壶成亲意味着代表男女双方原先的个体生命的破坏（死亡）和结束，被一个新的家族所接受，进入一个新的合体葫芦，获得再生，开始一种新的生命历程。新娘新郎从壶中草木灰弥漫的氤氲中走出，包含有人从葫芦、从混沌中走出的带有浓厚神话色彩的象征意蕴。

彝族婚俗中还有一个与葫芦有关的风俗。新婚夫妇在饮交杯酒时，不使用陶质器皿，而是把一个葫芦剖开两半，各用两个瓢中的一个对饮。"据彝族巫师说，这个古礼，象征着新婚夫妇也成了一个合体葫芦。这是效学远古祖先由葫芦里出来的伏羲女娲成婚。"[②] 以一瓠分为两瓢对饮之古婚俗，也就是《礼记》中所说的"合卺而酳"。《礼记·昏义》曰："妇至，婿揖妇以入。共牢而食，合卺而酳。所以合体同尊卑以亲之也。疏曰：……合卺而酳者，以一瓠分为两瓢谓之卺。婿与妇各执一片以酳（饮酒）……合卺有合体之义。"在"合体"之前，同样有一个破瓠（壶）的阶段，从破瓠到合体，意味着从死亡到再生，预示着一个新的生命的开始。

彝族认为，人死，其魂返归葫芦。据普珍在新平县老厂乡的调查，一位89岁高龄的老祖母的丧仪办得十分隆重。在她的棺材两侧各放置一个纸扎的二台葫芦。据该村巫普明讲，过去新坟垒好之后，第二天丧家要在新坟旁插一根木棒，棒的顶端倒挂一个葫芦，将葫芦底戳通一个洞孔，让死者的灵魂出入。这三台葫芦据说也有来历：南华彝巫普兆元讲述的洪水神话中说，远古洪水之时，天神指点伏羲女娲兄妹进入葫芦避水，葫芦分三层，伏羲女娲在上层，牲畜在中层，下层装着五谷粮食。洪水退后，兄

[①] 普珍：《中华创世葫芦——彝族破壶成亲、魂归壶天》，云南人民出版社1993年版。
[②] 同上注。

妹走出葫芦，世上又有了人畜粮种。

人死亡魂返归葫芦，加入祖灵的行列。葫芦是祖灵的栖息之处，是灵魂的载体。据普珍调查，云南楚雄彝族自治州南华县西南哀牢山城域兔街乡彝族大聚居住村摩哈苴，至今还有五户在家中供奉祖灵葫芦。过去，有些彝族家堂里同时供奉几个葫芦，则按祖先的辈分从左至右排列。彝族以左为大。彝族认为，祖灵也和人一样，需要衣食，于是便在祖灵葫芦的下腹部凿通一个中指粗的小孔，从孔洞中放入碎银、米粒和盐、茶，供祖灵享用。①"按早先的传统，母先亡，请巫师做法事将其灵魂引入葫芦；待父亡时，再将父魂引入母魂原居葫芦。若父先亡，母后亡，须弃父魂先居葫芦，另换新葫芦，将父母新旧亡灵一并引入。"②亡魂返归葫芦，意味着到祖灵世界去，返归祖先的住地，加入祖灵的行列。祖灵是后代子孙的护佑神和驱邪神，是后代兴旺发达的保证。

彝族相信人有几个灵魂。"彝人皆有三个名字，代表三个灵魂，人死后其中的一个灵魂由"毕摩"指路进入'阴府天国'；一个与其遗骨埋于坟墓；另一个则被招附于灵牌而由子孙供奉。"③彝族的支系极多，各支系的葬俗和信仰习俗千变万化，而第一个亡魂回归的"阴府天国"，指的是彝族指路经中常说的祖界乐土。而这祖界乐土并非虚无缥缈的仙境，也不是阴森可怕的地狱。祖灵葫芦便是祖界乐土的物态形式。"指路经中的祖灵世界是始祖"阿普笃慕"及'六祖'和各支先祖灵魂聚集之地"。④从指路经看，这祖灵世界真是一个理想的所在：大山翠茵茵，树花亮晃晃，梨树花烂漫，獐鹿顺山跑。可以放牧牛羊、种白米谷，又可以养鱼、放鸭、养鸡，……和彝族百姓的人间生活一模一样。

彝族的亡魂回归观念是一种原始返祖观，其主要特色在于，人死，其亡魂返归祖先居住的地方去。这祖灵世界具有世俗性和现世性，是人间现实生活的幻想再现。彝族的祖灵葫芦既是亡灵的依附物，又是亡魂返归的祖灵世界的象征。

在上文中我们说过，壶天是道家心中的祖灵世界，是一个有特殊含义

---

① 普珍：《中华创世葫芦——彝族破壶成亲、魂归壶天》，第128、118、123、124页。
② 刘尧汉：《论中华葫芦文化》，《民间文学论坛》1987年第3期，第11页。
③ 何耀华：《彝族的祖先崇拜》，宋恩常编《中国少数民族宗教初编》，云南人民出版社1985年版，第99—100页。
④ 巴莫·阿依：《彝族祖灵信仰研究》，中央民族大学博士学位论文，1991年。

的概念，专指神仙世界。神仙世界带有一定的出世色彩，其实质是虚幻的。道家的魂归壶天，是以不死（祖灵经过尸解成仙等拟死方式到达彼岸世界）作为前提的，而彝族的魂归葫芦的原始返祖观，是以多神信仰和祖先崇拜为基础的，二者是有区别的。

台湾的祖壶信仰

1995年4月，笔者在台北顺益台湾原住民博物馆参观，展厅中那琳琅满目、色彩鲜亮，或素烧或带百步蛇纹饰的古陶壶给我留下了深刻的印象。从神秘的古陶壶入手，或许可以找到一条了解台湾原住民独特的信仰文化的途径。

（1）神圣的古陶壶

据调查，台湾的排湾、鲁凯、布农、阿美，台南平埔族的西拉雅人都有祀壶的古俗。所祀之壶分两种，一是原始素烧陶壶（排湾、鲁凯等族），另一是汉族制作传入的陶壶（平埔族的西拉雅人）。每家保存的陶壶数目不等，排湾族有些头目家保存的陶壶达二三十个之多。陶壶有性别之分，其形状各不相同，各有特殊的名称。[1]

陶壶被称为神罐，被视为圣物。他们认为，陶壶是祖先传下来的，不得触摸。据日本专门研究台湾原住民的民族学家宫本延人20世纪二三十年代对排湾族的调查，排湾人屋内的土壶有不同的造型，有胖嘟嘟的、细口的、大口的。其中圆嘟嘟的、壶身与把手部分刻有三角形的百步蛇纹饰的土壶最受重视，北部排湾人称之为"比拿卡拉卡拉旺"，是祖先留下的宝贝。哪一家陶壶最多，表示历史悠久，引以为傲。排湾人不允许外人给陶壶拍照，认为拍照不吉利，还认为"如果被吃米饭的人看到，眼睛便会瞎掉"。[2] 陶壶是家族的传家宝，又可作为陪嫁由女儿带到另一家族，其神圣性不变。如陶壶被损破，家族便要遭不幸。

陶壶被蒙上了神圣的光彩。原住民族认为陶壶是天降的，或是鬼灵送来的，都来源于非人间的另一世界。据调查者说，没有听到最早人造陶壶

---

[1] 李亦园：《台湾土著民族的社会与文化》，台北：联经出版公司1982年版，第41—43页。

[2] ［日］宫本延人：《台湾的原住民族》，台中：晨星出版社1992年版，第170—171页。

的传说。① 台湾民族学家李亦园所介绍的东南亚地区婆罗洲与菲律宾有关陶壶来历的传说,更为神奇。这些地区的土著把一种从中国内地传入的青褐色龙纹陶罐视为神圣。据说北婆罗洲 Brunei 苏丹的神罐具有说话的能力,能为人治病,能使谷物丰收。他们认为,神罐原是太阳神或大神所造,后来变成了动物偷跑离开大神的宫殿,为一群猎人所获,乃变为原形,代代相传,便是现在的神罐。据研究者分析,实际上,这些陶罐是宋明期间,由中国大陆的商人传入的。②

在这些祀壶民族的心目中,陶壶是始祖和祖灵的载体,或者本身就是始祖神和祖先神,因而在他们的信仰中占有神圣的位置,要定期举行祭祀。布农人每年在粟收割后,必先以固定的陶罐煮新粟,分与族人共食(而他们平常的日用陶罐却是汉族传入的),这固定的陶罐具有神圣性。

据台湾民族学家陈奇禄的介绍,阿美人的陶壶也有男女之别,叫作 dewas 的,为男性所持有,故被视作男性。叫作 tsiukan 的,为女性所持有,故被视作女性。这种性别观念影响陶壶的造型,一般说来,dewas 较粗厚,而 tsiutau 较细薄。"又 dewas 用以祭祀与猎头有关之男神 maratau,故不在农耕仪礼时使用;tsiutau 之名称很明显的,乃来自'酒矸'。……祭器为个人的所有物,所以在死亡时用作殉葬品,与尸首同埋于墓中。"③阿美人的陶壶有几点很特别,一是有男女之分,其持有者之性别、造型、所祭祀的神各不相同;二是陶壶为个人所有物,非家族或社群所有;三是陶壶既作为祭器,又作为陪葬品,在祀壶民族中是很有特色的。

据说,邹人四社群有卵形小贝,是祖先从本岛原居地分出时,分给各社的象征物。他们将其置于小壶内,上覆以石,于屋内挖洞秘藏,每年以酒肉祭祀一次,认为此小贝有祖灵。④ 可以看出,壶是邹人祖灵的栖身之地。

鲁凯人认为陶壶是鬼灵送来的,因而要在每年收获和播种时,定期举

---

① 任先民:《台湾排湾族的古陶壶》,《民族研究所集刊》第 9 期(1960 年)。
② 李亦园:《台湾土著民族的社会与文化》第 43 页。
③ 陈奇禄:《台湾土著文化研究》,第 101 页所引;古野清人《原始文化的探求》(昭和一七年),台北联经出版公司 1992 年版,第 120—125 页。
④ 陈国强、林嘉煌:《高山族文化》,上海学林出版社 1988 年版,第 160 页。

行祭祀。① （图 10 – 11）

图 10 – 11　鲁凯族古陶壶（采自陈奇禄《台湾原注民文化艺术》）

台南平埔族之西拉雅人把几个称为"安平壶"的釉陶罐奉为祖灵，当地人称 Alits，汉人称为"番仔佛"，即"番人的神佛"。对番仔佛的祭祀有两种方式：一是供于公廨（部落公共会所）右角之土坛上；另一种是以家庭为单位，供于家屋之中。据调查，无论是公廨或家庭供奉的陶壶，奉祀者均在罐中注以清水，月初与月中换水一次。平日以米糕、槟

---

① 任先民：《台湾排湾族的古陶壶》，台北《民族学研究所集刊》第 9 期（1960 年），第 208—210 页。

椰、兽骨置于罐前。知母义地方每年要祭祀三次，以求祖灵护佑家族平安。①

排湾等族所使用的壶罐形宗教器皿也很值得注意。他们祭祀用的木壶与木罐是用整块木头剜空中间而成。木壶原用以盛酒或贮藏种子之用，但在出猎时，亦以之为祭器。此等祭器多为平口、大腹、无颈、平底、有盖，其周围常雕刻以盘绕蛇纹、人头纹（图 10 - 12）。有一种用以瓢卜的法器叫瓢罐，罐上附有五寸长的木板，似为插于巫师腰际之用。瓢罐用瓢箪制成，高五寸许，栓塞刻成人头状，意当与巫术有关。② 台湾少数民族以鼓腹中空的壶罐形器皿做法器，同样反映了他们的壶信仰观念。

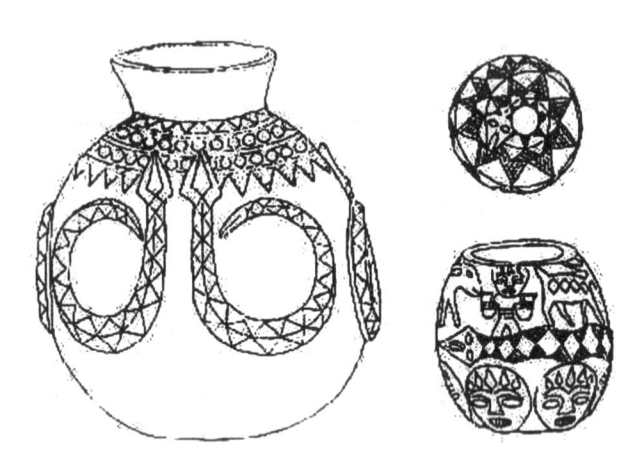

图 10 - 12　排湾族占卜道具箱与祭罐（采自陈奇禄《台湾原住民文化艺术》）

（2）作为始祖的古陶壶

台湾祀壶民族对古陶壶的信仰有两个特点。其一，人类始祖与部族家族的祖灵同壶共体；其二，陶壶既是始祖和祖灵的载体，又是二者的神体。换句话说，陶壶既是始祖和祖灵的栖身之所，其壶体常常就是始祖或祖先神本身。

始祖神参与创世、造人，万物与人类的来源与之有关，常由天神、自

---

① 李亦园：《台湾土著民族的社会与文化》，第33—34页。
② 刘其伟：《台湾原住民文化艺术》，台北雄狮图书公司1995年版，第152页；又见任先民《记排湾族的雕壶》，台北《民族学研究所集刊》第2期，第129—135页。

然神、动物神或灵物充当。祖先神是人类的始祖，民族部落的首领和头人、家族的先辈，甚至家庭中有德行的长者，死后其亡魂都可以成为祖灵，进入祖先的神殿。祖先神以维护整个民族、家族、家庭子孙后代的兴旺、福禄、丰收为己任。古陶壶信仰属于灵物信仰，所扮演的是始祖和祖灵的角色。

我们先来看看作为始祖的古陶壶信仰。下面举排湾、鲁凯人的几则神话传说为例。陶壶作为始祖包括两个类型：壶裂出人与壶生人。

第一类型：壶裂出人

［例1］ 排湾族（Raval 群 Parirayan 社）

1. 兄弟二人从山上捡一陶壶，带回家；
2. 陶壶经阳光照射，裂开，出来男女二小孩；
3. 男女二小孩长大，女到别的地方，男留下，成为该社祖先之一。

［例2］ 排湾族（Butsul 群 Lkupuru 社）

1. 在山中发现陶壶，带回家；
2. 壶经阳光照射裂开，出来男女小孩，成为创社祖先之一；
3. 认为壶是天降下来的，壶中小孩按天神旨意出生降生。①

第二类型：壶生人

［例1］ 排湾族（Muradup 社）

1. 一女性陶壶经阳光照射，孵出一女性蛋；
2. 蛋与 Pocoan 家的男性灵魂结婚（当时世上尚无人类，只有灵魂），生一女；
3. 女与百步蛇结婚，生二男，其中一人成为祖先。

［例2］ 鲁凯族（高雄县茂林多纳村）

1. 一家有一男性陶壶，另一家有一女性陶壶；
2. 相传他们的祖先由这男女二陶壶所生。

［例3］ 鲁凯族（雾台乡阿里社）

1. 太阳与壶结婚，生一女性蛋；
2. 蛋与岩石生的男人结婚，生一女；
3. 女与百步蛇结婚，生二男；百步蛇及其兄升天，其弟成为阿里社

---

① 任先民：《台湾排湾族的古陶壶》，《民族研究所集刊》第9期（1960年）。

的创社头目。[①]

[例4] 鲁凯族（高雄县挞拉鱼社）

女性神罐与太阳神结婚。[②]

从上述两个类型六例始祖陶壶神话可以看出：第一，壶裂出人，壶只是始祖的载体；壶生人，壶充当的是始祖神的角色。

第二，壶有男女之别，人类祖先是男壶与女壶结合的产物。

第三，人类的始祖是多元的，除陶壶外，还有太阳、百步蛇、岩石、蛋、灵魂等，表明这些祀壶民族对太阳、百步蛇、岩石、蛋、灵魂的信仰同样是十分古老的。

第四，壶来自天上的另一世界，突出了壶的神圣性；创社头目由壶所生说明其出身不凡，是氏族首领神奇诞生神话中所常见的。

（3）祖灵——祖壶信仰

对于台湾的祀壶民族来说，神界之中，祖灵最神圣，也最重要，他主宰宇宙，又掌握着子孙后代的生死祸福、谷物丰产的命运。祖灵寄存在陶壶之中，陶壶成了祖灵的化身。陶壶是祖先一代一代传下来的，女儿出嫁常以陶壶陪嫁，家族的好运气可随之带给婆家，如果陶壶破碎，整个家族便会遭到不幸。

据台湾学者任先民在排湾族的调查，现在的泰和乡平和村原来是很兴旺的，后来头目家的陶壶一个个地破碎了，于是社中人口日渐稀少，到陶壶剩下一个的时候，村社已濒临绝境。后来，这最后一个陶壶整齐地一裂为二，村社又逐渐转危为安，繁衍壮大起来了。

这个村社的另一则传说称，从前他们的部落很弱小，原因是没有好的陶壶，后来Padain社大头目家的一个女儿嫁到这个村社里来，带来一个很好的蛇纹陶壶，从此村社人丁兴旺，变得越来越强大了。据传说，泰武乡泰武村一个头目家的女儿，嫁到台东，带走两个好陶壶，直到如今，他们的子孙仍然强盛发达。相反，平和村有一家人，想到别的地方另立新社，由于没有得到头目家的陶壶，因而家破人亡，最后只剩下一人，只好返归故社。

台南新化镇平埔族的西拉雅人后裔，把陶壶称为番太祖、番仔佛、老

---

① 任先民：《台湾排湾族的古陶壶》，《民族研究所集刊》第9期（1960年）。

② 李亦园：《台湾土著民族的社会与文化》，第42页。

君、太祖、阿立祖，就是祖神的意思。台南县白河镇六重溪有祭祀"五太祖"之俗，"他们有一独立小屋似公廨，屋内地板上横置一石盘，上面排有五个壶，即'五太祖'。据说原是五姐妹，由卓姓之家历代相传为'向头'，每逢阴历初一、十五须至此烧香，并换壶内的水，将花圈套于壶上。九月十五日为'五太祖'生日"。① 据李亦园教授的研究，平埔西拉雅人的祖壶信仰有两点与其他族群有所不同：其一，其他族群的大部分宗教祭仪是团体共祭的，以氏族、部落为祭祀单位，排湾族以贵族或头目家为范围，平埔各族也大部为团体共祭，多以番社为单位，但在"祀壶"的西拉雅人中，除了在公廨中集体奉祀之外，却有以家庭为单位的祭祀，在这种情形中，作为神体的陶罐"番佛仔"则奉祀于家庭中。这种以家族为奉祀祖灵的单位，可能是受汉族文化的影响。其二，"西拉雅族以安平壶一类明代的陶罐作为祖先奉祀……渗入了祖先崇拜的成分，或者更由于祖骨崇拜的原因（该族有瓮葬的习俗），便形成把陶罐作为祖先的灵体而奉祀的事实。"②

五、寻找生命家园

魂瓶是供丧葬用的明器，和家庭或社群供奉的、作为祭器的葫芦和古陶壶，在用途上完全不同。然而，魂瓶、葫芦和古陶壶在外形结构、象征含义、信仰功能等许多方面，都有着许多共通的地方。

首先，魂瓶、葫芦和古陶壶都是信仰中的祖灵世界，无形的、非物质形态的灵魂寄存于有形的、物质形态的壶形器之中。这壶形器使两个世界（人与祖灵、人与神鬼、生与死、人间与祖灵世界）的沟通成为可能。人死后，其亡魂经过壶升入祖灵世界，祖灵亦可经过壶返回人间。我国古代农业民族的祖灵信仰具有重现世、轻彼岸的特点，带有入世的性质。正如李亦园教授在分析台湾泰雅人的祖灵观时所说的，他们所崇拜的超自然，实际上只是他们自己社会的另一半。神与人的境界，实质是不同空间的同一社会。因此，魂瓶、葫芦、古陶壶所构筑的信仰中的祖灵世界，实际上只是人间世界的虚幻延伸而已。

其次，中间大两头小的壶形器形似谷种，谷种既是农事生产的果实，

---

① 陈国强、林嘉煌：《高山族文化》，学林出版社1988年版，第158页。
② 李亦园：《台湾土著民族的社会与文化》，第44、45页。

又是种植新谷的种子。谷种具有生命延续和孕育新生命的双重功能。在古老的农耕先民看来，谷子具有谷灵，种子发芽生产成熟是由于其中蕴含着生命的本原和创世的生命力，谷灵主宰着农作物生长的命脉。

我国的农业民族把他们的祖灵世界构筑成一个形似谷种的壶形宇宙并不是偶然的，我们从许多农耕民族的农耕仪礼多与祭祖同时进行，祖先与农耕神同一，祖灵与谷神一体的信仰，就可以看出，谷物的丰歉与人的生命同等重要，换句话说，他们所感兴趣的不是超自然本身，他们所祈求的主要是人与谷种生命的延续和谷种的繁衍。

第三，和谷种一样，魂瓶、葫芦和陶壶都具有死亡与再生的功能，是生命转换的载体。植物虽死，生命保存在谷种之中，又可长出新的生命；人虽死，生命进入魂瓶、葫芦、陶壶之中期望获得再生。中国农耕民族对魂瓶、葫芦、陶壶的信仰是对谷种的信仰，对生命母体的信仰，这既包括对孕育谷种的土地——始祖神的信仰，又包括对培育新谷的谷种本身——祖先神的信仰。

我国古代各民族由于信仰、文化习俗、生活环境的不同，都有自己的处理死者遗体的方式。最常见的葬法有土葬、火葬、天葬（风葬、树葬、鸟葬）、水葬（鱼葬），以及由此衍生的悬棺葬、洞穴葬、先火后土、先火后水的复合葬、先土埋后洗骨装罐的二次葬、洗骨葬等。葬法虽然多样，但处理遗体的方式不外两种——藏与弃。

藏是把尸体掩埋于地，使之复归于土。我国古代不仅仅汉族普遍实行土葬，匈奴、突厥、回纥、苗族、回族等都以土葬为主要葬式。

我国古代氐羌等少数民族以及佛教僧侣多取火葬，康藏古俗以及东北一些少数民族则取天葬及水葬，中原及边远民族都有行二次葬的，采用上述葬俗的民族，都有一个共同的观念，肉体之人是世间之物，骨才是生命之根基，只有尽快把肉体扬弃，灵魂才能进入另一世界，获得新的生命。

藏与弃两种处理死者的方式，体现了以骨和土为生命始原的不同的生命观。Eliade认为："骨是原始狩猎文化生命之根基，人与动物再生于骨；这种宗教观念不同于农耕文化视土地为生命的始原，视人体为谷种，必须埋在土中才能萌发。"[①] 但农业民族同样也有视骨为生命之根的观念。"人死精神升天，骸骨归土。"（《论衡·论死篇》）"是故精神，天之有也；

---

① M. Eliade, *Birth and Rebirth*, 第五章，1958 年。

而骨骸者，地之有也。精神入其门，而骨骸反其根。"（刘文典解：精神无形，故能入天门。骨骸有形，故反其根归土也。……死，复归其未生之故耳。——《淮南鸿烈集解·精神训》）

具有死亡与再生功能的魂瓶、葫芦、陶壶，也和谷种一样，其再生功能又有双重的含义：个体生命的再生和种族、家族生命的延续和永恒。二者是从属关系，个体生命必须服从于种族、家族。在中国传统的观念看来，死亡从来就不是个人的事情，而是种族、家族的大事，关系到家族是否得以延续的大事，带有社会性。人死，亡魂只有得到家族祖先的认可、接受，使之参加到祖灵的行列之中，人才算"死得其所"，个体生命只是家族生命之链中的一环而已。生命对于个人来说，只是一个瞬间，只有加入到家族生命之链之中，才能获得永恒。我们从象征祖灵世界的魂瓶、葫芦、陶壶中，丝毫没有看到对死亡的畏怯、恐惧，相反，我们在魂瓶上看到一派欢乐的人间景象，在汉代的尸主型魂瓶那怀抱婴儿的亡者脸上，还感觉到一种"古拙的微笑"，恐怕那是实在意义上的"视死如归"，为寻找到生命的家园而庆幸吧！